U0940248

伊比利亚美洲研究

Colección de Estudios Iberoamericanos

（2015—2016）

江苏师范大学伊比利亚美洲研究中心编著

主　编　朱　伦　【西】徐利奥·里奥斯

副主编　沙先一　蓝　博

中国社会科学出版社

图书在版编目（CIP）数据

伊比利亚美洲研究:2015—2016/朱伦,（西）徐利奥·里奥斯主编.
—北京：中国社会科学出版社，2016.11
ISBN 978－7－5161－9075－3

Ⅰ.①伊…　Ⅱ.①朱…②徐…　Ⅲ.①西班牙—文集 ②葡萄牙—文集
③拉丁美洲—文集　Ⅳ.①K955.1－53 ②K955.2－53 ③K973－53

中国版本图书馆 CIP 数据核字(2016)第 240107 号

出 版 人　赵剑英
责任编辑　安　芳
责任校对　周　昊
责任印制　李寡寡

出　　版　中国社会科学出版社
社　　址　北京鼓楼西大街甲 158 号
邮　　编　100720
网　　址　http://www.csspw.cn
发 行 部　010－84083685
门 市 部　010－84029450
经　　销　新华书店及其他书店

印　　刷　北京君升印刷有限公司
装　　订　廊坊市广阳区广增装订厂
版　　次　2016 年 11 月第 1 版
印　　次　2016 年 11 月第 1 次印刷

开　　本　710×1000　1/16
印　　张　30.75
字　　数　415 千字
定　　价　108.00 元

编者前言

“伊比利亚美洲”是一个横跨大西洋的文化认同共同体，包括欧洲西南部伊比利亚半岛和拉丁美洲西语和葡语地区，总人口6亿多，包括22个国家，它们分别是：伊比利亚半岛的3个国家——西班牙、葡萄牙和安道尔，拉美18个西班牙语国家——墨西哥、危地马拉、哥斯达黎加、萨尔瓦多、洪都拉斯、尼加拉瓜、巴拿马、古巴、多米尼加、哥伦比亚、委内瑞拉、秘鲁、厄瓜多尔、玻利维亚、智利、巴拉圭、阿根廷和乌拉圭，以及讲葡萄牙语的巴西。这一文化共同体的形成，源于1492年地理大发现之后西班牙和葡萄牙的殖民活动。19世纪20年代拉美独立运动后，西班牙和葡萄牙退出拉美，但其语言文化连同世代移民则留了下来，成为拉美十几个主要的民族—国家建构的基本因素和主导力量。

拉美国家独立后长期受美国影响和制约，而与原宗主国西班牙和葡萄牙渐行渐远。1976年，西班牙国内重启社会政治民主化进程，在国际关系中也积极作为。西班牙一改此前依赖美国的外交政策，把与拉丁美洲的关系列为西班牙三大外交主轴之一（另外两个是欧盟和美国）。为恢复和加强与拉美各国的关系，卡洛斯国王依托西班牙的历史影响和语言文化资源，在1976年倡议召开“伊比利亚美洲国家首脑会议”，得到了西语和葡语国家普遍和积极响应。1991年，首届“伊比利亚美洲国家首脑会议”在马德里召开，上述22个伊比利亚美洲国家有21个国家参加，安道尔在2005年参加。从1991年到2014年，伊比利亚美洲国家首脑会议每年轮流在成员国召开，在2014年第24届会议上决定以后每两年召开一次。伊比利亚美洲国家首脑会议发展至今，已成为国际社会多边协商、对话和合作的重要机制和平台之一，特别是对拉美地区一体化发挥了重要的促进作用。

中国同西班牙、葡萄牙和拉美的关系，可以说源远流长。早在地理大发现时代，虽然清政府对外闭关锁国，但已有来往于西班牙、墨西哥和马尼拉之间的“马尼拉大帆船”，其主要进口货物则是产自中国的瓷器、茶叶和丝绸，而在墨西哥铸造的银圆“鹰洋”（因设计图案中有一只鹰而得名），则是当时中国最流通的外币，即使国产“袁大头”面世，也不及“鹰洋”的成色受民间欢迎。20世纪90年代初笔者赴墨西哥留学时，还有年长的同事托我给他找几枚“鹰洋”作为收藏。但在近代百年间，中国与拉美国家音讯阻隔，相互来往和了解十分有限。20世纪80年代初，笔者初学拉美研究，在图书馆翻到梁启超著《新大陆游记》，心里挺高兴，但说的全是美国，没有拉美什么事！

1959年古巴革命胜利，特别是1961年菲德尔·卡斯特罗宣布古巴革命是社会主义性质的革命，中国开始同古巴有了较多接触，并重视对拉美的研究，成立了一些研究机构。但限于当时的国际环境，研究资料的获得渠道十分狭窄，研究队伍也不大，研究领域也有限，以至于对大多数拉美国家不甚了了。就研究队伍和领域来说，除了中国社会科学院拉美所等国家队外，高校设立拉美研究机构的也就是北京大学、人民大学、复旦大学和湖北大学。前者主要研究拉美政治和中拉关系，后者侧重研究拉美历史，且研究人员多为兼职教师，而我国高校当时的八九个西班牙语系，主要研究西班牙语教学和西班牙—拉美文学。这种状况直到进入20世纪80年代改变也不大。例如，1985年，当湖北大学教授黄邦和先生为其首届拉美史研究生开设“拉美新兴民族—国家的形成与民族问题”专业基础课时，竟找不到专家授课，只因我根据西班牙百科全书编译了《拉丁美洲各国民族概况》三册资料，便邀请我去讲这门课，而我当时只不过是一名研究实习员，实在是勉为其难。

同一时期，我国对西班牙的研究也比较薄弱，特别是来自西班牙文的第一手资料十分匮乏。20 世纪 80 年代中期，笔者写了一篇关于西班牙著名学者萨尔瓦多·德·马达里亚加的《哥伦布传》一书的书评，引起我国世界史前辈吴于廑先生的关注，他亲自写信给我，建议我把该书翻译出来，说此书对 15、16 世纪世界史研究很重要。真正的世界史是从哥伦布发现美洲开始的，而国内对哥伦布及当时的西班牙研究极少。经我国拉美史研究开拓者人民大学教授李春辉老先生建议，受湖北大学历史系教授黄邦合先生和北京大学图书馆馆长林被甸先生之请，北京大学历史系著名教授罗荣渠先生在百忙中为该书中文版写了序言（该书原由中国社会科学出版社出版，人民文学出版社再版时删去了罗先生的序言和西班牙著名历史学家佩雷斯－普伦德斯的序言，很是遗憾）。不久后，当我向罗先生征求翻译萨尔瓦多先生的另一部大作《西班牙现代史论》一书的意见时，他非常高兴，并说这本书英语著作引用很多，鼓励我早日译出，他愿读后写个评论性前言和题写书名。（遗憾的是，罗先生不幸逝世，未能如愿；译稿杀青后，我也无意去写只言片语作为前言了，而且自知写不出什么见地来！）罗先生还对我说，我国对西班牙的研究几乎是空白，中国与西班牙开始建交时，国内竟找不到有关西班牙的中文著作供我国外交部参阅，还是他借助英文资料给外交部写了一份西班牙国情报告。

中国学界直到 20 世纪 80 年代后期对伊比利亚美洲的研究尚不足，但中国同伊比利亚美洲国家的外交关系，则在 1976 年以后开始密切起来，绝大多数伊比利亚美洲国家先后与中华人民共和国建立了外交关系，中拉、中西和中葡关系一直在稳步、积极和健康发展。1991 年，首届伊比利亚美洲国家首脑会议召开之时，时任国家主席杨尚昆发去了贺电。进入21世纪以后，随着全球化进程和中国国力的增强，中国和伊比利亚美洲国家的关系越来越密切，越来越重要。不论是中国还是伊比利亚美洲国家，都把对方视为重要的战略伙伴，进而推动了相互认知的愿望和兴趣。在伊比利亚美洲国家，兴起了中文热和汉学热（在伊比利亚美洲，“汉学”与“中国研究”几乎是同义词）；而在中国，对拉美的研究也趋于全面和深入，西班牙语教学在世纪之交更是出现了井喷式发展，开办西班牙语专业的大学从以前的8所增加到40多所，而到2015年则增加到近百所，年招生达5000多人。

中拉关系发展到今天，建立全面合作伙伴关系成了主题词。究其原因，是中国发展和拉美一体化进程相互需要使然。拉美的一体化进程始自20世纪50年代中期，但历经坎坷，始终在局部地区层面徘徊，直到2011年12月才建立起“拉美和加勒比国家共同体”（简称“拉共体”，包括拉美和加勒比全部33个国家）。拉共体的建立，使拉美成为一个统一的巨大市场和国际政治多极化的重要一员，引起世界关注。于是，欧盟与拉共体建立了“拉共体—欧盟峰会”（至2015召开了两届，有来自拉美和欧盟60多个国家的元首、政府首脑及高级代表与会）；俄罗斯、印度、日本、土耳其、韩国等，也纷纷与拉共体拉近关系。很自然地，崛起的中国当然不会置身事外。

2011年12月2日拉共体宣布成立时，时任国家主席胡锦涛当天就致电热烈祝贺，并表示“中方愿同拉共体及地区各国加强对话、交流与合作，为建立和发展中拉平等互利、共同发展的全面合作伙伴关系而携手努力。”2014年1月29日，拉共体第二届峰会通过《关于支持建立中国—拉共体论坛的特别声明》。2014年7月17日，习近平主席访问巴西期间出席在巴西利亚举行的中国—拉美和加勒比国家领导人会晤，宣布建立“中国—拉共体论坛”并尽早在北京举行论坛首届部长级会议。2015年1月8—9日，中国—拉共体论坛首届部长级会议在北京成功召开，会议的主题是“新平台、新起点、新机遇——共同努力推进中拉全面合作伙伴关系”，来自拉美30个国家的40多位部长及代表出席了会议，习近平主席在开幕式发表重要讲话。在这次会议上，双方通过了《中拉论坛首届部长级会议北京宣言》《中国与拉美和加勒比国家合作规划（2015—2019）》《中拉论坛机制设置和运行规则》3个成果文件。《中国与拉美和加勒比国家合作规划（2015—2019）》提出了中拉整体合作的13个重点领域和具体措施，这13个领域是：政治和安全；国际事务；贸易、投资、金融；基础设施和交通运输；能源资源；农业；工业、科技、航空航天；教育和人力资源培训；文化和体育；新闻、媒体、出版；旅游；环保、灾害风险管理和减灾、消灭贫困、卫生；民间友好。

具体措施包括：中方将在今后5年内邀请1000名拉共体成员国政党领导人访华。适时举办中拉首都市长论坛和中拉地方政府合作论坛。中方将继续办好中拉青年政治家论坛；力争10年内双方贸易额达到5000亿美元，双方投资存量达到至少2500亿美元，其中拉共体的投资存量特别关注高科技和高附加值商品生产领域；中方将在2015年至2019年期间向拉共体成员国提供6000个政府奖学金名额、6000个赴华培训名额及400个在职硕士名额；中方将从2015年起正式实施为期10年的“未来之桥”中拉青年领导人千人培训计划，并继续办好拉美青年干部研修班项目；促进汉语、英语、西班牙语、葡萄牙语等语言人才培养。中方鼓励和支持拉共体成员国在中小学开设汉语课程，将汉语教学纳入国民教育体系。拉共体鼓励中国学校开设西班牙语和英语课程并开展教学，拉共体成员国鼓励中方在中国学校推广拉共体官方语言课程，等等（上述两段内容参见本文集徐世澄先生的文章）。

在中拉全面深入发展的关系中，我国对西语人才的需求与日俱增，而西语人才除了精于西语翻译，还要对西班牙—拉美方方面面有所了解和研究。因此，我国高校新开办的西班牙语专业，普遍把教学目标定为培养综合性、实用性的跨文化交流人才，并突出经贸商务知识、拉美国情和中拉关系的学习。这样的培养目标，要求课程设置有别于传统的西班牙语言文学专业。然而，这些新开办的西班牙语专业，其课程设置基本沿袭我国西班牙语言文学专业的传统课程体系，该课程体系的教学内容相对固定，特别是国情内容多为概况，这导致大多数西语专业对现实问题、前沿问题和热点问题的教学比较薄弱，需要任课教师加以补充。鉴于此，江苏师范大学在建立西班牙语系的同时，成立了“伊比利亚美洲研究中心”，并聘请国内外知名专家担任特约研究员或到校给学生面对面举行讲座，或通过文章介绍相关领域的新知识、新成果、新观察和新话题。

我们在教学实践中感到，学生们固然明白要“知其然”，但他们对“知其所以然”更感兴趣。例如学生们问：既然拉美一些国家的历史、语言、文化和族源相同，为什么分裂为十几个国家，而不是像美国那样建立一个国家？而现在搞一体化又那么费劲？这个问题既不简单，也非幼稚，要回答清楚，或者让学生基本满意，必须从现代“民族—国家”形成要素和民族主义思想谈起，而这在西班牙和拉美国情教材（包括中文版和西语版）中则是没有的。学生们渴求教材以外的知识，希望老师多讲新东西，多讲现实问题、前沿问题、热点问题甚至是理论问题，作为老师，每到这时只恨自己才疏学浅。老师的个人知识是有限的，但介绍和推荐学生研读他人的新成果，邀请专家开办讲座，则可弥补个人知识的不足。经过两年多实践，我们认为这是一条事半功倍的路径。基于此，我们遂将一些学者的讲稿和专家的文章编辑出版，主要目的是希望能为我国西语专业的西班牙和拉美国家概况教学提供参考，同时希望能为中外学术交流提供新材料和展示新观点，特别是为我国拉美研究界提供“知彼”的新信息。

本文集收录原创论文 20 篇，其中中国作者撰写 7 篇，伊比利亚美洲国家的学者撰写 13 篇，他们分别来自西班牙、葡萄牙、墨西哥、委内瑞拉、厄瓜多尔、秘鲁、阿根廷、智利等 8 个国家。内容以研究中拉全面战略合作、中国因素在伊比利亚美洲的现实存在为主，其次是中国与拉美有关国家的双边关系与国情，以及西语—葡语世界的历史文化。伊比利亚美洲是一个极具共性而又多元、保守传统而又生机勃勃的世界，要把握其跳动的脉搏，需要长期跟踪观察。为此，我们计划每学年出版一辑《伊比利亚美洲研究》，适时反映中外学者的新成果、新观点、新资料和新视角。

本文集的编辑出版，得到江苏师范大学的资金支持和前任校长任平先生的指点，得到《江苏师范大学学报》的配合，得到西班牙加利西亚国际资料研究所所长徐利奥·里奥斯（Xulio Ríos）的学术合作，得到江苏师范大学外国语学院院长张生珍教授及诸位领导的帮助和人力支援，而中国社会科学出版社副总编郭沂纹则对文稿进行了细心审读，安芳编辑对全书体例进行了技术加工，笔者在此一并表示感谢。

朱伦，2016 年 8 月序于江苏师范大学

目　录

中拉全面合作关系

中国因素在伊比利亚美洲

国家双边关系

伊比利亚美洲国情

中拉全面合作关系

试析拉美和加勒比国家共同体的成立与发展暨中拉论坛的召开

徐世澄

内容提要 2011年12月，拉美和加勒比国家共同体的成立是拉美和加勒比地区一体化进程中的重要里程碑，是该地区现代史上具有历史意义的大事。2015年1月，在北京召开的中国—拉共体论坛首届部长级会议，是中拉整体合作的新平台、新起点和新机遇。

2011年12月，拉美和加勒比国家共同体（Comunidad de Estados Latinoamericanos y Caribeños，CELAC，以下简称拉共体）的成立是拉美和加勒比地区一体化进程中的重要里程碑，是该地区现代史上具有历史意义的大事。而2015年1月8日至9日在北京召开的中国—拉共体论坛首届部长级会议使中拉整体合作由构想变为现实，是中拉整体合作的新平台、新起点和新机遇，谱写了中拉全面合作伙伴关系的新篇章。本文主要对拉共体的成立与发展以及中拉论坛首届部长级会议的召开做初步分析和探讨。

一 拉美和加勒比国家共同体的成立

2011 年 12 月 2—3 日，首届拉共体峰会（又称第三届拉美和加勒比国家一体化和发展首脑会议和第二十二届里约集团首脑会议 la III Cumbre de América Latina y el Caribe sobre Integración y Desarrollo y la XXII Cumbre del Grupo de Río）在委内瑞拉首都加拉加斯召开，拉美及加勒比地区的 33 个国家总统、政府首脑或代表出席会议，会议通过了《加拉加斯宣言》[①]《加拉加斯行动计划》和《拉美和加勒比共同体章程》等 22 个文件，正式宣告拉共体成立，并就拉共体的宗旨、行动原则及发展目标进行了系统阐述。会议决定由智利出任拉共体首任轮值主席国，古巴和哥斯达黎加分别任 2013 年和 2014 年轮值主席国。

创建拉共体是两百年前独立战争时期拉美解放者西蒙·玻利瓦尔、何塞·马蒂等共同的理想，也是当代拉美和加勒比所有国家的共同愿望。拉美的区域和次区域一体化起步很早，从 20 世纪 60 年代就已开始，先后成立了中美洲共同市场、拉美一体化协会、安第斯条约组织、加勒比共同市场、拉美经济体系、里约集团、南方共同市场、南美洲国家联盟、美洲玻利瓦尔联盟、太平洋联盟一体化机制，为地区“大联合”奠定了坚实基础。

2008 年 12 月，首届拉美和加勒比国家一体化和发展首脑会议在巴西巴伊亚州萨尔瓦多市举行，开始筹备成立共同体。2010 年 2 月，第

---

① 《加拉加斯宣言》全文原文参见 http：//www. rebelion. org/noticia. php？ id = 140650。

二届拉美和加勒比国家一体化和发展首脑会议在墨西哥坎昆召开，会议通过《坎昆宣言》，决定成立拉美和加勒比共同体，[①] 委内瑞拉被指派为筹办国。在首届拉共体峰会召开前，东道国委内瑞拉总统查韦斯与智利、哥伦比亚和墨西哥等与美国关系密切的国家进行了充分的沟通和协商，消除了一些分歧，为峰会顺利召开创造了有利条件。

2008 年以来，在国际金融危机的冲击下，美欧国家实力衰减，包括拉美国家在内的新兴经济体国家崛起态势明显，国际权力架构和政治经济秩序面临重整。然而，拉美地区缺乏一个统一的政治、经贸、外交的协调机制，不能用一个声音来说话，已成为阻碍这一地区整体崛起的“掣肘”，使拉美国家在金融体系重组、世贸谈判、联合国改革、气候变化以及一些地区热点问题上难以形成合力，既无法抵御美欧大国的压力，也无力与欧盟、东盟和非盟等集团进行谈判和博弈，国际话语权处于下风。随着美国主导的“跨太平洋经济战略伙伴关系协定”（TPP）呼之欲出，拉美地区普遍担心被“边缘化”或“肢解化”。加之欧债危机愈演愈烈，蔓延并伤害至拉美，因此拉美各国急需“抱团”抵御外来风险。

对拉美来说，成立一个没有美国和加拿大参加的、包括所有 33 个拉美和加勒比地区国家的一体化组织十分重要。历史上，美拉关系一直在依赖与独立、屈从与斗争之间摇摆。“9·11”后，美国对拉美的战略关注度和控制力下降，拉美整体经济实力上升，再加上拉美左派力量的崛起，使拉美不少国家“脱美”态势日趋明显，拉美国家外交独立性增强。2009 年 4 月，刚上台不久的美国总统奥巴马表示，美国希望与拉美建立“平等伙伴关系”。以至于对拉共体的成立，美国国务

① 《坎昆宣言》全文原文参见 http：//america. cubaminrex. cu/Actualidad/2010/Febrero/declaracion%20cancu。

院发言人威廉·奥斯蒂克不得不承认，“拉共体将是美国潜在的合作伙伴”。

首届拉共体峰会突出拉美独立的主题，会议以“沿着解放者的道路前进”为会标。查韦斯在开幕式上指出，在委内瑞拉和拉美独立 200 周年之际，在美洲解放者玻利瓦尔的故乡，成立拉共体是一件值得全人类纪念的历史事件，表明这一地区的人民正在觉醒。

拉美和加勒比地区 33 个国家政治倾向不尽相同，经济发展模式也有差异，但本着协商一致的原则和求同存异、谋求团结的宗旨，最终达成共识，一致同意建立新的共同体组织以推动本地区的发展和一体化进程。拉共体的成立为推动拉美地区一体化进程创造了一个很好的平台，使拉美和加勒比地区一体化进程得到有力的组织保障。

《加拉加斯宣言》强调，拉共体的成立标志着初步实现了拉美解放者们有关“拉美大团结”的理想，大大提升了拉美地区在整个国际社会的话语权。宣言确定，“共同体是唯一包括全体 33 个拉美加勒比国家的对话和协调机制，是地区多样化团结意志的最高表现，在福祉、和平、安全的共同日程基础上，加强拉美和加勒比国家之间的政治、经济、社会、文化联系，目的是巩固地区共同体”，“共同体是政治协商、合作和一体化的代表性机制，是确保地区团结和一体化的共同空间”。根据《拉美和加勒比共同体章程》，拉共体将全面取代里约集团和拉美和加勒比国家一体化和发展首脑会议，并开始履行与其他政府间组织、国际组织和机构的政治对话职能，在全球范围内推进与拉美加勒比各国利益攸关的各项议程。章程设定的共同体机制包括首脑会议、外长会议、轮值主席国、国家协调员会议、专业领域会议和“三驾马车”等。

二　拉美和加勒比国家共同体的发展

拉共体自2011年12月成立以来，到2015年1月中拉论坛召开，开展的主要活动有：举办了两次峰会；与欧盟一起举行了一次峰会；召开了多次拉共体各国部长级会议；拉共体“三驾马车”（后改变为“扩大的三驾马车”和“四驾马车”）与俄罗斯、印度、日本等国建立了联系；与中国一起举办了中国—拉共体论坛首届部长级会议。

第一次拉共体峰会。2013年1月27—28日，拉共体在智利圣地亚哥举行了第一次峰会。除巴拉圭因2012年总统卢戈被国会使用非正常程序弹劾，未获邀请而缺席峰会外，其余32个国家的国家元首、政府首脑或代表均与会。峰会就共同体成立以来的地区一体化、经济增长和政治议题广泛地交换了意见，并探讨了共同体的机制建设和发展方向等问题。会议通过了《圣地亚哥宣言》[①] 等一系列文件，重申了共同体成员国推动地区团结及政治、经济、社会和文化一体化的宗旨，共同体将建立一个常设的对话和协商的机制，通过在多边主义框架下协商一致的办法，实现统一性和多样性的平衡。宣言认为地区团结和一体化建设必须遵循循序渐进、尊重多元性和尊重各国人民自主选择政治和经济组织形式的主权权利等原则。宣言还强调拉共体与其他区域组织和机构之间的关系是长期对话、互补、不覆盖或重叠，且是团结、包容的关系。宣言将拉共体成员国在全球国际会议上统一立场、协调合作作为共同体建设的重要内容，以推动在国际议程主要问题上反映和实现拉美和加勒比

---

① 《圣地亚哥宣言》等文件原文，参见 http：//www. minrel. gob. cl/documentos－i－cumbre－celac/minrel/2013－02－08/155151. html。

地区利益的关切。宣言强调在一些重大国际问题上，拉共体国家应发出自己强有力的声音。宣言要求拉共体成员国加强在基础设施、能源、扫毒、文化、移民、粮食安全、科技创新、扶贫等方面的合作，以推动地区的可持续性增长。

峰会通过了《关于“扩大的三驾马车”的决议》，即将加勒比共同体（由其轮值主席国的代表）纳入共同体的“三驾马车”（前任共同体轮值主席、现任轮值主席和候任轮值主席），构成“扩大的三驾马车”。峰会还通过了关于拉共体机构运行程序的决议；关于帮助海地重建和发展的特别声明；关于支持阿根廷诉求的马尔维纳斯群岛的特别声明；关于反对一切恐怖主义的特别声明；关于要求美国结束对古巴封锁的特别声明等文件。

第二次拉共体峰会。2014 年 1 月 28—29 日，拉共体在古巴首都哈瓦那举行了第二次峰会，拉美和加勒比地区 33 国国家元首、政府首脑或代表出席，联合国秘书长潘基文、美洲国家组织秘书长因苏尔萨等国际或地区组织负责人与会。会议通过了《哈瓦那宣言》《拉共体 2014 年行动计划》及包括《宣布拉美和加勒比为和平区的公告》在内的近 30 份成果文件。[①] 为体现加勒比国家和拉美国家的平等性，会议决定将“扩大的三驾马车”更名为“四驾马车”，组成不变。会后，哥斯达黎加接替古巴担任轮值主席国。

《哈瓦那宣言》充分肯定拉共体成立两年多来的进展，认为拉共体已建立了一个有效的对话和政治协商的空间，使拉美和加勒比地区更好地参与国际事务。宣言重申拉共体成员国加强这一有效的政治对话空间的意愿。宣言强调，拉美和加勒比国家各不相同，从多样性出发，明确其共同挑战和目标以及共同点，促进拉美的一体化，巩固民主、人权，建立包容性社会，提高生产率，加强贸易往来，改进基础设施，为持续

① 《哈瓦那宣言》等文件原文，参见 http：//celac. cubaminrex. cu/。

发展、克服不平等、实现公平分配而共同努力。这就是拉共体的使命、任务和政治责任。

拉共体成员国在《宣布拉美和加勒比为和平区的公告》中，承诺将根据联合国宪章的精神和国际法，全面彻底地消除核武器和其他大规模杀伤性武器，使用和平手段解决国家之间的边界冲突，同时间接敦促美国不要直接或间接干涉拉共体成员国的内政，要求区域外的大国尊重拉共体成员国的主权与领土完整，以及各国人民享有的自决权原则。拉美和加勒比地区是世界上第一个宣布为和平区的地区，对国际安全和世界和平具有重大意义。正如劳尔·卡斯特罗在峰会开幕式上所说的："我们应该建立一个共同的政治空间，使我们为实现和平和各国相互尊重而前进。"宣布拉美和加勒比地区为和平区是这次峰会的一个亮点，是这次峰会所取得的重要成果之一。

拉共体第二届峰会的另一个亮点，是顺利通过了《关于支持建立中国—拉共体论坛的特别声明》。声明回顾了近十年来，中拉各领域友好合作关系的良好发展，积极评价双方领导人就推进中拉整体合作、建立中国—拉共体论坛进行的持续探讨，决定同意建立中国－拉共体论坛。对此，中国国家主席习近平于2014年1月30日分别致电拉共体前任轮值主席国古巴国务委员会主席兼部长会议主席劳尔·卡斯特罗和时任轮值主席国哥斯达黎加总统钦奇利亚，表示祝贺和赞赏。习近平在贺电中说，拉共体成立以来，积极推进本地区对话合作，加强多元外交，国际影响力持续提升。中方相信拉共体将为促进地区团结协作、共同应对全球性挑战发挥日益重要的作用。习近平表示，这一声明表明，拉美和加勒比各国对加强中拉整体合作有共同愿望，有利于提高中拉关系水平。中方愿同拉方继续努力，积极推进中国—拉共体论坛筹建进程，为推进平等互利、共同发展的中拉全面合作伙伴关系搭建重要平台，更好造福中拉人民，为促进地区和世界和平与发展做出贡献。[①]

2015 年 1 月 28—29 日，拉共体在哥斯达黎加圣何塞举行第三届峰会。会后，厄瓜多尔接替哥斯达黎加担任轮值主席国。

第一届拉共体—欧盟峰会。2013 年 1 月 26 日，第一届拉共体—欧盟峰会在智利圣地亚哥召开，来自拉美和加勒比地区及欧盟（含克罗地亚）61 个国家的国家元首、政府首脑及高级代表与会，欧盟委员会主席范龙佩、欧洲理事会主席巴罗佐、联合国拉美和加勒比经济委员会（拉美经委会）执行秘书巴尔塞纳等应邀出席。会议的主题是“为了可持续发展的联盟：促进在社会和环境领域高质量的投资”。拉共体—欧盟峰会的前身是拉美和加勒比与欧盟的峰会（简称拉欧峰会），拉欧峰会已经进行了六届，第一届是 2006 年 2 月在巴西里约热内卢召开的，第六届是 2010 年 5 月在西班牙马德里召开的。2011 年 12 月拉共体成立后，双方决定将拉欧峰会改名为拉共体—欧盟峰会。第一届拉共体—欧盟峰会通过了《圣地亚哥宣言》和《拉共体—欧盟行动计划 2013—2015 年》。[②] 宣言强调推进和深化两地区战略伙伴关系，探讨双边贸易和投资、性别平等、民主人权、科技创新和可持续发展等议题。宣言指出，建立旨在促进可持续发展的协作关系可以引导拉美和加勒比与欧盟两大地区的经济取得可持续增长。这次峰会是拉共体首次与区域外国家集团一起召开峰会，有利于拉共体代表整个地区以一个声音与欧洲对话；双方一致同意建立新型的跨地区战略联盟，促进市场开放，抵制贸易保护主义，共同应对国际金融危机。

第二届拉共体—欧盟峰会于 2015 年在比利时布鲁塞尔举行。

拉共体的部长级会议及其他会议。2012 年 11 月，在秘鲁利马召开

---

① http：//news. xinhuanet. com/politics/2014 -01/30/c_ 119193310. htm.

② 这两个文件的原文，请参阅 http：//abest. mincyt. gob. ar/index. php？ option = com_ content&view = article&id = 123&Itemid = 388&lang = es。

拉共体第一届能源部长会议；12 月，在智利比尼亚德尔马召开拉共体第一届财长会议。2013 年 2 月，在古巴哈瓦那召开拉共体第一届教育部长会议；3 月，在苏里南帕南马里博召开拉共体第一届文化部长会议；4 月，拉共体“扩大的三驾马车”在古巴哈瓦那举行外长会议；7 月，在委内瑞拉加拉加斯召开拉共体第一届社会发展部长会议，讨论扶贫问题；10 月，在牙买加蒙特哥贝召开拉共体第二届能源部长会议；11 月，在厄瓜多尔基多召开拉共体第二届财长会议。2014 年 4 月，在哥斯达黎加圣何塞举行拉共体第一届经济和工业部长会议；8 月，在委内瑞拉加拉加斯举行第二届拉共体文化部长会议；10 月，在秘鲁利马召开第一届拉共体劳工部长会议；11 月，在萨尔瓦多萨尔瓦多市召开拉共体第三届能源部长会议。

拉共体与世界其他国家和地区的联系。拉共体与印度：2012 年 8 月，拉共体“三驾马车”外长到访印度，会见印度外长。双方发表公报，决定将双边关系制度化，每年举行一次对话，轮流在印度和拉共体轮值主席国进行，双方决定加强政治、经贸、文化方面的联系，建立战略伙伴关系。

拉共体与俄罗斯：2012 年 9 月，拉共体“三驾马车”外长与俄罗斯外长在联大首次会晤。2013 年 5 月，拉共体“扩大的三驾马车”4 国（古巴、智利、哥斯达黎加、海地）外长到访俄罗斯，与俄外长举行会谈。双方决定加强经济、工业、教育、文化、学术和人道主义等领域合作。俄方高度评价拉共体在地区合作、协调和一体化方面的积极作用，并强调俄罗斯与拉共体在维护多边主义、国际法和联合国作用等问题上存在广泛共识。2014 年 1 月，拉共体古巴峰会决定支持建立拉共体—俄罗斯政治对话机制。

拉共体与日本：2013 年 9 月，在第 68 届联大期间，拉共体“扩大的三驾马车”4 国（古巴、智利、哥斯达黎加、特立尼达和多巴哥）外长在纽约与日本外务相举行了会谈，双方提议建立一个加强经济关系和政治交往的对话机制。

拉共体与土耳其：2013 年 9 月，在第 68 届联大期间，拉共体“扩大的三驾马车”4 国外长在纽约与土耳其外长举行了首次会谈，双方表示愿意在各个层次、多领域，特别在政治、经济和文化三个重点领域定期举行对话。

拉共体与韩国：2013 年 9 月，在第 68 届联大期间，拉共体“扩大的三驾马车”4 国外长在纽约与韩国外长举行会谈，韩方表示愿意与拉共体在双边层次开展贸易、投资、基础设施、人力资源开发和旅游合作，在全球层次上开展发展、安全、联合国改革、气候变化和可持续发展等领域的合作。拉共体方面完全接受韩方倡议。

三　中拉论坛的建立与首届部长级会议

中国和拉共体的关系。拉共体 2011 年 12 月 2 日宣布成立时，时任国家主席胡锦涛代表中国于当天致电委内瑞拉总统查韦斯和智利总统皮涅拉，热烈祝贺拉共体成立。贺电说，拉共体的成立是地区一体化进程中的重要里程碑，贺信表示，中国政府和人民相信，拉共体的成立不仅有助于加强拉美和加勒比地区的团结协作，而且将有助于进一步发展和加强拉美和加勒比国家与中国的友好合作关系。中方愿同拉共体及地区各国加强对话、交流与合作，为建立和发展中拉平等互利、共同发展的全面合作伙伴关系而携手努力。

2012 年 6 月，时任总理温家宝在联合国拉美经委会提出包括成立中拉合作论坛、适时举行中拉领导人会晤等系列倡议，得到拉美和加勒比国家的积极回应。

同年8月，拉共体“三驾马车”外长访华，全国人大常委会副委员长蒋树声和时任外长杨洁篪分别会见。9月，时任中国外长杨洁篪与拉共体“三驾马车”外长在纽约举行首次对话，双方就进一步发展中国同拉共体关系、深化中拉合作和构建中拉整体合作机制等议题交换意见并发表联合声明，双方商定把推动构建以中拉合作论坛为核心的中拉整体合作机制作为共同努力方向。

2013年1月，拉共体首届峰会责成各成员国外交部就建立中国—拉共体合作论坛进行协商，并将相关研究报告提交2014年古巴峰会讨论。同年9月，中国—拉共体“扩大的三驾马车”在纽约举行外长对话，双方就成立中拉合作论坛、拉美各次区域组织的发展、国际发展议程进行了有益的探讨，达成了重要共识。

2014年1月29日，拉共体第二届峰会通过《关于支持建立中国—拉共体论坛的特别声明》，为中拉开启整体合作进程奠定了基础，并同意于年内召开论坛首次会议。1月30日，国家主席习近平分别致电古巴和哥斯达黎加领导人，对此表示祝贺和赞赏。

2014年7月17日，中国国家主席习近平访问巴西期间出席在巴西利亚举行的中国—拉美和加勒比国家领导人会晤，并集体会见拉共体“四驾马车”成员国领导人。会上，习近平主席发表了题为“努力构建携手共进的命运共同体”的主旨讲话。会晤宣布中拉建立平等互利、共同发展的全面合作伙伴关系，宣布建立中国—拉共体论坛并尽早在北京举行论坛首届部长级会议。会晤通过成果文件《中国—拉美和加勒比国家领导人巴西利亚会晤联合声明》。

中拉论坛首届部长会议的成功召开。2015年1月8—9日，中国—拉共体论坛首届部长级会议作为2015年中国首场重大“主场外交”行动在北京成功召开。这次会议的主题是“新平台、新起点、新机遇——

共同努力推进中拉全面合作伙伴关系”。中国国家主席习近平、拉共体的轮值主席国哥斯达黎加总统索利斯、厄瓜多尔总统科雷亚、委内瑞拉总统马杜罗、巴哈马总理克里斯蒂，以及来自拉美30个国家的40多位部长及代表出席了会议，习近平在开幕式发表重要讲话。

习近平在题为《共同谱写中拉全面合作伙伴关系新篇章》的重要讲话中，① 为中拉合作制定了具体的目标、方向和原则。习近平对中拉论坛未来发展谈了四点意见。第一，坚持平等相待的合作原则；第二，坚持互利共赢的合作目标；第三，坚持灵活务实的合作方式；第四，坚持开放包容的合作精神。习近平表示，中拉论坛不仅有利于双方团结协作和南南合作，也必将为促进世界发展繁荣做出积极贡献。

在这次会议上，中国同拉共体成员国围绕双方整体合作和中拉论坛建设进行了深入探讨，并顺利通过了《中拉论坛首届部长级会议北京宣言》《中国与拉美和加勒比国家合作规划（2015—2019）》《中拉论坛机制设置和运行规则》3个成果文件。

《中拉论坛首届部长级会议北京宣言》② 对中拉整体合作和论坛建设做了规划，中拉论坛的正式建立为各国开展广泛领域的合作搭建了重要平台。宣言规定，论坛由中国和拉共体成员国外交部牵头，将负责处理论坛框架下举行的各类会议涉及的外交、政治、经济、科技、贸易、金融、文化、社会、环境等领域议题。论坛将遵循尊重、平等、多元、互利、合作、开放、包容和不设条件的原则，决心通过创新合作方式，在论坛主要领域及双方商定的其他领域开展对话，促进共同可持续发展、社会福祉和经济增长，为南南合作作出新的贡献，以中拉论坛为对话与合作的新平台、新起点、新机遇，进一步深化中拉全面合作伙伴关系。

① 《人民日报》2015年1月9日，第2版。

② 全文参见《人民日报》2015年1月10日第3版。

《中国与拉美和加勒比国家合作规划（2015—2019）》① 提出了中拉整体合作的13个重点领域和具体的措施，这13个领域是：政治和安全；国际事务；贸易、投资、金融；基础设施和交通运输；能源资源；农业；工业、科技、航空航天；教育和人力资源培训；文化和体育；新闻、媒体、出版；旅游；环保、灾害风险管理和减灾、消灭贫困、卫生；民间友好。

规划中包括不少具体措施和指标，如：中方将在今后5年内邀请1000名拉共体成员国政党领导人访华。适时举办中拉首都市长论坛和中拉地方政府合作论坛。中方将继续办好中拉青年政治家论坛；力争10年内双方贸易额达到5000亿美元，双方投资存量达到至少2500亿美元，其中拉共体的投资存量特别关注高科技和高附加值商品生产领域；中方将在2015年至2019年期间向拉共体成员国提供6000个政府奖学金名额、6000个赴华培训名额及400个在职硕士名额；中方将从2015年起正式实施为期10年的“未来之桥”中拉青年领导人千人培训计划，并继续办好拉美青年干部研修班项目；促进汉语、英语、西班牙语、葡萄牙语等语言人才培养。中方鼓励和支持拉共体成员国在中小学开设汉语课程，将汉语教学纳入国民教育体系。拉共体鼓励中国学校开设西班牙语和英语课程并开展教学，拉共体成员国鼓励中方在中国学校推广拉共体官方语言课程；共同办好中方倡议的最好于2016年举办的“中拉文化交流年”活动；支持2015年9月在中国杭州举办“第五届中拉民间友好论坛”，等等。

《中拉论坛机制设置和运行规则》规定，中拉论坛定位为由中国和拉共体成员国外交部牵头的政府间合作平台，主要机制包括部长级会议、中国—拉共体“四驾马车”外长对话、国家协调员会议（高官会）。中拉合作论坛将在拉共体共识基础上，适时探讨逐步举行专业领

① 全文参见《人民日报》2015年1月10日第3版。

域分论坛和会议。在中拉论坛部长级会议基础上，以及双方商定的时机，双方可探讨适时举行中国和拉共体成员国领导人峰会，作为中拉整体合作的最高形式。

中拉关系展望。中拉论坛部长级会议的召开，标志着中国—拉共体论坛机制正式启动，会议的成功举办使中拉整体合作由构想变为现实，为中拉整体合作打造好了一个新平台，是中拉整体合作的新起点，为中拉整体合作提供了新机遇。这次会议将载入中拉关系发展的史册，它不仅有利于中拉双方团结协作和南南合作，也将为促进世界发展繁荣做出积极贡献。

中拉论坛作为中国和拉共体成员国政府间整体合作机制，涵盖政治、经贸、人文、社会、科技等广泛领域。正如习近平主席所希望的，中拉双方应该牢牢把握共同发展的主旋律，加强论坛机制建设，规划好整体合作蓝图，争取早期收获，实现“1 加 1 大于 2”的效果，确保论坛可持续发展。

习近平在会议开幕词中说，“中拉携手同行、深化合作恰逢其时”。这是因为，从国际形势来看，当今世界是一个发展变革的世界，是一个新机遇新挑战层出不穷的世界，是一个国际体系和国际秩序深度调整的世界，是一个国际力量对比朝着有利于和平与发展方向深刻变化的世界。一大批发展中国家和新兴市场国家快速发展，通过南南合作相互输送动力，增强了自身实力和自主发展能力，为后国际金融危机时期的世界经济注入新的动力，也有力推动了国际秩序朝着更加公正合理的方向发展。

从拉美形势来看，拉美和加勒比地大物博，发展条件得天独厚，是最具发展潜力的新兴地区之一。近年来，拉美地区保持稳定发展的良好态势，在拉共体等地区组织引领下，联合自强和一体化建设不断取得新进展，整体实力和国际影响力不断增强。拉美和加勒比国家积极推进多元外交，更加重视发展同包括中国在内的亚太各国友好合作关系，为中拉关系全面深入发展提供了更大空间。

现在，中国经济发展进入了新常态，今后一个时期将继续保持中高速增长。当前，中国人民正在为全面建成小康社会、实现中华民族伟大复兴的中国梦而奋斗，拉美和加勒比各国人民也在为实现团结协作、发展振兴的拉美梦而努力。共同的梦想和共同的追求，将中拉双方紧密联系在一起。中国坚持独立自主的和平外交政策，坚持走和平发展道路，坚持互利共赢的开放战略，坚持和积极践行正确义利观，讲信义、重情义、扬正义、树道义，愿将中国发展同广大发展中国家共同发展紧密结合起来，共同致力于建立以合作共赢为核心的新型国际关系。因此，可以说，中拉携手同行、深化合作恰逢其时。

未来 5 年，中国将进口超过 10 万亿美元商品，对外投资超过 5000 亿美元，出境旅游将超过 5 亿人次。这将给包括拉美和加勒比国家在内的世界各国提供更多市场机遇、增长机遇、投资机遇、合作机遇。

目前中拉关系已经形成了“五位一体”的新格局，即“政治上真诚互信、经贸上合作共赢、人文上互学互鉴、国际事务中密切协作、整体合作和双边关系相互促进”。目前的中拉关系处于历史上最好的时期。中拉关系全面快速发展，双方高层交往频繁，政治互信进一步提升，经贸务实合作进一步扩大，人文科技交流进一步密切，国际协作进一步增强，整体合作进一步推进。

未来中拉的整体合作，我们既要发展与拉美大国如巴西、墨西哥、阿根廷等国的关系，也要重视发展与拉美，特别是中美洲和加勒比地区小国的关系；既要发展与左派执政的国家如古巴、委内瑞拉、玻利维亚、厄瓜多尔等国关系，也要发展同中右翼执政的国家的关系；既要发展与我国有正式外交关系的 21 个拉美和加勒比国家的关系，也要借助中国—拉共体论坛这个平台，发展与 12 个与我国没有正式外交关系的国家的关系。

根据这次中拉论坛首届部长会议通过的五年合作计划，中拉之间的贸易结构将会得到优化，中国将进口拉美各国更多的制成品和高附加值、高科技含量的产品；通过中国的投资和贷款，中国的商品将会继续大量地涌入拉美国家。中国和拉美双边的老百姓会享受到更多对方的商品，以改善生活。双边的人员交往，包括旅游者的往来将进一步密切，对中国百姓来说，拉美不再遥远；对拉美百姓来说，中国不再可望而不可即。

中拉论坛首届部长级会议的目的是推动中拉整体务实合作关系的发展，中国与拉美国家发展关系，与美国发展同拉美的关系是并行不悖的。中国同拉美和加勒比国家间的合作是南南合作，是发展中国家间的相互支持，不会影响也不会取代各自与其他国家、其他地区间已有的交往与合作。中拉合作基于相互需求和共同利益，不针对第三方。中拉合作秉持开放、包容和平衡理念，不排斥第三方。

随着中拉双方经贸关系的发展与合作的不断深化，也会给双方带来新的挑战，主要挑战有：1. 目前国际经济形势仍不容乐观，国际贸易增长缓慢，因此，中拉贸易要在 10 年内达到 5000 亿美元的指标绝非易事，需要双方共同努力；2. 拉美和加勒比 33 个国家的国情不尽相同，差异很大，对华态度也不一。特别是 12 个与我没有正式建交的国家，在发展相互关系时还有种种顾虑；3. 一些拉美国家的产品结构与我国的产品比较相似，因此，难免会与我国发生贸易摩擦；4. 拉美一些国家政局不太稳定，我国对这些国家的投资和贷款会有一定的风险；5. 美国一些保守的政客和国会议员对中国发展与拉美国家的关系仍有戒心；6. 拉美一些国家的国内也有一些人士，包括一些环保主义者、土著居民、工会等民间团体等对中国企业在它们国家建厂，开发矿山，修建铁路公路、水电站，存有疑虑，甚至表示反对。

总的说来，中国—拉共体论坛首届部长级会议的成功举办为今后中拉论坛的建设和整体合作的可持续发展开好了头，起好了步。“好的开始是成功的一半”，我们相信，只要中拉双方以长远的眼光，从战略高度，以这次中拉论坛首届部长级会议为新起点，共同打造好中拉整体合作这一新平台，牢牢抓住中拉整体合作的新机遇，一定会使中拉关系在更高水平上实现新发展。

（徐世澄，中国社会科学院荣誉学部委员、浙江外国语学院拉丁美洲研究所所长、江苏师范大学伊比利亚美洲研究中心特约研究员）

对拉美研究中若干问题的认识

江时学

内容提要 最近十多年，随着中国与拉美国家关系的快速发展，中国学者对拉美政治、经济、外交、社会、文化和历史的研究也在不断深入。但是，由于不同的研究人员获取的资料不同，使用的研究方法不同，分析问题的角度不同，因此，对于同一个问题进行研究后得出的结论也不尽相同。本文力图对当前拉美研究领域中尚无定论的若干问题提出一些粗浅的看法，以引起学术界的关注和争鸣。

一 拉美经济改革的成败得失何在?

自20世纪90年代开始，拉美国家实施了以“四化”（贸易自由化、国有企业私有化、金融自由化和经济体制市场化）为主要内容的经济改革。在一定程度上，这一“四化”与中国的“对外开放”和“对内搞活”极为相似。

在总结拉美经济改革的成效时，看法五花八门，应有尽有，差异很大。例如，美洲开发银行的经济学家在1997年发表的一篇论文中认为，拉美经济增长率之所以不高，不是因为拉美国家实施了经济改革，而是因为外部环境不利以及经济改革的力度不大。因此，他们认为，拉美国家应该尽快深化改革。① 但也有一些学者认为，拉美经济改革完全是一种“失败”。②

在评价拉美经济改革的成效时之所以出现不同的看法，可能是因为：第一，缺乏评判的标准。邓小平的“三个有利于”是评判中国经济改革成败得失的标准。③ 但没有一个拉美国家的领导人或权威人士提出过评判拉美经济改革的标准。第二，在不同时期所作的评判也会得出不同的结论。大部分改革措施的成效需要在较长时间后才能显现，不能以一时一事论成败。这意味着，短期内做出的评估常常是片面而不完整的。

迄今为止，拉美的经济改革进程已有二十多年的时间。因此，现在对这一改革的成效进行评判，无疑在时间上更合适，得出的结论显然会更为公正和客观。

拉美经济改革之所以被视为“失败”，主要是因为评判者无视这一改革取得的以下积极成效。

第一，改革使拉美经济摆脱了20世纪80年代的债务危机和经济危机的困扰，走上了复苏之路。自1990年以来，除少数年份以外，拉美经济能保持较高的增长率，多个年份的增长率在5%以上。第二，国民经济实现了从封闭的进口替代模式向外向发展模式过渡的转变。贸易壁

---

① Eduardo Fernández-Arias and Peter Montiel, “Reform and Growth in Latin America: All Pain, No Gain?” Inter-American Development Bank Working Paper #351, 1997.

② 例如，张晓认为，“拉美国家在推行新自由主义改革的过程中，在强调市场机制的作用时，过分贬低国家干预的必要性，在强调对外开放时，过分贬低循序渐进的重要性，导致拉美经济改革的失败”。他列举了拉美经济改革失败的4种表现：（1）改革破坏了拉美国家的生产力，改革加大了宏观经济的脆弱性；（2）改革导致国家职能受到削弱，经济调控能力急剧下降；（3）经济依赖性不断增强，抵御经济风险的能力不断弱化；（4）收入分配日益不均，两极分化严重。（张晓：《从拉美经济改革的失败透视新自由主义的本质》，《生产力研究》2011年第12期。）

③ 1992年邓小平在视察南方时提出了“三个有利于”：是否有利于发展社会主义社会的生产力，是否有利于增强社会主义国家的综合国力，是否有利于提高人民的生活水平。

垒的降低、对外资开放的投资领域的扩大以及区域经济一体化的复兴，都使拉美经济的外向性进一步增强。第三，宏观经济形势趋于稳定。通过改革，久治不愈的通货膨胀率问题得到了解决，财政收支实现了平衡，汇率的稳定性得到了强化。第四，抵御外部冲击的能力显著增强。例如，受2007—2008年国际金融危机的影响，2009年拉美经济的增长率为负数，但它并没有出现当初预料的那种“崩溃”。无怪乎世界银行行长佐利克在2009年7月6日说：“人们都在谈论中国（的成功），但我认为拉美也是成功的。”① 第五，多数人的生活水平得到改善。拉美国家的贫困率的下降能说明这一问题。根据联合国计划开发署在2014年8月发表的报告，2000—2012年期间，拉美的贫困率从42%下降到25%。

当然，没有一种经济改革是十全十美的。拉美经济改革也有不容忽视的缺陷，其中尤为突出的是：第一，国有企业私有化使一些私人资本和外国资本的生产集中不断加强。此外，由于经营不善或国家停止拨款后资金周转发生困难等原因，一些国有企业在私有化后陷入了困境，最终不得不再次被国家接管或以政府的财政“援助”度日。可见，私有化不是解决一切问题的“灵丹妙药”。第二，市场开放导致竞争力弱小的企业陷入困境。在拉美，市场开放的过程是一个外资企业不断入侵的过程。有些民族企业在竞争中仍然能保持自己的优势，并在竞争中不断壮大自身的实力，但有些民族企业则因不敌外来竞争而陷入困境。第三，在重新定位政府的作用的过程中曾一度忽视了社会发展的重要地位。改革强化了市场机制的作用，但拉美国家似乎从一个极端走向另一个极端。例如，有些国家的政府为了实现财政平衡而减少了对文教卫生领域和公共交通领域的投资，从而使低收入阶层得不到必要的服务；有

---

① http：//web. worldbank. org/WBSITE/EXTERNAL/NEWS/0，contentMDK：22238812 ~ pagePK：34370 ~ piPK：34424 ~ theSitePK：4607，00. html.

些国家的政府则将一些社会服务设施交给私人部门去管理，失去了政府在社会发展领域中的主导地位。① 第四，不成熟的金融自由化和过早的资本项目开放增加了金融风险。1994 年的墨西哥金融危机、1999 年的巴西货币危机以及 2001 年的阿根廷债务危机，都与这些缺陷有着密切的关系。

综上所述，如能借用邓小平的“三个有利于”，我们就可得出这一结论：拉美经济改革基本上是成功的。而且，必须指出的是，面对 20 世纪 80 年代的债务危机和经济危机的双重打击，当时拉美国家面临的唯一选择就是改革。虽然这一改革存在着缺陷，但我们不能就此而认定这一改革是失败的。当然，仅仅着眼于改革的成就而无视其问题，同样是有失公允的。

二　拉美国家面临的最严重的社会问题是什么？

无论是学术界还是世界银行、国际货币基金组织和联合国拉美和加勒比经济委员会等国际机构，在评价拉美国家的现代化道路或发展模式的业绩时，都会异口同声地得出这一结论：该地区的社会问题非常严重。

顾名思义，社会问题就是社会领域出现的问题。然而，对于拉美国家面临着哪些社会问题以及哪一个社会问题最严重等问题，迄今为止国内外学术界尚无公认的答案。

在中国，最严重的社会问题莫过于社会治安不佳。在拉美国家面临

① 令人欣慰的是，越来越多的拉美国家认识到，在推动社会发展的过程中，政府的作用是极为重要的。

的所有社会问题中，对社会伤害最大的，也是最难解决的，同样是社会治安恶化。在有关民意测验中，民众最关切的也是这一久治不愈的社会问题。

根据联合国毒品与犯罪问题办公室（UNODC）在2013年发表的《全球凶杀案研究报告》，凶杀案犯罪率的世界平均水平为十万分之六点二，而中美洲、加勒比和南美洲则分别为十万分之二十四、十万分之二十三和十万分之十六。[①] 联合国计划署（UNDP）在2013年11月发表的《拉美地区人类发展报告》认为，每十个拉美人中有五个人认为其国家的社会治安在恶化。该报告指出，如果没有凶杀案，拉美国家的国内生产总值增长率会上升0.5%。[②] 美洲开发银行的有关研究表明，虽然发达国家和发展中国家的犯罪率都在上升，但拉美的上升速度更快。而且，由于许多受害者不愿意报案，与犯罪率有关的上述指数实际上被低估了。[③] 在许多拉美国家，私人保镖业越来越兴旺发达。哥伦比亚一公司已研制出192种不同款式的防弹衣，其中包括具有防弹功能的女用内衣内裤。

拉美国家的社会治安问题呈现出以下几个显著的特点：第一，除"小偷小摸"以外，绑架和凶杀等恶性案件频繁发生。第二，无论是穷人和富人，都是受害者。第三，越来越多的外国人成为犯罪活动的受害者。

社会治安恶化的代价是巨大的。根据世界银行经济学家的计算，居高不下的犯罪率使拉美的国民经济增长率减少了8%。如果20世纪90

---

① http：//www. unodc. org/documents/gsh/pdfs/GLOBAL _ HOMICIDE _ Report _ Ex-Sum. pdf.

② UNDP, *Human Development Report for Latin America* 2013—2014, November 13, 2013. http：//www. undp. org/content/undp/en/home/librarypage/hdr/human – development – report – for – latin – america – 2013 – 2014/.

③ Inter-American Development Bank（IDB）, *Development beyond Economics*：*Economic and Social Progress in Latin America*, The Johns Hopkins University Press, 2000, pp. 13—14.

年代初巴西的凶杀案发案率被降到哥斯达黎加的水平（哥斯达黎加的凶杀案发案率仅相当于巴西的六分之一），那么，90 年代后期巴西的人均收入会增加 200 美元，GDP 增长率会从 3.2% 上升到 8.4%。2013 年 1 月 24 日至 25 日[①]在美洲开发银行举行的一次会议上，有人指出，在乌拉圭，与犯罪活动相关的经济损失相当于国内生产总值的 3%。[②]

拉美国家社会治安恶化的原因与以下几个因素有关。

一是收入分配不公。诚然，自 20 世纪 90 年代后期以来，拉美的贫困率在下降，但是贫困化问题远未得到彻底解决。而拉美的富翁却为数不少。如在 2014 年，拉美共有 114 位亿万富翁，资产总额高达 4400 亿美元，其中拉美首富、并曾多次雄踞世界富翁榜榜首的墨西哥人卡洛斯·斯利姆拥有 720 亿美元资产。[③]

贫困化与财富集中导致拉美的收入分配极为不公。根据世界银行的计算，多个拉美国家的基尼系数接近或超过 50，其中哥伦比亚、巴西和巴拿马分别为 53.5、52.7 和 51.9。[④]

正如古希腊亚里士多德所说的那样，“无论在什么地方，不平等总是动乱的起因”。[⑤] 收入分配不公及与之密切相关的贫困化既强化了拉美社会中弱势群体的反社会心理，也迫使其通过非法手段谋取生计。

二是司法腐败。司法公正是确保社会正义的必要条件，而司法腐败则不仅不能维护社会正义，反而会助长邪恶。拉美的腐败问题较为严重。2010 年度诺贝尔文学奖获得者、秘鲁作家马里奥·巴尔加斯·略

---

① Jens Erik Gould, “High Crime Stifles Latin Economies”, *New York Times*, October 17, 2006.

② http://blogs.iadb.org/desarrolloefectivo_en/2013/02/05/the-costs-of-crime-and-violence-in-latin-america-and-the-caribbean/.

③ “Meet the Richest Billionaires In Latin America”, *Forbes*, March 19, 2014. http://www.forbes.com/sites/danalexander/2014/03/19/meet-the-richest-billionaires-in-latin-america/.

④ “GINI index (World Bank estimate)”. http://data.worldbank.org/indicator/SI.POV.GINI/.

⑤ 亚里士多德：《政治学》（中文版），中国人民大学出版社 2003 年版，第 160 页。

萨曾说过："如果要用一个词来概括整个拉美，那个词不是自由，而是腐败。"① 在打击有组织犯罪活动时，许多司法人员成了犯罪分子的帮凶。

三是毒品生产和毒品走私活动猖獗。毒品卡特尔是由从事毒品生产和贩运活动的人员组成的暴力集团。他们用滚滚而来的"毒品美元"购置了精良的武器和先进的通信设备和运输工具，并组织了一支敢于与政府的反毒力量决一死战的武装部队。除了通过制造爆炸和绑架等一系列恐怖事件来反击政府的扫毒斗争以外，它们还直接杀害那些主张以强硬手段对付毒品问题的政府官员、司法人员、新闻记者以及社会名流等要人。

三　如何评价查韦斯的"遗产"？

在 1998 年 12 月 6 日举行的委内瑞拉大选中，查韦斯作为"第五共和国运动"和其他一些政党组成的竞选联盟"爱国中心"推举的候选人，以 56.5% 的得票率当选总统。2013 年 3 月 5 日，查韦斯与世长辞。

查韦斯总统在位十多年，使委内瑞拉的内政外交发生了天翻地覆般的变化。因此，如何评价其留下的"遗产"，是一个必须要回答的问题。从历史唯物主义的角度出发，我们可以为查韦斯总统的"遗产"做出以下评价。

第一，查韦斯推动了拉美左派的东山再起。1848—1849 年欧洲革命失败后，共产主义者同盟的一些成员流亡到巴西，给拉美带去了共产主义的"火种"。十月革命一声炮响，也给拉美送去了马克思主义。

① CATO Policy Report, January/February, 2000.

1918年，拉美的第一个共产党在阿根廷成立。至20世纪30年代末，拉美已有19个共产党。苏东剧变后，社会主义阵营不复存在，国际共运走入低谷。这一外部条件使拉美各共产党面临生死考验。有的共产党内出现了否定马列主义、放弃社会主义和解散共产党的倾向，有的共产党则鼓吹回到社会民主主义立场上。①

查韦斯的当选是拉美左派东山再起的“前奏曲”。此后，左翼政治家先后在阿根廷、玻利维亚、巴西、智利、厄瓜多尔、尼加拉瓜和乌拉圭的大选中取胜。这些国家的领土面积占拉美总面积的三分之二以上，人口超过拉美总人口的一半。

第二，查韦斯的“21世纪社会主义”有利于委内瑞拉和其他拉美国家探索新的发展道路。2005年1月30日，查韦斯参加了在巴西南部城市阿雷格里港举行的“世界社会论坛”。他在发表演讲时说：“我越来越坚信，我们需要越来越少的资本主义，越来越多的社会主义。我毫不怀疑超越资本主义的必要性。但我必须补充一点，即资本主义不会从内部超越自己。资本主义需要通过社会主义道路来实现超越。超越资本主义强权的道路在于真正的社会主义、平等和正义。”② 这是查韦斯第一次较为明确地表明他对社会主义和资本主义的爱憎分明的立场。

同年5月1日，查韦斯领导的“第五共和国运动”在首都加拉加斯组织了一次规模庞大的庆祝五一国际劳动节的集会。在这次集会上查韦斯说：“要在资本主义的范围内达到我们的目标是不可能的，要找到一条中间道路也是不可能的。我现在请求全体委内瑞拉人民在新世纪走社会主义道路。我们必须为21世纪建立新的社会主义。”这是查韦斯总统首次公开使用“21世纪社会主义”的提法。

---

① 郭元增、江时学：《拉美共产党为什么难以取得政权》，《红旗文稿》2005年第18期。

② “Venezuela’s Chavez Closes World Social Forum with Call to Transcend Capitalism”, January 31, 2005.（http://www.venezuelanalysis.com/news.php? newsno = 1486）

应该指出的是，除了在会议中或电视上提到“21 世纪社会主义”以外，查韦斯并未对这一概念的内涵提出详尽而深刻的阐述。因此，“21 世纪社会主义”充其量仅仅是查韦斯的一个政治口号而已。但这一口号的提出也充分说明，委内瑞拉有意探索新的发展道路，尽管其前景尚不明朗。

第三，查韦斯的民众主义政策改善了低收入阶层的生活状况。查韦斯总统的政治权力基础在于低收入阶层，因此，他上台后不久就实施了多个扶贫计划，其中包括开设面向穷人的特价商店，向失业者提供各种就业机会，在穷人区建造学校和医院，等等。在古巴的帮助下，委内瑞拉的许多边远地区和贫困地区已基本解决了缺医少药和上学难的问题。其结果是，委内瑞拉的文盲率和婴儿死亡率大幅度下降。

第四，国家的作用显著增强。查韦斯上台后，发誓要降低外国公司在委内瑞拉石油工业中的至高无上的地位，“使委内瑞拉人民获得石油价格上升带来的好处”。为此，查韦斯政府提高了外国公司与委内瑞拉政府在石油收入的分成比例，并要求外国公司将一部分股权转让给委内瑞拉国营石油公司。此外，查韦斯还在其他领域实施了国有化，从而有力地强化了国家在经济生活中的作用。这与新自由主义的主张是大相径庭的。

第五，委内瑞拉的国际知名度和国际地位得到了提高。查韦斯曾不顾美国的禁令，长途跋涉，到巴格达会见当时的伊拉克总统萨达姆；他称古巴领袖菲德尔·卡斯特罗为“慈父”，并以很低的价格向古巴出口石油；他敢于在联合国讲坛上骂布什总统为“魔鬼”，并号召委内瑞拉民兵用当年印第安人对付西班牙殖民主义者的毒箭来回击敢于入侵的“美国佬”；在查韦斯当政期间，伊朗总统艾哈迈迪内贾德多次访问委内瑞拉。此外，查韦斯还以源源不断的石油美元为“后盾”，建立了美洲玻利瓦尔联盟（ALBA），对古巴、玻利维亚和尼加拉瓜等国提供了大量援助。

第六，查韦斯总统彻底改变了委内瑞拉国内政治的格局和“游戏规则”。20世纪中叶委内瑞拉实现民主化后，其政治舞台基本上由民主行动党和基督教社会党把持。尤其在基督教社会党赢得1968年12月的大选后，委内瑞拉进入了一个由两党轮流执政的时代。在相当长的一段时间内，它甚至被视为南美洲国家中的“民主的榜样”。[①] 美国宾州大学教授约翰·马茨认为，1958年推翻希门尼斯的独裁统治后，委内瑞拉奉行的以政党为基础的政治制度一直是拉美最有活力和最具竞争力的制度。[②]

这样一种两党轮流执政的局面固然使委内瑞拉的民主化得以在一个体制化的框架内延续，但是，“两党政治”限制了民众和其他政治力量参与国家政治事务的空间，也使两党在腐败等问题上相互包庇。查韦斯领导的政治力量进入委内瑞拉国内政治舞台后，委内瑞拉国内政治的格局和“游戏规则”发生了天翻地覆般的变化。通过修改宪法和发表行政命令，查韦斯有力地巩固了他的执政地位。当然，查韦斯的反对派及美国认为查韦斯是一个反民主的“独裁者”。

第七，经济问题成堆。查韦斯治理经济的能力较差，在他当政期间，委内瑞拉遇到了以下严重的经济问题：（1）对石油工业的依赖性不仅没有减弱，反而在强化。[③] 其结果是，每当国际市场上石油价格下跌时，委内瑞拉获得的出口收入就会减少，经济增长的动力就减弱；（2）带有强烈的民族主义色彩的国有化以及其他一些政策打击了国内外投资者的积极性，导致石油工业、制造业和农业等部门的再生产能力

---

① Kathryn B. Sanderson, “Venezuela: The Party System from 1963 to 2000”. http://www.janda.org/ICPP/ICPP2000/Countries/3 - SouthAmerica/39 - Venezuela/Venezuela63 - 00.htm.

② Jan Knippers Black (ed.), *Latin America: Its Problems and Its Promise*, Westview Press, 1991, p.427.

③ 在查韦斯当政前夕，石油出口收入占委内瑞拉出口收入的比重不足70%，目前已上升到90%。

得不到提高；（3）长期实施三种汇率制度，极大地扭曲了市场机制。

这些经济问题对民众的危害性体现在商品供应短缺和通货膨胀压力得不到控制。委内瑞拉人消费的基本食品（如玉米、大米、糖、牛奶、牛肉、鸡肉和菜豆等）都不能自给自足。为购买这些食品和其他消费品，消费者不得不在商店开门之前排起长长的队伍。

四　为什么不能全盘否定民众主义?

最近十几年，随着拉美左派的东山再起，民众主义再次引起国际学术界的关注。

民众主义的定义是宽泛的。在政治经济学层面上，我们可以为其做出以下四种相互关联的界定。

第一，民众主义是一种政治学说、政治思潮或政治理论。它认为，在精英政治统治之下，民众的地位十分低下，无法参与国家的政治民主化和经济现代化进程。由此可见，这一学说将“精英”与民众视为对立的两种政治力量。第二，民众主义是一种政治工具。国家领导人动员民众参与政治民主化和经济现代化进程的目的之一就是获取民众的支持，并将其视为维系执政地位的合法性的重要来源。而达到这一目的的必要条件之一就是国家领导人必须具备足够的个人魅力。因此，这样的国家领导人常被视为“克里斯玛”（charisma）型政治家。[①] 第三，民众主义也是一种执政理念，其核心就是“以人为本”“以民为本”。拉美

① 在许多情况下，与其说是民众支持某一个政党，还不如说是他们在支持领导这个政党的政治家。例如，阿根廷总统庇隆的个人魅力如此之大，以至于他的正义党常被称作“庇隆主义党”。

国家的一些领导人就是以这一理念管理国家的。第四，民众主义也是一种具有收入再分配性质的经济政策。政府为夯实群众基础或得到更多的民众的拥护，常用国家的资金来增加最低工资，提供价格补贴，创造就业机会，有时甚至直接向低收入阶层提供免费的食品、牛奶、公共交通和他们的子女需要的校服和课本等社会福利。

在拉美，民众主义最早出现在20世纪20年代。当时，随着进口替代工业化进程的起步，工人阶级的队伍开始扩大，工人的参政意思不断强化。一些政治家在竞选总统时积极挖掘这一巨大的“票仓”，当选总统后为其提供多种多样的社会福利，以巩固自己的政治基础。

在20世纪六七十年代期间，许多拉美国家的军人越来越有力而频繁地干预政治，直至通过军事政变的方式获取国家的最高权力。在军政府统治时期，民主化进程受到摧残，政党和工会组织的大量活动被定性为“非法”，民众主义终于陷入极大的困境。

进入20世纪80年代后，拉美国家的军人还政于民，军政府被文人政治家领导的民主政府取而代之。拉美大陆上出现了美国政治学家亨廷顿所说的“第三波民主化”。

拉美左派的东山再起改变了拉美政治舞台上的力量对比。由于左派政治家较为关注社会公正，主张政府为社会中的弱势群体提供更多的保障，并将这一部分选民视为自己的政治基础，因此，拉美左派力量的不断壮大为民众主义的复苏和发展提供了动力。这能说明为什么查韦斯总统和卢拉总统等国家领导人常被称作民众主义者，并能深得低收入阶层的支持。

然而，在西方学者和媒体的笔下，民众主义常被视为阻碍拉美政治和经济发展的重要因素之一。例如，美国德克萨斯大学奥斯汀分校的科特·韦兰在其题为“为什么拉美的民主在减少”的文章中写道，民众主义是一些政治家获取和操纵国家权力的战略，而这一战略与多元主义、公开的辩论和公平的竞争固有的民主价值观是格格不入的。他还指出，民众主义者赖以生存的是其个人的魅力，而非宪法确定的制衡，因而损害了避免滥用权力和寻求政治霸权的制度保障。① 英国《经济学家》杂志的一篇文章认为，“拉美的民众主义者像墨索里尼，而不是像马克思。……民众主义者将贫困归咎于腐败、寡头或石油和矿业部门的跨国公司。这一指责在投票箱中收效显著，但这样的诊断是不正确的。国家的发展取决于正确的政策和正确的制度。且不论民众主义者取得了多少成就，他们正在把拉美引入死胡同”。②

上述评价忽视了民众主义的积极意义，因而具有显而易见的片面性。

首先，民众主义破除了拉美政治中的“精英政治”。作为拉美政治文化传统的重要组成部分，民众主义有利于扩大民众参与政治的热情，也有利于强化拉美政治文化的多样性。因此，真正的民众主义不是反民主的。

其次，民众主义有利于减少拉美社会中的不公正。众所周知，拉美社会中的不公正是较为严重的。信奉民众主义政策的政府为扶持弱势群体而为其提供了多种多样的社会福利，因此，无论在主观上还是在客观上，这样的行为是值得鼓励和赞赏的。事实表明，卢拉政府实施的“有条件的现金转移支付项目”为推动巴西的社会发展做出了巨大的贡献，贬低这样的民众主义政策是极为错误的。③

---

① Kurt Weyland, “Why Latin America Is Becoming Less Democratic”, July 15, 2013. http://www.theatlantic.com/international/archive/2013/07/why-latin-america-is-becoming-less-democratic/277803/.

② “Latin America: The return of populism”, *The Economist*, April 12, 2006.

③ 令人欣慰的是，中国已与联合国儿童基金会合作，在西部地区的一些县实施了“有条件的现金转移支付项目”的试点工作。参与该项目的妇女和儿童如能满足一定的条件（如定期接受体检和完成义务教育），就可获得政府提供的一定数额的现金补助。（http://www.gs.xinhuanet.com/lintanxian/2013-05/15/c_115772306.htm）

当然，一些拉美国家的政府在实施民众主义政策时忽视了财政平衡，最终使宏观经济平衡面临巨大的压力。这当然是不足取的。这一情况在20世纪六七十年代以前的拉美极为普遍，在最近的十多年同样存在。①

五　如何进一步提升中国与拉美国家的关系?

最近几年，中拉关系取得了前所未有的发展。但是，任何一种双边关系都不会是最好，只能是永无止境地追求更好。换言之，中拉关系同样面临着如何实现百尺竿头、更进一步的难题。

2014年7月，中国国家主席习近平在访问拉美期间提出了有利于进一步提升中拉关系的“五位一体”新格局和“1+3+6”合作新框架。“五位一体”是指政治上真诚互信、经贸上合作共赢、人文上互学互鉴、国际事务中密切协作以及整体合作和双边关系相互促进。“1+3+6”合作新框架中的“1”是“一个规划”，即以实现包容性增长和可持续发展为目标，制定《中国与拉美和加勒比国家合作规划（2015－2019)》；“3”是“三大引擎”，即以贸易、投资、金融合作为动力，推动中拉务实合作全面发展，力争实现10年内中拉贸易规模达到5000亿美元，力争实现10年内对拉美投资存量达到2500亿美元，推动扩大双边贸易本币结算和本币互换；“6”是“六大领域”，即以能源资源、基础设施建设、农业、制造业、科技创新、信息技术为合作重点，推进中拉产业对接。

① Rudiger Dornbusch and Sebastian Edwards (eds.), *The Macroeconomics of Populism*, University of Chicago Press, Chicago, 1991.

为了使上述宏伟的目标成为现实，中拉双方都应该采取必要的措施。就拉美国家而言，以下三点尤为重要。

首先，拉美国家必须摒弃“中国威胁论”和“恐惧中国论”。令人遗憾的是，随着中拉关系的发展，“中国威胁论”和“恐惧中国论”却在拉美不断蔓延和扩散，以至于“中国帝国主义”（el imperialismo chino）这一词汇不时出现在拉美的媒体上。有些拉美人担心，中国不是发展中国家，因此明天的中国与拉美的关系会成为昨天的美国与拉美的关系。还有人甚至认为，在拉美上空，中国国旗上的5颗星早已开始取代美国国旗上的50颗星。

其次，拉美国家必须进一步改善投资环境。拉美国家一直在抱怨中国重贸易而轻投资。事实上，以扩大对外直接投资为形式的“走出去”早已成为中国的国策。一方面，需要中国投资的国家遍及全世界，拉美难以成为中国企业唯一“青睐”的投资场所；另一方面，中国企业在选择投资场所时既要考虑到投资的目的，也要考虑到东道国的投资环境。而拉美国家的投资环境显然有待进一步改善。从法律体系到社会治安状况，从廉洁程度到工会组织的“战斗性”，从基础设施到政府的诚信度，拉美国家都应该做出巨大的努力，以提升其对中国投资的吸引力。

最后，拉美国家不应该通过反倾销等手段来限制中国商品进入拉美。面对竞争力较强的中国商品，许多拉美国家为保护本国市场而实施反倾销。其结果是，拉美与欧盟已成为对中国商品实施反倾销最多的两个地区。拉美国家应该懂得，在全球化时代，保护本国市场的最佳手段是提升本国商品的竞争力。

当然，为了进一步提升中拉关系，中国也应该采取必要的措施：（1）鼓励企业在进入拉美后要积极承担企业的社会责任、尊重当地法律、保护生态环境和确立诚信；（2）进一步加大对拉美的宣传，以遏制“中国威胁论”和“恐惧中国论”的蔓延；(3）最大限度地向拉美出口产品开放市场，以应对长期存在的贸易失衡；(4）提防东道国政治、经济、外交和社会等领域的各种风险。

（江时学，中国社会科学院研究员，中国拉丁美洲学会副会长，江苏师范大学伊比利亚美洲研究中心特约研究员）

中拉关系的现实背景

［阿］埃杜阿多·丹尼尔·奥维多

（蓝博　译/朱伦　校）

内容提要　本文研究中国与拉丁美洲国家地区当前的关系状态。首先分析了中国政治话语中从“战略伙伴关系”至“全面战略伙伴关系”的中拉关系的升级，阐述部分拉美大国对此提法接受的态度。其次在经济贸易领域分析了中拉贸易关系十年间的博弈与输赢，并借此说明中国在拉美投资的趋势和三种常见的投资模式及其区别；在政治领域中简单回顾2014年习近平主席对巴西、阿根廷、委内瑞拉和古巴进行的国事访问、中国与太平洋联盟成员国的关系以及台湾海峡西岸所谓连续性的外交休兵；在多边层面上，说明了中国在继续保持与拉美地区组织联系的同时，开始加强重视与拉美及加勒比国家共同体的关系。最后，指出美国在中拉关系中所起到的重要作用，并指出目前尚缺少一个能对美、中、拉三方事务进行专门处理的美拉合作组织。

一　中国政治话语的更新和拉美的反应

从1982年起，中国外交政策开始发生改变，中国的外交辞令中开始不再出现带有毛泽东思想的意识形态术语，而演变为围绕“和平”

和“发展”两个核心主题的政治话语。中国对拉美及加勒比地区的政治话语，核心思想是建立在这两个主题之上的宏观政治方针，并在此基础上加入了前瞻性、全面性和务实性三个基本元素。中国政治话语通常用标准汉语直接表述，笔者认为，应当先翻译成西班牙语，然后以融合个人魅力、标题主义、积极态度、形态化意识的方式呈现给拉美地区民众，这样做的好处是：进一步把中国的大国形象具体化，以便使中国在未来与拉美地区各国的交往中占据有利位置。例如：有利于产生积极的政治共识和有利于巩固中国在双边贸易关系中的“核心—边缘”模式。综上所述，中国政治话语中的“发展”“互补”“多元化”“共识”“南南合作”等词汇，均是能对中国和平扩张战略产生积极影响的词汇。①

上述词汇，均是经由中国外交学者精心挑选，鲜明反映出中国在其崛起的历程中，对与拉美地区各国进行政治发展和经济合作的战略目标的重视程度，中国政府会根据拉美地区各国对其战略接受的程度，划分合作关系的层次；这一思想在“战略伙伴关系”② 一词的使用上体现得淋漓尽致。这是中国对拉美及加勒比地区政治话语的核心词汇，取得过非常不错的成效。在此基础上，新的政治话语继续深化，将“战略伙伴关系”提升至“全面战略伙伴关系”。

在与中国建交的 21 个拉美国家中，5 个为“全面战略伙伴”，3 个

---

① 中国对拉美说的政治话语特点是：（1）常用玩字眼的唯名论叙述；（2）开篇是大量的套话和空话；（3）说好不说坏；（4）使用一些脱离或模糊现实政治和经济状况的概念；（5）强调潜力多于现实，也就是我们常说的“卖将来”（vender futura），或者说是中国成语形容的“望梅止渴”（vender sombra del futura）；（6）不厌其烦地同义反复描述（如“独立的外交政策”）。如何理解中国对拉美说的政治话语，参见 En OVIEDO，Eduardo Daniel，“Idioma y poder. Conceptos claves del discurso político chino en sus relaciones con América Latina”，*en Actas del I Congreso Internacional de Sinología en Español*：*La traducción e interpretación de obras clásicas chinas*，editado por el Departamento de Español de la Universidad de Tamkang，septiembre de 2014，p. 120。

② Un estudio del concepto se realizó en：OVIEDO，Eduardo Daniel，“China：visión y práctica de sus llamadas ‘relaciones estratégicas’”，en *Estudios de Asia y África*，El Colegio de México，Vol. XLI（3），N°31，México，septiembre-diciembre，2006，ps. 385—404.

为“战略伙伴”。2012 年，中国与巴西开始由 1993 年建立的战略伙伴关系转变为全面战略伙伴关系；紧接着在 2013 年，中国与墨西哥、秘鲁的关系也转变为全面战略伙伴关系；一年后，同阿根廷和委内瑞拉发展成为全面战略伙伴关系；2015 年 1 月与厄瓜多尔建立战略伙伴关系（详见表 1）。

表 1　　与中华人民共和国建立战略伙伴关系的拉丁美洲国家

国家	战略关系类型	时间
阿根廷	全面战略伙伴关系	2014
巴西	全面战略伙伴关系	2012
智利	战略伙伴关系	2012
厄瓜多尔	战略伙伴关系	2015
墨西哥	全面战略伙伴关系	2013
秘鲁	全面战略伙伴关系	2013
委内瑞拉	全面战略伙伴关系	2014

资料来源：整理中华人民共和国外交部数据。

中国政府提升双边合作关系至“全面”，应该仅是为了与“战略伙伴关系”一词进行区分。此外，“战略伙伴关系”一词首创于 1993 年，对中国新一代领导集体而言有些“过时”。中国第五代领导实行强国政治，通过双边贸易、国际贷款以及将合作关系提升至“全面”等一系列动作，让拉美各国政府前所未有地重视对中关系，也让双方的合作进一步加强，并逐步开始涉及之前空白的领域。

在对待拉丁美洲及加勒比地区主要国家的关系上，“战略伙伴关系”一词是中国强国政治话语的核心。在未来，中国与拉美及加勒比地区交流过程也会持续使用。其目的是通过“伙伴关系”一词来区别于欧洲在对拉美的殖民政策和美国的霸权政策，展示不一样的强国政策和形象。如果中国想影响和控制拉美及加勒比地区，需要探索出一套新的模式，因为欧美过往的经验是非常不可取的。到目前为止，尽管中国竭力想改变世界秩序并实现“中式和平”（Pax Sínica），① 但实际上，中国政府并不清楚这条道路该如何走下去。中国在寻求和摸索中前进，其政治话语就是其未来行动的路线图，紧紧围绕国家和平崛起的理念。

中国对拉美的政治话语中有一个特例——古巴。实际上，如果非要定义中古关系的特点，那就是“战略需要”。20 世纪 80 年代，随着苏联解体以及美国的经济封锁，古巴一直被排除在现代国际体系之外。之后，古巴通过引进中国在拉美其他国家遭到反倾销的商品，不但维持了民众的日常生活所需，拯救了低迷的国内市场，更主要的是，通过主动示好，与中国结为战略同盟，避免了在国际政治上被完全孤立的危险。也正因为这两个因素，让古巴的外交一直非常依赖中国。直至 2015 年 1 月，美、古关系的破冰才使两国关系有望在不久的未来步入正常化。不难预见，今后的古巴将拥有更多的国际自由权，未来古巴的外交政策中的“中国标签”会逐渐弱化，中古关系也将会经历一个自然性的转变。

抛开中、古、美之间的三边地缘政治博弈，从以上中、古两国的外交关系与中国政治话语的规则考量，我们会惊讶地发现中、古两国之间至今尚未形成“战略伙伴关系”。习近平出访哈瓦那时，用了三个

---

① “Pax Sínica”译为“中式和平”，“Pax”这个单词最早见于“Pax Romana”，指的是罗马帝国统治下的和平；到了现代派生出“Pax Americana”，译为“美式和平”，是对第二次世界大战后美国主导的全球经济、政治、地区军事地位这种状况的描述。——译者注

“好”概况了中古关系：好朋友、好同志、好兄弟。[①] 笔者认为，中古外交话语中有关战略关系的遗漏是有意为之，是为了不刺激美国敏感的神经。除此之外，从演说的技术角度上来说，中国与古巴同是共产主义国家，理论上拥有着远比战略关系更亲密的兄弟般的情谊。

随着中国在政治、军事、经济和文化领域的实力不断增强，中国的强国战略已初露端倪，“战略关系”的层次分明以及各种外交措辞不断丰富，更是为这一战略添砖加瓦。由于对双边贸易和中国贷款的依赖，拉美各国对中国的强国战略和合作关系的分层策略，只能被动“接受”，中拉双边外交的主动权可以说完全掌握在中国手中。以前的情况是：拉美对中国说：“我拿大宗商品和你换东西”；而现在，中国则是对拉美说：“我拿战略关系换你的东西。”换句话说，拉中关系受“行为主义”或者说是“刺激—反应”模式[②]的主导。以下六点，可体现拉美在与中国的交往过程中明显受到该模式的控制和影响。

（一）拉美国家与中国签署国际性文件的情况。例如，在双方元首互访期间发表的联合声明中，可以看出受行为主义的影响；在经济领域，拉美常与中国签订一些明显带有单边垄断性质的双边贸易协议。

（二）拉美面对中国国内敏感问题实行“静默外交”（ladiplomaciasilencia）。[③] 例如：人权问题和公民权利问题，群体性事件问题以及少数民族问题。

---

① 蒋涛、马德林：《习近平访古巴巩固“三好”关系收获多重“惊喜”》，中国共产党新闻网，北京，2014年7月23日。JIANG，Tao y MA，Delin，“La visita de Xi Jinping a Cuba consolida la relación de los ‘tres buenos’ y cosecha varias ‘sorpresas”，*Red de Noticias del Partido Comunista Chino*，Beijing，27 de julio de 2014，en http：//theory. people. com. cn/n/2014/0723/c40531 –25329886. html（acceso 27 de febrero de 2015）.

② 文中的“刺激—反应”模式应理解为：中国一些积极的变量推动拉美地区新兴国家群体性的发展。中国不是这些拉美国家发展的决定性力量，而是一种刺激性的力量，中国诱发了这些国家对其做出反应。能够对中国因素做出积极反应的国家，出现了快速现代化的发展。这就是中拉关系“刺激—反应”模式。该理论模式的原型是美国心理学家——约翰·华生在20世纪初创立的行为主义理论。——译者注

③ 英文名称：Quiet Diplomacy，意为：静悄悄的外交、温和外交。——译者注

（三）拉美接受中国传播的外交理念：中国和拉美国家都是发展中国家，发展阶段相似，彼此经济具有很强的互补性，以经济交往推动政治等多领域的合作是中国拉美双方的现实需要（关键词是：双方都是发展中国家、南南合作、战略伙伴关系）。

（四）在双边贸易关系中，拉美接受核心—边缘模式。①

（五）拉美接受中国的“软实力”外交政策，允许增设孔子学院和普及汉语教育。例如，2014 年，在美国抵制并关闭孔子学院的背景下，巴西与中国签署了《关于巴西联邦大学增设孔子学院的谅解备忘录》和《关于巴西汉语教学的谅解备忘录》。

（六）对中国移民采取灵活性政策。

综上所述，笔者认为，中国政治话语本质上属于强国政治话语，其最终目标是实现和平崛起。与西方国家的崛起带给世界战争、侵略、干涉、破坏等有所不同，中国向世界传递的是：自信、统一、合作、平等。

二　核心—边缘模式的巩固

无论是过去、现在或是将来，推动中拉关系持续发展的永远都是双边贸易。双方需求以贸易关系发展为前提，带动政治和文化关系的发展。对此，曾有不少拉美学者过分夸大中国市场的重要性，主观臆断的定论：从 1949 年新中国成立到现在，拉美一直被中国政府凭借拥有众多人口的经济市场影响。

把拉美地区的出口结构与中国的制造体系放在一起比较，我们可清

① 在经济、社会和政体权力不公平分配的情况下人类经济和社会活动的空间组织模型。核心支配者（也可能从外围支配）与边缘是依附关系。——译者注

楚地看到，双边贸易十年中，中国和拉美谁是赢家和输家。中拉贸易平衡与否，最重要的一个参数是外汇收支情况，一个国家一旦开始用外汇购买另外一个国家产品或出口商品的时候，双边贸易的平衡性即被打破。

在这一点上，拉美及加勒比地区与中国的双边贸易一直处于不对等状态。原因是尽管中国方面一再声称平等互惠是中拉贸易的基本原则（中国的表态，拉美各国政府实际上是接受的），但生产力的差异不断放大了双边贸易的不平等关系，从而使核心—边缘模式在中拉关系中越发明显。据世界银行数据显示，中国国内生产总值（GDP）位居世界第二，而拉美地区，除了巴西位列世界第七外，其余大部分国家的经济都处于中等或不发达水平。对此，像萨米尔·阿明（Samir Amin）① 和劳尔·普雷维什（Raúl Prebisch）② 这类依旧将"核心—边缘"模式当成是"不平等贸易"模式的学者，必然会对当前的中拉贸易关系多有微词。

中拉贸易的不对称性及核心—边缘模式的核心是大豆、铜、石油、矿石等大宗商品的价格。大宗商品价格走高，对拉美各国有利，因为这样就可以交换或购买到更多中国制造的商品，反之则购买力下降。因此，中拉贸易十年过程中，中国毫无疑问是两个地区最大的赢家。中国通过对拉美地区进口大量原材料和出口高附加值产品，使得拉美地区的出口产业结构逐渐转变为服务于中国制造。在拉美地区，智利和巴西是与中国贸易的赢家。在近十年，两国分别获利 450 亿美元和 370 亿美元（详见表 2）。

拉美对中贸易逆差最大的是墨西哥。在 2005—2014 年，墨西哥外汇流出超过 3840 亿美元，原因有三：一是进出口结构外向化，二是加

① Samir Amin, *El desarrollo desigual*, Planeta-De Agostini, Buenos Aires, 1986.

② Raúl Prebisch, *El desarrollo económico de la América Latina y algunos de sus principales problemas*, CEPAL, Nueva York, 1949.

入北美自由贸易协定（NAFTA），三是与中国的贸易多为产业内交易。在南美，阿根廷是对中贸易的最大输家，逆差达220亿美元。此外，玻利维亚和乌拉圭，尽管逆差数额偏小，但也未能成为对中贸易的赢家。这样的结果，原因显而易见：南美地区国家向中国出口的主要商品是粮食。此外，玻利维亚和乌拉圭，尽管逆差数额小，但无疑也是输家。实际上，玻利维亚在近十年与中国贸易中都出现了逆差，而阿根廷的逆差现象则是从2008年起开始出现的。

表2　拉美及加勒比地区主要国家与中国贸易的差额

时期（年）	国家	贸易差额（美元）
2005—2014	阿根廷	－22282000000
2005—2014	玻利维亚	－4400000000
2005—2014	巴西	＋37276000000
2005—2014	智利	＋45682000000
2005—2014	墨西哥	－384173000000
2005—2014	秘鲁	－1086000000
2008—2012	委内瑞拉	＋13027000000
2005—2013	乌拉圭	－5273000000

资料来源：拉美及加勒比地区各国家的相关研究机构、经管部门和中央银行。①

与中国双边贸易的不平等和不对称，短期内难以有所改变，因为拉美及加勒比地区各国对来自中国高附加值商品的需求依旧旺盛。拉美需

① 参考玻利维亚、智利和委内瑞拉央行；巴西发展工业外贸部；墨西哥对外贸易委员会；秘鲁外贸旅游部；阿根廷国家统计和人口普查研究所。

要完成现代化进程才能摆脱这个现状。但对于拉美现代化的问题，我们需要辩证地看待。诚然，对比已经实现了现代化的中国，拉美显然尚处于现代化进程中。但是，如果拉美加快实现现代化进程，随之而来的必然是与中国的产业冲突，比如中墨的产业内竞争。现代化进程的核心要素是工业化，中国对拉美工业化进程具有消极作用。然而，拉美地区也有部分国家通过与中国的大宗商品贸易获取顺差，用于加快现代化进程的实现。但这些通过大宗商品换取资金的现代化推进模式，受制于国际大宗商品的价格，当国际大宗商品的价格下跌时，国家经济会遭受到空前的打击。例如，在全球石油价格大幅下跌的背景下，委内瑞拉和厄瓜多尔的经济遭受重大影响。从传统的经济学视角来看，中国从拉美购买大量的原材料除了满足其国内市场需求外，也会刺激和带动拉美及加勒比地区的经济发展。

三　中国对拉美的投资

中国官方统计数据显示，自2005年起的十年间，中国对拉美及加勒比地区的直接投资（IED）持续增长。增长速度在2007年和2008年受世界金融危机影响有所回落，在2009年恢复增长势头，到2011年到达峰值。2012年骤然下跌了48.3%，回落到2005年的水准；[①] 2012年，中国对外直接投资的资金回流到亚洲地区，应该说大部分流到了中国香港。

---

① 中华人民共和国商务部、中华人民共和国国家统计局和国家外汇管理局，2010年度中国对外直接投资统计公报（中国统计出版社2011年版）。MINISTERIO DE COMERCIO，BURÓ NACIONAL DE ESTADÍSTICAS Y ADMINISTRACION NACIONAL DE DIVISAS EXTRANJERAS DE LA REPÚBLICA POPULAR CHINA，*Boletín Estadístico de Inversiones Extranjeras Directas de China 2010*，versión en idioma chino，China Statistics Press，Beijing，2010—2013。

表 3　　中国对拉美地区 2003 至 2012 年直接投资（IED）　　单位：百万美元

年份	2003	2004	2005	2006	2007	2008	2009	2010	2011	2012
全球	2854	5497	12261	16733	26506	55907	56528	68811	74654	87803
拉美及加勒比地区	1038	1762	6466	8468	4902	3677	7327	10538	11935	6169

资料来源：中华人民共和国商务部、中华人民共和国国家统计局和国家外汇管理局联合发布，由中国统计出版社出版的《2012 年度中国对外直接投资统计公报》。

中国对拉美的投资有三种模式：第一，通过避税天堂投资；第二，对外直接投资；第三，向对拉美及加勒比地区有重要影响的非拉美及加勒比国家或者区域进行投资。除上述三种投资模式外，还有两种贷款模式：货币互换协议（Swap de moneda）① 和双方政府签署协议；中国提供的贷款定向用于购买某种大宗商品，或者是定向用于政府或者政府下属机构的大型项目建设。

第一种模式，中国对拉美直接投资的大部分资金都流入了避税港。开曼群岛和维尔京群岛在五年时间里，年平均接收中国对外直接投资资金的 95%，2010 年底，累计获得总投资资金的 92%，但在 2012 年却突然下跌到 49%，② 2013 年回升到 86.9%。③ 这些资金均以控股的形式，投向

① 货币互换其实是货币掉期，货币互换是为了防止汇率变动风险造成的损失以及降低融资成本。交易双方根据互补的需要，以商定的筹资本金和利率为基础，进行债务或投资的本金交换并结清利息。——译者注

② 中华人民共和国商务部、中华人民共和国国家统计局和国家外汇管理局，2010 年度中国对外直接投资统计公报（中国统计出版社 2011 年版）。MINISTERIO DE COMERCIO, BURÓ NACIONAL DE ESTADÍSTICAS Y ADMINISTRACION NACIONAL DE DIVISAS EXTRANJERAS DE LA REPÚBLICA POPULAR CHINA, *Boletín Estadístico de Inversiones Extranjeras Directas de China 2010*, versión en idioma chino, China Statistics Press, Beijing, 2010—2013。

③ 同上。

拉美的油矿开采业。在2010年，中石化以71亿美元认购西班牙雷普索尔巴西子公司40%的股权。同年，在阿根廷，中海油以31亿美元收购阿根廷布里达斯（Bridas）50%的股权，成为仅次于阿根廷国家石油公司（YPF）的阿根廷国内第二大石油商。在秘鲁，由中国五矿集团公司所属五矿资源有限公司（MMG）牵头组成的联合体，以58.5亿美元的价格收购拉斯邦巴斯铜矿项目（Las Bambas），该铜矿是世界在建的最大铜矿之一，每年可供应大约45万吨铜。在委内瑞拉，中石油将与委内瑞拉国家石油公司（PDVSA）合作开发位于委内瑞拉奥里诺科河（Orinoco）富油带，[①] 总投资约280亿美元。

如上文所述，截至2012年，中国投入维京群岛和开曼群岛的资金逐步减少，这样的情形与十年前的巴哈马十分相似，到2009年，中国彻底停止了向巴哈马投入资金。这说明，资金有了更好的去处，例如香港，中国流入的香港资金正在飞速增长。2012年，中国投入香港的资金占投入亚洲地区总资金的79.1%，占投入全球资金的57.6%。[②] 例如，总造价400亿美元的尼加拉瓜运河开发项目，是由一家来自香港的公司——香港尼加拉瓜运河开发投资公司（HKND）承建的，法人代表是“背景神秘的中国籍企业家”王靖，[③] 其公司在香港注册。不过，形势在2013年有所缓解，流入维京群岛和开发开曼群岛的资金又恢复到正常比例。

第二种模式，对外直接投资（IED）。穆萨（Moosa）认为“对外直

---

① JUSTO, Marcelo, “*Las cinco principales inversiones de China en América Latina*”, BBC Mundo, 5 de mayo de 2014, enhttp: //www. bbc. co. uk/mundo/noticias/2014/05/140428_ china_ america_ latina_ inversiones_ lp (Acceso 23 de febrero de 2015).

② MINISTERIO DE COMERCIO, BURÓ NACIONAL DE ESTADÍSTICAS Y ADMINISTRACION NACIONAL DE DIVISAS EXTRANJERAS DE LA REPÚBLICA POPULAR CHINA, ob. cit., 2012, p. 18. Hong Kong, a pesar de haber sido transferida su soberanía en 1997, aun es considerado como destino en los informes estadísticos oficiales de IED de China en el exterior.

③ “*El enigmático empresario chino detrás del canal de Nicaragua*”, BBC, 25 de junio de 2013, en http: //www. bbc. co. uk/mundo/noticias/2013/06/130625_ china_ nicaragua_ canal_ empresario_ wang_ jing_ men (acceso 24 de febrero de 2015).

接投资是由一个国家的居民（资源国家）为了获得资产的所有权而在另一个国家（东道国）控制生产、分配等过程”。[1] 从穆萨的定义出发来看，中国对拉美及加勒比地区的直接投资由来已久，其中，中国商人的小额投资最具代表性。但从整体上看，这类投资金额太小，对于一个国家发展的影响微乎其微，但不可否认的是，这样的投资也属于穆萨阐述的对外直接投资的定义。

第三种模式，向对拉美及加勒比地区有重要影响的非拉美及加勒比国家或者区域进行投资。在这一类型投资中，最重要的案例是中粮集团（COFCO）的两起并购，该集团是中国最大的粮食公司。2014 年，中粮收购了荷兰农产品及大宗商品贸易集团尼德拉（Nidera）51% 的股权。另外，中粮还收购来宝集团（Noble Grain）旗下来宝农业 51% 的股权，成立持股比例为 51∶49 的合资公司。来宝农业具有纵向一体化和完整产业链的商业模式，是一家业务覆盖阿根廷、巴西、乌拉圭、巴拉圭、中国等 40 多个国家和地区的全球资产网络的跨国企业。这两起并购改变了世界粮食贸易的格局，中粮集团一跃成为国际四大粮商“ABCD”中新加的一个“C”。所谓“ABCD”，是指主导世界农业贸易的四个最大的跨国企业：阿彻丹尼尔斯米德兰（ArcherDaniels Midland，简称 ADM）、邦吉（Bunge）、嘉吉（Cargill）以及路易达孚（Louis Dreyfus，简称 Dreyfus）。如今中粮异军突起，世界四大粮商变为了五大粮商，这个新的五大公司首字母简写应改为“ABCCD”。这并非笔者一厢情愿的看法，相信通过阿根廷的案例大家就会同意上述观点。在阿根廷，中粮的影响力主要体现在粮食加工方面，来宝农业和尼德拉公司一起共占阿根廷国内粮食年加工总量的 6.7%，日加工量 20500 吨，这个数字与路易达孚相同，仅次于

① MOOSA, Imad A., *Foreign Direct Investment: Theory, Evidence and Practice*, New York: Palgrave, 2002.

日产量为26200吨[①]的嘉吉公司。

关于两种特殊形式的贷款，第一种形式就是中国人民银行与阿根廷和委内瑞拉的中央银行签署货币互换协议。该协议将使两国外汇储备的流动性趋于稳定，避免因外汇不足或是汇率变动造成金融风险，同时降低了融资成本。2009年，中国央行和阿根廷中央银行签署了第一份货币互换框架协议，但最终没有实行。新的货币互换协议于2014年习近平访问阿根廷期间签订，总金额达到110亿美元，有效期为3年，这个数额相当于阿根廷目前外汇储备的1/3。截至2015年1月，已兑现了约40亿美元。再来看另外一个国家。委内瑞拉对中国250亿美元债务违约，中国政府对委内瑞拉政府的后继偿还能力持怀疑态度，因此，中国政府要求委内瑞拉政府把委内瑞拉圭亚那矿业集团（简称：CVG）作为抵押。[②] 此外，厄瓜多尔也将用石油抵偿中国的债务。[③] 2013年，中国与巴西之间也签署了一份规模为1900亿人民币（约合600亿巴西雷亚尔）的双边货币互换协议。因此，在货币互换上，中国战略无疑全面覆盖了拉美各个地区。中国对于稳定协议合作国的国家货币时所扮演的角色，与国际货币基金组织之前在这些国家中的作用类似，[④] 这会加剧拉美及加勒比地区国家对中国资金的依赖性。

关于第二种贷款方式即双方政府签署协议，中国提供的贷款定向用于购买某种大宗商品或者是定向用于政府或者政府下属机构的大型项目建设。这种方式对拉美基础设施的发展至关重要，值得一提的是中国的“铁路外交”。例如：从阿根廷大量进口铁轨所需的材料，以及联手巴、

---

① OVIEDO, Eduardo Daniel, *Argentina and China: an analysis of the actors in the soybean trade and migratory flow*, enero de 2015, en prensa.

② “*China desconfía de Venezuela y pide garantías para un préstamo*”, Infobae, Buenos Aires, 9 de enero de 2015.

③ SCHNEYER, Joshua y MEDINA MORA PEREZ, Nicolas, “*Special Report: How China took control of an OPEC country's oil*”, *Reuter*, 26 *de noviembre de* 2013.

④ PESEK, Willian, “*China Steps In as World's New Bank*”, Bloomberg, 25 de diciembre de 2014.

秘两国共同建设横贯南美连接太平洋和大西洋的两洋铁路项目。

在习近平主席出访巴西时，巴西总统罗塞夫（Dilma Rousseff）表示非常希望三国铁路建设工作组尽快成立。秘鲁总统乌马拉（Humala）也表示，秘鲁作为工作组成员之一，有意愿同中巴共同建设好两洋铁路。工作组的成员是中巴秘三国。此外，玻利维亚总统莫拉莱斯（Evo Morales）在联合国与习近平主席会谈后，对外界表示，玻利维亚已经向中国提供了足够的信息，证明从巴西边界到秘鲁港口的铁路，途经玻利维亚才是投资最少、距离最短、速度最快的路线。在2014年4月，由中国铁路总公司牵头的财团，中标建设墨西哥城至克雷塔罗（Querétaro）高铁项目。但在同年11月，恩里克·佩尼亚·涅托（Enrique Peña Nieto）政府单方面取消了该项目，中国政府对此表示遗憾。[①] 当然，中国的贷款并不仅限于铁路方面，还有像阿根廷南部水电站建设等基础设施项目。

四　频繁的政治互动和外交互访

2014年，中国对拉美及加勒比地区的外交政策主要围绕三个主线。一是双边关系，习近平对巴西、阿根廷、委内瑞拉、古巴进行了国事访问，以及与太平洋联盟成员国频繁互动。二是多边关系，中国开始重视发展与拉美及加勒比国家共同体（CELAC）的新关系。三是“外交休兵”，中国政府将会继续坚持之前与台湾地区达成的两岸在拉美地区“外交休兵”政策。

① “*SCT explica a China cancelación de tren México-Querétaro*”, CNN Expansión, México, 13 de noviembre de 2014, enhttp: //www. cnnexpansion. com/economia/2014/11/13/sct - rinde - cuentas - a - china - railway - por - tren - mexicoqro (acceso 23 de febrero de 2015) .

（一）习近平主席出访拉美

在2014年7月，习近平出席在巴西福塔莱斯举行的金砖国家领导人第六次会晤，对巴西、阿根廷、委内瑞拉、古巴四国进行国事访问后，出席拉美和加勒比国家领导人巴西利亚会晤并会见厄瓜多尔总统拉斐尔·科雷亚，秘鲁总统奥扬塔·乌马拉和智利总统米歇尔·巴切莱特。

在中巴建交40周年之际，习近平主席对巴西进行国事访问。两国领导人出席了多项双边协议签署现场，其中值得一提的有：中、巴两国政府防务合作协定；关于简化商务人员签证手续的协议；关于贸易统计协调小组2014—2016年工作计划。两国相关部委还联合签署了一些系列合作协议，如：关于加强铁路交通领域合作的谅解备忘录；关于工业合作和资金改善文件；关于遥感卫星数据及其应用合作的谅解备忘录；关于航空方面的文件；关于在巴西联邦大学增设孔子学院的谅解备忘录；“科学无国界”计划派遣学生来中国学习的合作协议等。①

2015年1月2日，习近平主席特别代表、国家副主席李源潮出席巴西总统迪尔玛·罗塞夫连任就职仪式。另一方面，2014年12月7日，中国长征四号乙运载火箭在太原卫星发射中心将中巴地球资源卫星04星准确送入预定轨道。这颗地球资源卫星主要应用于国土资源、林业、水利、农情、环境保护等领域的监测、规划和管理。

2014年7月18日，习近平主席抵达布宜诺斯艾利斯，两国发表了《中阿关于建立全面战略伙伴关系的联合声明》，将2004年中阿建立的战略伙伴关系提升为全面战略伙伴关系。两国总统亲临多项文件的签署：共同行动计划（2014—2018）；中国月球开发计划关于中国在阿根廷内乌肯省建立中国卫星跟踪站协议；中阿经济和投资合作框架协议；

---

① Página web del Ministerio de Relaciones Exteriores de la República Popular China, www. fmprc. gov. cn（Acceso 15 de enero de 2015）.

阿根廷苹果和梨对华出口草案；关于阿根廷建立重水堆核电站合作协议；关于建设文化中心谅解备忘录；兽医卫生合作备忘录；建立直接投资统计合作机构协议；双边本币互换协议。①

继习近平主席出访阿根廷后，阿根廷总统克里斯蒂娜·费尔南德斯·基什内尔在2015年2月对中国进行国事回访。在北京，双方领导人签订了《关于加强两国全面战略伙伴关系的联合声明》和其他协议，其中包括：中阿太空领域合作框架协议；核电站合作建设协议；关于公共通信合作协议；关于和平利用核技术合作的协定；关于加强卫生与医学科学合作的框架协议；关于便利双方旅游人员签证协定；关于建立中阿贸易论坛谅解备忘录；关于加强中华人民共和国商务部与阿根廷联邦计划；公共投资与服务部之间联系的协定；关于信息通信领域合作协议；关于在阿根廷合作建设压水堆和重水堆核电站的协议以及中阿文化合作执行计划（2015—2018）。

两国所签署的协议中，有三项协议引发了阿根廷国内广泛的争议。其中《中阿经济和投资合作框架协议》的第五章，阿根廷政府对中国投资给予额外的保护条件，遭到诟病。阿根廷政府表示："政府将专门成立一个部门，公平、公正、公开地对中国投资方案与其他国家所提的方案进行评估，确保国内人民的根本利益不受损害。"② 颇有争议的中国投资方案有中国在阿根廷南部内乌肯省投资建立卫星跟踪站，阿根廷一些反对派代表认为，这一卫星跟踪站有可能将被用于军事用途，并对它享受50年免税优惠提出质疑。③ 而且卫星站所有权不明，协定只规定了"阿根廷将获得卫星天线10%的使用权"，技术和资金均由中国方面

① Página web del Ministerio de Relaciones Exteriores de Argentina, www. mrecic. gov. ar (Acceso 15 de enero de 2015).

② *Convenio Marco de Cooperación Económica y de Inversión*, Buenos Aires, Artículo 5.

③ "El kirchnerismo en Diputados convirtió en ley el convenio económico con China", *en La Nación*, Buenos Aires, 25 de febrero de 2015.

负责。[①] 中阿货币交换协议也遭到了一些质疑声，有媒体表示，该协议使得阿根廷中央银行的外汇储备虚增，并带来大量外债，对于急需硬货币支持的阿根廷央行，此举无异于饮鸩止渴。此外，应中国方面的要求，阿根廷政府颁布了 26.961 号法令，规定外国央行和外国货币机构不受阿根廷外汇条例管制。

离开阿根廷后，习近平来到委内瑞拉首都加拉加斯，在这里与尼古拉斯·马杜罗出席了超过 30 项双边合作协议的签署。其间，习近平还出席了中国—拉美和加勒比国家领导人会晤。在古巴，习近平同劳尔·卡斯特罗进行了会谈，之后探望了菲德尔·卡斯特罗，并接受了“何塞·马蒂”勋章。中国与委内瑞拉共签订了 38 项协议。[②] 与古巴签订了 29 项，其中包括关于中国向古巴提供一笔优惠贷款用于实施古巴圣地亚哥港多功能码头项目的政府间框架协议。其他的协议还包括生物技术领域交流；节约能源和可再生能源的发展；数字电视和工业合作；文化交流计划（2014—2017）；信息工业农业和卫生型庄园。[③]

（二）中国与太平洋联盟成员国的关系

中国与太平洋联盟成员国间（智利、哥伦比亚、墨西哥以及秘鲁）保持着高层交往和政策对话。2014 年 3 月，习近平主席特使、交通运输部部长杨传堂出席了智利米歇尔·巴切莱特总统权力交接仪式。2014 年 6 月，智利特使、前总统爱德华·弗雷为亚太地区事务访华。另一方

---

① “El kirchnerismo en Diputados convirtió en ley el convenio económico con China”, *en La Nación*, Buenos Aires, 25 de febrero de 2015.

② “Presidente Xi Jinping abandona Venezuela tras firma de 38 acuerdos”, en *El Universal*, Caracas, 21 de julio de 2014.

③ FRANCISCO, Ismael y FIGUEREDO REINALDO, Oscar, “Suscriben Cuba y China 29 acuerdos de cooperación”, *Cubadebate*, 22dejulio de 2014. http：//www. cubadebate. cu/noticias/2014/07/22/suscriben – cuba – y – china – 29 – nuevos – acuerdos – para – la – cooperacion – bilateral – audio/#. VPl – – XzF – Z0.

面，两国元首二次会面。在2014年7月16日，习近平主席对巴西进行国事访问期间，米歇尔·巴切莱特（Michelle Bachelet）总统与习近平主席进行了第一次会晤。10月末，智利指派新任驻华大使出席在北京召开的第13届中共党外人士座谈会。11月，米歇尔·巴切莱特应邀出席在北京举行的亚太经合组织峰会（APEC），峰会期间，她与习近平主席进行了第二次会晤。巴切莱特表示，希望中智携手合作积极推动黑水隧道建设项目，此隧道是穿越安第斯山脉连接智利科金波大区（Coquimbo）与阿根廷圣胡安省（San Juan）的一条跨国隧道。

上文曾提到，在中国与智利的贸易关系中，智利一直是贸易顺差，但智利政府已经很长时间没有出台措施刺激中智双边贸易。最早要追溯到2005年，中智签署自贸协定；2008年，中智签署自由贸易协定关于服务贸易的补充协定；2012年，双方就中智自由贸易协定关于投资的补充协定达成一致；2015年，中国人民银行授权中国建设银行智利分行担任智利人民币业务清算行，这对中国在智利的直接投资是一个重大利好。2015年，恰逢中智建交45周年，两国元首均表示，在未来将会积极推动双边关系进一步发展。

关于秘鲁，2014年6月，前秘鲁驻华大使贡萨洛·古铁雷斯（Gonzalo Gutiérrez）结束了他在中国两年半的大使生涯，被任命为秘鲁外交部部长。上任伊始，贡萨洛·古铁雷斯坚定地认为，发展对中国的关系是秘鲁外交政策的优先目标，他于2014年7月访问中国，离他上任仅一个月不到的时候。古铁雷斯表示："秘鲁在商贸和金融方面都十分依赖中国，发展对中关系与发展对欧美关系一样重要。"① 在习近平访问巴西期间，奥扬塔·乌马拉总统与习近平主席进行了会晤。在联合

① "Ministro de RREE: Relación entre Perú y China es prioritaria", Beijing, 4 de julio de 2014, http://www.rpp.com.pe/2014-07-04-ministro-de-rree-relacion-entre-peru-y-china-es-prioritaria-noticia_705295.html.

国气候峰会期间，乌马拉与习近平主席特使张高丽进行会晤。11 月份，亚太经合组织峰会期间，习近平主席和全国人大常委会委员长张德江分别接见了奥扬塔·乌马拉。

习近平主席在 2013 年 6 月对墨西哥进行国事访问；2013 年底至 2014 年初，两国交流处于停滞状态。但是，到了 9 月，中国外交部部长王毅赴墨西哥参加中墨政府间常设委员会第六次会议。11 月，恩里克·培尼亚·涅托前往中国进行国事访问。在此期间双方签订了《关于推进全面战略伙伴关系的行动纲要》，制定了《中墨政府间两国常设委员会 2016 年至 2020 年共同行动计划》，作为引领双边关系取得具体成果的路线图。①

中国与哥伦比亚的外事互访相对较少。2014 年 8 月，应哥伦比亚邀请，中国国家主席特使、教育部部长袁贵仁赴哥伦比亚出席胡安·曼努埃尔·桑托斯总统（Juan Manuel Santos）的连任就职仪式；2015 年 1 月，中国外长和哥伦比亚外长在北京进行会晤。

最后谈谈厄瓜多尔。厄瓜多尔不属于太平洋联盟成员国。2014 年 1 月，厄瓜多尔副总统豪尔赫·格拉斯（Jorge Glas）访华，受到中国国家副主席李源潮接见。在习近平主席出访巴西期间，会见过拉斐尔·科雷亚总统（Rafael Correa）。2015 年 1 月，拉斐尔·科雷亚总统访问中国，并参加了中国—拉美及加勒比国家共同体峰会（CELAC-China），峰会期间，两国元首发表了中国和厄瓜多尔建立战略伙伴关系的联合声明。

（三）中国与台湾当局外交休兵的连续性

自 1949 年以来，中华人民共和国和中国台湾地区在政治统一问题上争端不断。中华人民共和国坚持自己“一个中国”的原则，而台湾

① *Programa de Acción entre los Estados Unidos Mexicanos y la República Popular China para Impulsar la Asociación Estratégica Integral*, Beijing, 13 de noviembre de 2014.

方面，自 1971 年开始实行“弹性外交”，主张与非邦交国家可以发展实质性的经贸关系，不再强调政治上的正统地位；但对于邦交国，则仍然坚持他们不可与中华人民共和国发展外交关系。

但是，与中华人民共和国建交的国家越来越多，与台湾地区建交的国家全球仅有 23 个。这其中有 12 个来自拉美地区：1 个是位于南美的巴拉圭，另外 11 个均来自中美洲以及加勒比地区（详见表 4）。因此，很容易理解《中国对拉丁美洲和加勒比地区政策文件》中的主要坚持：“一个中国原则是中国同拉美国家及地区组织建立和发展关系的政治基础。”①这份政策文件由中国政府在 2008 年 11 月制定，旨在进一步明确中国对拉美地区政策目标，提出今后一段时期中拉各领域合作的指导原则。

表 4　　未与中华人民共和国建交的拉美及加勒比国家（2015）

国家	与台湾建交的时间（年）
伯利兹	1987
危地马拉	1935
海地	1956
洪都拉斯	1941
尼加拉瓜	1930
巴拿马	1909
巴拉圭	1957

① REPUBLICA POPULAR CHINA, *Documento sobre la Política de China hacia América Latina y el Caribe*, Beijing, 5 de noviembre de 2008, http://www.spanish.xinhuanet.com/spanish/2008-11/05/content_755420.htm.

续 表

国家	与台湾建交的时间（年）
多米尼加共和国	1943
萨尔瓦多	1933
圣克里斯托弗圣基茨和尼维斯联邦	1983
圣卢西亚	1984
圣文森特及格林纳丁斯	1981

在2000—2008年，台湾民进党执政期间，其“台湾独立，另成一国”的政策，一度导致两岸关系异常紧张；直到2008年，国民党领袖马英九上任后，大陆与台湾的关系才趋于缓和。马英九在外交事务上采取亲近大陆的政策，双方在台湾海峡问题上达成了共识。台湾当局的政治方针不再是谋求独立，而是转为发展经济、邮政、文化和旅游。① 2010年，两岸签署了《海峡两岸经济合作框架协议》；2013年6月在上海，两岸又共同签订了《海峡两岸服务贸易协议》；之后，在台湾地区，这一协议引发了著名的“太阳花学运”的反对，但这份协议并没有因此而终止。

2007年，哥斯达黎加宣布与台湾断交，承认中华人民共和国；同年，圣卢西亚政府宣布与台湾恢复外交关系。2008年至今，中国大陆和台湾处于暂时搁置矛盾，对外表现出缓和的状态。但是，大陆和台湾在主权统一问题上的矛盾，短时间内是不可调和的。这种暂时缓和，又

① Refiere a los cuatro acuerdos（seguridad alimentaria，servicio postal y transporte marítimo y aéreo）firmados entre Chen Yunlin，presidente de la Asociación de Relaciones entre Ambos Lados del Estrecho de Taiwán y Chiang Pin-kung，presidente de la Fundación para los Intercambios a través del Estrecho en el mes de noviembre de 2008.

称外交休兵，即台湾当局不再进行“金元”外交，邦交国不增，不强调国家参与联合国，不主动建交；中国政府不再与台湾当局抢夺邦交国，响应“九二共识”基础上的“一中外交”。但是，12 个已承认台湾主权的拉美国家为台湾当局打开了外交公关渠道，这也让中国政府无法再埋头于自身发展，被迫施行更开放的外交政策，捍卫其作为中国唯一合法主权政府的地位。

从冈比亚事件，我们可以清楚地看到两岸政府的外交共识。2013 年 11 月 14 日，冈比亚宣布与台湾断绝外交关系。四天后，台湾也宣布断绝与其的外交关系。令人意外的是，中国政府并没有在之后与冈比亚建立外交关系。11 月 19 日，中国外交部发言人秦刚在被问到“大陆方面是否已与冈方进行了接触，是否考虑与冈比亚建交?”时，秦刚表示：“我们注意到台湾方面同其所谓‘邦交国’关系出现的变化。我们一贯坚持在和平共处五项原则基础上，遵循一个中国原则与世界各国发展友好合作关系。我们愿同台湾方面共同维护和推进两岸关系和平发展的良好局面”。当有媒体提问，海峡两岸于 2008 年达成了“外交休兵”共识，有大陆学者透露，自 2008 年以来中国政府方面已拒绝了 5 个国家[①]的建交请求时，秦刚表示：“我们一贯坚持在和平共处五项原则基础上，遵循一个中国原则，发展与世界各国的友好合作关系。世界上只有一个中国，坚持一个中国原则是国际社会的普遍共识，支持中国实现和平统一是大势所趋。”在这一点上，笔者认为，尽管大陆一旦与台湾邦交国进行建交就意味着打破外交休兵原则，但是，随着不断增长的贸易交流，以及大陆高层与中美洲及加勒比地区的交流访问（如巴拿马、洪都

① 中华人民共和国外交部，2013 年 11 月 18 日外交部发言人秦刚主持例行记者会，北京。http://www.fmprc.gov.cn/mfa_chn/fyrbt_602243/jzhsl_602247/t1100045.shtml MINISTERIO DE RELACIONES EXTERIORES DE LA REPUBLICA POPULAR CHINA, *Conferencia de Prensa presidida por el portavoz del ministerio de Relaciones Exteriores QinGang*, Beijing, 18 de noviembre de 2013。

拉斯、多米尼加共和国、尼加拉瓜），在不久的将来，该地区的许多国家很有可能提出强烈意愿与中国政府建立外交关系。

值得注意的是尼加拉瓜的外交形势。尼加拉瓜在1985年同中华人民共和国建立外交关系，之后，奥莱塔·查莫罗（Violeta Chamorro）在1990年断绝与中外交关系。现任总统丹尼尔·奥尔特加多次在公开场合表达了同中国政府建立外交关系的愿望，[①] 但中国政府碍于外交休兵政策，对此提议并未作出回应。尽管如此，中国投资400亿美元的尼加拉瓜洋际大运河建设项目，将为外交休兵政策结束后的中尼外交正常化开辟道路。

（四）多边平台

最近二十年来，中国政府扩展了和拉美区域组织之间的合作。中国与加勒比委员会（CARICOM）、加勒比国家共同体（CELAC）一直保持合作关系；同时是太平洋联盟的观察成员国、[②] 美洲国家组织的永久性观察国、美洲国家发展银行非借贷成员国，并和南方共同体，安第斯国家委员会（CAN）保持对话机制；但是，至今尚未和南美国家联盟、南美洲中西部一体化地区（ZICOSUR）建立正式关系。此外，在拉美—东亚合作论坛上中国方面表示，中国将推动东亚和拉美务实合作，起到桥梁的作用；中国与七十七国集团组织保持着良好的合作关系；中国还通过20国集团（G20），与阿根廷、巴西、墨西哥代表团进行会晤；通过亚太经合组织与智利、墨西哥、秘鲁保持密切沟通；通过金砖

---

① 向骏：《港企投资尼加拉瓜运河动工》，《亚洲周刊》，2014年12月7日第48期。Xiang Jun, "Empresas de Hong Kong que invierte en el Canal de Nicaragua empezó la construcción", Yazhou Zhoukan, Vol. 28, N° 48, 7 de diciembre de 2014, pp. 12—13。

② China es miembro observador de la Alianza del Pacífico desde julio de 2013. En abril de 2014, el embajador chino en Perú participó por primera vez en las reuniones de diálogo de la Alianza con los miembros observadores y, en junio del mismo año, el embajador chino en México presidió el diálogo colectivo de la Alianza y los Estados observadores en la Novena Cumbre.

国家（BRICS）组织与巴西关系密切。

其中，中国和加勒比国家共同体的关系越来越吸引世界的目光。中国—拉美及加勒比国家领导人巴西利亚会晤联合声明称，基于2014年1月在古巴哈瓦那举行的拉共体第二届峰会达成的共识，正式成立“中国—拉共体论坛”，并尽早在北京举行论坛首届部长级会议。声明中重申，将通过中国—拉共体论坛首届部长级会议审议和通过的具体机制，制定《中国与拉美和加勒比国家合作规划（2015—2019）》。

中国与拉美五年合作计划由习近平主席在巴西利亚首次提出，当时得到了拉共体四个国家的响应，分别是哥斯达黎加、安提瓜和巴布达，厄瓜多尔、古巴。该计划由中拉双方共同构建1＋3＋6合作新框架，“1”是“一个规划”，“3”是“三个引擎”，即以贸易、投资、金融合作为动力，“6”是“六大领域”，[①] 即以能源资源、基础设施建设、农业、制造业、科技创新、信息技术为合作重点，推进中拉产业对接。“合作规划”确定了今后5年中拉13个重点合作领域和相关措施，涵盖政治与安全、贸易投资金融、基础设施、能源资源、工业农业、科技创新、人文交流等方方面面。[②] 与此同时，中国还将向拉美和加勒比国家提供100亿美元的优惠贷款，[③] 全面启动中拉合作基金并承诺出资50亿美元。中拉论坛首届部长级会议已于2015年1月8日至9日在北京成

① 习近平：《共同谱写中拉全面合作伙伴关系新篇章——在中国－拉共体论坛首届部长级会议开幕式上的致辞》，北京，2014年1月8日。XI, Jinping, *Escribir Juntos un Nuevo Capítulo de la Asociación de Cooperación Integral China-América Latina y el Caribe*, Discurso en la Ceremonia Inaugural de la Primera Reunión Ministerial CELAC-China, Beijing, 8 de enero de 2014。

② Wang Yi: Traducir Cuanto Antes Logros de Cooperación Integral China-CELAC en Bienestar para Nuestros Pueblos, *en Ministerio de Relaciones Exteriores de la República Popular China*, Beijing, 9 de enero de 2015, en http: //www. fmprc. gov. cn/esp/zxxx/t1228616. shtml (Acceso 23 de febrero de 2015).

③ Declaración Conjunta de la Cumbre de Brasilia de Líderes de China y de Países de América Latina y Caribe, Brasilia, 17 de julio de 2014.

功举办，第二届将于2018年1月在智利举行。①

对拉美地区来说，与中国的全方位合作是一次全新的区域性外交尝试。中国以其强大的影响力和独特的魅力，开创了与拉美地区整体合作的新纪元，建立一套整合“两个拉美”和覆盖“三十三国”的崭新的、全面的、系统的合作平台和对话机制。这样的合作对话模式由中国政府首创，其覆盖面之广甚至包括了那些未与中国大陆建交的中美洲及加勒比地区国家。这是一种非常规的外交手段，搭建起一个专属于中国政府的外交平台，向拉美地区充分展示其政治力量。中国运用其经济和政治资源，并利用拉美各地区的差异和分歧，成了整个区域未来发展不可或缺的核心元素。②

最早，在2008年11月5日，中国政府发表了《中国对拉丁美洲和加勒比政策文件》，阐述了中国对拉美政策的总体目标，全面规划了未来一个时期中拉各领域友好合作。笔者认为，中国政府对“拉美主义”和“泛美主义”之间的对立性有着很深的理解，从而使中国在西半球的存在更像是一个“平等的参与者”。因此，中国举办的一些西半球峰会刻意排除美国和加拿大想必是经过深思熟虑的，中国政府考虑既兼顾拉美所有国家的立场，又不触动美国敏感神经。中国政府在这方面可谓经验十足，例如，中非合作论坛和上海合作组织。③ 最后一点，从在巴西利亚和在北京中拉政府发表的联合声明中，向全世界发出的信息都是一个发展中国家和一个新兴经济区域间的合作，而不是像西方媒体宣传的，一个发达国家领导一个新兴经济区域。

---

① *Declaración de Beijing de la Primera Reunión Ministerial del Foro CELAC-China*, Beijing, 9 de enero de 2015.

② OVIEDO, Eduardo Daniel, “China-Celac:¿hacia una verdadera cooperación?”, *en China Hoy*, Beijing, 21 de enero de 2015.

③ OVIEDO, Eduardo Daniel, “China-Celac:¿hacia una verdadera cooperación?”, en China Hoy, Beijing, 21 de enero de 2015.

五　作为第三个支点的美国

从中拉对话机制中，我们不难发现，中国官方总是把中拉关系的发展置于一个单纯的双边平台上，试图完全摆脱美国的影响。然而，美国仍是当今世界第一强国，美国在拉美地区仍具有统治地位，中拉关系的发展试图完全摆脱美国的影响是不可能的、也是不现实的。

“华盛顿共识”时期，是美国霸权主义发展的鼎盛时期，随后中国崛起，其日渐强盛的大国影响力削弱了美国的霸权主义。从21世纪初开始，中国的崛起打破了国际体系中的旧格局，美国在涉及中拉关系发展的问题上被迫做出妥协，中美达成了共识，“中美拉美事务磋商机制”的建立证明了这一点。该机制是中美战略与经济对话框架下的交流机制，由美国国务院西半球事务局和中国外交部负责。首次对话始于2006年4月，在北京，美国副国务卿托马斯·香农和中国外交部拉美司司长曾刚会晤，截至2013年，已举办六轮（见表5）。

表5　　中美拉美事务磋商

序号	日期	地点	美国国务院西半球事务局助理国务卿	中国外交部拉美司负责人
1	2006.4	北京	托马斯·香农	曾刚
2	2007.11	华盛顿	托马斯·香农	杨万明
3	2008.10	北京	托马斯·香农	杨万明
4	2010.8	北京	阿图罗·瓦伦朱拉	杨万明
5	2012.3	华盛顿	罗伯塔·雅各布森	杨万明
6	2013.11	北京	罗伯塔·雅各布森	杨万明

相比中美洲，南美洲在对外关系方面自由度较高。自 2004 年起，南美洲国家允许中国涉足本地区事务，因此，在对中关系上，该地区明显强于中美洲地区国家。近几年，随着尼加拉瓜运河工程项目的建设、古巴同中国的友好关系以及中美洲地区多个国家逐渐改变与中国的外交关系，中国也开始逐步深化在中美洲地区的经济战略。

拉美地区被美国定义为“后院”。中国在拉美的存在，是迫使奥巴马重启美古关系正常化对话的原因之一。此外，中国对拉美的渗透不仅使得自身的外交政策更具主动性，也使得拉美各国在对美关系上手段更为丰富。有趣的是，中美联合公开了拉美事务磋商会议的内容；对谈话内容信息的透明公开，旨在暗示拉美地区，中美之间不存在内幕交易。

笔者认为，中国在拉丁美洲及加勒比地区的渗透是一种政治手腕，是为了对冲美国在亚太事务上对其造成的压力。换句话说，十年前，双方在对自己“院子”的保护方面存在极度的失衡，美国长期对“中国的前院”（泛指亚洲东南部及东北部）地区进行经济、政治、军事干预，而中国方面，在缺少拉美作为牵制的情况下一直处于被动地位。20 世纪末，中国通过改革开放逐渐成为一个世界强国，中国通过其强大经济实力和金融外交政策逐步扩大了其在南美洲地区的影响力，并且在解决与台湾的外交休兵政策之后，将会渗透到中美洲地区，中美外交交锋的不平衡状态因此正在被扭转。虽然与美国在亚洲地区的军事渗透相比，中国在拉美地区只是单纯的经济和政治渗透，但确实分散了美国的注意力。如此一来，拉丁美洲及加勒比地区就成了中国处理亚洲东部争端及敏感问题（例如：台湾问题）的有力筹码。

因此，现在出现了一种有别于过往的新三角关系（传统的三角关系，例如美国、中国和苏联在 1972 年至 1992 年间的关系）。这种新三角关系，类似于当今世界的一些重要三角关系，如美国、印度和中国。如果把美国、中国、拉丁美洲及加勒比地区的关系看作一个三角关系，其成员是一个超级强国、一个强国和一个新兴经济区域。把这三方势力放在外交关系的层面进行观察，现在仅有中美对话机制以及最近的中拉对话机制，这两个都是双边对话机制。所谓三角，就是在美国西半球事务局和中国外交部拉美司的拉美事务磋商机制下，需要构建一个美、拉、中事务磋商机制，这样三角机制才宣告完成。但是，虽然美国和拉美地区之间一直有磋商西半球事务的传统，却一直没有专门针对中国事务的对话机制，换句话说，中、美、拉三角关系缺了一个角。

六　结语

中国以一种强国的姿态与拉美及加勒比地区进行三个层面的交往：双边层面、多边层面、综合层面。其中，双边层面又分为：意识形态、贸易、资金、贷款、政治交流、文化。关于文化，笔者在此不再赘述。

笔者最后想谈谈意识形态的话题，中国政府在“战略伙伴关系”一词上加上形容词“全面”，回顾前文对中拉经济和政治差异性的比较，不难看出，“全面”恰到好处地巩固了双边的政治共识，进一步加强了双边贸易中核心—边缘模式。双边交往中，中国政府正在用一种拉美政府能够接受的方式来保持其主动性，并将其强国战略悄然渗透到了拉美。截至 2015 年 2 月，在拉美地区，中国共有五个“全面战略伙伴”，三个“战略伙伴”；此外，中古关系不属于任何一种战略伙伴关系，但是却在任何一种战略伙伴关系之上。

中拉贸易具有三个特点：不平等性、核心—边缘模式和受大宗商品价格波动影响。2005—2014 年十年中，从外汇流动的情况来看，智利和巴西是拉美地区对中贸易顺差国，而墨西哥和阿根廷是最大的逆差国。此外，如果国际大宗商品价格能够持续走高，那么核心—边缘模式非常适合一些拉美地区国家的发展。但是当前大宗商品价格呈下跌趋势，尤其是石油，这严重打击了委内瑞拉和厄瓜多尔的经济。所以核心—边缘模式的效果目前在上述两国中无法体现。

自2005年起，中国对拉美及加勒比的直接投资不断增长，尽管增长趋势并非连续性的。在2007年、2008年、2012年，中国对拉美及加勒比地区的直接投资突然减少，这与中国对世界其他地区的直接投资突然增加有关。中国对拉美的投资有三种模式：第一，通过避税天堂投资；第二，对外直接投资；第三，向对拉美及加勒比地区有重要影响的非拉美及加勒比国家或者区域进行投资。除上述三种投资模式外，还有两种贷款模式：货币互换协议和双方政府签署协议，中国提供的贷款定向用于购买某种大宗商品或者是定向用于政府或者政府下属机构的大型项目建设。

在政治方面，习近平主席对巴西、阿根廷、委内瑞拉和古巴进行了国事访问；中国与太平洋联盟各国保持对话机制；中美洲地区国家经济发展中频繁出现中国元素。种种迹象表明，中拉关系处于高速发展时期。值得强调的是，中国政府与台湾当局的外交休兵共识在短时间内不会结束，国共两党会严格恪守“九二共识”，不增加、不抢夺邦交国的政策限制了两岸外交关系的发展，但是，可以观察到，当前许多台湾地区的邦交国正在力图与中国政府建交。

在多边外交方面，中国同拉美地区主要的一体化组织保持着密切的联系；致力于通过一些国际组织拉近中拉关系；中国与拉美及加勒比地区共同成立的一些新的一体化组织、对话平台和论坛，已经引起了国际社会的广泛关注。此外，中国政府仍然没有和南美国家联盟建立起官方联系。

在全球战略方面，发展好中拉关系对于中国至关重要。中国要想成为世界强国，首先要确保其东亚的稳定（包括东南亚和东北亚）。在东亚，中国受到美国及其联盟的压制，中国在其“前院”的活动受到极大的掣肘。换句话说，中国想稳定东亚以及解决一些领土争端，比如台湾问题、南海问题、钓鱼岛争端等，拉美是中国未来与美国博弈的重要筹码。对于拉美地区来说，在中美强权博弈中应该保持自己的独立性，不要盲目选择阵营，应该审时度势从中获利，加快自身发展。但就目前来看，拉美与美国的关系渐行渐远，与中国越走越近。在三角关系中各个支点相互平衡最重要，因此，除了中美建立拉美事务磋商机制外，拉美与美国之间也需要建立起中国事务对话机制。

［埃杜阿多·丹尼尔·奥维多，阿根廷罗萨里奥国立大学当代国际关系史教授；阿根廷国家科学技术研究委员会（CONICET）特聘研究员；西班牙国际评审认证联合会（IEAU）印度经济贸易学国际硕士专业客座教授；个人著作：《阿根廷和东亚》《中国扩张》和《1945—2010 阿中国际关系史》；同时还是《阿根廷与东亚国家的关系》的主编；阿根廷科尔多瓦天主教大学政治学博士；中国北京大学法律学及政治和国际关系学双硕士；阿根廷外交部翻译（1996—2010 年，阿根廷历任总统的中文翻译）；江苏师范大学伊比利亚美洲研究中心特约研究员］

中拉关系的未来：自然资源、附加值与经济互补

［阿］塞尔吉奥·M．塞萨林

（蓝博　译/朱伦　校）

内容提要　2010年之后，中国与拉美和加勒比（ALC）地区在政治、经济、外交关系上进一步发展。对拉美和加勒比地区而言，“中国因素”是拉美经济腾飞的关键。双边关系的未来在2014年得以明确，这一年中拉高层频繁互访，共同规划了双边未来的发展方向：更进一步深化双边贸易，中国加大对增值空间较大领域的投资，向拉美基础设施项目增加贷款。在未来，拉美为中国的现代化发展提供足够的基础物资，而拉美则利用中国的投资大力发展制造业，双边经济模式形成互补，从而使得拉美及加勒比地区从中国“附庸”变为“发展伙伴”。

前　　言

从21世纪初开始，中国与拉美及加勒比海地区[①]的政治和经济关系持续发展，双边贸易、中国对拉美直接投资也持续增长，大量的中国移

① A los fines del presente trabajo, haré referencia a América Latina y el Caribe como un agregado geográfico desde México hasta Argentina; específicamente haré mención a Suramérica para diferenciar ambos sub sistemas de vínculos con China.

民涌入拉美，中国政府通过文化机构对拉美实施了“软实力”战略。

近十年，不管是在中国政治舞台还是在世界政治舞台，中国对于拉美都越来越重要。中国还是拉美最重要的出口对象国，尤其是在原材料、自然资源、粮食以及油气能源方面。拉美同时还获得大量的中国投资、主权贷款用于建设基础设施。不过从历史上看，在 19 世纪末至 20 世纪初，也有国家对拉美实施过类似的策略。如今的中国是拉美最重要的合作伙伴，与中国的合作是拉美地缘经济战略重要的部分，也将是拉美立足世界经济舞台的跳板。

中国对拉美的影响力与日俱增，中国对拉施展的公共外交政策彰显出世界新兴大国的风范。中国外交政策的目的在于让拉美民众接受中国的文化和意识形态，进而帮助中国企业融入当地社会，从而获取更多的自然资源、原材料和降低投资成本。

中国虽然是全球、半球、区域政治和经济舞台的新贵，但中拉友好由来已久。首先中国发展对拉关系是其全球扩张战略的一部分，中国通过拉美进军世界以进一步扩大国际市场占有，与更多的发展中国家建立合作关系，满足发展对原材料和自然资源的需求，保证国家工业化的持续发展。中国与拉美历史上的合作主要在革命战争和意识形态方面，而如今，中国再次重视发展对拉美的关系，主要目的则转变为“保证粮食与能源供给”。其次有三个因素推动中拉双边政府重视发展彼此的关系：一是确保双方在联合国中能守望相助。一个明显的例子就是在马岛公投中，中国坚定地支持阿根廷对马尔维纳斯群岛的主权；二是由于在冷战期间，中国选择了和苏联在一个阵营，这注定中国很难与美国靠近，如果中国想确保自己世界第一新兴大国的地位，中国只能选择拉拢拉美；三是台湾问题，尽管中美洲地区的大部分国家都与台湾建立了外交关系，但拉美仍是中国政府解决台湾“分裂”问题的重要帮手。

从长远来看，中国无疑是拉美地区经济增长与发展的重要合作伙伴。大多数的拉美国家都对这个亚洲“巨人”充满期待，相信中国的出口、投资和主权贷款会推动拉美的经济繁荣与稳定。从地缘战略角度来说，中国必须不断深化与拉美亲密合作伙伴关系，不断地调整与扩展双边外交合作。

2014 年全年中拉外交互动频繁，相互建立了非常友好的国家形象，这主要得益于频繁的政治高层互访，拉美元首出访中国，同时中国主席习近平回访拉美（这也是其上任以来的第二次区域出访），他此行还出席了在巴西福塔莱萨举行的第六次金砖国家峰会。从双边元首在公开场合的讲话中我们可以知道，中拉将共同做出努力，继续深化双边合作，并在未来朝着双边经济模式互补化及平衡化的道路发展。

但是拉美政界和学界只认为中国是“拉美大陆发展的核心元素”而不是一个真正的“发展伙伴”（Partner for Development）。笔者断言，尽管中拉政治和经济关系的发展会不断深入且会覆盖更多领域，但是双边的未来之路不会一帆风顺，越来越多的分歧和冲突将会显露。拉美政界和学界对此曾警告说，必须要调整现行的中拉合作模式，拉美以原材料和资源供给换取中国资本的经济模式，是一个打着“双边贸易”幌子的“核心—边缘”陷阱。

拉美一些工业多样型和密集型国家（如墨西哥、巴西、阿根廷）对中国的态度飘忽不定，他们优先考虑的是发展区域或次区域关系，而非对中国的关系。事实上，从现实政治的观点来看，中国发展对拉关系首先会考虑边缘性地区，也就是那些需要用原材料和自然资源换取工业品、服务以及附加值较高商品的国家。中国对拉美的投资同样也是以“资源需求”（Resource Seeking）为导向，资金投入的目的是为了获取原材料、自然资源、农产品和矿产。拉美学界对此认为，中拉经济模式其实质是核心—边缘模式。

中国从拉美进口原材料的目的是加工后满足国内市场需求，以及垄断亚太市场，拉美学界据此质疑中国“发展伙伴”的身份。中国贷款和投资优先投放那些可以为其提供大量原材料和自然资源的国家，中国为拉美兴建大量的基础设施（铁路、公路、机场、运河等），旨在提升拉美对中国出口运输的效率。当前拉美的经济发展模式主要以“调整”为主，而调整的方向是不断靠拢中国这个21世纪最大的经济体。

拉美致力于与中国建立一种“平衡”的政治和经济关系，谋求双边战略地位平等，摆脱如今的“依附”关系（中国大部分的合作、投资和贷款都是为了获取拉美的基础物资），所谓的“共同发展”不仅仅停留在政治话语层面。

中国对拉美的质疑非常“敏感”，2014年习近平主席访问拉美后，中国政界和企业界的高层也频繁到访拉美。与此同时，中国政府也开始调整对拉战略，以“通向未来的桥梁”为核心重新定义拉美商品在中国市场的地位，并将中国投资转向拉美的制造业（例如汽车业和电子业）、技术型产业和资本密集型产业（电信业、软件业），以此来改善中拉双边贸易中的产业内贸易不足和贸易顺差过大等问题。总而言之，从自然资源与高附加值产品之间关系入手分析中拉关系的发展，具有现实意义。

中国进行上述调整，其目的是与拉美发展可持续性的外交关系。首先，中拉双方需先解决分歧建立互信，这是双边关系前进的根本；其次，虽然中国政府针对拉美的质疑制定的措施不能从根本上解决双边差距，但是却为未来奠定了基础；最后，中国作为世界第二大经济体，拥有强于拉美的制造业，中国产品附加值自然较大，中国通过直接投资、建设基础设施不断获取拉美的资源进一步提升技术，而拉美则对中国的贷款和国际大宗商品的价格依赖越来越大，双方差距进一步拉开，这点必须有所改变。

近年来拉美学界对于中拉关系发展的忧虑日渐浓重，拉美各家“智库”对此问题所发表的著作与文章更是助长了民众对于中拉不平等发展的担忧。笔者建议双方应通过公共外交和政界、学界交流来消除不信任，建立起长效的理解互信机制，使得双边战略发展更具持续性。

此外，拉美学者获取中国对拉政策文件和中国领导人的发言内容的渠道，一半是经一手获得，而另一半则是几经转手，主要的资料来源机构有拉美及加勒比经委会和泛美开发银行。笔者建议中国应通过“软实力”外交改变上述机构针对中拉关系的看法，从而减少中国在拉美的发展障碍。

一　中拉关系发展的常量与变量

冷战后，虽然世界意识形态的分歧已经逐渐淡化，但这仍然是中拉关系发展的主要变量之一。拉美是中国拉拢世界其他发展中国家战略的重要组成部分，但是中拉关系的发展仍然坚持“结盟”而“不站队”的传统，双方结盟的核心意识在于寻求国家对外自主权和反霸权主义。改革开放后的中国，显露出强国主义的特征，拉美及加勒比地区成为其外交布局的一步棋，但是中国对拉美的战略始终坚持“和平发展战略”。

拉美是中国政府制衡台湾分裂的工具。从这点上来说，拉美是中国必需的“政治资本”，以此来制止台独分子蠢蠢欲动的分裂欲望，中国政府通过强国战略拉拢“亲台”的中美洲国家，扭转这些国家的政治立场（现今大部分的中美洲国家仍承认台湾是独立国家）。

不过拉美及加勒比地区永远不会是中国外交政策最重视的地区，中国只会对拉美采取务实的多边外交策略，致力于通过各种全球化或半球化平台、跨太平洋对话机制以及多种论坛来影响拉美地区，例如建立伙伴关系（战略伙伴关系、全面战略伙伴关系等）、美洲国家组织（OEA）、亚太经合组织（APEC）、G20 峰会、金砖峰会以及中国—拉美及加勒比共同体论坛等。

对于中国企业来说，懂得向本国政府或拉美政府要“政策”是一种“进步”的表现，借此能提高中国企业在本国或拉美地区的影响力，并获得双边政府“政策”或“半政策”的支持，例如每年一次的中国—拉美企业界高峰会，是中国首个针对拉美地区经贸合作的促进机制，也像是“双边关系事务所”，为双边企业高层与政府搭建了一个直接对话的平台。

中国对拉美的战略部署有一个不可忽视因素：美国的长期干预。鉴于美国在西半球的霸权地位，中国对拉美的经营首先应避免与美国正面冲突，在美国能容忍的范围内获取最大利益。从目前来看，中国对拉美的影响和控制程度仅次于其对东北亚和东南亚（这里因地理位置的缘故是中国的首要控制区），这得益于美国对拉美的影响力日渐衰弱，主要是因为美国政府恶意干涉多个拉美国家的内政，不重视西半球对话机制，以及与拉美几个主要国家交恶，这些都使中国从中获益。

此外，美国在拉美地区的国家形象趋于负面，而中国政府将中国的经济发展模式宣传为介于社会主义和资本主义之间的“第三条道路”，此消彼长下，让中国在拉美的影响力持续提升。不过，随着古巴和美国的关系向正常化发展，美国开始着手重夺“后院”并遏制中国的前进步伐。

拉美的社会问题有：社会失序、贫富差距、环境污染、政府失灵、社会冲突和腐败。上述问题在《中国对拉丁美洲和加勒比政策文件（2008）》中均有表述，同时该文件还明确了双方未来合作方向和愿景。

还值得一提的是，“中国”二字对于拉美来说是广义的，我们将其理解为“大中华”概念，包含了香港、澳门和台湾地区。统计“中国”在拉美所获的经济利益应将香港和台湾地区的企业计入（尤其是在中美洲和加勒比地区）。

最后一点是，中国战略扩张牵动了拉美地区传统外国势力的敏感神经，如日本、俄罗斯和印度。日本因中国在拉美的一系列行动，重新聚焦拉美，要知道，日本是一个重量级经济体，它的国民生产总值长期位居世界前列①；印度专门制定了名为“拉丁美洲焦点”的对拉战略，重新重视对拉关系发展；俄罗斯重入拉美意图最为迫切，主要原因是：渴望恢复其往昔的影响力，以及希望借助拉美打破欧美的政治和经济封锁，摆脱孤立无缘的处境。②

二　中国对拉美的重要性：客观因素及变数

一些客观因素、未知变数、合作策略、携手方式构成了拉美认识中国的根本。

第一，在国际政治中，中国给予拉美国家高度的自主权和外交自由。中国致力于成为21世纪的强国之一，不过中国秉持的国际立场与传统的欧美国家截然不同。可以说，相较于欧美，中国给予了拉美更高的国际地位。

第二，大部分的研究资料表明：到2020年，中国的国民生产总值将超过除美国外的所有西方国家。单从这点上看，拉美大陆与中国保持“友好关系”，必将为大陆的经济增长带来积极、正面的影响。

第三，中国过快的城镇化进程，农民放弃了大量的耕地，未来必将为其国内带来种种问题，却会给拉美地区带来更多机遇。从细节上看，

① El premier Shinzo Abe realizó en julio de 2014 una gira de 11 días de duración por México, Colombia, Chile, Trinidad y Tobago y Brasil; en Trinidad y Tobago presidió una cumbre Japón-CARICOM. Y llegó a Brasil para firmar acuerdos económicos con la séptima economía mundial sÓlo unos días después que estuviesen allí los presidentes Xi Jinping y Vladimir Putin.

② El Primer ministro de la India Narendra Modi y el presidente Putin participaron de la reunión cumbre del Foro BRICS en la ciudad de Fortaleza, Brasil.

中国社会主义经济发展模式的确让人民收入提升，中国政府同步推动了农村城镇化政策，试图让亿万农村打工者去往中小城市，而大城市则吸纳日渐增多的中产阶级。据中国官方统计数据估计：到2030年，将会有三亿人迁移至城市，到2050年，中国将新增200个人口基数超过一百万的大城市，城市中的大部分消费者都是中产阶级。中国官方认为本国的增长与世界的发展趋势基本保持一致，据估计：到2030年，全世界的中产阶级将增加到11.5亿人，其中93%来自发展中国家（在2000年则是56%）；中国和印度将贡献增长总量的三分之二：其中，中国贡献52%、印度贡献12%。到2025年，中国将成为世界第三大消费市场。这个估计是基于中国经济成功转型、经济增长方式多样化、庞大的内需、国民生产总值持续增长。中国的发展模式、转型模式、经济规模和全球影响是中国特有的，无法借鉴世界经济发展史，因此在中国经济转型过程中，拉美也将不断调整自身经济结构，双边需要密切地开展合作、利益与共、长期对话以确保未来的全球地位。

第四，双方经济的互补面。中国对于粮食和能源的需求巨大，拉美则拥有成熟的粮食和能源产业。中国国内对优质食品的需求、安全的能源供应以及大量的矿产用于工业制造和高端科技，这就要求供求关系稳定。可以预测，扩大内需将是中国在未来几十年经济增长的主要驱动力之一，拉美应据此来规划自身的经济结构发展，做到有效利用财政、合理配置人力和政治资源、克服利润来源的脆弱性、风险性和不稳定性。

第五，生产、技术、贸易一体化。中国的制造类和技术类企业在与欧美企业的竞争中已占得先机，并且在科技领域独占鳌头。中国制造类企业（如汽车和电子制造）和技术类企业（如电信、新型材料、光学仪器、微电子、机械自动化）在开发专利和品牌建设方面日趋成熟。此外，中国的尖端科技企业在全球名列前茅，例如空间技术、核技术、可再生能源以及电子商业等。中国在高端技术领域拥有很强的竞争力，重视技术的开发和革新以及经济高速增长吸引了来自全球的目光（之前都集中在欧洲、美国和亚洲发达国家），现在也吸引了拉美的目光。中拉通过战略合作，中国低价向拉美转让工业生产技术和专利，打破欧美的知识产权垄断。双边未来合作的方向是：未来的国际分工格局由中国主导，作为世界“边缘成员”的拉美地区的利益和地位将受到中国照顾。

第六，中国示好拉美，双边展开技术合作。为了打破欧美的封锁，中国和拉美开展了一系列尖端科技合作项目，以增进彼此间的信任和相互了解。例如中国在航空航天领域对拉美各国提供技术支持：中巴卫星合作项目（CBERS）；2008 年中国为委内瑞拉发射了第一颗卫星（通信卫星），接着在 2012 年又为委发射了第二颗（遥感卫星）；2013 年，中国为玻利维亚发射了该国首颗通信卫星（“图帕克卡塔里”卫星发射计划），同年，中国还为厄瓜多尔发射了首颗自主研发的人造卫星飞马座（Pegaso）。此外，与一般的发达国家对拉美的技术封锁不同，中国的电子科技类公司倾向于支持拉美本土电子制造业的发展，并逐渐向拉美转让部分自主研发的技术。

2014 年的时候，中国政府明确表示：到 2020 年，完成与拉美的“技术合作目标”。该目标是习近平主席访问拉美时提出的：中拉双方共同构建“1 +3 +6”合作框架，“1”就是“一个规划”，即制定《中国与拉美和加勒比国家合作规划（2015—2019）》；“3”就是“三大引擎”，即以贸易、投资、金融合作为动力，推动中拉务实合作全面发展。力争实现十年内中拉贸易规模达到 5000 亿美元。力争实现十年内对拉美投资存量达到 2500 亿美元。“6”就是“六大领域”，即以能源资源、基础设施建设、农业、制造业、科技创新、信息技术为合作重点，推进中拉产业对接，推动中拉互利合作深入发展。

第七，中国作为经济全球化中的一员，拉美可以通过多边贸易平台与自由贸易协定，顺利进入中国市场。拉美进入中国的方式有两种，第一种是通过多边贸易平台。中国经济对外开放遵守国际贸易准则、全球化协议和跨太平洋地区自由贸易协定，例如世界贸易组织（OMC）、亚太合作论坛（APEC）、中国—东盟自贸区（CAFTA）。拉美以中国为跳板进入世界上经济最活跃的地区——亚太地区。

第二种是中拉合作在多个层面同时进行，并形成一个长效机制，中拉携手巩固和提升双边在全球化体系中的地位。基于此，中国曾公开表示欢迎智利、墨西哥、秘鲁这三个太平洋联盟的创始成员国加入亚太自贸区（英文缩写为 FTAAP）。2014 年 APEC 会议期间，中国表示将加快推动亚太自贸区建设并完成《亚太经合组织推动实现亚太自贸区路线图》的制定，促进区域一体化。外界普遍认为，中国借亚太自贸区来制衡美国倡导的排除中国的跨太平洋伙伴关系协议（TPP）。此外，中国还单独与拉美及加勒比地区的部分国家签署了双边自贸协定，如智利（2006 年）、秘鲁（2010 年）、哥斯达黎加（2011 年）。

总而言之，对于拉美来说，不能单以“附加值”的大小来评估与中国建立经贸合作的合理性，还要充分认识到中国对于拉美建立 21 世纪全球化经贸体系的“价值”。

三　中拉经济关系：合作基础永远存在，寻求更广阔的空间

中国经济增长对于自然资源和原材料的需求，导致了国际大宗商品价格持续上涨，也直接推动了拉美经济的发展。进入 21 世纪以来，尽管 2008 年发生全球金融危机，但是大宗商品价格持续上涨，拉美经济获益良多：拉美地区获得国际收支顺差（2000 年至 2011 年为 5270 亿

美元），且外汇储备持续增加（2000 年为 1627 亿美元，到 2011 年增加至 7768 亿美元），拉美借此减少了对国际信贷和国际金融组织的依赖，减轻了全球经济危机造成的负面影响。

在区域宏微观经济结构调整下，拉美各国对外贸易实现顺差，外汇的持续增加让各国能将更多的财政预算投放于基础设施、扶贫、缩小贫富差距项目上。拉美各国试图通过十年时间重建一个“福利国家”①（找回因新自由主义失去的十年）。中国对原材料和自然资源大量的需求导致全球大宗商品价格持续攀升，拉美的国际贸易结构也因此得到了很大改善。（详见图 1）

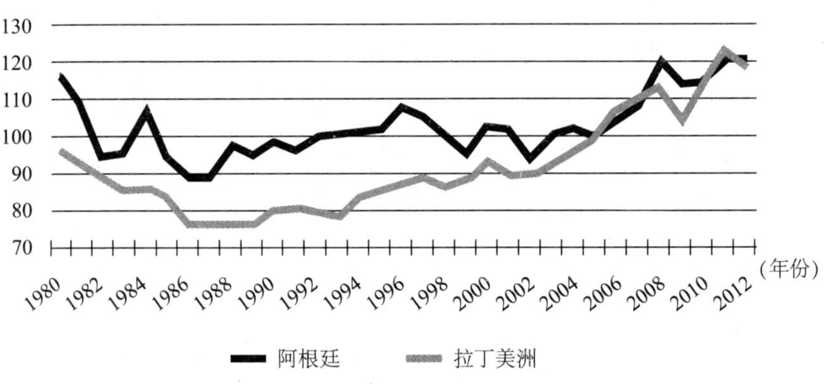

图 1　国际贸易走势（2005 年指数 =100）

数据来源：拉丁美洲及加勒比海经济委员会（CEPAL），2013。

对中出口产生的贸易顺差，让大多数拉美经济体财政状况持续转好（详见表 1）。“中国因素”是拉美各国控制社会矛盾、创造就业、推动手工业和建筑业发展的关键。

---

① En el período 2002 a 2010, según datos de la CEPAL, ALC registró una reducción de la pobreza del 43.9% al 31% de la población.

表 1　　　　初级产品贸易产生的财政收入

国家	1999—2001 年	2009—2011 年	1999—2001 年	2009—2011 年
Argentina	0.0	3.0	0.1	13.6
Chile	0.8	3.7	3.8	17.3
México	6.1	7.5	31.2	32.5
Perú	0.2	1.6	1.2	9.3
Venezuela	8.7	8.3	44.0	39.2

数据来源：拉丁美洲及加勒比海经济委员会（CEPAL），2013。

大宗商品（图 2）价格持续走高，中国这样的新兴经济体对于大宗商品需求的前景，引发了大量投资涌入拉美，我们将此称为“中国财富效应”。

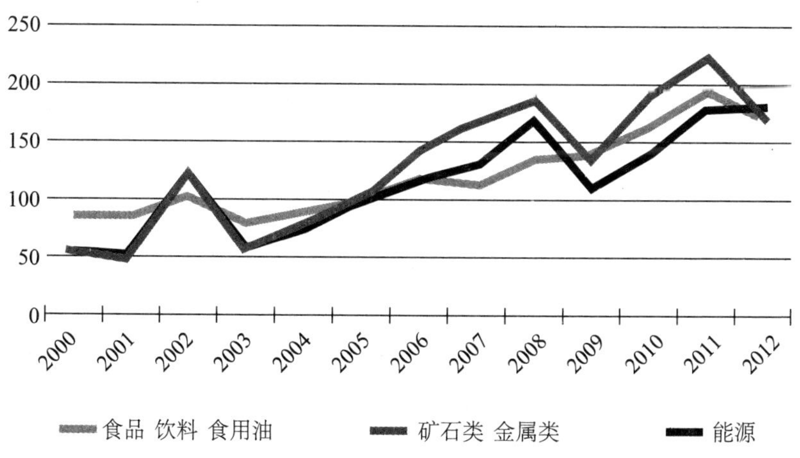

图 2　大宗商品价格走势（2005 年指数 =100）

数据来源：拉丁美洲及加勒比海经济委员会（CEPAL），2014。

毫无疑问，中国已经是拉美在本世纪重要的合作伙伴。2000 年至 2013 年，双边贸易从 120 亿美元增加到 292 亿美元，增长了近两倍（见图 3）。近十五年，中国对拉丁美洲（尤其是南美洲）贸易的重要性日益增加，成了该地区众多国家的重要贸易伙伴：中国早已是巴西、智利、秘鲁主要的出口目的国；2012 以后，是阿根廷、古巴、乌拉圭的第二大贸易伙伴，是哥伦比亚和委内瑞拉的第二大出口目的国（第一是巴西）；在中美洲地区，中国超过墨西哥（尽管墨西哥是北美自由贸易协定的成员国）成为继美国之后的第二大贸易伙伴。中国在拉美出口贸易中所占比例，从 21 世纪初的 2% 增长到 2013 年的 16%。

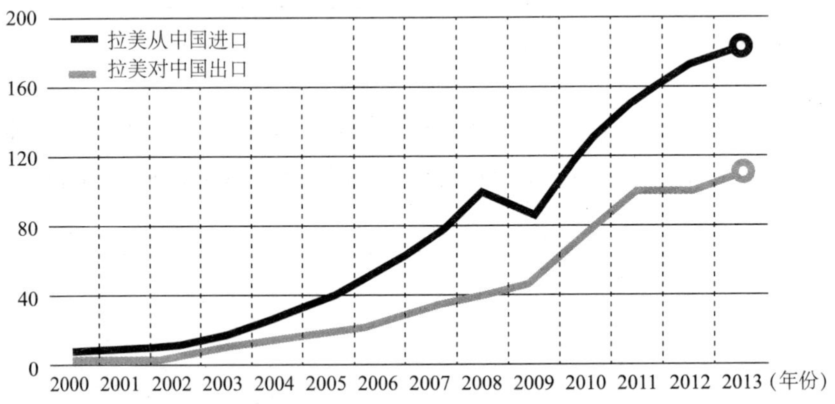

图 3　中国与拉美及加勒比地区贸易额　（单位：10 亿美元）

数据来源：拉丁美洲及加勒比海经济委员会（CEPAL），2014。

图 3 表明，中拉经济关系发展呈逐渐深化趋势，依此趋势发展，到 2017 年中国将成为拉美及加勒比地区最大的贸易伙伴，并有望在 2020 年达到习近平主席制定的目标：中拉贸易总额达到 5000 亿美元。

然而，双边贸易互补性严重不足，从目前来看，拉美出口到中国的产品中，72% 是初级产品和自然资源类产品，只有 12% 是技术类产品（包含高、中、低技术），这意味着，双边贸易关系的基本特征是：核心—边缘模式下的产业内贸易。拉美各界对中拉贸易关系过于依赖大宗商品表示担忧，认为这会影响双边关系未来的走势。①

中拉经贸关系和中国投资的重心高度集中在原材料和自然资源方面，中国的投资模式可以称为“资源获取”，主要投资产业有能源业、农业和矿业。（详见图 4 和图 5）。②

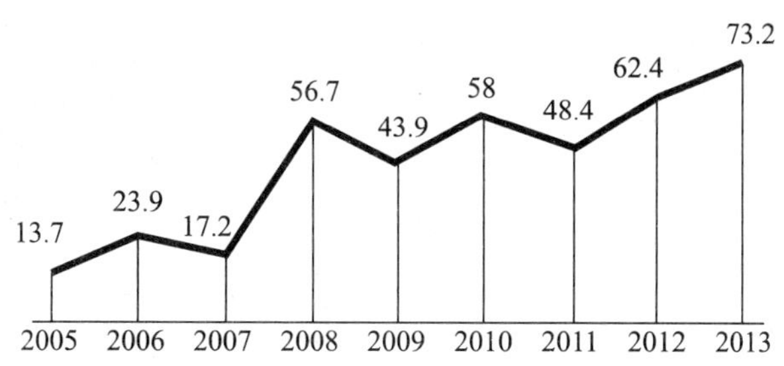

图 4　中国对外投资　（单位：亿美元）

数据来源：西班牙《国家报》每日新闻，2014 年 6 月 20 日。

中国通过其国内企业设立在拉美各国的分公司进行投资，这有利于快速打开市场和规避关税。委内瑞拉在能源领域成了中国投资的第一对象国，主要集中在奥里诺科重油带（中石化和中石油）；巴西则成为中国在农业、钢铁和电信业领域的伙伴，投资该国的中国企业有华为和中兴；此外，阿根廷也在能源（主要是石油）和农业领域获得了大量的中国投资，例如，2014 年中粮集团收购了尼德拉 51% 的股权。

在秘鲁，中国资金主要投向采矿业，其次是渔业；中国对玻利维亚的投资与委内瑞拉相似，主要用于能源和金属锂的开采；中石油在厄瓜多尔采油和采矿；中国民营企业奇瑞汽车在乌拉圭设立了生产基地，组装汽车销往南方共同市场；中国企业也进入物流领域为双边贸易提供运

① Ver：ROSALES，Osvaldo y KUWAYAMA，Mikio，2012，*China y América Latina y el Caribe. Hacia una relación económica y comercial estratégica*，Santiago de Chile，marzo.

② Con U $ S 72. 300 millones，en 2013，China ocupó la tercera posición mundial en emisión de IED，según la UNCTAD.

输服务，如中粮集团和中国远洋运输（集团）。不过值得注意的是，中国对拉美直接投资正缓慢流向当地的制造业和技术密集型产业（如电信业和软件业），这得益于中国政府政策性地将资金导向这些双边未来发展趋势型的产业。

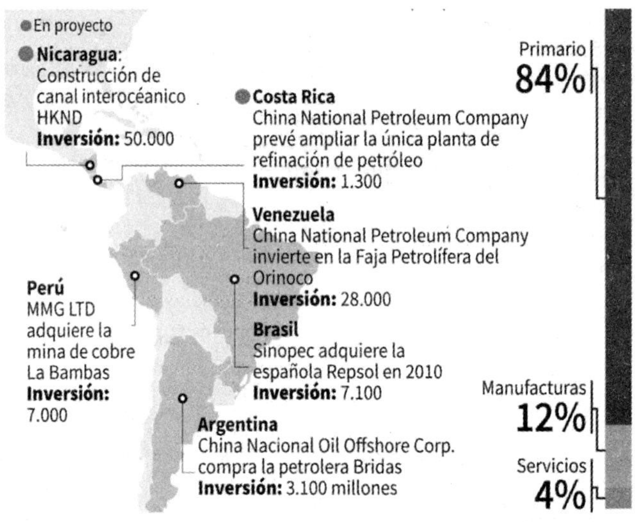

图 5　2005—2014 年间中国投资的产业分布　（单位：百万美元）

数据来源：泛美开发银行、拉美经委会，2014 年。

中国企业的投资活动受行为主义的影响，投资形式采取以跨国公司（寻找当地企业作为合作伙伴建立合资企业）为主体，多领域并行的方式，例如中国航空工业集团和巴西航空工业公司合资；中国企业在生物制药领域与阿根廷的凯贸制药（Chemo Group）和西度思生物（Biosidus）合资。中国通过合资获得了拉美在农产品加工、生物制药、航空航天领域的技术，而拉美企业也借机进入中国市场；此外，中拉还携手与世界竞争。

中国政府的财政资金充沛且流动性良好（银行贷款、主权基金、外汇储备），其通过多种形式对能改善拉美投资环境的项目进行放贷，主要针对公路、海运、能源、基础设施等项目，用于节省中国企业在拉美地区的生产和运输成本，从而更好地满足国内对于原材料和能源的需求。

中国通过中国国家开发银行、中国进出口银行、泛美开发银行、金砖国家开发银行等双边或多边金融机构向拉美国家发放贷款。据统计，在2005—2013年间，中国共向拉美地区放贷1020亿美元，其中约500亿美元贷给了委内瑞拉；约90亿美元给了厄瓜多尔；阿根廷则通过2010年签订的货币互换协议获得了110亿美元，用于增加外汇储备。

四　中拉关系发展的正面因素和负面因素

要充分认识中拉关系的正面和负面并非易事。首先，中国与拉美双边贸易中，拉美各国对于出口“自然资源”和产品“低附加值”之间有无“关联”争论不休。这主要因为，中国政府在双边贸易过程中对于产业链的干预，例如中国从智利进口大量的铜矿和水果，同时中国又对智利当地的矿业和水果种植业进行大规模投资，这造成了两种产品的生产饱和，出口“附加值”不断降低。此外，中国投资设立分公司和兴建基础设施，规避了出口关税和降低了运输成本，这也使得拉美商品的价值进一步降低。

在秘鲁，中国在矿业领域投资额超过190亿美元，占该行业总投资额的33%。中国的垄断遭到了秘鲁民众的抗议，但中国随后将资金投入提升生产效率、更新管理模式、恢复当地土著的生态环境中，成功赢得了秘鲁市场的尊重。在阿根廷和巴西，这两个国家的农副产品和能源加工技术达到世界先进水平，中国通过投资当地企业创新粮食和油籽加工技术、提升检疫技术、优化种子质量和提升遗传技术来稳定产量、降低农产品的价格和安全风险。

笔者认为，产品的“附加值”不应单纯地理解为出口的数量或产品的单价，应该从战略性的角度来理解：“附加值”是竞争力和技术力所产生的价值，这种价值通过与外部竞争对手结盟的方式来实现。因此，中国已经成为世界和拉美地区现代化进程的“核心力量”。虽然不能武断地说中拉贸易平衡和关税地位完全由中国主导，但是中国毫无疑问是主导两者的关键因素。

其次，虽然从长远来看，原材料和能源贸易存在风险，但笔者认为，在未来一段时间中国对阿根廷大豆、巴西铁矿、智利铜矿、秘鲁铝矿和鱼以及其他国家的原料需求趋于稳定，拉美地区仍能通过初级产品贸易获取财富，转而投资生产部门提升技术，以此改善产业链结构，减少与发达国家之间的差距。当然，拉美稳定的前提是中国现代化能够持续发展，同时笔者也认为，中国并不一定要以“核心—边缘”模式来推动自己的现代化，相反，中国可以将拉美作为发展伙伴，通过共同发展来解决双边发展过程中的所需。

但是，拉美贸易受制于中国市场和国际大宗商品的价格，这是客观事实，人们对于“自然资源”主导的出口贸易是福还是祸的争论会一直持续。笔者认为，拉美出口对自然资源和原材料的依赖度已经相当巨大，各国政府不要对此继续投入，只需要在优化生产和提高效率上稍做文章即可。相反，如前文所述，初级产品贸易所获收益可用于改善财政，用于投资部分非周期性储备，加大对制造业及高技术研发投入，通过投资创新打开出口产业多样化的大门。

五　正视矛盾，规划未来

想要正确看待中国与拉美及加勒比地区的经济关系，首先要正视中拉之间的一些矛盾，以此合理规划双边关系的未来。中国（还有印度、俄罗斯）定义的新拉美地缘经济，是通过生产、基础设施和物流一体化建设，快速、有效地将拉美的产品经太平洋港口导向中国市场。矛盾的中心集中在两大洋——大西洋和太平洋，以及两大区域组织——南方共同市场和太平洋市场，中国都位于其旋涡中心。

中国的需求带动了拉美及加勒比地区出口和经济增长，并让本地区在国际上拥有了更大的外交话语权。但是，中拉双边的“核心—边缘”模式导致拉美成了中国的附庸，经济发展结构具有很大的不稳定性。对此有人认为，在拉美次发展结构下，中国将是拉美发生经济危机最大的“风险”因素。中国作为拉美的发展伙伴，应重视上述问题，未来双边发展多考虑双方利益的平衡。

中国资金对于拉美地区有着很大的吸引力，因为许多拉美国家很难获得国际贷款，中国就成了这些国家的“最终贷款人”（Lender of Last Resort）和主权债务国，拉美国家通过向中国供应原材料和自然资源方式偿还债款。长此以往，这些拉美国家在经济发展模式上就丧失了选择权。如果想恢复经济模式正常化，拉美这部分国家必须与中国协商，在中国的帮助下改变本国的次发展结构，推动本土工业发展、增加出口技术含量、提升产品附加值。这是拉美地区未来经济决策的导向，面对21世纪占主导地位的经济大国，拉美要学会如何优化双边合作，提高协商能力。

对于中拉双边贸易的未来，笔者建议参考中国和澳大利亚最近签署的一份合作协议：借中国国家主席习近平出席G20峰会之机，中澳两国在澳大利亚首都堪培拉宣布将在2015年签署自由贸易协定。该协定允许十年内澳大利亚95%的食品和矿产零关税进入中国，而作为回报，也允许中国全面进入澳大利亚的工业、金融、农业技术等经济产业，中国成了澳大利亚第一大海外投资来源国。

未来，拉美所有国家都应争取与中国达成类似的自由贸易协议。当然，这对于一些国家来说非常困难。拉美各界应努力推动区域内部团结、克服分歧、共谋发展。

结　语

中国已经成了拉美在世界经济体系中最重要的伙伴，也是拉美经济未来健康发展的桥梁。中国通过双边贸易、投资、技术合作等方式影响整个拉美，不可否认，“中国因素”已成为拉美对外经济战略关系的核心，此外，中国也牢牢掌控着拉美地区自然资源和原材料生产和出口。

当前的中拉经贸模式仍无法实现互补，产业内贸易严重不足。不过，中国通过进口初级产品为拉美带来巨大的经济利益的同时，逐渐开始投资拉美地区的生产、出口、财政、物流、制造、技术等领域。

用原材料和自然资源换取中国产品而建立起来的贸易模式，引起了拉美各界的争论，不少政治、经济界和社会精英（企业家、董事会、行业工会）对此提出严厉批评，他们认为在中拉关系中，拉美只是一个“边缘供应商”，只能作为中国这个世界第二大经济体的附庸。

这种批评不无道理。实际上，拉美可以继续利用中国发展现代化和对自然资源及原料的巨大需求，将所获利益投放于高科技产业，如此一来，中拉不仅能继续保持重要的经济伙伴地位，还能转变成中国的“发展伙伴”。

（塞尔吉奥·M．塞萨林，阿根廷二月三国立大学亚太及印度研究中心主任、经济学教授；阿根廷国家科学技术研究所研究员；江苏师范大学伊比利亚美洲研究中心特约研究员）

参考文献：

– COMISIÓN ECONÓMICA PARA AMÉRICA LATINA Y EL CARIBE（CEPAL），2012，*La República Popular China y América Latina y el Caribe*：*Diálogo y cooperación ante los nuevos desafíos de la economía global*，Santiago de Chile，Naciones Unidas.

– CESARIN，Sergio y MONETA，Carlos，2012，*Tejiendo redes. Estrategias de Empresas Transnacionales*（*ETNs*）*Asiáticas en América Latina*，EDUNTREF，Buenos Aires.

– Documento del gobierno chino sobre la Política de China hacia América latina y el Caribe，2008，Beijing.

– DUSSEL PETERS，Enrique（Coordinador），2014，*La inversión extranjera directa de China en América Latina.* 10 *casos de estudio*，Red Académica de América Latina y el Caribe sobre China（RED ALC-CHINA），México，Publicación on line.

– ESTEVADEORDAL，A.，coord.，MESQUITA MOREIRA，M.，coord. y KAHN，T.，coord.，2014，*LAC investment in China. A new chapter in Latin America and the Caribbean-China relations*，Banco Interamericano de Desarrollo（BID），Washington DC.

– ROSALES，Osvaldo y KUWUYAMA，2012，China y América Latina y el Caribe. Hacia una relación económica y comercial estratégica，（CEPAL），Marzo.

– WORLD BANK and Development Research Center of the State Council，2012，*CHINA*，2030，*Building a Modern*，Harmonius and Creative high-income society，Washington DC.

中拉自由贸易协定：发展与展望

[智] 费尔南多·雷耶斯·马塔
（蓝博 译）

内容提要 本文是笔者对中国与拉美三个国家的自由贸易协定的发展的分析与看法，这三个国家分别是：智利（2006 年）、秘鲁（2010 年）、哥斯达黎加（2011 年）。从贸易平衡的角度上看，中拉贸易最显著的特点是"不对称性"。最值得注意的是，秘鲁和智利自然资源和矿产资源进出口问题，产业投资不断增长却使得外汇不断流出。同样，在中国和拉丁美洲三国之间的关系框架下演变的自由贸易协定（TLC）将包含一个更大战略的具体实施，其战略为不严格限制产品优先进入中国市场及产品的多样化而是限制较大的企业作用以及新的生产形式。

引　言

中国与拉美三国（智利、秘鲁、哥斯达黎加）签署了自由贸易协定（TLC），就好像组成了三座实验室，检测太平洋两岸商业来往中的实践特征，以及评估未来发展的潜力。2006 年，中智签署自由贸易协定；2010 年，中秘签署自由贸易协定；中国与哥斯达黎加签署的时间为 2011 年 8 月。这为拉美地区各国积累了多年的实践经验，基于此，哥伦比亚也有意加入，但对于可行性问题哥伦比亚国内各界争论不休，意见不一。

虽然所有与中国签署了自由贸易协定的国家都表示该协定使得来自中国的对外投资资金显著提升。但是一份详细的分析报告显示，上述三国在与中国的贸易中，交易商品结构单一化，主要是自然资源和矿产类资源，这样的情况并没有因为签署了自贸协定而有所改观，来自中国的资金虽然增加了不少，但是仍然集中流向上述领域，这在智利和秘鲁身上体现得尤为明显。这说明一个问题，投资增长带动贸易增长的假设是不成立的。任何对外投资的正常逻辑都是逐利，在某种意义上来说，投资和贸易没有必然的联系。

然而，分析上述三国对中贸易的利润总额，发现扣除掉四、五项大宗商品交易的利润后，剩余的利润主要来自三个方面：水果、粮食和零配件制造。尽管这三个方面贸易产生的利润额不高，甚至可以说是微乎其微，但是，只有它们才是反映双边自贸协定拉动地方经济的重要指标。例如，截至中秘签署自贸协定第五年，即 2015 年 3 月统计数据显示，2010 年，秘鲁向中国出口了总值 3300 万美元的粮食，到了 2014 年，粮食出口总值增加到 1.42 亿美元。这说明，秘鲁自 2010 年和中国签署协定后，其农业领域得到了显著的发展。

2015 年年初，智利首次对中国出口活畜，首船 7000 头荷斯坦奶牛，总价值 1600 万美元，1 月 29 日抵达天津，预计年内智利将向中国出口奶牛 3 万头，总价值达到 7000 万美元。2014 年中智双边贸易额为 312.9 亿美元，中国是智利第一大出口国，从交易数额上看，区区数千万美元的奶牛交易实在是不值得一提，其最大的意义，莫过于体现出智利当地的畜牧业商人和小商品商人已经大胆地迈出国门。此外，智利向中国出口了总值约 1 亿美元的葡萄酒，成功打入中国市场并树立了良好的品牌形象，大受好评。还有一个案例，2014 年智利对中国出口樱桃总额达4.87亿美元，比2013的2.49亿美元几乎翻了一番，占中国樱桃总进口量的75%。

一 最近十年的智利

2005年，在韩国举行的亚太经济合作组织首脑会议，智利与中国签署了自由贸易协定，中智双边友好关系持续发展。2015年，是中智建交45周年及自贸协定签署10周年。中国与智利签订和实施自由贸易协定不仅有助于加强两国政治、经贸和文化等领域的合作，促进双边贸易的迅速增长和投资领域的合作，也为推动南南合作树立了典范。

中国选择智利作为其拉美地区双边自由贸易协定的首个对象国，主要因为智利特殊地位和经验超然，也着眼于未来。智利是目前全球最多贸易协议运行的国家之一，对外签署了30多个自贸协定，与此同时，中国只与东南亚国家联盟（ASEAN）签订过自由贸易机制。还有就是，智利是第一个承认中国市场完全市场经济地位的拉美国家，第一个支持中国加入世界贸易组织（WTO）的国家，还是南美地区第一个与中国建交的国家。

自2010年起，中国已成为智利第一大贸易合作伙伴，对中出口额占智利全国贸易输出总额的24%。自2005年中国和智利签署自由贸易协定以来，智利的对华出口额翻了两番，从2005年双边贸易额不足50亿美元，到2013年暴涨至190亿美元。智利的外汇收入，每4美元就有1美元是从对华出口中得来的。有人问："智利出口的特点是什么?"观察2013年的数据，不难发现，智利对中国出口中81%是矿产品，其中92%是铜矿。从百分比上看，中智自由贸易协定前后该比例基本维持不变，自由贸易协定带来的只是让进出口条件更为便利。我们也要注意到，自贸协定确实打开了进出口多样化的大门，虽然在统计中其他商品所占比例较低，但是，这才是推动本土经济发展的关键性指标。

表1　　智利—中国双边贸易（2008—2013）　　单位：百万美元

项目＼年份	2008	2009	2010	2011	2012	2013
出口（FOB）	8519	13028	17324	18629	18098	19090
矿产总出口额	7070	11017	15647	16475	15696	16237
铜矿出口额	6774	10582	14803	15208	14527	15090
其余矿产出口额	296	435	844	1267	1169	1147
纸浆出口总额*	685	774	612	859	800	959
非矿产及纸浆出口总额	764	1237	1065	1295	1602	1894
总进口（CIF）	8277	6189	9971	12650	14432	15632
总进口（FOB）	7601	5815	9187	11901	13531	14762
贸易收支余额	918	7213	8137	6728	4566	4328
服务出口**	648	476	1423	1426	1073	1015

数据来源：各大研究中心、智利国际经济总司（DIRECON）以及智利中央银行的数据。

说明：*包括纤维素漂白纸浆和针叶半漂白纸浆及桉树纸浆；**包括旅游、交通，电子商务服务。

如今的地球，处于食物极为丰富的时期。2013 年，智利成为南半球最大的鲜果出口国，中国的第二大水果供应国，对中出口总额达到5.43亿美元，仅次于美国。2014年，在中国进口的水果中，来源于智利的水果比重也愈加增大。其中，苹果为53%、葡萄为45%、蓝莓为98%、樱桃为79%，智利水果在中国进口鲜果销售中排名第一。葡萄酒方面，中国已成为智利葡萄酒出口的第三大市场；2014年上半年，智利是中国第二大红酒进口国，紧随法国之后。此外，2013年，中国从智利进口鲑鱼量同期增长85%，交易额达到6000万美元，未来潜力巨大。

自2015年1月1日起，中国、美国和澳大利亚将对来自智利的绝大部分商品征收零关税。这三个国家是智利主要的出口对象，占其出口总额的37%。2015年是中国—智利双边自由贸易协定签署10周年，回顾十年历程，中国与智利双边进出口中97%以上的产品都实现了“零关税”。智利商务部的资料显示，零关税意味着享受到免关税政策的商品由1611种增加到5725种，其中智利受益的主要产品有葡萄酒、车厘子、冷冻鳟鱼、三文鱼、橄榄油、蓝莓等。

智利自中国进口的主要商品为机电产品、纺织品及原料和贱金属及制品，2014年进口额分别为46.4亿美元、21.6亿美元和16.1亿美元，合计占智利自中国进口总额的64.3%。2014年智利自中国进口的运输设备出现较大降幅，降幅达到33.4%。中国在机电产品、纺织品及原料、贱金属及制品、鞋靴、伞等产品上仍具有优势，分别占智利同类产品进口市场的32.5%、67.4%、44.1%、70.1%。

2005年11月18日，中国与智利签署自由贸易协定，2006年10月1日，协定开始正式实施。2007年，双方就《中国和智利自由贸易协定关于服务贸易的补充协定》（也称《中智自贸区服务贸易协定》）展开协商，于2008年4月在北京签署，2010年8月1日开始实施。中智服务贸易协定实施后，中国的10座城市马上得到了42家智利公司的投资，投资总额约2.12亿美元，主要投入服务行业，例如银行、零售业、石墨业、化工业等，还有就是矿业，智利公司不仅在该产业投入大量资金，并且还提供相关的生产管理经验。

表2　2012年智利进口主要产品　单位：百万美元

国家文物局编号	描述	价值	占据比例	2011—2012年增长率
从中国进口的总额		14432.1	100%	13.7%
85171200	手机及其他无线网络	1320.0	9.2%	48%
84713000	电脑/数据处理，便携式，重量≤10千克，至少包括一个中央处理器一个键盘，1个显示器	684.0	4.7%	5%
87032291	点火花发动机式旅游汽车/活塞，气缸容量在1000—1500cc	209.1	1.4%	14%
64041900	橡胶/塑料鞋底鞋及部分纺织品	164.0	1.1%	22%
40112000	新型橡胶轮胎，用于汽车或卡车	157.8	1.1%	16%
31021000	尿素，包括水溶性尿素	135.9	0.9%	45%
95030090	其他娱乐性玩具和模型	120.1	0.8%	-1.6%
72106100	轧制铁制品/非合金钢制品，宽≥600毫米，铝锌合金涂层	113.0	0.8%	163.1%

续 表

国家文物局编号	描述	价值	占据比例	2011—2012 年增长率
62046210	女式或女幼儿牛仔裤及棉裤	107.7	0.7%	30.8%
62034210	男士或男幼儿牛仔裤及棉裤	98.1	0.7%	16.9%
95045000	游戏机，除了付款游戏	96.3	0.7%	0.7%
72104900	轧制铁制品/非合金钢制品，宽≥600mm，除了电解和波纹的其他方式镀层	91.0	0.6%	46.2%
72254000	其他扁轧合金钢制品，宽≥600mm，仅热轧，不卷曲	90.9	0.6%	139.9%
61102000	针织及棉制毛衣、套衫、开襟衫、背心及类似产品	86.5	0.6%	-0.7%
85176290	接收/转换/传输声音，数据，图像和数据的其他机器	82.7	0.6%	-11.7%

数据来源：研究中心、智利国际经济总司和智利中央银行的数据。

最后，《中智自由贸易协定关于投资的补充协定》于2012年签署，2014年4月正式生效。中智贸易不断扩展，但是两国在投资领域还有待发展。事实上，根据智利经济总署统计，2013年中智双边贸易总额347.21亿美元，1974年至2013年年底中国在智利直接投资1.16亿美元，占智利吸引外资总额的0.12%。

中国在智利的主要投资领域，资源占36.8%，金额为4280万美元；农牧渔业占31.8%，金额为3700万美元；矿业28.9%，金额为3370万美元。对比中国对巴西、委内瑞拉、厄瓜多尔和秘鲁的投资金额，不难看出，中国对智利的投资额偏少。2013 年智利外国投资委员会接到中国企业投资项目申请，总金额 12.5 亿美元。

综上所述，智利对中投资是中国对智投资的两倍。主要原因是：1. 中国企业不适应智利的规则。智利是一个高度市场化的国家，政府干预很少，中国企业无法获得当地政府的保护性措施、低纳税等；2. 智利法制健全。智利的法律针对所有的投资人，无论是本国人还是外国人，凡是商业行为都有明文的律法约束。3. 中国企业偏爱投资大型油矿资源开采以及农业种植领域，目前智利国内无此类项目可投。

二　智利与中国香港签署自由贸易协定

2014 年，智利加大了与中国的双边贸易合作力度，与中国香港也签署了自由贸易协定。虽然香港是特区，但是其市场和中国大陆市场一脉相连，智利此举无疑扩大了本国商品对“整个中国”市场的参与度。2014 年 10 月 9 日，双方政府同时发布公报，智利和香港在 2012 年 9 月 7 号签订的双边自由贸易协定，于当日开始生效。这是一份涵盖全面和高素质的自由贸易协定，包括货物和服务贸易、投资及其他相关领域。

智利政府给议会提交的报告显示，智利政府与香港特区政府的自贸协议谈判，始终坚持“一个中国”的原则，以深化中智贸易往来与人民友谊为目的。此外，双方将开放服务部门和金融部门，为两国企业的投资提供更多的机会和更大的便利，在各自承诺的世界自由贸易协定基础上向对方进一步开放。

对于智利来说，香港特殊的地理位置也为智利产品进出中国内地和整个亚太地区提供了跳板。智利外交部经济总署署长安德列斯·雷布雷多（Andrés Rebolledo）表示："该协定将给出口商和投资者带来多方面的优惠。对于智利而言，我们希望能够创造诸如金融服务领域等方面的相关机会。"根据历史资料，早在1482年智利就设立了驻港领事。

2012年9月，在符拉迪沃斯托克（俄罗斯）举办的亚太经合组织首脑会议上，香港与智利就订立双方之间的自由贸易协定展开谈判。协定涵盖全面，包括免除或减少关税；放宽非关税壁垒，包括技术性贸易壁垒、卫生与植物卫生措施、反倾销、保障及反补贴措施；有助双边贸易、具有弹性的产地来源规则；简易的报关程序；服务贸易自由化；以及投资自由化及投资促进和保护。此外，双方政府还就葡萄酒贸易问题签署了谅解备忘录。

在香港原产货物贸易方面，智利将取消其88%关税税目的进口关税，但有2.3%是例外。尽管香港本身是无关税地区，但是该自贸协定将使智利出口商在中国东南部这一战略地区实现货物的自由流通。该协定生效后，智利和香港随即展开了第二阶段谈判，探讨将其扩展到投资领域的可能性。

香港是一个巨大的消费市场，常住人口达到700多万，香港高水准的生活为智利高附加值出口产品提供了广阔的市场。2013年，香港"人均购买力"为52722美元。此外，香港经济以服务业为主，与服务贸易有关的主要行业包括旅游和旅游业、与贸易相关的服务、运输服务、金融和银行服务及专业服务。因此，双边自由贸易协定将为智利服务类企业进入香港市场创造更多的机会，例如建筑服务、工程服务、兽医服务、教育服务和娱乐性服务等。

香港是世界金融中心，智利的银行、证券和保险企业将获得巨大的商机。也为专业类服务、环境类服务、科研创新类服务打开了更大的市场空间。当然，机会是均等的，香港的投资商也将在智利获得同样的机会和空间，协定的签署为两个地区的交往搭起了一座桥。

智利中央银行统计数据显示，2013 年，智利出口香港的商品总值达到 1.74 亿美元。出口的商品包括矿产类、纤维素类和食品类，其中食品类主要是：樱桃、油桃和蓝莓等。智利从香港进口商品总额为 1.1 亿美元，2014 年，从香港进口的各类商品中排名第一和第二的分别是手提电脑和手机。双边贸易仍然有开拓的空间，并且香港为智利产品进入中国内地及东南亚市场提供了跳板。

三　中国—秘鲁自由贸易协定签署历程

截至 2015 年 3 月，中国—秘鲁自由贸易协议已经走过 5 年历程。协议谈判始于 2007 年 9 月 7 日，时任中国国家主席胡锦涛在悉尼出席亚太经合组织领导人非正式会议期间，与秘鲁总统加西亚共同宣布启动。经过 8 轮谈判和一次工作组会议，2008 年 11 月在利马谈判成功。当时恰逢亚太经合组织第十六次领导人非正式会议在秘鲁召开，时任中国国家主席胡锦涛在秘鲁国会发表了重要演讲，就发展中国和拉美各国友好合作关系作了全面阐述。与拉美地区国家不同，中国与秘鲁的关系历史悠久，早在 19 世纪，中国劳工就已广泛出现在秘鲁，他们后来成了秘鲁的公民，也成了当代中秘友好的纽带。

基于此，双边自贸协定的签署，意味着中国将取代美国，成为秘鲁的主要出口国。然而，这并未在当地引起反响。秘鲁在一份 2014 年 11 月的新闻稿中指出：据太平洋大学《比较视角下的秘鲁，智利及墨西哥的商业评价研究》结果表明，自 2009 年生效的秘鲁—中国自由贸易协定并没有被充分利用。秘鲁出口业的岗位的确增加了，但这并未能与国内的生产部门取得联系，也就是说，就业和收入并未得到明显的改善。

2014 年 4 月，由秘中商会、利马大学、中国驻秘使馆和秘鲁外贸旅游部共同举办的“中秘自贸协定生效四周年论坛”在利马大学举行。旨在共同探讨自贸协定提供的发展机遇，以及总结四年双边经贸合作的累累硕果。会议报告指出，2010—2013 年，秘鲁对华出口额增长了35%，截至 2013 年年底达到 73.46 亿美元，非传统出口增长 41%，其中农牧业增长 203%。2014 年 1 至 2 月，秘鲁向中国出口同比增长53%，达到 14.34 亿美元，中国重新超越美国成为秘鲁最大的出口市场。其中，传统出口恢复增长，同比增长率达 54%。而非传统出口也达到 1.01 亿美元，增长 40%，鳄梨、葡萄、地板、锯材、羊驼制品、儿童服装等均有增长。秘鲁主要从中国进口产品为手机、电脑、摩托车、组装车、电视机、鞋和风力发电机组。

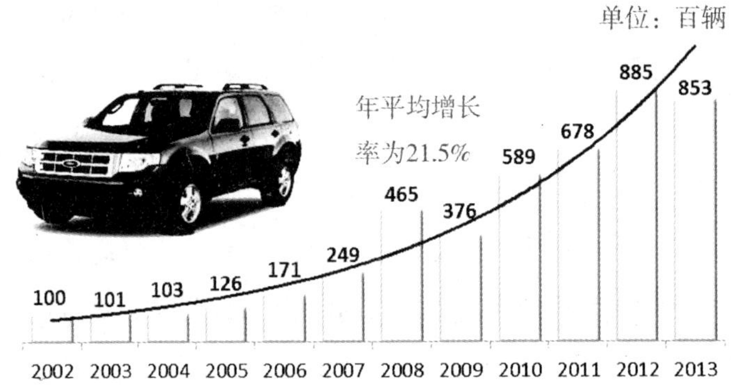

图 1　2002—2013 年秘鲁从中国进口车数量

数据来源：国家统计与信息学院、国家海关和税务总局。

2004 年 11 月 20 日，秘鲁政府决定，承认中国的完全市场经济地位，这也是中秘签署自由贸易协定的前提条件之一。此外，秘鲁是世界上第一个引用中国加入世贸组织议定书第 16 条，对原产于中国的纺织品实施特保措施的国家。早在双边判断的过程中，秘鲁政府就对某些产业，特别是纺织业非常担忧，认为如果一旦签署协定，中国的服装将大规模进入秘鲁国内市场，会严重损害其国内服装工业。2003 年 10 月 16 日，秘鲁国家竞争和知识产权保护署以及反倾销和补贴调查委员会通过第 152 -2003/CDS - INDECOPI 号决议，决定对原产于中国的纺织品启动特保调查，涉案产品海关编码为第 61、62 和 63 号下的产品。随后，秘鲁国家竞争和知识产权保护署在提交的第 037 -2003/CDS - INDECO-PI 号报告中认定市场扰乱存在，并于 2003 年 12 月 25 日对原产于中国的 106 种产品启动临时性保障措施，后经延长实施期，实施时间达 300 天。2004 年 8 月 21 日，秘鲁政府发布第 023 -2004 - MINCETUR 号最高政令，自 2004 年 8 月 14 日起，对原产于中国的第 20 类纺织品实施保障措施，征收最高税率为 33.83 美元/公斤的额外关税，主要是纺织品、服装、鞋子和衣服配件。不过据最新消息，秘鲁国家竞争和知识产权局（INDECOPI）推翻了对中国服装反倾销措施。

秘鲁对华出口贸易额 61% 以及中国对秘 63% 的产品将在协定生效时立即实现零关税，其余产品的降税过渡期为 5 年（12%）或者 10 年（21%）。有 5% 的秘鲁出口产品未列入零关税的税目。这些产品包括鱼类产品、咖啡、小麦、水稻、玉米、蔗糖、木材、纸张、电视机、摩托车，等等。但是，上述产品只占秘鲁对华出口总量的 1%。此外，大约有 592 个中国出口产品未列入零关税的税目，比如塑料、纺织品、服装、鞋类及衣服配件等。秘鲁和智利一样，2009—2012 年，对华贸易取得顺差。但是 2013 年后发生改变，这一年，秘鲁对华贸易出现 10.5 亿美元的逆差。不过从长远来看，两国之间的自由贸易对秘鲁将更为有利。和智利一样，秘鲁的产业结构和出口商品结构也较单一，少数的产品（主要是铜、鱼粉）占出口总量的 90%。因此，现在南美各国都十分关注那些非传统出口产业，以期能借此拉动本国就业。

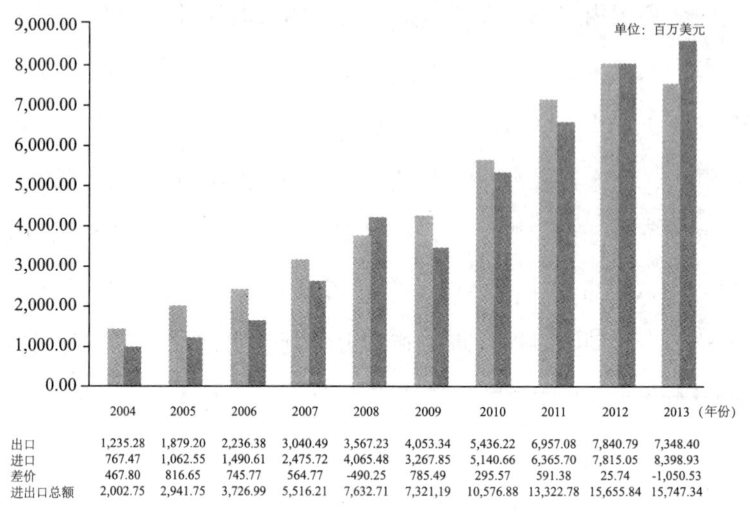

	2004	2005	2006	2007	2008	2009	2010	2011	2012	2013
出口	1,235.28	1,879.20	2,236.38	3,040.49	3,567.23	4,053.34	5,436.22	6,957.08	7,840.79	7,348.40
进口	767.47	1,062.55	1,490.61	2,475.72	4,065.48	3,267.85	5,140.66	6,365.70	7,815.05	8,398.93
差价	467.80	816.65	745.77	564.77	-490.25	785.49	295.57	591.38	25.74	-1,050.53
进出口总额	2,002.75	2,941.75	3,726.99	5,516.21	7,632.71	7,321,19	10,576.88	13,322.78	15,655.84	15,747.34

图 2　2004—2013 年秘鲁—中国商业发展进程

数据来源：秘鲁海关和税务总局。

2014 年，前驻华大使冈萨罗·古铁雷斯出任秘鲁新的外交部长，他上任伊始便表示，中秘自由贸易协定不仅能够拉动双边贸易的增长，也能够带动中国对秘鲁的投资。例如，中铝对托罗莫乔铜矿以及五矿联合体对拉斯邦巴斯铜矿的投资。

2013 年是中国对秘鲁投资的重要的一年，中国企业大规模收购秘鲁本土企业。11 月中旬，中石油以 26 亿美元的价格收购了巴西国家石油公司秘鲁子公司；在这之前，中国渔业集团以 8.06 亿美元收购了科贝印加公司（Copeinca）99.1% 的股份。迄今为止，中国对秘鲁投资总额已达 60 亿美元。2014 年 1 月，中国工商银行在秘鲁开设了分行。

四　哥斯达黎加：更有附加价值

2007 年 6 月 1 日，哥斯达黎加宣布同中华人民共和国政府建立外交关系，同时宣布与台湾断绝外交关系，成为近年来第一个与中国大陆建交的中美洲国家。这一步引起了北京极大的关注。中国两任领导人胡锦涛和习近平在出访中美洲地区时，均对中哥建交的重要性给予了极大的肯定。哥斯达黎加成了中国与中美洲地区之间的桥梁，或者说，哥斯达黎加是中国政治和经济传导到第三国的一个平台，如中美洲各国、墨西哥、美国等。

2011 年 8 月 1 日，中国—哥斯达黎加自由贸易协定正式生效，哥斯达黎加的产品得以持续流入中国及亚洲市场。中哥贸易额从 2000 年的 9100 万美元直线上升到 2010 年的 17 亿美元。哥斯达黎加对中国的出口商品中绝大部分是电子类产品，高达 96% 的份额为集成电路，1% 为半导体，0.3% 为电子变阻器，0.2% 为电子设备。此外，也有少量农产品，但是所占比例很小。图 3 显示了自由贸易协定生效前的双边贸易情况。

总体来看，过去二十年里，哥斯达黎加已经建立了一个成熟的出口产业结构，出口产品种类超过 4000 种，出口到世界 146 个不同国家和地区。产品包括：集成电路、半导体、电脑零配件、香蕉、供电设备、医疗药物、轮胎、电缆等。世界银行的数据显示，哥斯达黎加在拉美科技产品出口排名第一，同时，也是国际上公认的农业创新能力强、生产高效的国家。

2007 年 6 月。哥斯达黎加正式与中国建交。8 月，首届中国—哥斯达黎加经贸合作论坛在哥举行，由中国商务部和中国国际贸易促进委员会及哥斯达黎加外贸部（COMEX）和哥斯达黎加外贸促进委员会（PROCEMR）共同主办。在当天的论坛上，来自中国机械、电子、轻工、纺织和食品等多个行业的30家企业的代表和哥斯达黎加政府官员、企业家就哥斯达黎加出口商品、投资环境和投资政策等问题进行了讨论，并相互交流了贸易和投资经验。中哥自贸协定签署实施后，哥斯达黎加对华出口的农牧商品主要有：橙汁、皮革、牛皮、香蕉和乳制品。哥斯达黎加外贸部指出，中哥双边自由贸易，中国占据绝对优势。但是，受2008年全球金融危机的影响，哥斯达黎加的主要贸易伙伴美国和欧洲的经济遭受严重打击，这也迫使哥斯达黎加寻找新的贸易伙伴国。

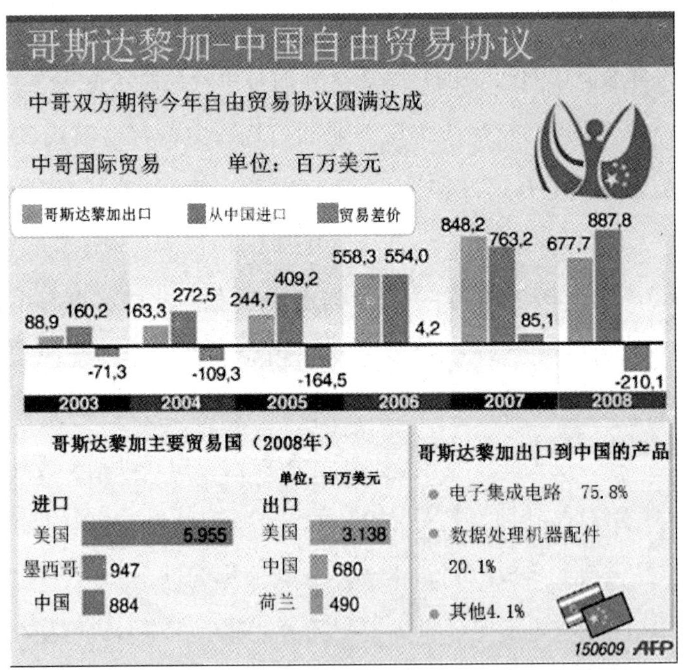

图3　哥斯达黎加—中国自由贸易协定生效前的双边贸易情况

数据来源：哥斯达黎加商务部、美国证券交易委员会。

2013年11月26日至27日，第七届中国—拉美企业家高峰会在哥斯达黎加首都圣何塞举办，该峰会每年轮流在拉美国家和中国举行一次。北京决定将此次峰会放在哥斯达黎加召开体现出对中哥贸易的重视。总而言之，哥斯达黎加政府已经推行了一系列措施来吸引中国投资，主要是旅游业和基础设施建设。另外中哥计划合资建设一座炼油厂，双方已经签署合同，但因实际执行中仍存有分歧，油厂至今仍未建成。

2015年1月初，哥斯达黎加新总统路易斯·吉列尔莫·索利斯（Luis Guillermo Solís），不远万里来到中国。他访问的主要目的：第一，推动两国在哥设立一个面向中国投资的特别经济区，并推动中国在中美洲地区的影响力；第二，欲重启两项之前双方因分歧搁置的项目：莫印炼油厂（Moín）扩建项目和利蒙地区（Limón）32号公路扩建项目。中国政府已经同意重启炼油厂扩建项目，为此，中国将多投入13亿美元用于炼油厂升级。2013年6月，哥斯达黎加暂停了与中石油合资扩建加勒比沿岸的莫印炼油厂的计划，理由是对该项目进行可行性研究的中国寰球工程公司是中石油下属企业。这违反了合资公司协议条款之一，其可行性研究是由与中石油有关联的公司进行的，而“这是双方签署的协议里明确禁止的”。而且，可行性研究中还存在其他不足之处，譬如未包括对改造整体成本的估计以及风险分析。当时，中国政府对此表示遗憾。

五　政策框架与合作规划

综合分析三个自由贸易协议，我们不难发现，原材料和低附加值产品在上述拉美三国对华出口贸易中占主导地位，尤其是在秘鲁和智利。

不过三个国家已经着手推动其出口产业结构多样化，特别是扩大农业和渔业产品的出口。笔者认为，鉴于中国的中产阶级对优质食品的需求日益增长，拉美各国应对此商机进行深入发掘。

中国与智、秘、哥的自由贸易协定不断发展，以及与哥伦比亚的磋商取得进展，无疑都坚定了中国深化对拉美双边贸易的决心。中国—拉美企业家高峰会是中国首个针对拉美地区的经贸合作促进机制性平台。首届峰会是2007年11月在智利首都圣地亚哥举办的，时任智利总统巴切莱特为其揭幕。高峰会每年一届，轮流在中国和拉美国家举办。第一至第七届中拉峰会先后在智利首都圣地亚哥、中国哈尔滨市、哥伦比亚首都波哥大、中国成都市、秘鲁首都利马、中国杭州市和哥斯达黎加首都圣何塞举办。高峰会上，两国企业高层代表磋商的计划最终落地的数量不多，很多时候，只有开幕式有政府高层出席，之后的洽谈会出席的都是省级外贸办公室负责人与企业代表，而且以中小型企业居多。此外，中国举办高峰会时，主持开幕式的永远都是中国政府代表，即使出席会议的是拉美地区各国的政府首脑。该峰会举办至今，从未达成过拉美各国所期盼的大型合作项目。

笔者不得不说，中国在拉美地区的政治和经济战略值得拉美各国政府深思。2008年，中国政府制定了《中国对拉丁美洲和加勒比政策文件》，全面阐述了中国对拉美政策的总体目标，全面规划了未来一段时间中拉在政治、经济、社会、文化领域的合作。再看拉美大陆的反应，时至今日，除了智利政府曾经提议过拉美地区共同制定一个与中国相对应政策文件外，其他国家对此毫无反应。21世纪以后，中拉关系主导权逐渐移交到中国手中，导致这种局面的原因正是本地区缺乏一个统一的对外政策。在与中国双边交往中，拉美各国仅重视为本国寻找机遇、市场和投资，置拉美区域利益于脑后。

中国前总理温家宝在拉美和加勒比经济委员会（CEPAL）会议上

曾提议建立一项规模数十亿美元的投资基金及信贷额度，用于推动拉美地区农业建设、基础设施项目和投资。2011 年，还是在这个会议上，当时还是国家副主席的习近平对中拉关系未来发展的共识发表了演说，他也因此成为首位当选前就提出中拉双边共识的中国领袖。

巴西是习近平当政后首次区域性出访的最后一站，恰逢金砖五国峰会在巴西利亚召开，习近平在会议上首次提出中拉五年合作计划。该计划由中拉双方共同构建 1 +3 +6 合作新框架，“1”是指“一个规划”；“3”是“三个引擎”，即以贸易、投资、金融合作为动力；“6”是“六大领域”，即以能源资源、基础设施建设、农业、制造业、科技创新、信息技术为合作重点，推进中拉产业对接。“合作规划”确定了今后 5 年中拉 13 个重点合作领域和相关措施，涵盖政治与安全、贸易、投资与金融、基础设施、能源资源、工业农业、科技创新、人文交流等方方面面。与此同时，中国还将向拉美和加勒比国家提供 100 亿美元的优惠贷款，全面启动中拉合作基金并承诺出资 50 亿美元。

中拉论坛首届部长级会议于 2015 年 1 月 8 日至 9 日在北京成功召开。习近平指出要在 10 年内实现中拉贸易规模达到 5000 亿美元、中国在拉美地区直接投资存量达到 2500 亿美元的目标。除了主旨发言和一般性声明，双方政府还通过论坛对外公布了《中国与拉美和加勒比国家合作规划（2015—2019）》，明确了六大重点合作领域。同时，其中有一章专门提及双边贸易、投资、金融的发展和壮大。但是，没有一项内容提及双边自由贸易协议。规划书第三条全文摘录如下。

第三条　贸易、投资、金融：

一、进一步促进中国同拉共体成员国间贸易和投资。共同努力促进双向贸易增长和平衡互利发展，力争 10 年内双方贸易额达到 5000 亿美元，双方投资存量达到至少 2500 亿美元，其中拉共体的投资存量特别关注高科技和高附加值商品生产领域。

二、通过加强合作，在保持传统贸易基础上加强服务贸易和电子商务合作，促进贸易平衡发展，并按照世界贸易组织规则以及中国同拉共体成员国家间的贸易协定，妥善处理贸易摩擦。

三、通过建立合资企业和伙伴关系等方式，鼓励投资促进和便利化。

四、支持办好中拉企业家高峰会。

五、鼓励双方中小微企业加强合作，支持中小企业国际化和参与全球产业链。

六、加强海关和质检合作。

七、加强中央银行间和金融监管部门间对话与合作。

八、充分利用中拉合作基金、中拉基础设施专项贷款、中方提供的优惠贷款以及其他金融资源，支持中国和拉共体成员国间重点合作项目，同拉美地区的社会、经济和环境发展需求及可持续发展愿景相适应。

九、通过拉美地区开发性金融机构，加强中国和拉共体成员国间合作。

无论规划书是否正面提及，中秘、中智、中哥自由贸易协议都与之有着密切的联系。此外，三国需要在自由贸易的框架下，努力发展非传统出口，关键因素在于提高本地出口产品的附加值。要做好上述两点，不仅要发挥本土企业作用，还要发挥中拉合资企业的作用。

拉美和加勒比经委会指出，中拉经贸合作的最大挑战是提高双边合作质量，加强贸易多元化和互惠水平，加大双向投资力度和规模。拉美国家也应重视对中国的投资，寻求融入中国价值链体系。2014 年 9 月 2 日，拉美和加勒比经委会在总部圣地亚哥专门组织召开了中国和拉美经贸关系研讨会。与会专家指出：增加对中国出口粮食、能源、铁、矿石，可以刺激拉美地区的出口产业以及拉动区域经济发展，但是此举遭人诟病。出席会议的专家有：智利前总统、亚太特别使团特命全权大使爱德华多·弗雷（Eduardo Frei）以及中国清华大学教授、清华大学经济管理学院中国—拉美管理研究中心主任陈涛涛等。

与会专家谈到，2011 年中国取代欧盟成为拉美地区第二大出口目的地。中拉持续增长的贸易给拉美地区带来了许多发展机遇，同时也带来了不安因素。发展机遇是指吸引了更多的中国投资以及促进了双边贸易的增长，基于此，各国才能投入更多的资金来发展教育、基础设施建设以及新兴产业。而不安因素则是指单一的出口产业结构（主要以原材料出口为主）、工业化、“荷兰病”、土地掠夺以及移民。会议上，拉美和加勒比经委会专家表示说：“强化和完善与中国的对话机制，有利于促进双边了解，消除误解，探寻和拓展多元化合作空间。”

上述会议分析的是整个拉美及加勒比地区对中贸易的利弊，同样也适用于三个与中国签署了自贸协定的国家。近期，三个国家的政府也已经意识到，双边出口产业结构需要调整，纷纷与中国召开了相应的磋商会议。例如，2014 年 6 月，中国—智利自由贸易委员会召开了第五次会议，全面评估了中智自贸协定执行以来双边贸易发展状况，并就协定利用情况和问题等内容交换了意见。双方还探讨了建立双边投资委员会，共同投资新的领域，如矿业、能源、基础设施建设，以及教育等。

2012 年 10 月，亚太经合组织领导人峰会在符拉迪沃斯托克（俄罗斯）召开，会议期间，智利经济部和中国国家发改委（CNDR）就双边投资委员会的组建达成协议，智利政府对该委员会非常重视。中国国家发改委是国务院的职能机构，是综合研究拟订经济和社会发展政策，进行总量平衡，指导总体经济体制改革的宏观调控部门。

种种迹象表明，在未来，中拉自由贸易协定的发展将会越来越完善，它不仅能引导拉美产品进入中国市场，还能推动出口产品结构的多样化，催生出新的中拉一体化的生产体系。这也是中国和拉美共同的愿景。

（费尔南多·雷耶斯·马塔，外交官及大学教授，国际新闻与传播专家。自2011年起，担任安德烈斯·贝洛大学拉美中国研究中心主任。2006年至2010年，任智利驻中国大使。2015年起任江苏师范大学伊比利亚美洲研究中心特约研究员）

中国、拉丁美洲和全球力量平衡

［委］阿尔弗雷多·托罗·哈迪
（张倩、于凌蛟　译/朱伦　校）

内容提要　中国一直在积极推动符合自身利益的国际经济秩序。中国在一步一步布局、目标坚定的全球化是一种平行的全球化，伴随着对西方主导的经济秩序的大幅削弱。与此同时，一种违背美国愿望的地缘政治秩序也开始显现出来，中俄两国是推动这种秩序的发动机。如同上述经济秩序的形成过程一样，西方世界对中俄两国的情感和诉求所采取的傲慢态度，是导致中俄在地缘政治上联手的根本原因。鉴于中国对大多数发展中国家具有很大影响，这种政治—经济双重秩序的形成，显然会对发展中国家产生强大的作用力。在此背景下，历史上被视为“美国后花园”的拉美和加勒比国家，可能采取什么态度就显得尤为重要。

引　　言

中国一直在围绕自己的利益积极推动国际经济秩序的建设。中国国家开发银行是这种建设的起点，它是一个强有力的金融工具，现已成为与西方国家控制的多种金融工具并存的选择。仅在拉丁美洲，中国国家开发银行发放的贷款额，已超过世界银行、国际货币基金组织及美洲开发银行的总和。

一　一种以中国为中心的国际经济秩序

2014 年，金砖国家成立了“新开发银行”（或称“金砖国家开发银行”），总部设于上海，启动资金500 亿美元，在未来几年将翻一倍。金砖国家签署了应急储备安排协议，初始规模为 1000 亿美元，其中中国出资 410 亿美元，远远超过巴西、印度和俄罗斯各国分别提供的 180 亿美元及南非的 50 亿美元。在上述两项投资中，中国的经济主导地位显而易见。

与此同时，中国正在推动成立亚洲基础设施投资银行，资金亦达 1000 亿美元；此外，还投入 400 亿美元设立丝绸之路基础设施建设基金。这两项投入都是为了支持“一带一路”倡议，推动中国和其他亚洲国家的互联互通和经济联系。

中国还在其他地区扩大经济影响力，并通过一些组织和机制，推动诸如上海合作组织、东亚自由贸易区和区域全面经济伙伴关系的建立。在上一次 APEC 峰会上，中国成功地推进了亚太自由贸易区建议，和美国力推的跨太平洋伙伴关系形成了有力的竞争。

同样，在全球金融领域，中国也在两个方向发力。一方面推动本国货币——人民币的国际化，另一方面则力推上海成为亚洲主要的金融中心。关于前者，中国尽可能地在围绕自己形成的世界最大国际贸易网中使用人民币结算。根据主要外汇交易平台 EBS 资料显示，2014 年，人民币已成为全球使用最多的五大支付货币之一，2015 年人民币交易量还将提高，由此人们预测，世界货币基金组织也可能让人民币成为国际储备货币。[①] 关于后者，2013 年建立了上海自由贸易区，实行关税优惠，消除资本控制，推动外资进入中国资本市场。

虽然是一步一步的，但目标很明确：中国推动的全球化是一种平行的全球化，伴随着对西方主导的经济秩序的大幅削弱。这一不断上升的趋势有两方面原因：一是源于中国外交的优先考虑；二是源于回应西方拒绝中国进入多边经贸领域的需要。

关于第一点，我们可从习近平就国际事务确定的一些理念中看出来，这些理念有：“走中国特色的大国外交”，这一提法意味着要放弃邓小平提出的“韬光养晦”战略；中国和世界越来越相互依存，这种“新型”国际关系强调“和平、发展和合作共赢”；共筑“亚太梦”，在这一过程中，中国对亚太地区经济起主导作用；“亚洲是亚洲人”的安全观，根据这一点，“亚洲各国人民能够掌握亚洲事务，解决亚洲问题，维护亚洲安全”。[②]

与此同时，面对西方国家拒绝中国在有利于其经济发展的领域占有一席之地，中国意识到必须赢取一定的国际地位。2014 年，国际货币基金组织官方数据表明，美国经济规模是 17.4 万亿美元，中国是 17.6 万亿美元。根据平均购买力计算，2014 年中国国内生产总值已超过美国，成为世界头号经济体。然而，中国在国际货币基金组织的投票权只占 3.8%，而美国占 17.9%。美国及其欧洲盟国维护特权，拒绝承认新的世界经济实力平衡关系，尤其是 2011 年 11 月，在欧洲陷入经济危机的情况下，这一点特别明显。当时，中国有意向欧洲提供 1000 亿美元

① “China closer to making yuan a global currency”, *The Straits Times*, January 21, 2015.

② BENG, Kor Kian, “Apec Summit shows China wants a bigger regional role”, *The Straits Times*, November 14, 2014; “East Asia Outlook 2015”, East Asian Institute, National University of Singapore, 9 January, 2015.

救助金，以换得欧盟支持中国在国际货币基金组织获得更大的影响力。但欧盟拒绝了这一资助。路透社驻北京记者本杰明·利姆和尼克·爱德华兹就此写道："据北京方面消息，当欧洲政客们得知他们需要支持中国在国际货币基金组织获得更大的参与权和决策权，支持把中国货币纳入国际货币基金组织特别提款权时，就直接拒绝了资助。"①

几年前丹尼尔·德瑞日纳就指出："中国和印度无法感到国际组织真心欢迎他们，这两个国家最终会建立新的组织，也让美国置身在外。当国际组织内部决策权的分配和国家实力不符时，这些组织也就不再真正起作用了。"②

然而，这一尽人皆知的道理并没有引起西方的重视，正如丹尼尔·德瑞日纳所述，美国及其欧洲盟国，现在是旁观一种自己不在其内的新经济秩序。

此外，有不少西方分析家认为，中国没有能力领导一个新国际经济秩序代替旧经济秩序，从本国的经济增长速度开始减慢就能看出这一点。这一说法并不新鲜，因为20年来，西方经济学家一直警告中国经济模式即将崩溃。

二　中国经济增长速度下降？

2014年2月23日，埃蒙·费恩格莱顿在福布斯杂志发表的文章中，列举了许多失败的预言，这些预言在今天看来非常可笑。然而，尽管中国强劲的经济实力一再压倒这类"卡桑德拉"（Casandra）之声，但令

① "Politics stymie China's EU aid offer", *Reuters*, 11 November 2011.

② "The New World Order", *Foreign Affairs*, March/April, 2007.

人奇怪的是，预言中国经济由盛转衰者仍大有人在。哈佛大学学者兰特·普里切特和美国前财政部长拉里·萨默斯，在最近的一篇论文中依然如此预言。[①]

普里切特和萨默斯预言的新颖之处在于，他们不像前人那样基于推算得出结论，而是分析过去的情况。他们的研究对象有28个“经济超速增长”的国家，资料显示：这些国家每年经济增长速度都超过6%，但经过八年或稍多时间，增速开始回落到2.1%。他们由此得出结论说，中国经济的快速发展周期即将结束，将很快回到低速增长期。

但中国是个特例，其经济已连续三十五年快速增长，1983年至2013年增速平均达10.12%。因此，我们不禁要问：美国经常谈论本国的特殊性，为什么拒绝承认他国的例外呢？

当然，中国经济10%左右的增速已成过去，习近平提出了“新常态”，增速将维持在7%左右。要准确理解这一数字，须考虑中国当前的国内生产总值。一方面，在现有经济总量基础上增长7%，结果将是增长量超过十年前（增速为12%）的三倍；另一方面，以7%的速度增长，中国经济一年的增量，将高于印度尼西亚经济总量的三分之二、印度经济总量的二分之一。[②]

此外，中国经济长期快速增长有充足的理由。以下几条尤为关键。

首先，这得益于中国雄心勃勃的城市化进程和不断发展的基础设施建设。尽管中国沿海地区的经济发展已到了成熟阶段，东部地区仍有经济高速增长的广阔空间。在这些地区大力推动城市发展和基础设施建设，将吸引3.4亿多农村人口在未来25年移入。这意味着中国将出现

---

① “Asiphoria meet regression to the mean”, *National Bureau of Economic Research*, October 2014.

② QUAH, Danny, “China's Economic Rebalancing and Implications for Southeast Asia”, *Regional Outlook Forum* 2015, Institute of Southeast Asian Studies, Singapore, 8 January, 2015.

大量新城市和密集的基础设施网。①

其次，中国有能力刺激国内家庭消费。目前中国家庭储蓄和家庭消费相差巨大。中国的家庭储蓄在世界各国中首屈一指，大约占国内生产总值的40%；而家庭消费的占比很低，只占国内生产总值的36%，而这一比例在美国则高达70%。中国目前的状况与专家所谓的“亨利·福特时代”如出一辙，即工人们有能力购买他们生产的产品。如果国内消费从目前的36%增长到官方预期的45%，那么中国经济将会增加5400亿美元（包括资产和服务）。不仅如此，到2020年，中国的中产阶级将有7亿多人，相当于总人口的48%。②

第三个原因是中国现今的人均生产总值有增长的空间。中国的人均收入是美国人均收入的五分之一，相当于日本在1965年、台湾在1975年以及韩国在1977年时的水平。这说明了两个问题：一方面，由于中国人口众多，人均收入只要达到美国的四分之一，国内生产总值就能超过美国。这使得经济发展有十分广阔的增长空间。另一方面，同为亚洲国家和地区，日本、韩国以及台湾地区曾保持长期的经济高速增长。③

中国已经进入了发展新阶段。在这一阶段，经济发展一反旧的模式，更看重质量而非数量。然而这并不意味着中国将停止经济扩张以放缓经济增长。因此，中国提出建立一个以中国为主导的国际经济新秩序的设想，应当引起各国重视。

---

① QUAH, Danny, Ibidem; SCHUMAN, Michael/ MANZHOULI, “Trading Up”, Time, 7 November, 2011; HUEI, Peh Shing, “More megacities for China”, The Straits Times, 1 October, 2011.

② SCHUMAN, Michael/ MANZHOULI, “Trading Up”, Time, November 7, 2011; TORO HARDY, Alfredo, *The World Turned Upside Down*: *The Complex Partnership between China and Latin America*, *World Scientific*, Singapore, 2013.

③ TORO HARDY, Alfredo, Ibidem.

三　一种交替的世界地缘政治秩序

随着新的国际经济新秩序的出现，与西方特别是美国利益相对抗的新的世界地缘政治秩序也隐约可见。在这一过程中，中俄联手是强大力量。如同国际经济新秩序的形成一样，地缘政治新秩序的出现，也归因于美国及其欧洲伙伴一贯轻视中俄两国的情感和诉求。

为了更好地理解这一地缘政治进程，我们应当先了解俄罗斯，再研究中国。俄罗斯自苏联解体后长期饱受傲慢的西方国家的欺侮。

首先，苏联解体后，俄罗斯运用“华盛顿共识”提出的休克疗法进行经济改革，使俄罗斯社会产生了财阀阶级，导致社会开支大幅缩减，两千多万市民陷入贫困。此后，俄罗斯一再提出把欧洲安全与合作组织（OSCE）变为欧洲安全的核心组织，但被拒绝。相反，欧洲安全被托付给了一个和北约一样专门为对抗俄罗斯而建立的机构，并且，西方还开始向东方国家系统性地扩张。与对戈尔巴乔夫的保证相反，俄罗斯的近邻地区被改造为本质上反对俄罗斯的地区。对俄罗斯先前的安全承诺，逐步变了味：欧盟的扩张浪潮不断向东推进。

北约对贝尔格莱德进行轰炸并占领塞尔维亚，之后不顾俄罗斯的反对和意愿，承认科索沃独立，这都导致俄罗斯对西方国家的怨恨。同样的事情还有：美国推动的所谓“自由日程表”（Agenda de la Libertad），对乌克兰、格鲁吉亚和吉尔吉斯斯坦的颜色革命给予支持；美国推动在里海沿岸的苏联成员国和欧盟成员国之间，建设了输油管道和输气管道。后者是一项经济成本很高的工程，明显具有地缘政治挑战的意味，目的是使有关国家脱离俄罗斯的掌控，同时降低俄罗斯烃气的重要性。

此外，美国还在相关国家部署了军事力量。

同样的例子还有，美国退出同俄罗斯签署的《反弹道导弹条约》，推动在波兰、匈牙利和捷克共和国部署反导系统。在俄罗斯眼里，这一行为无疑让本国的核装备处于无用的状态。此外，联合国安理会是俄罗斯唯一与美国持有相同地位的组织，但在美国操纵下，从伊拉克战争到利比亚事件，使俄罗斯的投票变得毫无意义。此外，俄罗斯努力 18 年之后，于 2012 年加入世界贸易组织。这是世贸组织创建以来时间最长的谈判。这一拖延的原因在于由美国颁布的《杰克逊瓦尼克修正案》反对俄罗斯加入世贸组织。这一法案是冷战的遗留问题，直到 2012 年才被取消。

芝加哥大学知名教授，外交关系现实主义学派代表人物约翰·米尔斯海默指出：“西方的三个政策——北约东扩、欧盟东扩和支持民主运动，都是火上浇油的行为，希望越烧越大。”① 对在乌克兰发生的一系列事件，米尔斯海默也持与西方主流看法背道而驰的观点。

地缘政治对俄罗斯的重要性显而易见。正如秘鲁学者阿尼巴尔·罗梅罗指出的：“俄罗斯人的集体记忆中留有三次侵略的痕迹：1812 年拿破仑进攻，1914 年普鲁士皇帝进犯，以及 1941 年希特勒入侵。光是希特勒的侵犯，就导致俄罗斯两千万人死亡。对于俄罗斯来说，乌克兰在地理上作为一个‘缓冲垫’是非常重要的。”② 米尔斯海默就此同样指出：“普京的反应应当很容易被理解。乌克兰这片辽阔的土地，是拿破仑领导的法国、普鲁士帝国和纳粹德国进攻俄罗斯的必经之路；这片国土是战争缓冲带，对俄罗斯来说有非常重要的战略意义，任何一个俄罗斯领导人都不会容忍一个至今仍是俄罗斯死敌的军事联盟将它的力量渗

① “Why the Ucraine Crisis is the West's Fault: The Liberal Delusions that Provoked Putin”, *Foreign Affairs*, Sept/Oct, 2014.

② “Putin, Corea, Ucrania”, *El Nacional*, 30 de julio, 2014.

透进乌克兰。俄罗斯任何领导人，都不会对西方在乌克兰扶持亲欧政府这一举动无动于衷，坐视不管。美国也许不喜欢俄罗斯的立场，但应理解俄罗斯的做法合乎情理。这就是地缘政治：强国对其领土周围的威胁历来异常敏感。”①

除了上述理由，还应考虑到其他因素。第一，乌克兰国内有许多俄罗斯人，尤其是在东部和南部地区。第二，乌克兰是俄罗斯欧亚联盟计划中重要的一员，是俄罗斯外交关系中优先考虑的一环。第三，俄罗斯和乌克兰在历史上联系密切，不仅是因为两国曾经长期在基辅罗斯古国中共存，更因为俄罗斯在追溯自己的历史源头罗斯部落时，发现其在1169年就开始定居在基辅。第四，乌克兰政府亲西方，不重视境内的俄罗斯人。最后这一点值得特别关注。

关于这一问题，在美国学界被视为俄罗斯研究顶级专家的普林斯顿大学教授史蒂夫·科恩的观点值得一读，他认为：“考虑上述原因，尤其是乌克兰东西部在历史上一直存在着深刻纷争——民族分裂，语言宗教不同，文化、经济、政治差异，在乌克兰东南部顿巴斯工业区发生叛乱并不让人感到意外。乌克兰东部爆发抗议活动，反对新政府通过违宪手段（制造暴动）夺取政权，以及东南地区政治代表在乌克兰政府中突然丧失权力表示不满，这也并不让人吃惊。乌克兰政府最终决定对抗议者实施‘反恐’行动，这表明了他们拒绝沟通，毁灭亲俄派的意图……自五月份起，乌克兰政府军进攻东部城市，连续炮击居民楼、商业中心、公园、幼儿园、医院甚至孤儿院。乌克兰越来越多的城市变成了战场……然而，美国政府却对此保持沉默，不做回应。”②

俄罗斯视乌克兰危机为西方国家主导的收紧对俄罗斯包围圈的行为，因此做出了激烈的回应，这反过来又使美国与其欧洲盟国对俄罗斯

---

① “Putin, Corea, Ucrania”, *El Nacional*, 30 de julio, 2014.

② “The silence of the American hawks about Kiev’s atrocities”, *The Nation*, June 30, 2014.

实施一系列制裁。乌克兰危机升级，爆发了专家所说的非线性战争，或者叫“乌克兰第一代人”战争。所有这些，导致俄罗斯和西方之间重回新的“冷战 ”。这首先会波及亚洲，尤其是中国。与北京建立战略联盟，共同应对西方的傲慢无礼，是莫斯科的自然目标，可能的话，俄罗斯还希望同中国结成一种集团政治，以应对美国及其欧洲盟国。显而易见的问题是，中国对俄罗斯的这种打算相当敏感。

中俄关系共识与分歧并存。在共识方面，两国一致强调多极化，反对霸权主义扩张和西方地缘政治力量的束缚。此外，中国是能源消耗大国，而俄罗斯的天然气储量位居世界第一位，煤炭和石油储量则分别位居第二和第八位，是全球最大的天然气和石油生产商。俄罗斯可通过陆路向中国供应大量战略能源，这使中国可免受其最大的战略对手——美国的海路控制。在2014 年5 月普京访华期间签署的一系列协议中，这种共识第一次得到明确体现。除其他事项外，这些协议包括一份俄罗斯向中国输送价值达4000 亿美元的天然气合同，以及每年向中国供应300万吨液化天然气，包括铺设一条重要的煤气输送管道。

然而，中俄双方也存在分歧。两国在西伯利亚阿穆尔河（黑龙江）和乌苏里江流域曾长期存在边界纷争，现在中亚则存在势力范围之争。但是，自从意识形态对立不再主导双边关系后，边界争端已不成问题，两国在中亚地区的竞争也促进了双方互利共赢。从这方面来看，旨在实现欧亚大陆（主要是俄罗斯、中国和哈萨克斯坦）一体化的上海合作组织，也许可以巩固俄罗斯这个能源生产大国和消费大国中国之间的相互依存关系。

同时，我们也应关注中国与西方国家，特别是与美国的共识和分歧。在合作方面，中国与美国和欧盟的年度贸易额分别达到5620 亿美元和5500 亿美元，巨额的投资涌入或流出中国。然而，经济因素不仅促进合作，也能引起竞争。美国控制税率，开展工业间谍活动，禁止中国在敏感地区投资，推动建立跨太平洋自由贸易区来与中国在该地区的经济势力抗衡，削弱中国在亚太地区的影响力。另一方面，中国推进的亚洲经济秩序也引起了美国的强烈不满。

四　中美对抗

虽然如此，真正威胁中国的并不是经济控制，而是地缘政治斗争。这需了解一下历史。1972 年，中美达成一项重要的协议，从本质上看，这项协议可浓缩为一个前提条件：美国承认中国共产党领导的中华人民共和国政府为中国唯一合法政府，中国则承认美国在亚太地区的领导地位。双方都需要这一承诺。对毛泽东而言，这项协议保证美国不会与俄国结盟来对抗中国，因为当时中苏之间的紧张局势已达登峰造极的地步。而对尼克松来说，该协议为美军撤离越南战争提供了可能性，且保证中国不会趁美国疲软之时来攫取自身利益。

该项协议的内涵历经演变。这不仅因为自 1949 年以来，美国对台湾的战略承诺是其亚太地区政策的中轴，而且因为朝鲜和越南两场战争，是在必须遏制共产主义扩张和抵制中国影响力的认知下发生的。与此相反，该项协议意味着接受美帝的老大地位。

该协议给中美两国都带来了巨大利益。从 20 世纪 70 年代末起，中国得以集中力量推行促进经济增长政策，而无须分散资源或注意力与美国进行战略对抗。而美国在保有亚太地区领导地位的情况下，能将精力投入其他地方去。

双方获益最大的是中国。中国得以实现人类历史上最大的经济增长，使 6 亿人摆脱贫困，继而成为世界第一经济大国。此外，还使中国得以扭转近两个世纪的落后局面，使其恢复了历经数千年形成的世界大国的分量。

如今，1972 年的协议已不再适用于中国，这也是必然的结果。除了过去的 175 年，中国自远古时期起就在亚太地区称霸，而如今却长期处于下风是其无法接受的。中国自然希望与美国在亚太地区保持战略平衡。

但这并不意味着美国在世界其他地区的领导地位遭到挑战，因为中国不会和苏联一样向美国挑起全球性的战略竞赛。中国只是想与美国共享在亚太地区的领导权。中国强大的经济实力和厚重的历史都不容忽视。

然而美国无法接受这一要求。澳大利亚著名教授休·怀特清楚地阐述了美国在这个问题上的立场，他指出："美国政界认为美国应该并且也将不惜一切代价确保其霸主地位。作为世界强国，美国可能会和其他国家协商，但永远不会和他们平等地谈判。美国认为自己是国际体系中唯一的超级大国。"①

人们常常认为厚重的历史对中国的国际关系影响深刻，中国的很多行动和反应都由历史所决定。然而，美国也是从既往历史的视角指导与中国的关系，这一点却很少有人提及。美国坚决维护其在东亚的领导地位，拒绝接受中国要求的战略平衡，休·怀特就此提出一个很有趣的观点。他认为，中国正处于成为世界第一经济大国的进程中，让中国继续在东亚居于下风是毫无可能的，而过去的协定却让美国忽视了这一点。②

怀特说，对于中国提出的在东亚与其享有平等地位的要求，美国遵循以下两个标准：遏制政策和拒绝绥靖。这两个概念是其他历史时期和

---

① *The China Choice*, Oxford, Oxford University Press, 2013, p. 7.

② Ibid.

背景下的产物，已经成为美国的行动指南，决定美国采取何种方式应对独特的新形势。

遏制政策是美国第二次世界大战后采用的战略，旨在应对苏联企图在欧洲扩张版图的挑战。而绥靖政策是英国和法国在第二次世界大战中采取的妥协和让步，试图以此控制希特勒。在美国，人们普遍认为遏制政策取得了深远的成效，因为该政策不仅在几十年中有效遏制住苏联的扩张，还最终使苏联解体。相反，绥靖政策被视为失败的范例。这样的政策只会壮大希特勒的野心，无法避免战争。所以，对付中国最好的方式就该是遏制其崛起，拒绝其要求。

然而，中国既不是苏联也不是纳粹德国。中国希望借助其经济和历史影响力获得相应的地位，改变弱势时期形成的现状。以斯大林和希特勒为参考标准，实现这一愿望是不切实际的。正如怀特所说："中国野心勃勃，但又谨慎保守，在追求更大影响力的同时，也需要维持秩序，避免与美国发生直接冲突，中国一直想在这两者之间保持平衡。"①

显而易见的是，自邓小平时代起，中国政府一直在走理性路线。此外，中国持有 1.2 万亿美元的美国国债；2013 年，中国与美国的贸易额更是超过了 5620 亿美元。美国很难将这样的经济合作伙伴当作竞争对手。

中国希望与美国保持良好的关系，基于平等条件在亚太地区和平共处，但美国坚决维护其霸权。休·怀特再次说道："中国极力想要改变亚洲秩序，而美国却更希望维持原状。"② 这个现状就是将中国束缚在所谓的"第一岛链"内，限制其向太平洋发展，令其困于由美国军事条约和基地限定的空间内。

美国力求维持"现状"，中国寻求突破。但中美之间的地缘政治分

---

① *The China Choice*, Oxford, Oxford University Press, 2013, p. 7.

② "Sharing power with China", *International New York Times*, March 20, 2014.

歧不仅限于此，还体现在美国和中国的海上纠纷和争斗之中。美国以明确和直接的态度支持该地区所有与中国存在海上纠纷的国家，将自己变成了一个中国无法避免的地缘政治对手。

五　中国：街道霸王？

西方世界多把中国视为“街道霸王”（guapetón de barrio），认为中国可以随意对与其有领海纠纷的东亚国家以及对自视为弱势国家保护者的美国施加压力；如果美国不制止中国的霸权主义，那么那些弱势国家将会被北京无情的践踏。这一幅看似清晰的善恶画面其实远比看起来复杂。首先，我们应该把这些问题放到相应的地理框架中来理解：中国与日本围绕中国东海钓鱼岛存在纠纷；中国与一些东盟国家因中国南海岛屿产生分歧。

我们先来谈一下上述第二个争端。关于这个问题，有必要听取一些权威人士的见解。在下文中，我们将参考新加坡外长尚穆根、麻省理工学院和哈佛大学教授罗伯特·罗斯，以及研究中国问题的著名学者、国际关系现实主义理论家约翰·米尔斯海默的观点。

新加坡是东盟成员国，当被问及中国与东盟一些国家的纠纷时，新加坡外长尚穆根回答说：“这个问题本身就带有对中国的偏见，是与事实不符的。您首先将中国的立场与东盟支持国际法的立场对立，意味着中国不遵守国际法，这不是对此事件的正确解读，更不是完整的解读。不幸的是，国际媒体倾向反华，致使人们不能得知完整的事实。”①

最近，在两场于新加坡举办的重要会议中，罗伯特·罗斯指出，在

① “A Conversation with Mr. K. Shanmugam”, *IISS-Fullerton Lecture*, Singapore 30 June 2014.

20世纪的五六十年代，只有中国提出了对那些岛屿的主权占有，今日今时，东南亚的许多国家却要与之争夺。正是在这些国家开始军事占领行动后，中国才做出军事回应的。①

约翰·米尔斯海默说："中国的邻国知道天时并不会帮助他们，因为区域力量分布正在向对他们以及美国不利的方向发展。所以，他们想在中国还相对虚弱、未变成超级大国之前，在上述争端区域内挑起危机。显然，中国并未挑衅其邻国。正如中国一位重要外交官员崔天凯所说'这并不是中国挑起的……如果大家多关注最近几年所发生的事情，就会发现所有的争端都是由别人挑起来的。'很明显，他说的有道理。并不是中国，而是它的邻国造成了现在的对立局面。"②

如此看来，西方媒体在报道此事时隐瞒了一个更复杂的真相，钓鱼岛纷争也是如此。在钓鱼岛争端的背后也有一段很长的历史。在1894—1895年的中日战争中，中国败于日本，清政府不得不签署不平等的条约——《马关条约》，将台湾及其附属岛屿割让给日本。钓鱼岛正是台湾的附属岛屿，之后日本将其更名为"尖阁列岛"。

上述战利品，在1943年《开罗宣言》、1945年《波兹坦公告》、1951年《旧金山和约》和1971年《东京-华盛顿友好条约》中，都被继承下来了。总之，一系列复杂的法律文件，造成了有关各方的争议。但是，2012年9月，日本政府从本国国民手中购买钓鱼岛，此行为招致了今日各方互不相让的局面。

排除对这两个地理相邻国家的权利偏见，从中国自2009年对此争端做出的反应来看，有两个显而易见的事实：第一，中国不激化争议，

---

① "Realism and the U. S. - China Power Transition", S. Rajaratnam School of International Studies, Nanyang Technological University, Singapore, 7 October, 2014 and "PLA Maritime Modernization and U. S. - China Relations", S. Rajaratnam School of International Studies, Nanyang Technological University, Singapore, 8 October, 2014.

② *The Great Tragedy of Great Power Politics*, New York, W. W. Norton & Company, 2014, p. 382.

因为时间是它最好的盟友。邓小平曾说过“韬光养晦”，中国一直遵循这句名言。第二，美国所代表的域外集团，不会得到任何好处。像2011年的希拉里·克林顿那样，把美国的国民利益卷入这场距离加利福尼亚1万多公里的争端中，这完全扭曲了纠纷的本质，也不可能找出解决办法。

为了所谓“国民利益”，华盛顿将自己置身于本不该插手的争端中，而该争端却直接涉及中国的民族利益；美国这么做，无疑会同中国政府产生直接矛盾。当华盛顿与争端地区的一些国家援引自卫条款时，中国政府认为守护本国不可分割权利的时候到了。美国将自己置于事件中心，难免歪曲事实，给双方如何解决问题划杠杠。对该地区一些国家来说，美国声明的支持使其自认为增添了胜利筹码，而对中国来说，则被视为需要挣脱的束缚行为。所有这些，使通过外交途径解决问题的余地所剩无几，发生突发事件引起武装冲突的危险大大增加。

事情发展到这一步，中美关系中的分歧大过了求同。两国间互惠互利的经济关系，似乎难以有效调解相互间越来越大的地缘政治分歧了。去年是第一次世界大战一百周年纪念，如果说第一次世界大战能够证明什么，那只能证明各国在经济和地缘政治格局中的地位高低，是最后的决定因素。1910年，诺曼·安吉尔在他的著作《大幻想》中提出了他的著名论点：任何国家都不可能通过战争在经济上获得好处。同时，1913年，安纳图·凯尔斯盖在英国杂志《经济学人》上发表了一篇著名社论，题为《文明社会无战争》。文章指出：“最近几年，英国与德国之间密切的经济利益和伙伴关系日益牢固，因此，德国再也不用被视为敌人了。”① 然而，1914年，战争的炮火却响彻了欧洲上空。

① “Powder keg of 1914 looks to familiar”, *International New York Times*, June 27, 2014.

六　北京—莫斯科轴心

形势如此，北京最终同意与莫斯科一道组成反美轴心，这绝非不明智之举。普林斯顿大学教授吉尔伯特·罗兹曼在他最近的著作中提到此事件时说：“西方观察家其实在很大程度上误解了这两个国家（中国和俄罗斯）建立紧密联系的原因。两国结盟不仅是为了物质上的利益，更是为了联合对抗西方，以确保自己的民族认同（identidad nacional）……中国国家主席习近平描绘了这样一个‘中国梦’：由该地区国家建立一种亚洲地缘政治新秩序，中国在其中将扮演重要的角色。俄罗斯总理普京也表明，他的目标是建立一个欧亚联合体，其中俄罗斯起主要作用。两国政府均谴责美国，认为美国持有冷战思维，并试图以表面看起来合法合理的方式在某些区域建立领导地位……所以，中国对普京在乌克兰问题上，以及俄罗斯对习近平主席在东亚问题上相互表达支持的措辞并非偶然，而是双方在冷战后建立新秩序的表态。”①

近年来，中俄与欧洲在经济上的相互依赖越来越明显，所以两国政府尽量避免自身与美国的紧张态势影响与欧洲建立的伙伴关系。但是，不可避免的是，中俄的结盟必然会使北京与北约逐渐疏远，因为如果美国与中国在亚太地区的争执持续升温，北约组织的成员国将毫无疑问地追随美国的脚步。

正如罗斯曼对地缘政治集团形成的分析那样，莫斯科—北京之间的合流绝非一个简单的策略性联盟。事实上，自 1996 年以来，两国之间就已逐渐形成了一种不引人注意，但却是制度性的战略合作关系；而

① “Asia for the Asians”, *Foreign Affairs*, October 29, 2014.

20世纪90年代时任俄罗斯总理的普里马科夫提出的“普里马科夫理论”，则主张中俄之间需要建立起一种轴心关系。[①]

值得一提的是，普里马科夫理论还预见到伊朗和印度也会加入中俄联盟。其中，伊朗的加盟毫无悬念，但印度的问题要复杂一些。新德里的多边关系，它的亚洲身份，与中国的贸易联系，与俄罗斯的能源互补，以及它与金砖国家的合作，都使印度问题微妙许多。未来，北京—新德里的合作将成为一股非常重要的力量。有关研究指出，到2040年，中印经济将占全球贸易总额的40%，同时，其国内生产总值将达到全球的52%。这将使一直占主导地位的欧洲经济受到重创，而此后，中印两国将在世界经济中扮演重要角色。所以，有学者将印度和中国的国名缩写为“中印”（Chindia），以表示两国在世界经济中的崛起。

但是，中印两国在合流过程中仍有分歧点，这些分歧主要表现在两国的地缘政治关系和国家边界分歧之中。中印两国关于阿克赛钦和藏南地区的领土争端一直处于紧张状态，甚至两国曾在1962年发生过边境武装冲突。另一方面，巴基斯坦与中国之间密切的联系也对印度造成了一定的威胁，作为反击，印度则收留被中国流放的达赖喇嘛，并支持其在达兰萨拉建立“流亡政府”。这些不和谐声音，无疑加剧了今年两国之间的紧张态势。

中国拥有庞大的海上贸易，并且致力于建立一支远洋舰队以保障印度洋航线的石油运输。为此，北京正在孟加拉国、斯里兰卡、巴基斯坦和缅甸这些临近印度的国家建设港口。对于这些国家，中国都曾对其提供过重要的帮助和政治支持。而中国的这一系列动作，着实让印度感觉到自己被包围了。

合流与分歧哪个占主导地位，对地缘政治的影响非常大。在新一轮

---

① NAZEMROAYA, M. Darius, *The Globalization of NATO*, *Atlanta*, Clarity Press, 2012.

的冷战中，新德里的政治倾向将对亚洲产生重要的意义。但是，最近几个月，美国和印度签署了《美印民用核能合作协议》，两国共同研发防御设备，尤其是“亚太和印度洋地区共同战略蓝图”（Visión Estratégica Conjunta para el Asia-Pacífico y la región del Océano Índico）的出台，让人难免想到，美印两国已经建立了战略合作伙伴关系。由此看来，印度未必会像普里马科夫说的那样自然加入中俄联盟。

根据上述内容，我们可以总结出两点：第一，北京正试图建立一个新的全球经济秩序，以打破华盛顿的主导地位；第二，中国与莫斯科建立对抗美国的地缘政治轴心是势在必行。

鉴于中国对世界广大发展中国家的影响，可以预见，第三世界的许多国家都会对中国采取的路线有影响。这些国家不仅普遍反对西方和单极霸权，而且在经济上与中国保持着互动关系。中国的策略无疑将会得到南非、亚洲和拉美与加勒比海国家的支持。

七　拉丁美洲：鹰与龙

研究上述地区的后者，也就是拉丁美洲和加勒比地区国家的态度，对于中国计划建立一个对抗美国领导的经济政治秩序，是非常重要的。拉丁美洲和加勒比地区历史上是美国的“后花园”，这里要发生什么，具有世界其他地区都没有的地缘政治意义。

中国已经用10年时间来试探华盛顿在这个地区的绝对领导权。用劳伦·巴卫特曼的话说：“可以这么说，中国已跳过了美国围起的‘后花园’篱笆，利用该地区丰富的自然资源。”① 2013 年 5 月，习近平主席访问了拉丁美洲，哥斯达黎加学者康斯坦蒂诺·乌尔瓜约指出：“事实上，这次访问表明中国已准备在全球范围与美国较劲，对美国的‘后花园’不再像从前那样屈尊。”②

美国对中国闯入自己的后花园，回应出人意料的低调。2012 年 3 月 6 日，美国南方司令部司令道德拉斯·弗雷泽将军在众议院军事委员会上，对中国在该地区的频繁行动，特别是军火买卖和军事访问表示过担忧。而接任其职位的约翰·凯里将军，2013 年 3 月 20 日在立法委员会上指出，中国正打算在拉美以直接的方式与美国的军事活动对抗。同样，很多学者在美国众议院外事委员会上，也提出在拉美和加勒比向中国敞开大门这一政策是有风险的。③ 但是，即使面对上述众多质疑，美国也未曾以正式、公开的方式提出具体的反对意见。这说明，在中美两国的双边关系中，中国在拉美和加勒比的行为还不是十分重要的议题。

这种局面的产生有其特殊的历史原因。例如，一百年前美国不接受国际联盟倡导的集体安全有两个理由，其中之一就是美国认为集体安全有悖于门罗主义主张的区域霸权。亨利·基辛格说：“国际联盟与门罗主义是不相容的，因为该联盟所倡导的集体安全原则会介入到西半球的争端中。”④ 美国出于自身的利益，不允许国际联盟介入。例如，1903 年，美国使巴拿马从哥伦比亚分裂出去，之后的三十年，又 34 次侵略加勒比地区的一些国家（包括墨西哥），这些行为都是在确立自己的霸

① “China looks to Venezuela for energy security”, Worldpress. org, 11 October 2011,（http：/worldpress. org/Americas/3820. cfm）.

② “La Presencia de China en América Latina, Dragón Comerciante, Consumista y Prudente”, *Political Outlook* 2013 de América Latina, Bogotá, Observatorio de América Latina y el Caribe, OPALAC, Universidad del Externado de Colombia, 2014, p. 19.

③ Ibid.

④ *Diplomacy*, New York, Simon & Schuster, 1994, p. 372.

权统治地位。

2015 年 1 月，习近平主席与拉美—加勒比国家领导人在北京会晤时提出，中国在未来 10 年内对拉美的投资额将达到 2500 亿美元，中拉贸易规模达到 5000 亿美元。这标志一个时代的彻底结束。拉美—加勒比国家非常感谢中国的介入对美国的抵消。这一点欧洲一直未曾做到。中国的介入，大大增加了拉美—加勒比国家纵横捭阖的自由。

但是，在中美新的两极对立前提下，这种纵横捭阖自由最终要做出选择。由此，显而易见的问题是：拉美国家倒向那一边呢？是中国还是美国？对这个问题进行预测是相当冒险的，因为这不可避免地涉及一系列变化着的现实敏感话题。怎样预测政治力量在数年内的权力变化呢？当中国真的到达“路易斯拐点”时，中拉经济交流将会有何变化？最近几年，中国劳动力涨价使一大部分中国产品输出到拉美，这实际上损坏了中国与拉美一些国家的关系，导致摩擦不断。同时，中国与墨西哥之间的竞争而非互补关系，则可能会因墨西哥近年在能源领域对引入境外资金放宽政策而发生变化。不过，为了简化问题，我们可以在目前的政治和经济因素相互关联的条件下，描绘出一个两极对立的前提。

这个前提涉及双重背景，一个是经济，另一个是政治。关于经济背景，既包括拉美—加勒比国家和中国的经济关系，也包括和美国的经济关系。在政治背景方面，拉美—加勒比国家既要和“龙”亲近，又要和“鹰”亲近。我们很容易想到，那些与中国经济互补和政治亲近的国家，将选择同一条道路；相反，另外一些与华盛顿经济互补和政治亲近的国家，将走向另一条道路。然而，有些国家的情况是，其经济互补和政治亲近并非一致。由此，这些国家便陷入了两难境地。

概括起来说，拉美—加勒比与中国之间的经济关系目前是这样一种局面：对于一些国家来说，中国最近落户那里带来了很大问题。中国不仅使这些国家出口减少，还引起了直接投资变化。对于前者，还要加上中国在某些国家对其国内工业市场形成了很强的竞争。相反，对于另一些国家来说，中国则是一个非常重要的出口市场，是贷款和投资的来源国。但是，在这些国家中，有一些较强的民族工业还是因中国产品的输入竞争而受损。最后，还有一些国家，它们既不与中国竞争，也不向中国市场出口，但它们是中国贷款或投资的受益者。

概括起来，我们可以把拉美—加勒比国家分成五组。

（1）受损国家。这些国家以劳动密集型出口工业见长。中国现在使它们出口市场缩小，劳动密集型生产投资减少。同时，中国也不是其主要的出口市场。这些国家包括一些中美洲国家和多米尼加共和国。

（2）高度受损国家。受损原因除了上述提到的情况外，还由于中国低价产品在这些国家国内市场中带来的竞争，损害了本国企业的利益。墨西哥是这些国家的代表。

（3）高度受益国家。这些国家出口自然资源，不仅从中国市场得益，而且得到中国的投资。由于这些国家没有稳固的工业基础，它们是中国低价产品的受益者。这些国家包括大多数南美国家和古巴。

（4）较多收益国家。这些国家出口自然资源，拥有较为稳固的国内工业。它们因中国的资源需求而获益，也可得到中国贷款或投资的好处。然而，他们必须承受中国产品在本国市场上的竞争。但是，由于这些国家的自然资源出口占主要地位，所以其收益远远大于付出。这些国家主要有巴西和阿根廷。

（5）较少受益国家。这些国家主要从事服务业，没有向中国出口的产品，但它们有时可得到中国投资，中国的低价商品也使其受益。这些国家包括除古巴和多米尼加共和国以外的加勒比海岛诸国。

从与美国的关系上看，拉美—加勒比国家参加或不参加与美国的自由贸易和关税优惠协定，则表明这些国家与美国经济关系的密疏程度。这些协定及其参加国家的情况可分为以下几类。

（1）北美自由贸易协定。墨西哥是该协定成员国。（2）多米尼加共和国和中美洲自由贸易协定（与美国签署）。成员国包括多米尼加共和国、哥斯达黎加、萨尔瓦多、危地马拉、洪都拉斯和尼加拉瓜。（3）加勒比地区复兴计划（多种产品免关税自由进入美国市场）。成员国和地区有：安提瓜和巴布达、阿鲁巴、巴哈马、巴巴多斯、伯利兹、英属维尔京群岛、库拉索、多米尼克、格林纳达、圭亚那、海地、牙买加、蒙特塞拉特、圣基茨和尼维斯、圣文森特和格林纳丁斯、圣卢西亚、特立尼达和多巴哥。（4）双边自由贸易协定。与美国签署这种协定的国家有智利、哥伦比亚、巴拿马和秘鲁。

应当指出的是，墨西哥、秘鲁和智利，被华盛顿选为跨太平洋伙伴关系协定的首批参与者。

从上述分析可以看出，与以上国家和地区享有美国经济优惠政策的同时，委内瑞拉、苏里南、巴西、厄瓜多尔、玻利维亚、阿根廷、乌拉圭和巴拉圭等国家则被排斥在美国的优惠政策之外，与美国的经济关系较为疏远。尤其是古巴，刚刚开始走出美国长期的经济封锁。

拉美同中国和美国在经济互动上的双重局面，使拉美国家既有选边站队的，也有处在两难境地的：选边站队的国家，包括受中国损害而与美国亲近的国家，以及从中国受益较多而与美国疏远的国家。前者包括墨西哥、中美洲各国及多米尼加共和国，后者包括巴西、阿根廷、乌拉圭、厄瓜多尔、玻利维亚、古巴等国家。还有一些处在两难境地的国家，例如秘鲁和智利，他们既把中国当作第一大商贸伙伴，又与美国签订了自由贸易协定。

但除了经济关系情况外，我们还应看看政治情况。拉美国家与中国的政治关系如何，是由它们对中国表现出的亲疏程度决定的。在美国一端，我们再次看到一些国家对美国亦步亦趋，不仅在一些日常议题上，而且在自由主义民主的基本观点上，都与美国完全一致。在中国这一端，我们看到的国家都遭受过美国的敌视甚至颠覆，美国舆论也一直对其指指点点。对这些国家来说，实用主义和希望关注是它们与中国关系的特点，这促使它们在政治上大步走向亲近中国。在中美两端之间，我们还可看到许多不同和细微之处。

我们自然要想到，在与台湾保持外交关系的22个国家，有12个在拉丁美洲和加勒比地区。这些国家包括多米尼加共和国、萨尔瓦多、洪都拉斯、尼加拉瓜、巴拿马、巴拉圭、海地、伯利兹、圣基茨和尼维斯、圣卢西亚和圣文森特，以及格林纳丁斯。需要补充说明的是，中国在加勒比地区的投资政策，与这一局面有密切关系。目前，北京和台北在这片次区域存在争斗，互相争取相关国家的支持。

那些在经济上与美国关系密切的国家，自然在政治上更亲近美国。墨西哥、中美洲国家和多米尼加共和国尤其如此。关于多米尼加共和国，我们需要指出，它与北京现还没有建立外交关系。大多数中美洲国家也是如此，只有尼加拉瓜是例外。尼加拉瓜的态度，不仅是因为该国政府的进步主义性质使其加入了美洲玻利瓦尔同盟（ALBA），还因为跨洋运河计划的实施要依靠中国民间资本。

与上述国家相反，以委内瑞拉、厄瓜多尔、玻利维亚和古巴为首的美洲玻利瓦尔同盟国家，既与北京保持牢固的经济关系，也保持密切的政治关系。阿根廷也是如此。巴西则是一种特殊情况。鉴于巴西的整体经济规模和区域优势地位，它不会与美国持敌对关系，但它与北京的政治经济互动则极为突出。

虽然在经济上高度依赖中国市场，但诸如智利和秘鲁这样的国家同时也是美国的重要贸易伙伴，持同华盛顿一致的自由主义政治观念。在中美两极之间，这些国家更希望扮演中立角色。但是，如果必须在中美平衡之间选择一方的话，这些国家将肯定倾向美国。

但是，我们不应忘记，除了上述提到的亲近和分歧外，中国在拉丁美洲享有重要的合法性背景。正如康斯坦丁·乌尔瓜约所说："中国在拉美的存在具有重要的合法性，中国的行为决不像二战中苏联的到来那样负面。"[①] 这一看法得到了民意调查的支持，这些调查显示，拉美人民对中国的印象是积极的。2013 年 7 月，皮尤研究中心的一项调查表明，大多数拉美受访者的确认为，中国已取代或即将取代美国成为世界统治强国。与此同时，在拉美许多国家，对中国持敌对看法的民众所占比例仅为或低于 10%，只有墨西哥的比例稍高，达到 24%。[②] 这项调查的意义在于，美国很难再像与苏联对立时所做的那样，强迫人们对中国采取摩尼教的二分法。

如同我们以往说过的那样，直到目前，美国对中国在拉美日益增长的存在仍持有一种极为严苛的态度。对此我们不禁要提出一个根本性的问题：如果中美两强出现冷战气氛，这种态度是否还能继续坚持下去？而另一个同样重要的问题是：华盛顿有多大本钱，能阻止或者逆转中国在拉美地区已经确立并且日益加固的存在、影响力与合法性？所有情况似乎都表明，中国这条龙不仅不会在拉丁美洲和加勒比海落难，而且会做窝驻下来。

（阿尔弗雷多·托罗·哈迪，曾任委内瑞拉驻美国、英国、西班牙、巴西、智利、爱尔兰、新加坡等国大使。曾在多家学术机构任国际关系研究中心的负责人。先后做过富布赖特学者、洛克菲勒基金会贝拉吉欧中心的常驻学者、普林斯顿大学和巴西利亚大学访问教授、伦敦外交学院顾问、剑桥大学西蒙·玻利瓦尔讲座教授。独著或合著 29 部有关国际关系的著作，发表多篇学术论文。现受聘为江苏师范大学伊比利亚美洲研究中心特约研究员）

---

① Diplomacy, New York, Simon & Schuster, 1994, p. 372.

② Ibid.

中国因素在伊比利亚美洲

拉美一体化与中国影响：面对世界秩序的场域、界限、风险和机遇

［厄］米尔顿·雷耶斯·埃雷拉

（蓝博　译）

内容提要　本文采用结构史学的研究方法，从带有批判色彩的国际政治经济学视角深入了解拉丁美洲实现一体化的各种方式。分析国家发展与区域一体化组织发展上的互补与矛盾所在，分析区域发展主义与自由主义之间的矛盾，同时，详细讲述现存一体化组织的发展历程以及分析它们未来的发展方向。最后，研究一体化进程中受到的制约与潜在的风险，笔者通过研究认为，在当前国际秩序下，发展对中国的关系是实现拉美一体化最有效的手段之一。

前　　言

笔者拟从结构史学的观点剖析拉美地区对一体化的各种尝试，以此阐述本文的主旨思想。首先，回顾早期泛美洲会议与拉美经委会对拉美一体化的推动以及在此之后对拉美一体化尝试造成的影响（主要回顾20世纪60年代到80年代），其次，笔者还将对新一体化理论及后新自由主义理论和现有的一些商贸一体化组织及对话机制进行评述（譬如，

区域开放主义）。

首先笔者要在此声明，我不可能对所有的拉美一体化进程、决策、项目、手段都分析得准确无误，也不能妄自评判现有的区域一体化理论的效果和深度，[①] 笔者主要通过罗伯特·W. 考克斯（Robert W. Cox）的批判理论角度来思考现行的拉美一体化的一些细节，通过该理论，我们可以更直观地理清拉美各国与拉美现行一体化组织及机制之间的联系，并从社会性及国际秩序出发，推导出“国家—各组织”（Estado-Instituciones）之间更为积极有效且能共同发展的道路。

与此同时，笔者将通过本文进行一项评估，分析主要的政治经济母体在区域一体化的影响下，如何进行国家—社会的构建，以及评估区域一体化影响下的理念—能动性、物质—机构类型的联系。上述评估的目的只有一个，那就是为拉美地区得出一个具有可行性的一体化战略。

一　拉美一体化的前身

（一）美洲大陆会议

首先，拉美一体化思想的奠基人是西蒙·玻利瓦尔，[②] 早在1824年玻利瓦尔就邀请南美各独立国家参加1826年召开的美洲大陆会议（巴

① Y es que，desde este trabajo，se concuerda con Joseph Nye cuando plantea que la división de los niveles del regionalismo，es más adecuada para aquellos que estudian el fenómeno regional pero desde un enfoque político，siendo más teórica que práctica（Nye：1968，en Díaz：2010）.

② Ver la Convocatoria del Congreso de Panamá de Simón Bolívar，Lima，7 de diciembre de 1824.

拿马大会)，他向大会提出了“联邦条约”,[①] 主要目的是缔约各国将共同维护和保全每一个美洲联邦成员国的主权和独立，反对所有外来的统治，巩固今后永久和平的基础，促进和睦与合作。此外，在提出美洲大陆会议之前，1822 年，玻利瓦尔领导的大哥伦比亚就与秘鲁、智利、墨西哥等国签署了“同盟条约”，建立攻守同盟，捍卫民族独立。[②]

1826 年美洲大陆会议召开前后，一些以西班牙语为母语的独立国家纷纷结盟组成区域性联盟组织，例如秘鲁（联盟发起国）、墨西哥组成的中美洲联盟；玻利瓦尔的大哥伦比亚（阿根廷、智利、玻利维亚没有参与）以及加勒比地区的许多国家也相互结盟，如古巴、波多黎各等。

在美洲大陆会议上，玻利瓦尔所倡导的条约，我们从几个角度来总结一下。首先，从安全的角度，他提出了美洲各国组成一个维护大陆性安全的联盟，以便应对西班牙殖民者的军事威胁以及来自美国的经济和领土的扩张威胁；[③] 其次，他提出了大陆性政治和经济联盟；最后，他强调美洲的民族和经济独立地位不可动摇，同时认为应与欧洲的英国保持紧密的盟友关系，借此能让拉美在世界秩序中占有一席之地。

美洲大陆会议（第一届在巴拿马，第二届在墨西哥），最终没有实现美洲国家之间的政治和经济联盟（这里指的美洲主要指西班牙语美洲，因为巴西早在独立战争时已经宣布其保持中立），原因如下。

（1）各国内部利益集团对此存在分歧（这里的利益集团主要指独立战争中的军人)；（2）各国之间存在经济、政治、军事矛盾；（3）各

---

① La tarea de confederar a las repúblicas hispanoamericanas se inicia poco después de la creación de la Gran Colombia, cuando Simón Bolívar envía dos emisarios al Perú, Chile, Buenos Aires y México con la misión de negociar y suscribir tratados de “unión, liga y confederación perpetua” de alcance bilateral (De La Reza, 2010: XI).

② En De La Reza, Ibíd.

③ Para la época era ya impresionante observar los territorios que abarcaban los EEUU en relación a las 13 colonias originarias que se independizaron de Inglaterra en 1775 (ver anexo).

国围绕与美国还是与英国签订贸易开放的协议存在巨大分歧；（4）部分地区（譬如布宜诺斯艾利斯）谣传玻利瓦尔想对美洲大陆实行独裁统治，这让与会国家心存猜忌。

虽然没能成功，但玻利瓦尔主导的这次美洲大陆一体化的尝试影响深远，它给之后的拉美各国在地区联合的各种尝试奠定了理论基础和做出了表率。他的“美洲人”思想让拉美地区的人们意识到了“自我”之中包含的“它者”，即使美洲大陆各国无法联合成为一个国家，但不会再拒绝各国之间建立各种互助互益的政治、经济友好联盟。

回顾历史，我们不难发现，玻利瓦尔的思想影响着整个拉美一体化的进程，以及许多政治家和思想家，早期的如胡安·德·尔加那（Juan de Egaña）、贝尔南多·奥·希金斯（Bernardo O’ Higgins）、贝尔南多·蒙特阿古德（Bernardo Monteagudo）、佩德罗·瓜尔（Pedro Gual）、安德烈斯·德·圣克鲁斯（Andrés de Santa Cruz）、路卡斯·阿拉曼（Lucas Alamán）和赛西利亚·德·巴依（Cecilio del Valle）等，他们都曾是拉美一体化尝试的先驱，同时也是玻利瓦尔思想的继承者与深化者。此外，拉美国家争取联合的尝试也因为美洲大陆会议得以延续下来。1847—1848 年，智利、秘鲁、哥伦比亚、玻利维亚、厄瓜多尔五国就领土安全问题召开了利马会议；1856 年召开了圣地亚哥会议；1864—1865 年在秘鲁召开了第二次利马会议，会议成员国增加到了七国，规模得以进一步扩大。19 世纪也涌现出一大批学者，如胡安·贝·阿尔贝第（Juan B. Alberdi）、弗朗西斯科·德·保罗拉·冈萨雷斯·维吉尔（Francisco de Paula González Vigil）、胡斯托·阿罗塞梅娜（Justo Arosemena）、弗朗西斯科·毕尔巴鄂（Francisco Bilbao）、何塞·玛利亚·桑佩尔（José María Samper）、本杰明·维戈尼亚·麦克坎纳（Benjamín Vicuña Mackenna）、何塞·玛利亚·托雷斯·卡伊塞多（José María Torres Caicedo）、何塞·马蒂（José Martí）等。进入 20 世纪后，大批大陆性、次区域性一体化组织和多边组织纷纷成立（De La Reza，2010，IX）。

玻利瓦尔一体化思想之所以具有延续性，因为它是一个理想群体构建过程中众多事件及群体意识的基础（Anderson，1993），可以将它的延续性看作“主观间性意识”，换句话说，某些人类天然的“共有性意识”会伴随社会关系、天然习性和时间的推移，相互影响转变为一种“长期性意识”（Cox，1996）。如果从结构史学的角度去理解，这种“延续性结构”不过是现实和大众之间存在的一种组织，或一种相当稳定的联系，是一种集合，一个结构体，同时也是一种现实。时间对其磨损很小，对其推动也很缓慢，所以它具有“长时段”性。此外，地理环境、秩序、利益分配等都是该结构的一部分。这个理论可以用来解释拉美加勒比共同体（CELAC）和南美洲国家联盟（UNASUR）的建立，这两个一体化组织的建立涉及众多成员国的不同利益，其目的是构建一个多极化多边化的世界秩序，采用无限制政治联盟的方式，组织利益分配是世界性的（例如和中国建立合作关系）。

（二）第二次世界大战后的区域性及次区域性组织的倡议

要更好地理解20世纪拉美的一体化组织和一体化机制的发展，首先，我们需要仔细认识一下拉美和加勒比经济委员会，要知道它是联合国经济及社会理事会下设的五个区域性经济委员会之一，[①] 它也因此成了拉美地区最大的决策中心（Rivas，2003，78）。拉美经委会有三项主要职能：第一是促进拉美地区和世界其他地区之间的对话；第二是推动

① La cual reemplazaría a la Sociedad de Naciones; dentro de un contexto atravesado por un nuevo orden mundial de corte bipolar generado después de la Segunda Guerra Mundial, y por la guerra fría-o mejor descrita como Paz Fría (Hobsbawn: 2003), donde además se consolida el ascenso definitivo de los EEUU como súper potencia mundial, y donde se da un período que puede ser caracterizado como la *edad de oro del capitalismo* (Ibíd.); o como plantea Cox, siguiendo a Polanyi: *Segundo Movimiento del Capitalismo.*

本地区各国、各一体化组织之间的合作；第三是收集、整理、解释和传播与地区经济和社会发展有关的信息资料。

拉美和加勒比经济委员会的倡议。拉美和加勒比经济委员会（简称：拉美经委会）成立于1948年2月25日，当时称拉丁美洲经济委员会，1984年7月27日改为现名。[①] 在前四十年时间里，拉美经委会一直将民族独立作为工作的重心（注：从拉美结构主义来理解这里所说的民族独立），拉美经委会倡导拉美和加勒比地区要适应新形势的国际分工及体系，即本地区作为世界经济系统的边缘地区，其主要角色是为发达工业国家供应粮食和原材料（Prebisch，s/f：5）。

> 拉美经委会的主要工作有三项：推动拉美各国工业发展；贸易关税保护；组织发展手工业。除此之外还有几项：推动拉美一体化，以扭转拉美作为世界经济边缘地区的现状；实施切实有效的外交策略，用于提升拉美在与发达大陆谈判中的地位。[②]

然而，20世纪80年代起，拉美地区大量外债使其被迫调整内部经济结构，新自由主义经济思想有抬头的迹象，工业化进程遭受内外因素的干扰，种种不利因素为拉美经委会的职能和数据分析工作带来了新的挑战：

> 一些世界性的组织对拉美在上个世纪的经济发展起到了至关重要的作用，例如世界银行、泛美发展银行及拉美经委会。其中拉美经委会的作用最大，尤其在拉美的经济发展经历诸多内外因素的干扰，例如世界经济大开放、地区内部恶性竞争以及地区出口依赖性日益严重，‘地区开放主义’的发展遭受很大质疑的时候，拉美经

---

① CEPAL en http：//www. cepal. org/es/about.

② En Rivas，2003：78.

委会鼓励拉美各国实行市场自由化，坚持本国竞争有利的政策，并持续对外开放市场。

2001 年 9 月 11 日后世界秩序发生了突变，发展中国家以往对抗超级大国的霸权主义的模式逐渐消失。在“9.11”事件后，原有的世界政治和经济体系被打破，逐渐转变为一个新兴的政治和经济舞台。

（1）由墨西哥、加拿大、美国三国联合发起的北美自由贸易协定（NAFTA），受到越来越多的质疑；（2）世界各国越来越重视在恐怖主义和紧急事件上的合作，这样的大国际联合思想极具新民族主义、新发展主义、后自由主义特性，同时，世界各国试图建立一个新联盟来改变国际社会现状，建立新的世界秩序；（3）有一点值得指出的是，自 21 世纪以来，但凡奉行新自由主义经济政策的国家，或多或少都“亲美”（例如巴西、阿根廷）。

除上述三点外，在马德普拉塔（Mar del Plata）会议上，委内瑞拉、阿根廷、巴西、乌拉圭、巴拉圭等国对美洲自由贸易区（ALCA）计划提出明确反对，这导致该自贸区的建立遥遥无期。鉴于该计划最晚实施时间是 2005 年，这就意味着这个由美国主导的自贸区计划已经流产。2006 年，美国与拉美一些国家（例如哥伦比亚和秘鲁）举行双边会晤时倡导了一项替代计划，该计划于 2011 年正式实施，由墨西哥、哥伦比亚、智利、秘鲁联合成立太平洋联盟。于是，新的舞台诞生了，这是一个分裂的舞台。

从 20 世纪 90 年代初起，拉美经委会就一直主张地区开放主义计划，如果想顺利实施该计划，必须要努力协调其与“后自由主义—地区主义学派”的矛盾，该学派的主要支持者有巴西等国。两派以南锥线为分界，形成两个针锋相对的阵营，双方争论的焦点问题在于：是否将自由进出口贸易作为国家发展的根本。

新形势下，拉美一些国家政府提倡以新的方式加强与国际强国之间的联系，以此共同主导或影响世界秩序（这样的观点在近五年频繁出现），如今的拉美经委会主要的工作是调解“新一体化主义”组织之间的矛盾，如南美洲国家联盟与南方共同市场，以及推动南方共同市场与太平洋联盟的双边对话。此外，有学者对某些一体化组织行为的合法性提出强烈质疑，他们认为，虽然很多一体化组织对拉美各国经济和社会的发展有着重要的推动作用，但是，部分一体化组织干预成员国的国家经济政策，甚至插手内政，还有的参与政变（如 2002 年的委内瑞拉政变、2007 年的玻利维亚政变，2010 年的厄瓜多尔政变，2009 年的洪都拉斯政变、2012 年的巴拉圭政变），这严重影响了拉美各国内部的稳定。

拉美经委会提出，拉美各国应当结构性地减少对大型经济体的出口依赖，避免出口产品单一化，但这个倡议并不是针对所有的进出口贸易。对于拉美次区域国家之间的贸易，拉美经委会强调应注重一体化发展，侧重区域互补性，这样才能让拉美地区的出口在同世界市场和世界大国的双边贸易中更有活力（例如中国市场）。拉美经委会的倡议对象是整个拉美地区，它将拉美看作一个整体，致力于让拉美整体融入世界经济的舞台。额外提一点，在国际事务中，拉美及加勒比地区和亚太地区有着诸多的共同利益，尤其是中国，关于这一点学术界有不少研究可以作证，例如《中国与拉丁美洲、加勒比：迈向经济贸易战略关系》一书，全面阐述了中拉协同发展的必要性和战略性。①②

分析完拉美经委会的一些倡议，接下来，我们来梳理一下次区域组织的发展历程。毫无疑问，所有的次区域组织都与拉美经委会保持着对话机制，也在结构史学考量的范围之内。

---

① Disponible en http：//www. cepal. org/es/publicaciones/china – y – america – latina – y – el – caribe – hacia – una – relacion – economica – y – comercial.

② Ver http：//www. cepal. org/es/noticias/america – latina – y – china – comparten – desafios – en – materia – de – urbanizacion – coincidieron – expertos.

笔者在此郑重声明，本文只能基于次区域性组织对南美大陆一体化进程的影响程度大致进行阐述，无法对所有的次区域一体化组织的发展、进程、计划、方案和手段进行逐一分析。

安第斯条约组织①：1969 年 5 月，哥伦比亚、厄瓜多尔、秘鲁、玻利维亚、智利五国在卡塔赫纳举行会议，讨论局部地区经济一体化问题，26 日在波哥大签署了《卡塔赫纳条约》，后更名为安第斯条约组织。1973 年，委内瑞拉加入。1976 年，智利因皮罗切特执政退出。1992 年前后，秘鲁曾短暂退出。

20 世纪，拉美经委会曾号召拉美各国大力发展区域一体化，安第斯条约组织应运而生（这也是结构主义的产物），它也因此深受“地区主义”和“发展主义”的影响，该条约组织最初的目的是实现进口替代和区域互补。安第斯条约成员国一直致力于通过一体化条约和各国政府的行政干预来解决严重的贸易依赖问题。

到 20 世纪 80 年代，安第斯条约组织开始效仿欧洲的一体化进程（从欧共体到欧盟），强调区域经济互补，并在各成员国中下设分支机构，各机构独立负责某项事务，不断加强成员国之间的一体化意识，成员国之间协商的事务不仅限于经济和商贸领域，还涉及政治和社会领域。②

尽管安第斯条约组织各成员国经济发展的步调并不一致，但他们仍在多个产业上实现了互补互助，成员国之间联系紧密发展工业，这让次区域的第二和第三产业得到了飞速的发展。然而，随着时间的推移，进

① Este subtema se basará en una revisión y actualización del trabajo “América del Sur：Entre la Dependencia y Seguridad”（Montero y Reyes：2013）.

② Para lo cual，por ejemplo，la misma Comunidad Económica Europea（CEE）y la Unión Europea（UE）incluso cofinanciaron proyectos que promovían lazos identitarios entre los países miembros del PA（Junta del Acuerdo de Cartagena o Grupo Andino：Bolivia，Colombia，Ecuador，Perú y Venezuela），como el caso de la producción de televisión Nuestra América；donde nuevamente，los relatos sobre los planteamientos de Bolívar eran reapropiados y reconstruidos.

口替代模式逐渐无法满足经济发展的需求，再加上 20 世纪 80 年代的拉美外债危机，经济自由主义盛行，以及新国际秩序的三重冲击，让所谓的一体化发展结构迅速崩溃。到了 20 世纪 90 年代初，拉美经济进入转型期，这期间各国经济政策逐渐趋于对外开放，因此安第斯条约组织的一体化进程被迫减速。

结合当时的国际大环境，安第斯条约组织在一体化的发展道路上进行了很多的尝试。例如，早在 1969 年组织创立伊始就提出建立安第斯自由贸易区计划（ZALC），到了 1993 年该计划得以实现，自贸区的目的是消除安第斯条约组织成员国之间的进出口关税，消除贸易壁垒。[①]

结合罗伯特·考克斯的观点——世界秩序的重组相当于“第三次资本主义运动”[②] 以及拉美经委会的地区开放主义的倡导，笔者认为，安第斯条约组织的当务之急并非是消除次区域间差异，更不是简单地消除与其他一体化组织间的不平等地位。

1997 年，安第斯条约组织改名为安第斯国家共同体（CAN），共同体的成立代表着安第斯一体化体系的完成，达成了其最初的目标，即在独立的民族—国家基础上建立和发展一体化。

安第斯国家共同体成立后，其内部组织机构也随之更新，提出了许多新的政治和经济合作项目，致力于在经济、移民、法律、教育、安全等领域一体化共同发展。然而，在实际发展中，共同体发展的中心还是以次区域性贸易为主，因为世界性贸易仍然由欧美主导。2005 年，安第斯共同体曾试图与北美自由贸易区达成双边贸易合作。在此，笔者很直观地说，安第斯国家共同体的成立仅仅只是为成员国的商贸谈判提供

① Ver proceso en http：//www. comunidadandina. org/Seccion. aspx? id = 141&tipo = TE&title = zona – de – libre – comercio.

② Uno similar al primer movimiento，el capitalismo que empataba con la revolución industrial y el liberalismo del siglo XIX，pero esta vez ya no a nivel internacional，sino más bien global.

了便利。①

1999 年，乌戈·查韦斯就任委内瑞拉总统时，安第斯条约组织有重新活跃的迹象，许多推动一体化的计划和协议重新活跃，但是在哥伦比亚与秘鲁两国与美国签署自由贸易协定后，查韦斯宣布委内瑞拉退出安第斯国家共同体，同时还声称拉丁美洲一体化的心愿已死。

此外，智利虽然早已表示要重新加入安第斯国家共同体，但并未有具体行动，故现在该组织正式成员国只有四个，分别是哥伦比亚、厄瓜多尔、秘鲁和玻利维亚。②

随着玻利维亚总统埃沃·莫拉莱斯、厄瓜多尔总统拉斐尔·科雷亚等拉美左翼政治力量的重新崛起，地区一体化思想再次成为主流，而且这两个国家倡导的一体化计划主要集中在商贸层面，这极大地减少了发展过程中的冲突和摩擦。

2011 年 5 月太平洋联盟成立，哥伦比亚和秘鲁加入。与此同时，厄瓜多尔申请正式加入南方共同市场，2015 年 7 月玻利维亚也成为南方共同市场的正式成员。可以说，安第斯国家共同体已经名存实亡。

南方共同市场（简称南共市）：1985 年 11 月 30 日，巴西总统和阿根廷总统举行会晤，联合发表《伊瓜苏宣言》，决定成立经济合作和双边一体化委员会，这份声明得到了拉美经委会的大力支持。③ 两国还通过了对本地区其他国家开放的《一体化和经济合作纲要》。12 月又签订了《关于阿根廷—巴西友好、民主、和平与发展的文件》。因此，这个

---

① Y es que，la retórica y la orientación de los actores，simplemente se centraba en la importancia de establecer convenios arancelarios. Aún así，nunca lograron ni siquiera ponerse de acuerdo en un arancel común.

② Se mantuvo como miembro asociado.

③ “Los jefes de estado firmantes concordaron igualmente en cuanto a la urgente necesidad de conjugar y coordinar los esfuerzos de los respectivos gobiernos para la revitalización de las políticas de cooperación e integración entre las naciones latinoamericanas” .（Agencia Brasileño-Argentina de Contabilidad y Control de Materiales Nucleares s/f，en http：//www. abacc. org. br/？ p = 536&lang = es）

宣言被认为是巴、阿经济一体化进程开始的标志。1986 年 7 月 29 日，阿根廷总统访问巴西，两国签订了《阿根廷—巴西经济一体化文件》，重申将双边友好关系发展为双边一体化行动，该文件也确立了两国一体化进程的框架，奠定了双边一体化的基础。同年，乌拉圭宣布拥护上述文件计划。1988 年 10 月，在布宜诺斯艾利斯两国又签署了《合作、发展与一体化条约》，该条约宣布，两国将开辟共同的经济区，并决定在十年内，分两步逐渐建成共同市场。该条约被看作南方共同市场的前身。

1991 年 3 月 26 日，巴西、阿根廷、乌拉圭和巴拉圭四国总统在巴拉圭首都亚松森签署《亚松森协议》，宣布建立南方共同市场。

很有意思的是，四国在起初曾想将该一体化组织命名为“南锥体共同市场”，但最终被否决了，否决的原因是：“南锥体”这个名字指的是南美洲大陆的形状，特指南美洲位于南回归线以南的地区，以此命名会从地理位置上排斥其他美洲国家。从南共市现如今各成员国的地理分布来看，这一决定无疑是高瞻远瞩之举。借此我们可以大胆推测，巴西、阿根廷两国从一开始就有扩大自身在拉美地区领导力的野心，以“南椎体”命名考虑的是次区域的利益，而以“南方”命名无疑更具战略性，考虑的是南美洲大陆的利益。

南共市成立伊始，在次区域建设上深受拉美区域开放主义的影响，同时次区域在自身的发展上不断地进行调整，以期克服成员国之间经济发展不平衡的状况。1994 年，南共市制定了《欧鲁普雷图议定书》，该议定书除了深化上述目标外，也对组织内部结构进行了重大改革。改革后的南共市发展步伐加快，开始不断与第三世界国家、其他一体化组织、国际机构开展谈判，同时要求所有成员国从次年起实行关税同盟。

从 1995 年到 1999 年五年间，欧鲁普雷图协定切实有效地推动了次地区的发展。1999 年，巴西爆发金融危机，导致汇率暴跌，严重打击了次区域的经济发展，也使得地区间经济不平衡问题越发严重（尤其是小国）。

次年，世界秩序开始重受“华盛顿共识”的影响，美国重新介入拉美，南共市部分成员国开始倾向于亲近美国，因此组织内部改革势在必行。

南共市的部分核心成员国（例如阿根廷）对加入美洲自由贸易区表现出极大兴趣，而对深化南美洲一体化建设表现冷淡。2001 年阿根廷爆发金融危机，阿根廷政府实行了对外贸易特殊汇率双轨制度，以促进出口，这招致南共市成员国的严重不满。与此同时，巴西则坚持重视发展地区一体化，巴西积极拉拢委内瑞拉加入南共市，这不仅会壮大组织本身，也将建立起与安第斯国家共同体直接对话的桥梁。

2012 年 8 月，由于巴拉圭总统费尔南多·卢戈被议会采取正常手段罢黜，南共市所有成员国及联系国一致同意暂停巴拉圭的成员国资格，并就制裁巴拉圭的具体措施进行讨论。此前，巴拉圭一直反对委内瑞拉加入南共市。

巴拉圭的政变，同时也遭到了南美洲国家联盟的谴责，在南共市之后该组织也决定终止其成员国资格。这两起事件，被看作拉美一体化组织共同维护成员国合法政治利益的标志，从另一个角度来说，这无疑加深了拉美地区政治一体化程度，也让南共市与南美洲国家联盟之间形成了完美全的互补关系。

现今，南共市的组织架构分为：共同市场理事会，是最高决策机构，由成员国外交部长和经济部长组成；[①] 理事会主席以阿根廷、巴西、巴拉圭、乌拉圭为序轮流担任，任期半年；共同市场小组会，包括贸易事务、海关事务、技术标准、税收和金融政策、陆路运输、海上运

---

① Ver http：//www.mercosur.int/t_ generic.jsp？contentid = 4725&site = 1&channel = secretaria.

输、工业和技术政策、农业政策、能源政策和宏观经济政策协调等十个工作组；共同市场贸易委员会，负责区内贸易事务的机构，下设税务和商品名录、海关事务、贸易规则、保护竞争力等八个分委会。此外，还设有立法机构、行政机构、司法机构。共同市场组织机构严密，分工明确，其发展目标是扩大区域经济一体化，推动地区政治联合以应对不断变化的世界秩序。目前的方向是不断加强与南美洲国家联盟的相互发展，最终推动整个拉丁美洲和加勒比海地区实现政治、经济一体化。①

有趣的是，虽然对于区域组织成员国来说，实现区域和次区域政治和经济一体化的目标是共同的，但是发展的过程却有着种种分歧，部分国家强调本国的发展，并专注于提升自身在一体化体系中的地位（此类国家有玻利维亚、厄瓜多尔等），而另有部分国家则专注于经济对外开放政策（如智利、秘鲁、哥伦比亚），同时，他们也希望加强与南方共同市场的合作，为此，上述三国申请成了南共市的联系国。

值得指出的是，由巴西领导的南方共同市场，带有强烈的后自由主义及区域发展主义色彩（DIAZ，2010），其发展战略及目标与拉美某些一体化组织（例如太平洋联盟）截然相反。

太平洋联盟：太平洋联盟（ADP）是一个由智利、秘鲁、墨西哥、哥伦比亚四国建立的贸易组织，成立于2011年，采用经济一体化和开放自由贸易机制。

从太平洋联盟的官方发言②可以看出其战略目标在于努力提升联

---

① Disponible en http：//www. mercosur. int/innovaportal/file/492/1/estructura. noviembre _ es. pdf.

② Construir，de manera participativa y consensuada，un área de integración profunda para avanzar progresivamente hacia la libre circulación de bienes，servicios，capitales y personas. Impulsar un mayor crecimiento，desarrollo y competitividad de las economías de las Partes，con miras a lograr mayor bienestar，superar la desigualdad socioeconómica e impulsar la inclusión social de sus habitantes. Convertirse en una plataforma de articulación política，integración económica y comercial，y proyección al mundo，con énfasis en la región Asia-Pacífico（ADP：s/f，http：//alianzapacifico. net/que_ es_ la_ alianza/la – alianza – del – pacifico – y – sus – objetivos/）.

盟核心竞争力、推动跨大陆性的自由贸易以及成为世界经济的主导者，[①] 其公开文件宣称："联盟成员国之间协同发展经济，共同促进区域间自由贸易，努力与世界发达或活跃的经济体签署双边合作协议，加强与世界任何发达地区贸易、资本、技术来往，此外，致力于提升联盟在矿业、森林资源、能源、农业、原子能、渔业、制造业领域的竞争力。"

太平洋联盟的人均国内生产总值接近10000美元，据社会调查结果显示，[②] 从2005年到2012年，联盟贫困率从36.2%下降到了32.4%，与同期的南方共同市场相比，后者降幅更大（从35.9%降到了20.6%）。此外，南方共同市场的赤贫人口率从11.7%下降到6.2%，但是太平洋联盟的赤贫人口率不降反升（从11.1%上升到了11.2%）。

综合数据分析，笔者推测，太平洋联盟赤贫人口率上升的主要原因在于墨西哥（上述期间，该国国内赤贫人口从8.7%上升到14.2%），因为墨西哥自1995年起将经济发展的重心偏向北美自由贸易区。客观上讲，北美自由贸易区存在着明显的缺陷，其提倡的放任经济自由，加强自由化贸易，减少国家对经济的干预的发展模式，导致了地区间的不平衡发展和贫富差距加大，也不注意保护国内弱势产业发展，贸易市场越来越依赖外资，严重压缩了民族企业发展的空间。

值得一提的是，太平洋联盟地缘政治上与美国类似，在跨大陆性金融和商贸发展方面单边排斥中国和俄罗斯，在拉美地区制衡南方共同市场（Falconi：2013），发展与跨太平洋伙伴关系协定（TPP）的互补关系，推动"扩大版"的地区自由贸易。不过，太平洋联盟成员国与中

① Ver http：//alianzapacifico. net/que_ es_ la_ alianza/valor – estrategico/.

② Los resultados aquí presentados tienen como fuente al artículo "Una comparación social entre Mercosur y Alianza del Pacífico" （Rebossio：2014）.

国同为亚太经济共同体成员，在许多问题上利益一致，想完全抛弃中国是不可能的。反观南美洲国家联盟和南方共同市场的发展模式，注重政府对经济的干预与调控，以此抑制贫富差距以及对抗不平等的世界秩序。

最后强调一点，太平洋联盟并非传统的拉美区域一体化组织，它与我们接下来要分析的两个传统一体化组织截然不同。

南美洲国家联盟与拉美和加勒比国家共同体。这两个一体化组织与上文所提及的都不一样，它们成立的初衷并非为了推动成员国经济一体化，而是为高层政治对话提供平台。他们的建立与其说是为各国经济发展出谋划策，倒不如说是设法让各国意识到拉美大陆的整体利益，换句话说，它们存在目的就是推动拉美国家抱团，打破美洲国家组织（OEA）的霸权，夺回区域自主权。

南美激进的国家集团加速了南美洲一体化的发展，如巴西、阿根廷、玻利维亚、厄瓜多尔、委内瑞拉、乌拉圭等国。这些国家似乎很明白，南美的当务之急就是要联合起来，以制衡发达国家和地区对本大陆实施的“名为发展，实为剥削”的双重标准，联手扶持民族工业以应对国际资本的威胁，同时维护拉美的政治稳定，防止霸权主义国家插手拉美内政。

南美洲国家联盟由十二个南美洲独立国家组成，[①] 分别是阿根廷、玻利维亚、巴西、智利、哥伦比亚、厄瓜多尔、圭亚那、巴拉圭、秘鲁、苏里南、乌拉圭、委内瑞拉。而拉美和加勒比国家共同体是一个排

① Su propuesta sustituyó a la denominada Comunidad Sudamericana de Naciones（CSN）. Podemos situar su nacimiento en el encuentro presidencial de Cusco（Perú）en 2004. Hubo que esperar hasta 2008，para que en Brasil se aprobara el tratado Constitutivo de UNASUR，que definitivamente remplazo a la CSN.

除美国和加拿大的美洲地区国家组织。①

南美洲各国对南美洲国家联盟未来的发展抱有怀疑的同时也寄予它无限的期待。一直以来，它都被认为是一个最公平的政治及经济一体化组织，它最大的特点是能制定出“因国制宜”的发展方案。事实上，它成功化解过哥伦比亚和厄瓜多尔的冲突，并使两国重新联合，还粉碎过玻利维亚、厄瓜多尔、委内瑞拉的政变企图，并协助三国度过经济危机。

但是，南美洲国家联盟也没能制止洪都拉斯政变和巴拉圭政变（这两件事也反映出拉美国家民主体制的政治基础仍很脆弱）。从巴拉圭议会政变事件来看，南美洲国家联盟（南美洲国家联盟的大部分成员国来源于南方共同市场）对政变集团采取行动非常迅速：暂时中止巴拉圭成员国资格，并要求其同意接受委内瑞拉加入南共市。

近几年，拉美和加勒比国家共同体与南美洲国家联盟专注于处理拉美地区事务，在国际政治事件中不遗余力地支持成员国政府。例如，两个机构前后发表声明，严厉问责欧洲几国拒绝玻利维亚总统专机过境事件；美国最高法院裁定美国对冲基金公司 NML（也被称为“兀鹫基金”）胜诉，要求阿根廷偿付 2001 年违约的 13.3 亿美元债券，阿根廷政府面临违约风险，南美洲国家联盟就此事向成员国发出预警，防止更多与西方有利益往来的成员国遭受冲击。

拉美和加勒比国家共同体与南美洲国家联盟（以后者为主）以拉美地区的利益为导向做各项决策，引导成员国正确应对世界秩序（或是说世界乱序）和国际压力。此外，他们还致力于促成与美洲国家组织、

① Este organismo fue constituido en febrero de 2010 en México, a partir de la celebración de la Cumbre de Unidad de América Latina y el Caribe, y nace oficialmente en diciembre de 2011, en Caracas; teniendo como antecedentes la confluencia entre el Grupo de Río conformado en 1986, y la cumbre de América Latina y el Caribe y Desarrollo (CALC), la misma que en diciembre 2008 había sido iniciada en Brasil con el auspicio del entonces presidente Lula. (ver http://www.ecured.cu/index.php/Comunidad_de_Estados_Latinoamericanos_y_Caribe%C3%B1os)

联合国之间的双边对话。组织内部成员国之间也经常性地召开一些次区域利益为主题的会议。

此外，拉美和加勒比国家共同体成立伊始，其制定的政策主要偏向中美洲和加勒比海地区，以维护这两个地区的利益为主。而南美洲国家联盟从一开始（虽然各成员国政体不同）就致力于减少地区对霸权国家和组织的依赖，[①] 开创一个可持续发展的模式，维护世界秩序的多极化格局。

接下来，笔者将客观地评价拉美区域和次区域现行的一体化部分尝试，为今后可能出现的挑战提出一些具有可行性的建议。

三　一体化的意义和可行性

1. 拉丁美洲及加勒比海经济委员会：其宗旨是站在维护拉美地区经济一体化的立场向本地区国家提供切实可行的战略和战术，提倡各国联合加强区域自主权以减少对外国势力的依赖，平衡地区内部发展，允许适当的行政干预经济。上述宗旨是为了改善拉美贫富差距现象，进而建设一个强大而具有可持续性的区域内部市场。近几年，在中拉关系发展上，凡是涉及的计划是互利互惠的，该组织都会积极推动；但凡合作计划损害拉美一体化进程，该组织则又会严厉反对。

2. 南方共同市场：该一体化组织成立之初是为了扩大区域市场的规模，且将新一体化主义政策应用于次区域。近年来，组织内部越来越

---

① Incluyendo a aquellos que son parte de las FSH locales，que están plenamente articuladas a las condiciones de globalización liberal economicista，y actúan como caja de resonancia de sus intereses.

多的成员国开始致力于地区间各项发展的平衡，而且受益于对中国关系的发展，大部分成员国均实现经济增长，开始逐渐融入世界经济秩序。

3. 安第斯国家共同体和太平洋联盟：一个是拉美地区最早实施地区开放主义的组织，一个则是对外开放最彻底的组织，在面对如今不平等的世界秩序，均未能采取有效战略，吸纳更多的成员国，加深组织一体化的程度。

首先，两个组织仍在运转，但是影响力甚微；第二，两个组织都专注于发展自由贸易，轻视大陆一体化的发展，这导致了拉美其他国家对其缺乏兴趣，因为大多数国家更愿意发展政治、经济一体化合作，以期实现高度的国家自治和区域自治。安第斯国家共同体的四个成员国，其中有两个（玻利维亚和委内瑞拉）加入了南方共同市场，其余两国（秘鲁和哥伦比亚）是太平洋联盟的创始成员。从地缘政治上看，玻利维亚和委内瑞拉倾向于发展对中友好以及建设多极化的国际政治格局，而秘鲁和哥伦比亚则更倾向于靠近美国。不过，从政治现实主义角度上来说，笔者认为发展对中关系更有利于拉美的发展

4. 南美洲国家联盟与拉美和加勒比国家共同体：南美洲国家联盟的发展目标明确，将会在中短期内有效影响拉美的大陆一体化进程，而拉美和加勒比国家共同体，得益于中国—拉共体论坛，双边制定了《中国与拉美和加勒比国家合作规划（2015—2019）》，虽然时间可能会很漫长，但是这个规划会让它成为拉美地区最稳定的一体化组织。

笔者既说南美洲国家联盟是未来拉美一体化发展过程中最有影响力的组织，同时又强调拉美和加勒比国家共同体是未来最稳定的一体化组织，因为两者不仅不冲突，还互为补充，相得益彰。

当前主流的拉美一体化方案有两种模式，各有利弊，互为矛盾，政界和学界也对此争论不休（COX：1996）。

第一种模式是：支持政府干预经济和社会发展。基于经济政治不分

家的情况，通过行政积极调动社会力量（提高生产力），加速新的世界经济秩序的形成。更重要的是，为了提高国家安保与防御能力，政府干预战略资源的储备与开发。此外，提倡与当今世界强国加强联系，深入发展双边关系，以此融入国际社会，产出更多利益。

第二种模式是：减少政府对经济发展的干预。提倡对经济发展放任自由，建立单独的机构负责国家安全防御（针对不同的安全事件设置不同的机构①）。同时，每个国家的发展应由主流世界秩序的导向来决定。国家经济利益尽可能通过贸易一体化及双边合作来获取，在附加值较少的产业上应停止引进外资。

南方共同市场、拉美和加勒比国家共同体是第一种模式的支持者，尤其是南美洲国家联盟，而太平洋联盟则支持第二种模式。笔者建议，应从相互作用的角度来考虑，两种模式相结合，既强调国家主权完整和地区自治权，同时以区域或次区域为单位与发达国家或经济活跃的国家和地区开展自由贸易。那么，当今世界上哪个国家对拉美影响最大，且经济最活跃呢？这个问题的答案显而易见——中华人民共和国。

笔者将在下文逐一分析拉美区域一体化发展，以及在发展对中国关系的过程中可能遇到的风险和威胁。

四　一体化发展道路上潜在的威胁

第一，拉丁美洲的部分地区至今仍存在欧美国家的海外领土，例

① Ver NYE：2002，donde a los países periféricos les correspondería hacerse cargo de nuevas amenazas como terrorismo，cambio climático，crimen trasnacional etc.；debiendo dejar a las grandes potencias el desarrollo de los temas de seguridad y defensa para ser quienes puedan desplegar “la protección de corte idealista”.

如：马尔维纳斯岛、法属圭亚那等。在推进一体化的过程中，存在受到这些国家的军事干涉的风险。想要完全实现地区自治，制衡这些国家安插在拉美大陆的军事威胁，完全掌控大陆经济发展的资源，以整个大陆为单位与诸如中国这样的新兴国家开展自由贸易，对拉美地区来说是一个不小的挑战。

第二，哥伦比亚武装冲突。要想解决这个问题，有两种办法：第一种是和平谈判。哥伦比亚革命武装力量原先的左派形象是具有象征地位的游击队，借此对抗哥伦比亚社会的不平等，却因为涉及毒品走私交易，以及不断绑架人质换取赎金，名声日趋恶劣，但它是哥国境内组织最大、装备最完善，战斗力也最佳的游击队，这给和平谈判带来了很大难度。第二种方法是如哥伦比亚前总统阿尔瓦罗·乌里韦·贝莱斯主张的那样，与美国联合对反政府武装展开强力的军事打击。不过，事实证明这只会让国内武装冲突更加频繁，国外军事力量借机在哥国内进行扩张。

第三，近年来，美国霸权主义不断干涉委内瑞拉内政，甚至不惜付诸暴力，这将会导致美洲地区最大的武装冲突。这样做的目的有三个：首先是延缓南美一体化的步伐；其次是保证美国在拉美的霸权地位；最后是向拉美各国传达一个信息，任何试图绕过美国与中国合作的国家都将会遭到严厉的政治和经济惩罚。

第四，巴西的政治危机。巴西将有可能发生政权更迭，亲美派将有可能执掌巴西，那么新自由主义经济将会重新得到重视，很明显，这将会威胁拉美一体化的进程。巴西亲美派在竞选中就提出，巴西需要灵活处理自身在南方共同市场和南美洲国家联盟的地位和立场（甚至于不排除退出的可能性），将会反对一些区域或次区域贸易方案以及部分大陆一体化方案。政治危机的起因是巴西国家石油公司的腐败丑闻，该事件同时也遭到美国证券交易委员会的调查。

但是，也正因为面临如此多的威胁，拉美各国更应该加快一体化的步伐，例如南美洲国家联盟，应不断提高自身在国际舞台中的政治分量，此外，它应在原有基础上增设一个安全防御委员会，用于解决地区和平、国家主权、战略资源等事务。换句话说，拉美地区在一体化发展的过程中要注意维护地区的安全和利益，防止受到世界单极秩序以及霸权主义国家的威胁和挑战，并且要发展好与中国的战略友好关系。

最后值得一提的是，得益于中国—拉美和加勒比国家共同体论坛的建立，拉美和加勒比国家共同体将会成为未来拉美地区最稳定的一体化组织，但是该一体化组织有自身的局限性，且对推动拉美整体一体化帮助不大（因其过于偏重中美洲及加勒比海地区的利益）。因此，中短期内对一体化推动较大的组织是南美洲国家联盟，下文笔者将进一步分析南美洲国家联盟与中国的合作，以及融入世界秩序过程中的机遇。

五　南美洲国家联盟与中国和世界秩序

关于南美洲国家联盟上文笔者已经讲述过了，它是新国际秩序中最能推动拉美一体化进程的组织。但是，笔者同时也认为，它需要与中国紧密合作才能保证大陆一体化进程的最终实现，因为从经济方面来说，中拉合作可以进一步拉动拉美地区的内需，而且可以带来强劲的中国投资；从政治上来说，与中国合作将会加强拉美地区在国际的话语权。

可以说，中国已经成为南美洲国家联盟发展的物质基础，准确地说，南美洲国家联盟的成员国通过与中国的经济合作，可以解决对欧美的出口依赖、完善基础设施建设、提高生产力，从而提升地区的整体竞争力。

中拉双边合作的好处是相互的，拉美一体化进程不仅有助于南美洲经济的发展，也有助于中国经济的发展，因为一体化的完成就意味着南美市场进一步扩大，这会刺激双方的就业率，推动双边贸易的多样化和扩大化。毫无疑问的是，经济互补以及产业接轨将会推动中拉双边利益共同增长。

中拉双边关系存在潜在的共同利益。例如，南美洲国家联盟重申了《南美洲区域基础设施一体化倡议》（IIRSA）的重要性，① 提出通过基础设施整合推动区域一体化发展的程度，这与中国倡议构建的中拉“1+3+6”合作框架遥相呼应。② 在“1+3+6”合作框架中，中国方面特别提及将正式实施100亿美元中拉基础设施专项贷款，并在这一基础上将专项贷款额度增至200亿美元。

对基础设施建设的重视，将进一步提高拉美各国的生产力，让中国投资获得更高的收益，也让中国商品深入拉美各地。除了能让双方获得更多、更快的经济利益外，还将形成一个良性的循环：基础设施的完善将使得南美洲国家联盟区域内部得以紧密连接，区域经济增长得以稳定，从而保证对中国的出口供应；而对于中国来说，良好的基础设施也将让中国商品在南美市场的流通更为便捷，从而丰富产品的输出数量、技术含量和加大投资。在中拉双边贸易中，南美洲国家联盟一直致力于提高原材料的附加值，用于交换中国的资金、技术以及战略伙伴关系。基础设施的完善，也将进一步强化双边经济模式的互补性。

---

① Que aún se basaba en el principio del regionalismo abierto, y por lo tanto en una orientación meramente basada en corredores de exportación.

② Marco para promover la cooperación de beneficio recíproco entre China y América Latina. “Uno” se refiere a un plan: el Plan de Cooperación China-América Latina y el Caribe (2015—2019), con el objetivo de lograr crecimiento inclusivo y desarrollo sostenible. “Tres” significa los “tres motores” del comercio, la inversión y la cooperación financiera, mientras que “seis” se enfoca en los seis campos de energía y recursos, construcción de infraestructuras, agricultura, manufacturas, innovación científica y tecnológica, y tecnología de la información.

加强厄瓜多尔的曼塔、巴西的玛瑙斯和贝伦等地的基础设施建设，不仅让城市间的交通发达，还能有效地保护区域安全，也让中拉联合建立太平洋两岸安全防御机制成为可能。但是，也让外大陆（例如中国或俄罗斯）的政治经济力量全面进入拉美，对拉美的各国造成冲击。当然，如果上述机制能够实现，将进一步加强南美地区在世界的话语权。

综上所述，我们不难发现，拉美各国如想加强国家的核心竞争力和主权自治力，必须依靠一体化组织的力量（如南美洲国家联盟、拉美和加勒比国家共同体）以及加强与中国的联系。这里，笔者所说的联系不仅指经济方面——扩大进出口市场，产业互补和摆脱对霸权国家的依赖，还指政治方面——双边政治合作，提升中国和拉美双方在世界秩序中的话语权，甚至还指军事方面——双边合作共建国家安全防御体制，壮大国防力量，保证双边的经济和政治发展有效、平稳地实施。

［米尔顿·雷耶斯·埃雷拉，厄瓜多尔国家战略研究所（IAEN）研究员；厄瓜多尔天主教大学（PUCE）教授；里约热内卢联邦大学（UFRJ）国际政治经济学博士；厄瓜多尔亚太及中国问题研究项目负责人；厄瓜多尔国家安全与战略研究院院长；厄瓜多尔外交部杂志《Linea Sur》编委；伊比利亚美洲汉学国际研讨会学术委员会成员；江苏师范大学伊比利亚美洲研究中心特约研究员］

中资企业在拉美的投资战略及进展

［阿］古斯塔沃·亚历山德罗·杰拉多
（蓝博　译/朱伦　校）

内容提要　中国的境外直接投资（IED）随着"走出去"战略的深化正席卷世界，旨在有效管理不断增长的外汇储备以及国际融资。中国企业群体仍然不是拉美最大的投资商，但凭借其拥有快速获取融资的能力，已然成为拉美市场扩张速度最快的投资群体。中国企业在拉美主要是开采油气和矿石等自然资源，也涉猎制造业和服务业，较为突出的是机械自动化业和银行业。中国企业在拉美崭露头角，给当地的各行各业带来了巨大的冲击和影响。然而，拉美社会并不清楚中国政府和企业因地制宜地从事商业活动的细节、运行机制以及双方法律的差异性，从而导致双方矛盾不断。对此，中国企业仍需在理解互信方面做出更大努力，同时把握机遇，不要停下前进的脚步。

一　中国的境外直接投资

最近十年，中国的境外直接投资大潮，与一系列内外因素有关，其中最重要的是中国政府实行全面明确地支持中国企业国际扩张的政策，这种政策除了给予境外直接投资项目一些财政好处外，还包括提供公共资助。

这种名为“走出去”的战略，使中国在世界上变成了资本来源国，同时又使中国继续是外国资本的青睐对象。我们都知道，这一战略是时任总理朱镕基在向2000年中国共产党全国代表大会作报告时正式提出的。根据第十个“五年规划”（2001—2005），中国企业的境外投资，应是中国经济主动适应全球化趋势的关键之一。

2004年，在第十届全国人民代表大会上，时任总理温家宝在报告中坚持了这一政策，主张中国要加快实施“走出去”的战略，要更加有效地协调和引导中国对外投资，鼓励各种资本所有制的企业开展境外投资业务，扩大它们对国外市场的参与。由此，在第十一个“五年规划”（2006—2010）中，“走出去”的政策得到确认和强调。

中国境外直接投资的扩张虽已引起国际社会的关注，但与那些工业化国家相比，中国境外直接投资的总量依然很小。可以说，中国在世界较大经济体之间的游戏中还是一位新手（中国无疑属于较大经济体之列）。但是，中国的境外直接投资总量所占比例虽然还小，然年均流动资金不容小视，现已处在世界资金来源的第三位。

这就是说，中国资本（从中国流出的境外直接投资）目前在股份总量中的盘子不大，但它在不断增持。在中国国内，境外直接投资的累积总额中，外国资本仅占四分之一。但是，中国作为世界国际直接投资市场上的一个资金来源国，它的出现是其经济发展必然要迈出的一步。所有迹象表明，中国在未来一定会继续在国外寻找投资机会，来自中国的境外直接投资可能会加速。

从2002年起，中国的境外直接投资流量开始持续上升，到2007—2008年间翻了一番。当时，中国投资者享有一种几乎是特权的财政地位，这种地位与开始遭受国际危机的其他国家的许多大企业形成鲜明对照。中国的投资者利用了发达国家遭受的这次严重危机。

早在2004年，中国政府就实施了一项帮助中国企业境外投资一些优先领域的信贷计划，包括投资中国紧缺的自然资源开采，可带动中国技术出口的制造业和基础设施，一些研发项目以及可加强中国企业全球竞争力的收购行为。这种帮助也被用来支持国际扩张，如对需要中国企业参与的基础设施建设项目予以资助。从2004年起，在其后的六年时间里，中国与国外签订了127个双边投资协议和112个避免双重征税协定。所有这些，都是中国为了适应与其不断增长的对外直接投资而采取的政策（Davies，2010）。

最近，到2012年，中国境外直接投资量已达878亿美元，首次成为全球第三大对外投资国。2012年年底，有超过16000家中国企业在全球179个国家建立了大约22000家公司，投资金额达到5319.4亿美元，排在世界第30位。总而言之，虽然中国企业在境外直接投资领域属于“后来者”，但它们经过短时间的快速发展，已经成功进入全球大部分国家的市场，渗透进诸多领域。

中国境外直接投资的主要目的地，从地理位置上看，主要集中在亚洲地区。截至2011年年底，中国境外直接投资总数的71.4%是在亚洲，其次是在拉丁美洲，占13%。但是，中国在拉美的投资，有92%流入了英国控制下的两个避税天堂——英属维尔京群岛和开曼群岛，其余8%则流向了巴西①、秘鲁、委内瑞拉和阿根廷，其详细情况留待后文论述。中国境外投资的第三个目的地是欧洲，接下来依次是非洲、北美洲和大洋洲。②

2013年，中国企业集团在全球156个国家和地区的5090家企业进

① 巴西中央银行一直负责更新境外直接投资（IED）的讯息，但自2007起，中央银行把公布原始数据的工作留给了投资界。因此，杜赛尔·彼得斯（Dussel Peters）在2014年发表的文章中所使用的数据，来源于中巴企业家委员会（CEBC）。该委员会的数据，通过新闻报道、与企业会谈和企业财务报表分析进行调整（中巴企业家委员会，2012）。

② 大部分拉美经济体都不公开境外直接投资的来源国，这里主要依据中华人民共和国商务部相关信息。

行了直接投资，投资额超过1000亿美元，使中国成为全球第三大对外投资国。由此，中国的境外直接投资达到世界前列，非金融类投资增长了26%。至于国际并购（F&A），包括香港在内，中国现在是世界排名第二，占全球境外直接投资总量的10%（2011年以7%排名第四）。可以说，自21世纪初开始，中国政府就在全面夯实其“走出去”的战略。①

二　贷款问题

随着中拉商贸和投资渠道日益密切，中国现正迅速成为拉美国家主权信贷的主要来源国。接受中国信贷的拉美国家，基本上都是一些很难进入全球资本市场的国家。从2005—2011年，中国银行界总共向拉美相关政府提供了超过750亿美元的贷款。仅在2010年，中国就向拉美贷款370亿美元，超过了世界银行、泛美发展银行和美国进出口银行对拉美贷款的总和。

上述贷款的绝大部分，都是由中国两家发展银行——国家开发银行和中国进出口银行提供的。贷款对象主要是阿根廷、巴西和委内瑞拉三个经济体，用途则集中于矿业、能源、大宗商品和基础设施项目。中国银行资助这些项目不为别的，就是为了更好地获得明确和具体的目标：收取市场利率，有时是高利率。与世界银行、泛美发展银行和美国进出口银行这些西方竞争对手相比，国家开发银行收取的利率更高。

拉美现在对中国贷款比较谨慎，因为它可能会加深拉美对大宗商品

① “预计未来10年中国对外直接投资将达1.25万亿美元。”据新华社2014年12月9日报道，习近平主席在中国召开的亚太经合组织会议上的讲话。

（农产品和能源）贸易的依赖，进而产生意想不到的环境后果；反过来，这些后果可能会使金融商贸活动带来的经济利益大大缩水。拉美内部的政治争论认为，拉美可以把来自中国的部分资金转投到创新、工业多元化和环境保护方面，否则，来自中国的新资金可能会带来风险。下文我们将会谈到，在那些没有积极开展和疏导争论的地方，对中国资本的进入反响强烈，引发了一系列严重的社会和政治问题。

2014 年 7 月 15 日至 17 日，在巴西举行了金砖国家领导人第六次峰会，中国国家主席习近平出席，并在会后访问拉美，与巴西、阿根廷、委内瑞拉和古巴四国领导人进行了会晤。这些会晤如峰会期望的那样，产生了一个利好结果：决定建立“新开发银行”（NDB），其总部设在上海，资本为 500 亿美元。

习近平此次访问备受许多观察家称赞，认为这次访问取得了在中拉投资贸易关系中前所未有的成就。不过，中国多年以来就是拉美金融领域的重要玩家。根据“泛美对话”（Diálogo Interamericano）收集的资料，从 2005—2013 年，中国共向拉美提供了超过 980 亿美元的贷款，其中绝大部分来自国家开发银行和中国进出口银行。

但是，中国对拉美的贷款主要集中在几个国家。超过一半以上给了委内瑞拉，其次是阿根廷和巴西，其余 20% 给了拉美其他国家。习近平的此次访问结果，签订了一系列双边贷款协议，再次肯定了这一趋势。协议的贷款，主要用于支持能源和基础设施领域的投资。

中国如此鲜明地选择贷款下家，让我们更好地看清其拉美地区战略。2013 年，委内瑞拉向中国的出口额约占其国内生产总值（PBI）的 3.5%，获得的中国信贷也最多；而拉美最大的经济体之一墨西哥，从 2005—2013 年，从中国得到的贷款仅为 24 亿美元。中国对拉美地区的放贷，明显倾向于那些与中国的拉美战略相向而行的国家，这些国家的行为受到了中国对拉美直接投资方向的加强。在这一背景下，得到中国外汇储备支持的金砖国家新开发银行，可以视作中国与其拉美盟国之间双边贷款协议的扩展。

中国的资助似乎更倾向于拉美国家“想要”什么，而不是研究发展的西方专家们所说的“需要”什么。美国以及国际金融机构如国际货币基金组织和世界银行，倾向于资助与当下发展趋势相符的事项，如对外贸易自由化和小额扶贫贷款项目，但中国的信贷通常是资助能源、基础设施建设和工业项目。在拉美地区，基础设施建设支出的缺口，每年高达2600亿美元。

中国的贷款，没有那些传统机构的资助具有的束缚——“附带条件”。这些附带条件强迫借债的国家承诺采取紧缩措施和结构调整计划，往往给地区增长和公平带来令人怀疑的结果。我们下文将会谈到，中国企业善于从拉美现有规则框架出发，占领那些开放的空间。与此同时，中国企业在进行新的投资时，一般会不同程度地依托那些受国有或跨国企业控制的现有公司进行，凭借这种出发阵地，制定一种富有进取心的渗透战略。

三　中国对拉美的境外直接投资

进入21世纪以来，中国对拉美的直接投资不仅规模有变化，其地理和行业分布也有变化，这与前述“走出去”战略、中国经济状况和中国对外双边关系的发展是一致的。① 因此，在2005年前后时任中国总

① 自1979年起到正式公布“走出去”战略，中国一直加强和支持对外投资，但确定各种支持措施是在2005年。在2008年发表的国际经合组织（OECD）第三份报告中，《中国投资政策回顾》一文对此有详尽论述。自那时起到目前，“走出去”战略一直在得到加强和调整。

理温家宝频繁访问拉美各大经济体（尤其是古巴、巴西和阿根廷），为签订“全面战略协议”铺平了道路。时至今日，中国与拉美几个最大经济体都签署了这样的协议。中拉关系的这种进步，现已逐步得到日益紧密的商贸往来的加强，得到各种基于投资而形成的更加紧密的中长期联系的加强。①

为了确保食品安全（健康的角度）和优质，除其他办法外，中国还租赁土地：在乌克兰租地种谷物，未来还将饲养生猪销往中国。中国多年前就在菲律宾这样做了。最近，中国最大的猪肉生产商宣布，将收购美国最大的猪肉厂商史密斯菲尔德食品厂（Smithfield Foods）。下文我们将看到，中国在拉美也采取了类似的战略。

近年来，流向拉美的境外直接投资主要集中在服务业，其次是制造业和自然资源开采业。表1是各行业所占的比重。

表1　境外投资在拉美的行业分布

行业	比例
服务业	43%
制造业	31%
采矿业	25%
其他	1%

资料来源：2013年拉美经委会（CEPAL）的报告。

① 中国和拉美之间的贸易目前仍维持多年前形成的模式，其特点是采取工业互换模式：拉美从中国大量进口手工业产品，与此同时向中国大规模出口自然资源（农副产品和油矿资源）。

据拉美经委会的报告，中国对拉美的直接投资一度相对谨慎，但大约从2004年开始加速增长，2008年全球金融危机发生时的情况另当别论。目前，中国对拉美的投资仅在少数几个国家处于优势地位，如厄瓜多尔，可能还有委内瑞拉。美国和欧盟现在是拉美外资的主要来源国，分别占25%和40%，而中国和其他亚洲经济体所占比例仍然有限，仅有7%。

因此，直到不久前，中国对拉美的直接投资很少。拉美经委会2011年的报告估计，从1989—2009的20年间，中国对拉美的投资总额大约为60亿美元，主要投资领域是石油和矿产。从1990年开始到2009年，中国对拉美的直接投资一直徘徊不前，但自2010年起则开始大步加速。

表2　　1990—2012年中国对拉美各经济体的直接投资估计　单位：百万美元

国家	1990—2009年	2010年	2011年	2012年
阿根廷	143	3100	2450	600
巴西	255	9563	5676	6066
智利	—	5	—	76
哥伦比亚	1.677	6	293	996
厄瓜多尔	1.619	45	59	86
墨西哥	146	9	2	74
秘鲁	2.262	84	829	1.306
委内瑞拉	240	900	—	—
投资总和	6342	13712	9309	9206

资料来源：2013年拉美经委会的报告。

2010年，中国对拉美的直接投资就超过130亿美元，其中3/4来自石油领域的两大收购案——中石化（SINOPEC）在巴西的收购和中海油（CNOOC）在阿根廷的收购。但是，增长不限于这两大收购案。2010年，中国各类企业也纷纷走向拉美，或在拉美扩大业务。这些企业有电力行业的“国家电网”、汽车制造业界的“奇瑞集团”（该企业和阿根廷的索克马集团在乌拉圭合作）和矿业界的“中国铝业”。下面，我们简要说一说在拉美各经济体中，中国所处现状的形成过程。

中国现在是世界最重要的经济体之一，其成长过程迅速。中国的发展速度独一无二，它在世界上的特殊分量，其作为商人的地位远高于投资者。中国现在是拉美第二大进口国，很快将成为拉美第二大出口国（两方面排第一的都是美国）。总之，中国对拉美的影响在于贸易而不是直接投资。

中拉贸易和投资的特点及性质多种多样，学界多有讨论，笔者在此不作赘述，只谈一个突出特点，这个特点就是贸易和投资流向是工业间的，这一点妨碍了双方之间的贸易密度，使共同投资的空间不大，在一定程度上限制了南美国家更多更好地跻身亚太产业链。互补型贸易远不能形成一种更紧密的关系。

在资本主义生产中，贸易关系对资本的流动、流向和分配举足轻重。在中国商贸圈里，拉美可以成为签署中长期可信赖伙伴协议的地区，以确保粮食供应和其他原材料包括能源供应。然而，由于拉美存在地区差异，各国经济不尽相同，受中国的影响也有区别。

在此贸易背景下，在服务业和几乎是家族性行业中，通过家族联系流入拉美的移民，成千上万地进入超市工作。阿根廷有一个企业家协会，现已成为近十万落地生根的中国移民的经济支柱，华人现在已是阿根廷第四大群体。[①] 在第二产业方面，在拉美投资的大部分中国企业，基本上都开设商贸办事处支持加工业务，其中有些加工厂逐渐发展成了小型生产厂家，从中国进口零部件进行组装，这在中国成为整个拉美工业成品和零部件的主要供应商之一后变得特别普遍。

从中国及其自身利益的角度说，拉美各国无疑是生产原材料的理想地。关键的需求之一是中国从拉美采购的商品，70% 是大宗商品（拉美经委会 2013 年数据）。而且，中国是矿产和金属如铜、铁、石油等的进口大国。由此，中国对这些产品的需求变化，对这些产品的国际市场价格影响巨大，进而影响着拉美的对外结算和兑换汇率。

拉美地区传统的出口商品，基本上都是中国急需的大宗商品。因此，进入 21 世纪以来，拉美各国对中国的贸易都是顺差。拉美外汇流入曾稳定增长，而中国则需要外汇。一些产品和生产设备价格上涨，导致通过贸易平衡产生大量外汇收入：阿根廷的食用油，巴西的铁矿石，智利的铜矿，玻利维亚的锡矿，秘鲁的金矿，哥伦比亚、委内瑞拉和厄瓜多尔的石油，等等，都是外汇的来源。

相反，墨西哥及中美洲和加勒比大部分经济体却没有这么幸运，这些经济体与中国在第三类市场存在竞争。在技术含量低和劳动密集型的产品生产和出口上，许多国家都与中国是竞争关系，中国与这些国家的贸易收支是顺差。

中国对拉美的直接投资（非金融），大约有 90% 流向自然资源开采业。中国投资的流向告诉我们，拉美大陆存在巨量自然资源。中国的投资模式在西方世界还比较陌生，但对中国进军国际市场十分合适。中国企业的国际化进程由大型国有企业牵头，带着定好的融资方案前往其他

① 尽管中国人也向拉美其他国家移居，尽管阿根廷也是一个移民国家，但中国人的到来还是引起了阿根廷国内民众的关注。中阿相隔遥远，文化迥异。30 年前，阿根廷还没有形成中国移民群体，而现在，中国移民数量仅次于来自巴拉圭、玻利维亚和秘鲁的移民。

国家，是一个享受低息贷款和其他好处（如给予一定年限的优惠）的独立单位。这种投资模式，将使中国在21世纪里成为拉美最大的外来力量，这没有什么稀奇的，现实趋势也在证明这一点。

中国通过各种可能的渠道，希望同那些可向中国提供所需东西的经济体建立更加紧密的关系，这是肯定无疑的。中国所需要的东西，我们说过，就是自然资源、粮食和能源。这在《2008年中拉关系白皮书》里面有所表述，在2013年出版的《中国与非洲的经贸合作白皮书》中再次提到，而中国对一些相对发展不足并且是其周边邻居的较小经济体的投资情况，亦是证明。

表面看来，拉丁美洲似乎已成为中国境外直接投资的重要目的地，但有两点必须注意。首先，如果看一看中国在21世纪前10年境外直接投资的流动情况，特别是2006年的数据，可以说来自中国的资本流动很不正常。2006年，中国流入拉美的资本总额达到78.33亿美元（92.5%流向开曼群岛），但自2007年开始则急剧下降。2006年，中国对拉美的直接投资占当年对外投资总量的26.3%，而2010年只有13.8%。这样的减缩幅度，与2009年的全球经济衰退似乎没有关系（尽管该年存在下降趋势），更不是2009年和2010年中国政府采取调控措施的结果。

另一个值得注意的问题是，中国对拉美直接投资的大部分资金都流向了避税天堂。2006—2010年间，英属开曼群岛和英属维尔京群岛年均吸收了流动资金的95%。2010年年底，上述两地累计占中国在拉美直接投资总额的92%。这样的资金流向，使拉美收到的生产性投资的规模大为减小。

说到具体国家，在2006—2010这五年时间，无论是存量还是流量，巴西都是中国对外直接投资最有吸引力的国家，其次是秘鲁和委内瑞拉。由于内部市场规模和出口潜力巨大，巴西似乎有别于其他拉美国家

(Dussel Peters，2013)。但是，如同人们所言，想要弄清中国在拉美的直接投资总量，这是很困难的事情。

例如，根据2013年秘鲁双边贸易报告，到2013年上半年，中国在秘鲁投资总额中占0.9%，但根据艾伦·费尔利2014年的研究，这个比例被低估了，因为该报告只统计了由外国公司登记的直接投资资金。根据利马证券交易所的数据，截止到2012年，中国在秘鲁的采矿业、银行业、基础设施和通信行业的投资，就超过了40亿美元。

中国在乌拉圭的直接投资呈递增趋势。官方数据显示，在2011和2012年，中国对乌拉圭的投资额超过25亿美元，是2005年之前年均投资额的五倍。中国对乌拉圭投资跃升，始于2006年对一家纸浆厂进行巨额投资，随后又渗透到其他许多企业和经济活动中。自2006年起，中国对乌拉圭的直接投资额，超过其国民生产总值的5%；在拉美，只有智利和巴拿马高于这个比例。乌拉圭是一个相对较小的经济体，即便对一家企业进行微不足道的投资，也可能大幅改变乌拉圭的统计数据。

根据媒体和其他专业出版物的报告，过去十年，中国对乌拉圭的投资大幅增加，也有数家中国企业进驻，但这些企业大多是商业代理，而不是从事可以在当地增值的生产活动（Bittencourt y Reig，2014）。

拉美也有一些国家如墨西哥和智利，至今仍没有引起中国直接投资的兴趣。这两个国家值得关注的是，它们都与中国签订了自由贸易协定(TLC)，这应能促进相互投资。关于这一点需要指出，直到前不久(2013年12月20日墨西哥新石油改革法案正式实施前)，中国想大举投资墨西哥的石油开采也是不被允许的。我们同样不要忘记，虽然中国现在是拉美的重要投资者，但投资规模远赶不上在拉美的传统投资者——北半球西方国家。

综上所述，我们可以看到：中国对拉美兑现的投资，约有92%用于开采自然资源，尤其是油气资源，其余8%，是投资巴西国内市场，主要是支持基础设施建设，其次是支持加工业。[1] 这里需要说明，在2010年前，中国企业对巴西的累计投资不超过30.3亿美元，但在2010这一年，投资额达到354.5亿，这为两国关系筑好了一条重要道路（Oliveira，2012）。

但是，巴中贸易理事会（CIBC，英文缩写是CBBC）的估计是，2010年中国企业在巴西的有效投资应该在126.9亿美元。而根据《拉—中网站》（RED LAC-CHINA）的数据，在2000—2011年期间，巴西从中国获得的投资是146.14亿美元，是中国在拉美投资最多的国家，占流动资金的6.41%（Dussel Peters，2013年）。但这个估计没有把购买先期资产的投资计算在内，因而可能低估了大约15.22亿美元（CB-BC，2013）。

2010年以来，中国资金持续流入拉美，年均90亿美元，模式一如既往，鼓励中国企业加速进军一些主要领域，市场目标也一如既往，这在前文说到过。在阿根廷、委内瑞拉、巴西、哥伦比亚和厄瓜多尔的石油和天然气行业，中国企业都是最重要的外国投资者，但在秘鲁投资不多。中国企业在秘鲁的投资，主要集中在采矿业，在巴西采矿业也有少量投资。从1999—2009年，中国在巴西的主要投资领域是电了行业（24%）和汽车行业（18%）。2010年，中国在巴西主要投资的领域是能源（石油和天然气），占总投资的22%，其次是采矿业和农牧业，分别占18%和13%。2011年，汽车业重新成为主要投资领域，占总投资的37%。

① 中国在自然资源开采以外的投资，流向巴西最多。现有许多中国制造企业在巴西运营，至少还有一家大型电力公司。

四 中国企业在各自投资领域的战略及进展

根据拉美经委员会2013年的数据，2010年以前，中国对拉丁美洲及加勒比海地区的直接投资十分有限，2010年出现转折；这一年，中国的直接投资接近140亿美元，其中四分之三产生于两次大手笔的石油工业收购：一次是中石化（SINOPEC）在巴西的收购，一次是中海油（CNOOC）在阿根廷的收购。在这之后，中国对拉美的直接投资，年均在90亿—100亿美元，其中大部分（90%）流向自然资源开采业。虽然中国在拉美的投资很重要，但远没有进入拉美最大投资国之列。

中国在阿根廷、巴西、哥伦比亚、厄瓜多尔和委内瑞拉的石油和天然气开采领域，是最重要的外资国之一。中国对矿业的投资，目前主要集中在秘鲁和巴西。中国重视对巴西的投资，除了体现在自然能源领域外，还体现在巴西的加工制造领域，以及至少一家大型电力公司身上。拉美经委会的报告说，中国企业的战略是首先为当地企业服务，起初是开设一家生产工厂，接下来就是从中国进口它们的产品，这样做一是为了赢得当地市场的亲近和认可，二是可规避进口限制。

进入拉美的境外直接投资，有一半流向服务业，但该产业没有中国投资的身影，这颇让人奇怪。① 唯一的例外是银行业和商业。如中国工商银行在秘鲁和阿根廷开设了支行；商贸部门则在一些国家开设了一些下属机构，主要为中国企业的商业活动提供服务。这一情况部分反映出中国企业在服务业领域发展不足，也说明中国服务类企业历来把重心放

① 与中国一样，日本和韩国也没有投资拉美的服务产业。

在国内市场的事实。即使是在自然资源领域，许多投资矿业和石油的中国企业，它们实际上是大进口商，把资源送往中国。

中国在拉美最重要的投资领域：

1. 石油。有报告指出（López y Ramos，2014），中国的能源政策掌握在两大政府部门手里——国家发改委（NDRC）和国家能源局（NEA），其中期目标是减少对煤炭和化石燃料的依赖，逐步转向以可再生能源为基础的能源模式。

表3　中国在拉美石油行业最重要的投资　单位：百万美元

企业	国家	初始投资年份	投资估算(累计)
中石油（CNPC）	秘鲁	1994	326
	委内瑞拉	1998	1140
	厄瓜多尔	2003	199
中石化（SINOPEC）	巴西	2010	11911
	阿根廷	2011	2450
	哥伦比亚	2006	1081
中化集团（SINOCHEM）	巴西	2011	3070
	哥伦比亚	2009	877
中海油（CNOOC）	阿根廷	2010	3100

资料来源：根据2014年拉美经委会的数据整理。

现有四家中国大型能源企业在拉美投资，均是国有企业。[①] 中石油是最早进入拉美市场的，20 世纪 90 年代就已进入秘鲁和委内瑞拉，2003 年进入厄瓜多尔。中石油进入这几个国家的方式，都是通过转让或与这些国家的国企合资（joint venture）。

中石化在拉美采取不同的进入战略。在巴西，中石化最重要的投资模式是和其他跨国公司“合资”，其中最著名的公司有西班牙的雷普索尔公司（Repsol）和葡萄牙的高浦公司（Galp）。而在哥伦比亚和阿根廷，中石化则是直接从私人手中收购原有股份。

在阿根廷，中石化从 2006 年开始进入，方式是购买美国西方石油公司（OXY）签订的作业区块，价格是 24.5 亿美元。这笔投资，加上 2010 年 10 月以 71 亿美元购买了西班牙雷普索尔公司巴西子公司 40% 的股权，使中石化成为在拉美投资的第二大亚洲企业（López y Ramos，2014）。

中石化起初进入巴西的方式，是向巴西石油公司（Petrobras）提供服务，特别是投入 19 亿美元对其天然气管道系统（GASENE）进行设计和部分建设（CBBC，2013）。中国在巴西投入的最大一笔资金，是 2009 年 5 月由中国国家开发银行向巴西石油公司提供的 100 亿美元贷款（这也是中国向一个拉美国家提供的最大单笔资金）。贷款协议规定，2009 年巴西石油公司每天向中石化供应 15 万桶石油，2010—2019 年期间每天供应 20 万桶（Freitas Barbosa，Tepasse y Biancalana，2014）。

中化集团和中海油进入拉美的方式，也是通过收购其他企业的股权。2010 年 3 月，中海油以 31 亿美元收购了阿根廷布里达斯公司

① 初起是三家企业：中国海洋石油总公司（CNOOC），成立于 1982 年，控制了绝大部分海上石油勘探和生产业务；中国石油化工股份有限公司（SINOPEC），成立于 1983 年，主营石油的精炼与销售；中国石油天然气集团公司（CNPC），1988 年创建，是石油工业部的下属企业，主要负责陆地石油的开采。

（Bridas）50%的股权。布里达斯非法占有泛美能源公司（PAE）40%的股权，[①] 几个月之后，它又宣布收购其余60%（此前由英国石油持有）。相反，中化集团进入巴西的方式，是通过与挪威国家石油公司（Statoil de Noruega）“合资”；中化集团还在哥伦比亚收购了一家英国公司的股权。

这四家企业的行为表明，家家都有进入拉美市场的深化发展战略。2013 年，中石油和中海油分别以 10%的股权成功竞标，加入对巴西利布拉（Libra）油田的开发。这两家企业打算，在其后 35 年内，向巴西政府支付 14 亿美元债券，并投资大约 200 亿美元。[②]

中国企业对拉美石油和矿产资源开采的投资很重要，但它们仍不是拉美最大的公司，也没有主导任何一个具体行业。但是，中国企业引起了拉美各国政府和社会的关注，其主要原因很多，其中最突出的有两点：第一点是，大部分中国投资都是在近几年并且几乎是同时涌入了拉美。除首钢集团和中石油外，其他企业都是在最近 5 年进入拉美的，因此，它们在接受国都是相对的“新来者”（newcomers）。的确，许多中国企业几乎没有在国外开展工作的经验。

中国企业引人关注的第二个原因是它们的来头：几乎都是国有企业。但这一点引起的关注度稍小，因为在中国企业投资的这些领域里，也都是一些大型国有公司的天下，如巴西石油公司、道达尔公司（Total）、挪威国家石油公司等。中石油在秘鲁以 26 亿美元收购巴西

---

① 泛美能源（PAE）是阿根廷第二大石油生产商和第三大天然气供应商，分别占其国内石油和天然气生产总量的 18% 和 12%（阿根廷石油和天然气协会 2012 年公布的数据）。该企业经营着阿根廷最大的圣豪尔赫海湾龙峡谷油田（Cerro Dragón）。

② 在拉美几个主要的出产石油和天然气的国家，都有中国投资的身影，但墨西哥例外，该国的能源领域暂时不允许外国资本进入。不过，这种情况可能很快就会发生彻底变化，因为 2014 年 10 月 31 日，墨西哥总统签署能源改革令，将允许外资企业涉足墨西哥的原油开采。这意味着已经国有化 75 年的墨西哥原油领域，将正式对外资开放。墨西哥政府称，此项改革将有助于墨西哥引进外资，从而提升业已下降的原油产量。

石油公司的股权，保证方式是中石油承诺投资58号油田项目（lote 58）。①

2. 矿业。中国在整个拉美的许多矿业开采项目中，投资规模虽然不大，但比油气行业集中，所有重大投资都在秘鲁和巴西。秘鲁吸收的投资（不单是中国的投资）之多，使秘鲁已成为世界矿业投资的主要目标国之一。② 秘鲁能源和矿业部的数据显示，中国投资占秘鲁全国矿业投资的23.12%。中国企业投资开发的主要项目，有托罗莫乔、潘帕德庞戈、盖伦、里奥布兰科和马克纳等矿山，这使秘鲁有望在2016年成为世界第二大产铜国（Fairlie，2014）。

中国对秘鲁的矿业投资，除首钢集团1992年购买的一家铁矿外，其余都发生在2007年之后。中国资本进入秘鲁，发生在20世纪90年代开始的秘鲁私有化时代，标志如前所言，首钢购买了秘鲁的主要矿山——秘鲁铁矿（Hierro Perú）。目前在秘鲁，中国企业至少握有四个大型矿业项目，尽管只有一个项目（中铝拥有）进展顺利。中国企业虽然占有秘鲁矿业投资计划的25%，但目前只有首钢集团出矿，另有中铝的项目在建。③

这种状况表明，中国的采矿企业在实施自己雄心勃勃的发展计划时遇到了种种挑战，其所处的国外环境比国内复杂得多，困难得多。

---

① http：//gestion. pe/economia/petrochina – adquiere – activos – petrobras – peru – us – 2600 – millones – 2080948.

② 来自美国的投资占秘鲁矿业总投资的18%，仅次于中国；第三名是加拿大，投资额占总投资的16%。

③ 中国铝业股份有限公司（简称“中国铝业”，英文全称：Aluminum Corporation of China Limited，英文缩写：CHALCO）是由中国铝业公司、广西投资（集团）有限公司和贵州省物资开发投资公司共同发起设立，并于2001年9月10日在中华人民共和国（中国）注册成立股份有限公司。

表 4　1990—2012 年中国在拉美矿业最重要的投资　单位：百万美元

企业	国家	进入时间（年）	投资估算
首钢集团	秘鲁	1992	453
中国铝业公司	秘鲁	2007	2762
紫金（45%）、铜陵（35%）和厦门钨业（20%）	秘鲁	2007	190
中国五矿集团（60%）和江西铜业（40%）	秘鲁	2008	730
南金兆集团	秘鲁	2009	100
武汉钢铁	巴西	2010	400
华东矿业	巴西	2010	1200
中国铌业投资控股有限公司	巴西	2011	1950

资料来源：根据拉美经委会 2013 年的数据整理。

在秘鲁，所有中国企业都是自主经营矿厂，或者和其他中国企业合作。而在巴西，中国企业则通过收购当地在册矿业公司的股权，与当地企业合作。巴西存在严格的条条框框限制，与当地公司合作似乎更容易克服困难进入巨大的巴西市场。

阿根廷中央银行（BCRA）的资料显示，在 2012 年中国对阿根廷的总投资中，矿业投资占 11%。投资阿根廷矿业的投资商，主要是中国冶金集团公司，而在石油领域，则是中石化和中海油。中国总投资中投向阿根廷矿业的比重，官方提供的数字与媒体报道的数字之间存在不小差距，后者给出的数据是13%（López y Ramos，2014）。

3. 农业和林业。除了油气产业和矿业，数家中国企业对投资拉美的农业和林业表现出了兴趣，但这两个领域的中国投资总量相对较少，相关的官方统计数据也较为有限。有一点可以肯定的是，中国的资金无论投放在哪个领域，都会对当地社会产生重大的影响，所以拉美的林业也不例外（如秘鲁和亚马孙地区的木材行业）。一直以来，外国资本对拉美地区农林产业的投资，都受到环保主义者和各国政府的严密监控，拉美的政治学界还就外国资本投资拉美农业中的买地、租地问题展开了激烈的辩论。

近几年，中国对外投资大量涌入，给拉美地区带来了强烈的土地所有权危机意识，也迫使各国开始检讨本国的土地法。因为，之前在关于外国人购买土地所有权这方面，拉美各国的法律都较为宽松。2010 年，巴西政府出台一项法令，加强了对外资购买土地所有权的限制，减少现行土地法律的灰色地带。巴西限制外资购买土地的措施，拉美其他国家纷纷效仿，例如乌拉圭以及阿根廷。2011 年 12 月，阿根廷政府出于对中国企业及金融机构（他们时常以中国国企派驻的中国公民个人身份出现）购买该国土地的担心，通过了一项限制外国人购买土地的法案，对外国人购买土地的数量和用途进行了明确规定，这也让中国黑龙江农垦总局旗下的北大荒集团公司投资 1.5 亿美元购买 300 公顷土地用于农业种植的计划落空。[①]

2014 年年初，中国农业类投资企业对海外农业投资达到了近 100 亿美元。其中，中粮集团完成了两起重大并购，一起是对尼德拉公司（Nidera）的并购，这是一家掌控南美市场一手粮源和领先的种子业务的跨国企业；另一起是收购来宝集团旗下来宝农业有限公司（简称

① 北大荒农垦集团是中国著名的粮食企业，该集团在阿根廷购买土地主要用于种植玉米和大豆，重庆粮食集团也在巴西购买土地用于种植棉花。

“来宝农业”）。中国官方通过收购释放出一个明确的信号，中国未来将不断扩大对外农业投资。[①] 总而言之，虽然，笔者在阿根廷没有查询到大量关于中国对阿农业直接投资的数据，但是，通过相关新闻报道笔者了解到，中国企业一直在阿根廷国内大量购买土地，并投资谷物贸易，[②] 见诸报端的企业有来宝农业和重庆粮食集团等。

4. 基础设施。在中国和拉美各经济体之间，基础设施建设领域是理解双方互补性程度的核心问题。过去几十年间，中国政府一直大力推进国内基础设施建设，诸如“西部大开发”等知名规划，都是了解政府政策的主要指标。所谓西部大开发，就是发展中部和西部，这两个地区比东部和东南部的发展相对慢一些。西部大开发战略，使中国的基础设施建设能力大增，取得了意想不到的结果。各种建筑和工程公司应运而生，其财务、物流、技术能力得到提高，使中国企业可以走出国门闯一闯了。有一项调查显示，中国建筑类企业目前的国际化程度还比较低，但都制定了在不久的将来实现国际化的宏伟蓝图。[③]

与中国相比，拉美国家经济发展乏力，不仅导致基础设施建设和各种设施建设不足，还导致解决这些问题的资金和经验不足。为了改变现状，许多拉美国家都在寻求国际投资。然而，到目前为止，中国企业对投资拉美基建领域仍持谨慎态度。正是因为缺少国际化经验，才导致许多有实力的中国建筑企业不敢涉足拉美。

根据拉美经委会 2013 年的报告，投资拉美基础设施有多种途径。首先，可以收购现有股权；其次，参与签订有政府支持的合同；最后，参加各类项目竞标。第一种途径似乎最为快捷，可以在规模上和市场方

---

① 中国产业海外发展协会（隶属国务院）引述的评论说：“农业将是中国未来并购的重点，涉及整个产业链，特别是在饲养业和畜牧业。”

② 2012 年通过了一项限制外国人购买土地的法案，这直接导致中国企业取消了对该国农业及土地领域的部分投资项目。

③ 资料来自中国国际贸易促进委员会（CCPIT）2012 年的一份调查报告。

面迅速增长，更适用于在那些严控行业投资。目前，只有中国国家电网这家电力输送企业在拉美采取了这条途径。2010 年，中国国家电网在巴西收购了 17 亿美元的股权，接着在 2012 年收购了 9.4 亿美元的股权，两次收购对象都是西班牙的企业。

第二种进入办法，通常需要中国某家国有银行向拉美某国政府提供贷款，用于建设一项具体的基础设施，条件是该项目要由中国企业承建。这种类型的最大投资，是中国水电（Sinohydro）在委内瑞拉和厄瓜多尔投资的电厂。此外，还有几个投资规模较小的项目。2014 年 11 月，在阿根廷南部内乌肯省，有几家中国企业在为太空监测站的基础设施进行建设，这是中国在境外建立的第一个太空监测站。

在中国与拉美签订的工程建设项目中，也常有私营企业特别是技术实力过硬的企业参与，例如华为公司（Huawei）和中兴通讯（ZTE）。这两家公司都是从事电信设备制造和安装的企业。

华为现在是墨西哥几个电信企业的主要供应商，这些企业有墨西无线通信公司（Telcel）、墨西哥电话总局（Telmex）和墨西哥移动运营公司（Lusacel）。同时，华为也向其他竞争者如西班牙电信（Telefónica）和内斯特公司（Nextel）提供设备、零部件以及相关服务。除此之外，华为还向多个领域的企业提供电信服务和设备，例如墨西哥石油公司（Pemex）、墨西哥社会保险协会（IMSS）、良讯（Bestel）和全国水务委员会（Conagua）。相反，借助国家开发银行提供的 20 亿美元贷款，中兴得以购买巴西的固话和手机运营公司。

华为和中兴都进入了拉美主要国家，签署了一些通讯网建设协议。设备虽在中国生产，但两家企业都致力于提升对拉美客户的服务能力，甚至还在巴西成立了研发（I + D）中心。

需要指出的是，第二和第三种投资途径官方不认可是“境外直接投资”，因为建成后的基础设施物件不属于外资企业的资产，只是出口资产和服务的依托。因此，在国际收支平衡表中，对这类投资的统计有所不同。但是，这两种方式通常是中国企业和其他跨国公司向接受对象输出资本和技术的重要渠道。

5. 制造业。尽管拉美制造业吸引了大量中国投资，但远不能和油矿业所获取的投资相比。

中国对拉美制造业的投资，大部分是为了获得当地市场，并不是出口到第三方，或者卖回中国。中国企业通常是在当地建设生产基地，接下来从中国做进口生意，这既可以就近利用和了解市场，也可以规避拉美一些经济体近年来对进口的严格限制。这样的生产厂家，大部集中在巴西。巴西是南美最大的市场，也是进口限制和法规最严格的国家之一。但是，巴西市场的重要性，足以刺激中国资本甘冒严格的法规。

表 5　　2000—2012 年中国在拉美最大的制造业投资　　单位：百万美元

国家	产业	公司	投资额
巴西	汽车	奇瑞、江淮汽车	355
	摩托车	嘉陵、宗申	209
	家用电器	格力、美的	266
	电子技术	联想	141
墨西哥	电子技术	联想	40
	钢铁	金龙	50
	汽车	耐世特	50
乌拉圭和委内瑞拉	汽车	奇瑞	230

资料来源：根据拉美经委会 2013 年的数据整理。

许多中国厂家都是装配厂，零部件都是同一厂家在中国制造，它们给产品增加的很小价值，只是为了履行当地法规的要求。依靠从中国进口零部件，是巴西许多中国制造企业生存的命脉。2011年，巴西政府对使用当地零配件少于65%的汽车厂商，增收30%的汽车税，这使江淮汽车集团不得不暂时停止在巴西建厂（CBBC，2013）。

同其他领域一样，中国制造企业在拉美也属于“新来者”，大部分企业是在2010年以后才进入拉美市场，但很多企业随后没能兑现其投资。而且，从2007—2012年间，中方宣布在巴西投资的总价值约685亿美元的60个项目，只有39个项目落地，实际投资为244亿美元（CBBC，2013），其余21个项目至今还处在论证协商过程中。因此，在宣布投资与实际落地之间，还存在显而易见的差距。

表6　　2012—2014年中国宣布在巴西的主要投资项目　单位：百万美元

领域	企业	投资额
能源	浙江正泰太阳能科技集团	350
	国家电网	1692
汽车	陕汽集团	500
	鑫源集团	65
	陕汽 Shacman 子公司	200
	福田雷沃重工	150
	中国重汽	150
石油	中海油 + 中石油	1500
金融及银行服务	中国工商银行	100
	中国建设银行	810

续 表

领域	企业	投资额
电子技术	富士康	500
	联想	150
农产品贸易	安徽丰原集团	320

资料来源：2014 年巴西电子消费协会公布。

从表 6 中我们可以看出，中国近来宣布在巴西的投资领域很广。从长期来看，中国企业在巴西制造业的投资，遥遥领先在拉美其他经济体的投资。

中国制造企业进军巴西，不久前还是一些“抢滩部队”，或者说是一些最老的企业，其中最著名的是空调制造企业格力集团（1998 年进入巴西）。此外，一些摩托车制造商，在玛瑙斯（Manaos）地区的经营活动也有一些年头。

巴西制造业引进各国投资，主要是为生产满足国内市场的产品；而墨西哥和中美洲的跨国企业，其产品则是为了出口，尤其向美国出口。大部分中国制造企业都把生产基地设在中国，因此，中国制造企业很少到墨西哥投资，更不想到邻近的中美洲和加勒比地区投资。拉美经委会的报告显示，那些进入墨西哥市场的中资企业，多是基地设在美国的企业，收购股权是其发展战略的一部分。它们是中国在墨企业的老大，如电子行业的联想集团（Lenovo）和汽车转向盘生产厂家耐世特（Nexteer），就是这种情况。

汽车工业是中国投资项目最多的领域。在最近六年间，中国企业公布的投资额超过 60 亿美元。但是，许多项目最后都因当地市场变化而取消了（如中国一汽集团在墨西哥的投资计划），还有一些项目一拖再拖。最近，福田公司投资巴西的情况就是如此。该公司投资巴西的方式，由福田雷沃重工（Foto Lovol Heavy Industries）和巴西柏罗克公司（Bramax）合营。因此，时至今日，中国汽车制造业在拉美制造出来的汽车产量微不足道。

乌拉圭的进口法规比巴西宽松许多。与南方共同市场（MERCO-SUR）临国巴西和阿根廷相比，乌拉圭的经济比较开放。乌拉圭除了对出口给予10%的补贴外，还采取一种临时许可的零关税进口制度，这使得汽车整车及配件进入南方共同市场的成本很低。乌拉圭一方面大力保护出口汽车的生产，同时又补贴汽车出口，这使其向邻国市场的出口收入颇丰。[①] 然而，比较各国市场的规模，奇瑞公司更重视在巴西设立新厂。

随着中国制造企业的逐步发展和渐渐熟悉拉美的管理机制，许多企业发现在墨西哥建厂向美国和拉美市场出口，不失为一个高明战略，尤其是墨西哥工人的工资水平和中国国内工人相差无几。

一个鲜为人知的例子，是拉美希安特汽车公司（Giant Motors Latinoamérica）的操作模式。希安特是一家与中国一汽集团合作的墨西哥战略联营公司，它在2006年与“一汽卡车”或“一汽解放”开始“战略联营”。其合作模式不是合资，而是长期联营（asociasión）。通过联营，双方都能获利，2006—2014年间，两者的关系发生了实质性变化。目前，希安特的许多产品，已直接使用“墨西哥一汽卡车”这一商标了（Dussel Oeters，2012）。

中国制造企业是奔拉美市场而来的，但其未来战略是否一如从前，现还不甚明朗。我们现在看到的情况是：从拉美出口到中国的产品，矿

---

① 奇瑞－索克马公司（CherySocma）创建于2007年，当时，中国奇瑞汽车公司和阿根廷索克马公司［马克里集团（Macri）所有］签署了合作协议，拟共同出资在乌拉圭创建合资公司，产品投向拉美市场。该公司于2008年建成，2010年组装奇瑞TIGGO型，2011年开始组装奇瑞菲斯FACE型，同时出售直接从中国进口的整装奇瑞QQ。该公司现在继续是中国奇瑞和阿根廷索克马合资的企业，但有媒体披露，该合资公司已于2014年9月停止运行，2015年第三季度将永久关闭。

产品大约占50%，其次是农产品，占35%。[①] 值得注意的是，拉美向中国的出口清单里出现了一些新产品，比如鱼类和猪肉，还有一些高科技产品，如微电路元件、远程通信设备、数据处理器等。这些新产品出现在向中国的出口清单中，表明拉美开始在亚太地区的供应网络中逐步建立起自信。

关于渔业，中国企业与拉美当地企业有一种重要的“合资”（joint ventures）模式，但这种模式仅有一例，它就是中国渔业集团（CFG）出资5000万美元，收购了秘鲁一家渔业公司现有的股权，之后，中国渔业集团又收购了另外两家公司。这些收购不仅保证中国渔业集团可以支配这些企业的有形资产，而且还得到了各家企业占有的市场份额和经营许可，使各种整合过程和鱼粉生产十分顺利（Fairlie，2014）。

五　差异之下艰难前行

中国过去和现在对拉美国家及其一些工业部门影响巨大，但其动机、战略和手段并非被当地政府、商界人士和公民社会完全理解。同样，中国企业也需要加深了解拉美的商业环境和提供的机遇。

中国在拉美投资的项目，并非都很成功，所以，中国企业需要继续探索如何在一个与国内完全不同的环境中开展业务，关键是要弄清产生问题的根源，研究前文说到的一些项目为什么被取消。中国在拉美的一些投资不到十年，受各种事件的影响加上全球危机，造成了今日的局面。各行各业都有自己的原动力，因此，地方合作伙伴的作用有时非常重要。

---

① 拉美对中国的出口，大约90%产生于四个国家：巴西（41%）、智利（23.1%）、阿根廷（15.9%）以及秘鲁（9.3%）。

拉美的中国企业，给人的印象几乎都集中在石油业和矿业。但实际上，中国投资几乎渗透到了拉美所有的领域，包括农业。在农业领域，中国企业多聚焦于林木采伐和渔业。虽然规模不大，但在建筑业、制造业、转运服务、应用技术、电信和物流服务、银行业和金融业，也有中国资本的身影。

中国企业在其涉足的所有领域，几乎都经过并引起当地巨大反应。中国企业无论是在登陆阶段还是操作阶段，只要一采取行动，都是如此。中国企业登陆拉美市场时，大量问题是因动机不明引起的不信任，而在进入之后，则是对中国人能力的担心。至于其他担心和争议，有劳工事务和当地人力的使用问题，以及对当地环境意想不到的直接破坏事件（特别是采矿业，需要采取一定的补偿措施），还有安全事故（也发生在采矿业，并开始向建筑和物流业扩散）。

中国人在文化上融入拉美社会的困难也不小。此外，大量中国人来到美洲沿海城市扎根的速度，也令人印象深刻。总之，中拉关系的新阶段意味着中国人和中国企业的到来，意味着给拉美带来一股新的力量。中国政府现出台了一些新规定，以更好地支持中国企业和人员，但如何运用所谓“软实力”来减轻中国企业受到的政治压力和经营压力，考验着中国政府的能力。

拉美当地市场对并购的抵制，也就是对参加公共招标的阻碍很强烈，其中，还有争取政府对项目设施的批准通过问题。另一方面，行为方式的巨大差异，意味着中国企业在企业文化方面需要进行重大改变，与当地合作伙伴进行协调。这是因为，这些差异涉及同地方劳动力和次承包人的关系，涉及同当地政府和社区的关系，面临自认为受到损害的环保主义者、土著人群体和其他团体的阻挠，最后，还有与拉美现实有关的敏感问题，以及中国人不习惯的“社会毒瘤”（各种犯罪、暴力和不安全）。

这里，我们可举出一系列例子来说明并购之难。最突出的例子有：2004 年，中国五矿集团收购诺兰达矿业集团（Noranda）遇阻；2005 年，中海油收购优尼科公司（UNOCAL Corporation）未果；2001 年，和记黄埔港口（HPH）收购大巴哈马群岛港口管理局（Grand Bahamas Port Authority）落空。但是，也有并购成功的案例。例如 2013 年，中海油以 155 亿美元成功收购尼克森石油公司（Nexen）；中国最大的银行——中国工商银行，并购了南非标准银行（Standard Bank）的阿根廷分行。虽然法律手续延宕不断，但阿根廷中央银行（BCRA）最终确认了这次收购，现已营业。其他并购成功的例子还有：2012 年，铜陵有色金属公司（Tongling）收购了米拉多铜矿（Mirador）；2011 年，收购了布朗库河铜矿（Río Blanco）；中国铝业对秘鲁特洛莫克山铜矿（Toromocho）的收购，也获得了部分进展。①

地理偏远、政治局势、社情民意、支付制度和操作流程、劳工文化差异等，所有这些因素都影响投资者与当地的关系，对中国企业来说都不是简单的问题。这些问题都涉及项目的可行性，都与行为主体的差异性密不可分。不了解拉美劳工关系法，也是一种差异。

劳工矛盾早在 1992 年就暴露出来了。当时，在首钢的秘鲁项目马尔科纳（Marcona）公司，发生了严重的劳工纠纷；2006—2010 年间，五矿集团在开发阿根廷格兰德山铜矿（Sierra Grande）期间，曾因违反当地劳动法、用水和爆炸物管理法规引起抗议，遭遇水荒；也是在阿根廷，位于巴塔哥尼亚地区的阿根廷最大的龙山油田（Cerro Dragón），当地工人揭竿而起，爆发了极为严重的抗议示威，迫使中石化不得不重新制定战略，化解发生的社会冲突。2006 年在厄瓜多尔，在安第斯石油公司所属的塔拉波亚油田（Tarapoa），以及 2012 年在玻利维亚波托西的科尔基里（Colquiri）锡矿，也发生了针对中国企业的类似抗议活动。

---

① http：//gestion. pe/empresas/chinalo.

在东方石油（Petrooriental）旗下的厄瓜多尔奥劳亚纳油田（Orellana），2007年发生了劳动岗位和劳动质量纠纷。2012年在普埃布拉（Puebla）油田，2014年在中铝旗下的托洛莫科（Toromocho）铜矿，都发生了与当地居民及环保主义团体的纠纷；而在厄瓜多尔的米拉多（Mirador）铜矿，则遇到了土著人的抗议，如此等等。在秘鲁托洛莫科发生的纠纷，具有典型意义：整个城镇的搬迁旷日持久，新居环境是否优美不得而知，这引发了搬迁居民的抗议，但也设立了对话机制。到2012年年中，尽管“人民保护局”（Defensoría del Pueblo）报道说当地发生了11起社会纠纷，但矿方继续开展工作。

中铝集团有心结束这种局面。到2013年6月底，该集团为安置托洛莫科项目涉及的5000居民，投资5000万美元建了一座新城镇。城址在尧利省胡宁区，位于海拔4500米高的卡瓦科托。这项搬迁工程是秘鲁矿业史上最大的私营社会项目，是首次集体安置。这样的安置为当地土著居民提供了他们所缺少的生活服务，如自来水、下水管道和供电系统（Fairlie，2014）。

在哥伦比亚的卡克塔，反对中国企业利益的罪行和暴力特别激烈。2011年6月，中化集团的艾默儒德（Emerald）能源公司遭到24起袭击，包括数起绑架；2009年，在哥斯达黎加，安徽外经建设公司（AFECC）的项目设备遭到抢劫；2012年，玻利维亚波托西的科尔基里锡矿遭到袭击；在委内瑞拉，仅在2010年，就发生了47起绑架中国管理人员的事件。

由于存在这类问题，加上其他性质的问题，中国企业与拉美不同业主之间规划和协商的项目不少都没有得到落实。例如：2011年重庆三合堂集团（Sanhe Hopefull）在巴西东北部萨尔瓦多－德－巴伊亚投资的大豆加工厂项目（24亿美元）；北大荒农垦集团在阿根廷里奥内格雷省的投资项目（15亿美元）。北大荒集团的项目包括开发一片荒无人烟的土地，并在该省建设一个港口，该项目的失败，归咎于阿根廷中央政府和省政府之间意见相左，还有购买土地的法律限制。在巴西、阿根廷和乌拉圭，对购买土地的法律限制，已成为中国投资某些项目的一大阻碍。

环保问题几乎在拉美各地都有发生。例如，首钢在秘鲁；中国建筑股份有限公司在巴哈马群岛（巴哈马大型海岛度假村项目——Baha Mar，对海岸石壁造成了破坏）；中铁四局在厄瓜多尔建设的乔内（Chone）大坝；上文提到的五矿在阿根廷格兰德山铜矿的用水问题；在阿根廷拉里奥哈省北部的法马蒂纳（Famatina）矿山，发生了砷超标问题；巴西的贝卢蒙蒂（Belo Monte）大坝严重影响生态系统；在秘鲁的施佩资源（Shin Pe Resources）项目涉嫌有毒排放；在厄瓜多尔具有象征意义的亚苏尼（Yasuni）石油项目因开采面接近或穿过一个专门的生态保护区，受到各方关切。

康帕兰糖业（Complant）和牙买加大加勒比糖业（Pan Caribbean Sugar）的合作项目以失败告终，原因是它们对与当地生产者及其社区（也是原材料供应者）存在的恶劣关系满不在乎；而白山林（Bai Shan Lin）的采伐项目，则因没有投入许诺的资金而广受批评，公司最后也被剥夺了在当地的开发资格。

面对中国企业的投资要求，拉美各国政府应该给出不同的回应，给予什么样的回应，取决于每个国家与中国的关系和开放程度。当涉及贸易摩擦时，拉美各大国现在都采取“保护主义性质”的行政保护手段，尽管过去也曾普遍借助法律手段和双边贸易保护与投资协议。

例如在阿根廷，对轮胎、玩具、纺织品和计算机等商品，紧急采取了“反倾销”措施，有媒体将之称为“大豆战争”，因为这些措施唤醒了中国运用其“软实力”中最拿手的东西来消除障碍，以便向阿根廷销售上述这些最重要（在价值上）的出口产品。阿根廷采取这样的贸易政策，一方面使进口商很难得到外汇，另一方面也带来了一些负面示范效用。在乌拉圭的奇瑞汽车厂（设在蒙得维的亚）就受到了反倾销调查；中国设在阿根廷南部火地岛省的尿素生产厂也受到了调查。

在巴西，围绕钢铁、纺织品、轮胎、运动鞋等商品的关税问题，存在许多争论，并在2012年提高了上述工业品的关税。这直接导致江淮汽车公司（JAC）取消了原定的投资项目；还有其他一些厂家，也取消了在巴西的投资项目。在墨西哥，自2001年以来，反倾销措施案增加了三倍，重点是反对牛仔面料和钢管倾销。但从2011年起，墨西哥停止了关税补贴，最近在管理方面已有变化，也有望修改贸易政策。

［古斯塔沃·亚历山德罗·杰拉多，阿根廷拉马坦萨国立大学教授，布宜诺斯艾利斯大学研究员，拉马坦萨国立大学亚太观察中心负责人兼中阿关系研究项目负责人；兼任阿根廷财政部、外交部和农业部的顾问，泛美发展银行（BID）的协调员；出版多部有关亚洲问题的著作以及系列论文，曾荣获联合国、拉丁美洲和加勒比经济委员会（CEPAL）颁发的多项经济学奖；江苏师范大学伊比利亚美洲研究中心特约研究员］

参考文献：

1. BITTENCOURT，Gustavo y REIG，Nicolás：“*China y Uruguay. El caso de las empresas automotrices Chery y Lifan*”，en DUSSEL PETERS，Enrique（coord.），“La inversión extranjera directa de China en América Latina：10 estudios de caso”，Red ALC-China，México D. F.，2014.

2. CBBC（China Brazil Business Council）：“*Chinese Investmens in Brazil from* 2007 *to* 2012：*A review of recent trends*”，Brasil，2013.

3. CBBC：“*Boletim de Investimentos Chineses no Brasil* 2012—2013”，Brasil，marzo 2014.

4. CEPAL: "*Chinese foreign direct investmen in latin America and the Caribbean*", Working Document, Summit on the Global Agenda World Economic Forum, Abu Dhabi, 18—20 noviembre de 2013.

5. CEPAL: "*Promoción del comercio y la inversión con China: desafíos y oportunidades en la experiencia de las cámaras empresariales latinoamericanas*", Chile, 2014.

6. DE FREITAS BARBOSA, Alexandre, TEPASSE, Ângela Cristina y BIANCALANA, Marina Neves: "*Las relaciones económicas entre Brasil y China a partir del desempeño de las empresas State Grid y Lenovo*", en DUSSEL PETERS, Enrique (coord.), "*La inversión extranjera directa de China en América Latina*: 10 *estudios de caso*", Red ALC-China, México D. F., 2014.

7. DUSSEL PETERS, Enrique: "*Características de la Inversión Extranjera Directa China en América Latina* (2000—2011)", en Dussel Peters, E. (coord.), "*América Latina y El Caribe-China Economía, Comercio e Inversiones*", Red ALC-China, México, 2013.

8. DUSSEL PETERS, Enrique: "*The Auto Parts-Automotive Chain in Mexico and China: Cooperation Potential?*", en The China Quarterly 209, 82—110, 2012.

9. DUSSEL PETERS, Enrique: "*Políticas chinas de comercio exterior e inversión extranjera y sus efectos*", en Bittencourt (coord.) "*América Latina frente a China como potencia económica mundial: exportaciones e inversión extranjera*", Red Mercosur, Montevideo, 2012.

10. ELLIS, Evans: "*Chinese Companies in Latin America: Economic and Strategic Dimensions*", *Wilson Center*-Latin American Program, EE. UU., 2014.

11. FAIRLIE, Alan: "*La inversión extranjera directa de China en Perú. Los casos de China Fishery Group y Chinalco*", en DUSSEL PETERS, Enrique (coord.), "*La inversión extranjera directa de China en América Latina*: 10 *estudios de caso*", Red ALC-China, México D. F., 2014.

12. HEINE, Jorge y ARNSON, Cynthia J. "*Reaching Across the Pacific: Latin America and Asia in the New Century*", Wilson Center, EE. UU., 2014.

13. LOPEZ, Andrés y RAMOS, Daniela, "*Argentina y China: nuevos encadenamientos mercantiles globales con empresas chinas. Los casos de Huawei, CNOOC y Sinopec*", en DUSSEL PETERS, Enrique (coord.), "*La inversión extranjera directa de China en América Latina: 10 estudios de caso*", Red ALC-China, México D. F., 2014.

14. RED MERCOSUR, "*El impacto de China en América Latina: Comercio e Inversiones*", *Red Mercosur de Investigaciones Económicas*, Montevideo, 2012.

15. SOARES DE OLIVEIRA, André Luiz: "*O investimento direto das empresas chinesas no Brasil - un estudo exploratório*", Disertación de Maestría, Universidade Federal do Rio de Janeiro, R. de janeiro, Brasil, febrero 2012.

16. URUGUAY XXI, "*República Popular China. Informe sobre la actualidad económico-comercial de China y sus relaciones comerciales con Uruguay*", Montevideo, Uruguay, 2012.

从文化外交看中国对拉美国家的影响

［墨］罗默·科奈赫

（蓝博　译/朱伦　校）

内容提要　以“软实力”概念为基础的文化外交政策是未来中国在拉美的公共外交政策的新方向。中国政府坚持和平崛起的理念并通过孔子学院的汉语和汉文化教育，力求在拉美地区打造出一个全新的国家形象。拉美的华人华侨是推动拉美孔子学院发展以及中国对拉美文化外交战略的重要力量。最近一次联合国人权问题会议上，中国成功扭转了过去一直由欧美主导的不利局面，这得益于文化外交政策的成功，但中国在创建和强化自身的国际形象方面，仍有很长的路要走。中国政府实施的邀请世界各国政界和学界代表来访及资助国外学术机构和学者们出版书籍及研究项目等政策，在拉美各国大学资金短缺问题日益严重以及拉美学术界个人主义风气盛行的背景下，收到了巨大的成效。

一　中国的“软实力”

中国对拉美开展“文化外交”，这是中国公共外交政策近十五年来最大的一个转变，也是中国公共外交政策的新主题之一。提及“文化外交”，很容易联想到迈克尔·H. 亨特的理论，其著作以美国为例，从历史的角度探讨了国家意识形态对美国外交政策的影响，并以国家“自我认知”为出发点，分析了美国与其他国家的本质差异以及美国希望以何种方式被其他国家所看待。①

而迄今为止，中国政府对中国“自我认知”的表述十分简短：复兴中华古代文明的荣耀。19 世纪末，西方国家的入侵令中国辉煌的古代文明戛然而止，客观来说时至今日仍未能言复兴。因为，相较于古代中国在科技和文化领域受世界所敬仰，新中国却未能在上述领域取得任何突破。因此，笔者认为中国对伊比利亚美洲进行的“文化外交”更像是“软实力”（Soft Power）外交。②“软实力”一词最早由美国的政治学家约瑟夫·S. 奈尔提出，后来也被中国政府和众多的权威学术期刊所采用。

简而言之，约瑟夫·S. 奈尔把“软实力”定义为一国通过文化和意识形态等非武力和经济方面的魅力吸引他国的能力。“软实力”的概念与中国和平崛起的战略理念相一致，中国政府用其完美地回击了由西方制造的“中国威胁论”。因此，“软实力”的概念得到了中国海内外学术界的广泛认同。③“软实力”是一种通过吸引力影响他国认知达到本国目的的能力，其实施手段非常多样化。以中国为例，中国政府正试图通过本国悠久的历史和文化、意识形态以及本国在经济、社会和政治

---

① Michael H. Hunt, Ideology and U. S. Foreign Policy, Londres: Yale University Press, 2009, edición revisada。

② Joseph S. Nye, *Bound to Lead: The Changing Nature of American Power*. Nueva York: Basic Books, 1990, “The Rise of China's Soft Power,” *Wall Street Journal*, 29 de diciembre de 2005, en http://belfercenter. ksg. harvard. edu/publication/1499/rise_ of_ chinas_ soft_ power. html, consultado el 15 de noviembre de 2014, “Think Again: Soft Power”, *Foreign Policy*, 23 de febrero de 2006, en http://foreignpolicy. com/2006/02/23/think – again – soft – power/, consultado el 15 de noviembre de 2014. Véase también Walter Russell Mead, “America's Sticky Power”, *Foreign Policy*, 29 de octubre de 2009 en. (http://foreignpolicy. com/2009/10/29/americas – sticky – power/, consultado el 15 de noviembre de 2014.)

③ “Soft Power”译为“软实力”也译为“软权力”和“软力量”。

领域所取得的成就①来打造国家“软实力”。中国的“软实力”影响可以通过其对外投资、人道主义行动、公共外交以及多边论坛的参与等见其一斑。但在本文，笔者着重通过中国孔子学院的扩张、拉美华人群体的作用以及中国在拉美地区的文化活动三个方面来勾勒出中国“软实力”对拉美的影响。

中国学界对于“软实力”研究较早的是上海复旦大学教授王沪宁，其代表作《作为国家实力的文化：软实力》。② 王沪宁在江泽民和胡锦涛执政时期任中国共产党中央政策研究室主任。事实上，中国学界以及政界对“软实力”概念的反应一开始并没有很迅速，直到20世纪90年代初期才发生转变。这一时期，中国政治界和学术界发表了几十篇甚至上百篇的论文和短评来广泛讨论“软实力”。“软实力”的重要性毋庸置疑，但是学界和政界对“软实力”定义的界定却存在差异。例如，从文化、政权、军事力量、政治制度的角度去对“软实力”进行界定，结果不尽相同，这样的差异也成了各界关注和讨论的焦点。其中值得一提的是，中国政府创造了以“和谐”为主体的社会主义核心价值观体系，意图替代“西方普世价值观”，这一体系的核心概念包括：尊重人权、消除贫困、保护环境、不干涉他国内政以及与世界各国和平共处。上述核心概念在中国内外政策上体现得淋漓尽致。

中国第四代领导集体执政时期，“软实力”正式成为官方词汇。到第五代领导集体时则明确表示，努力提高国家文化软实力、提高国际话语权、增强国家凝聚力以及在国际政治和经济舞台上构建良好的国家形象。2006年，在中国政府发布的《“十一五”文化发展规划纲要》文件

---

① 在如今的中国，“历史和文化”的概念被简单化了。“成就”一词则具有强烈的意识形态特征，政治领域的“成就”指的是实现既定目标的效率；经济领域的“成就”指的是物质财富的增长；社会领域的“成就”指的是社会的和谐稳定。

② 王沪宁：《作为国家实力的文化：软实力》，《复旦大学学报》（社会科学版）1993年第3期。

中，用了整整一章来阐述中国文化之全球化传播的方法以及获取国际影响力的途径。[①]

近年来，中国政府积极进行文化推广。中国分别于 2003 年和 2007 年，先后在法国和俄罗斯举行中国农历春节庆祝活动，通过大型表演来向这些国家民众展示中国文化。此外，中国政府通过举办 2008 年奥运会、2010 年上海世界博览会和其他全球性或区域性的体育竞技比赛，向世界各国民众展现了新中国的发展成就和行政组织能力。2012 年诺贝尔文学奖授予了中国作家莫言，这是世界文坛对汉语文学的认可[②]；中国的图书也在一些重要的国际图书展览会上展出。此外，中国政府还全力资助汉语文学作品的外语翻译和出版。

出于对冷战重现的担忧，一个被国外政界和学界热议的话题便是“中国模式”的输出。所谓的“中国模式”，是指中国一党制领导制度和垂直管理监督体系的国家模式。一些对中国国情缺乏了解的国外学者直接将其与“华盛顿共识”类比，从而制造出“北京共识”这一说法。然而，笔者认为，中国改革的历史条件是独一无二的，其“模式”是不可复制的。此外，中国各级领导人也曾多次公开强调，中国对经济模式和政治体制的输出并不感兴趣，相反，他们更愿意向世界展示中国源远流长、博大精深的传统文化。

然而，也有一些中国学者在外国举办的学术研讨会上，大胆地将中国的发展经历与西方国家作对比，提出了一个值得向世界推广的“中国模式”。其中的代表人物，就是复旦大学中国发展模式研究中心主任兼

---

① 《“十一五”文化发展规划纲要》第八章“对外文化交流”，http：//www. gov. cn/jrzg/2006 - 09/13/content_ 388046. htm——译者注。

② 中国作家高行健也曾获得 2000 年诺贝尔文学奖，但他在 1987 年以“政治难民”身份入籍法国。

上海社会科学院世界中国学研究所所长张维为。①

在中国，所有人都有一个清晰的感觉，凡是世界性的新闻资讯，从政治经济领域到娱乐文化领域，其源头都被西方跨国媒体公司所牢牢掌控，这也引发了中国民众对全球信息传播合理性的担忧。四大通讯社美联社、合众国际社、路透社、法新社每天发出的新闻量占全世界新闻发稿量的4/5。此外，传播于世界各地的新闻，90%以上由美国等西方国家垄断。西方50家跨国媒体公司占据了世界95%的传媒市场。美国控制了全球75%的电视节目的生产和制作，许多第三世界国家的电视节目有60%—80%的栏目内容来自美国。美国电影产量仅占全球影片产量的6.7%，但总的放映时间却占全球50%以上②。

2004年，中国从美国进口图书4068部，向美国出口14部；从英国进口2030部，出口16部；从日本进口694部，出口22部。如此悬殊的进出口比例，真实地反映出中国在科教领域与上述发达国家之间的巨大差距。2005年，中国对美国的知识产权进出口比例为4000：24。类似情况也出现在互联网信息领域。尽管出于国情考虑，中国政府需要对互联网信息领域严格管制，从而使得相应技术发展迅速，但毫无争议的是，互联网领域的核心技术依然被欧美国家所牢牢掌控。③

面对如此严峻的国际形势，中国政府明确表示要加强传统文化的对外传播，要求国内传媒公司和文化机构制定出更具国际化视野的发展战略。

---

① 张维为：《中国震撼：一个“文明型国家”的崛起》（英文版：*The China Way*：*Rise of a Civilizational State*）中文版出版社：上海人民出版社；英文版出版社：Hackensack，N. J.：World Century Publishing Corporation。书中的许多观点颇具影响力，作者本人在多个国际知名期刊上就该命题发表过多篇文章。

② Yao Xu，“Gonggong Guanxi de Chuanbo Shouduan yu Zhongguo Ruan Shili Jiangou”，（“Métodos de comunicación de relaciones públicas y la construcción del poder suave de China”），*Xinwen qianshao*，No. 7，2007.

③ Eugeny Morozov，“Who's the true enemy of internet freedom-China，Russia，or the US?”，*The Observery The Guardian*，4 de enero de 2015，http：//www. theguardian. com/commentisfree/2015/jan/04/internet - freedom - china - russia - us - google - microsoft - digital - sovereignty? CMP = fb_ gu，consultado el 4 de enero de 2015.

二　孔子学院

孔子学院的建设是中国政府的一项重要工程。孔子学院一般下设在国外的大学和研究院之类的教育机构内部，向外国人推广汉语和传播中国文化，属于非营利性社会公益机构。学院由中国教育部下属的国家汉语国际推广领导小组办公室管理，简称“国家汉办”或“汉办”。在中国政府的行政结构中，汉办拥有极大的自决权，它与中国外交部、中国多所大学以及一些教育机构都有合作。总而言之，孔子学院类似于英国文化协会、歌德学院、塞万提斯学院和法兰西学院。但是区别在于，孔子学院是把实体设立在外国官方教育机构的内部，拉美的孔子学院则更多设立在大学校园内部。

2004 年，第一批孔子学院先后在乌兹别克斯坦的塔什干和韩国的首尔成立。之后，孔子学院在全球范围内（特别是在美国）迅速推广开来。2006 年年初，中国汉办和墨西哥华夏中国文化学院合作建立了拉美地区第一所孔子学院——墨西哥城孔子学院。① 外方合作机构墨西哥华夏中国文化学院之前就一直致力于当地华人小孩和国外中文爱好者的中文教育工作。院长周玲燕表示，墨西哥境内共有 5 所孔子学院，均旨在推广汉语教学和传播中国文化，其中的 4 所孔子学院都是国内高校与墨西哥高校合作，教学对象以大学生为主，而墨西哥城孔子学院是一所不依托任何大学独立开展教学工作的孔子学院，授课对象以墨西哥的

① “Chinese official grants nameplate to the first Confucius Institute in Latin America”, *People's Daily*, 16 de febrero de 2006, en http://english.peopledaily.com.cn/200602/16/eng20060216_243343.html.

中小学生为主。[①] 以墨西哥为起点，之后，孔子学院几乎开遍了整个伊比利亚美洲地区[②]。据最新一份官方报告显示，孔子学院在伊比利亚美洲地区的分布为：阿根廷 2 所、玻利维亚 1 所、巴西 10 所、巴哈马 1 所、智利 8 所、哥伦比亚 4 所、哥斯达黎加 1 所、古巴 1 所、厄瓜多尔 2 所、法属圭亚那 1 所、牙买加 1 所、墨西哥 5 所、秘鲁 4 所、特立尼达和多巴哥 1 所、西班牙 6 所。其中，哥伦比亚的麦德林孔子学院，是由中国一家公立大学与麦德林市政府合办的孔子学院。此外，巴塞罗那孔子学院和马德里孔子学院，其合作机构里均出现了“亚洲之家”的身影。值得注意的一点是，在讲西班牙语的国家中，智利的孔子学院数量相对较多，而委内瑞拉则没有孔子学院。这与拉美各国对教育的重视程度有关。

中国汉办发布的孔子学院 2012—2020 年发展规划中提出，到 2015 年，要在全球范围内建立 500 所孔子学院、中小学孔子课堂 1000 个，学员数量达到 150 万。最新报告显示，截至 2013 年年底，中国已经在全世界 120 个国家（地区）建立了 440 所孔子学院和 646 个孔子课堂，其中美洲大陆有 144 所（绝大多数在美国，其次是在加拿大）。汉办孔子学院 2013 年度发展报告显示：2013 年全球孔子学院支出总计为 5. 69 亿美元，比 2012 年增加了 43. 7%。其中，外方现金总支出为 2. 91 亿美元，用于人员经费及教学场地、水电消耗等；中方支出 2. 78 亿美元，主要用于派出中方人员的工资和各国孔子学院开展文化交流活动。中外方投入比例大致保持 1 : 1。报告第 42 页《总部对各国孔子学院支出表》中显示，中方支出总额的精确数字为 2. 78371 亿美元。[③]

---

① Lingyan Zhou Li, “El idioma chino, la lengua del futuro. Instituto Confucio, el camino para llegar a él”, Enrique Dussel Peters Ed. , 40 *años de la relación entre México y China. Acuerdos, desencuentros y futuro.* México, UNAM, p. 196.

② 中国定义的伊比利亚美洲地区包括那些以英语为母语的美洲地区国家，但是不包括美国和加拿大。

③ 数据来源：http://www. hanban. org/report/pdf/2013. pdf。

孔子学院外方合作机构都是当地公立大学或是政府机构，其对孔子学院的投入来自国家公共财政支出，因此，当地民众有权对政府在孔子学院上的投资进行监督。但是，截至目前，拉美地区尚未发布过任何官方文件，来向公众说明各公立大学在孔子学院上的资金投入、汉语教师能力选拔和教材选定等问题。相反，在美国和欧洲，当地政府不仅对孔子学院的各项支出向公众透明化，甚至还允许社会各界对资金使用的合理性进行研究和讨论。①

为了适应各国国情，孔子学院也会因地制宜，教学工作的开展具有针对性。例如秘鲁天主教大学孔子学院，开设了商务普通话课程，授课对象是面向中国的外贸公司员工。2011 年，该孔子学院还与秘鲁外交部签订了一份课程协议，教授秘鲁各级外交官汉语。此外，2012 年 9 月 5 号，阿根廷的布宜诺斯艾利斯大学孔子学院和阿根廷众议院签署了一份合作协议，从 2012—2015 年，众议院的议员和工作人员定期到该孔子学院进行汉语培训。②

智利发展大学国际关系研究中心（CERI）教授李昀祚（Yun Tso Lee）指出，“尽管中国国家汉办对外声称孔子学院的建立仅是为了传播汉语和中国文化，但在一些外国媒体眼中，孔子学院的设立更像是一

---

① Melany Graysmith, “SFSU part of debate over Chinese-funded institutes at American universities”, Examiner, 10 de enero de 2012, en http://www.examiner.com/education-in-san-francisco/sfsu-part-of-debate-over-chinese-funded-institutes-at-american-universities; Alex Spillius, Peter Foster y Malcolm Moore, “Mystery of Cambridge University's 3.7 million Chinese benefactors” *The Telegraph*, 30 de enero de 2012, en http://www.telegraph.co.uk/education/universityeducation/9050447/Mystery-of-Cambridge-Universitys-3.7-million-Chinese-benefactors.htmly Daniel Golden, “China Says No Talking Tibet as Confucius Funds U.S. Universities”, *Bloomberg Business Week*, 8 de noviembre de 2011, en http://www.businessweek.com/news/2011-11-08/china-says-no-talking-tibet-as-confucius-funds-u-s-universities.html, todos consultados el 17 de Julio de 2012.

② Yun Tso Lee, “*La diplomacia pública y el ‘soft power’ de China en América Latina*”, *en Rodriguez, Isabel (Ed.) La Diplomacia Publica De China en América Latina: Lecciones Para Chile*, Santiago de Chile: RIL Editores, 2013, pp. 169—171.

种变相的文化入侵。此外，孔子学院在拉美地区的发展速度过快，也导致中国汉办经常无法按质按量地提供对外汉语教师”。①

从伊比利亚美洲第一所孔子学院成立至今，近十年的时间里，这项工作的开展平稳而迅速，汉语及中国文化成功在各国大学校园和公立机构中普及开来。毫无疑问，孔子学院在推动汉语教育和跨国学术交流方面起到了关键的作用。孔子学院的教学方式、教材、文化内容均由中国汉办统一制定，而外方合作机构则保证学院在当地的教学活动顺利开展。②

此外，2014 年 7 月，中国—拉美和加勒比国家领导人会晤在巴西利亚举行，会晤发表的联合声明第十条明确表示支持中国的文化外交政策：“我们高度重视加强双方社会人文领域的联系。为此，我们决心促进旅游，通过增加大学交流项目、奖学金和学术对话等方式深化教育领域合作。我们欢迎中国在拉美和加勒比地区开办和增设孔子学院和孔子课堂。”③

---

① Yun Tso Lee，“La diplomacia pública y el ‘soft power’ de China en América Latina”，en Rodriguez，Isabel（Ed.）La Diplomacia Publica De China en América Latina：Lecciones Para Chile，Santiago de Chile：RIL Editores，2013. pp. 169—171.

② “The Socio-Political Aspects of Language Teaching，Linguistics and Literature：Examining the Third Space of Meanings in Language Use and Learning”，en *Journal of Language Teaching*，*Linguistic and Literature*. Vol. 9，2004，en http：//journalarticle. ukm. my/3110/1/1. pdf，consultado el 5 de octubre de 2014.

③ 2014 年 7 月 17 日，中国与拉美及加勒比地区领导在巴西利亚举行会晤联合声明：参加会晤联合声明的国家和地区包括：中国、巴西、拉美和加勒比国家共同体（CELAC）成员国哥斯达黎加、古巴、厄瓜多尔、安提瓜和巴布达以及阿根廷、玻利维亚、智利、哥伦比亚、圭亚墨西哥、巴拉圭、秘鲁、苏里南、乌拉圭、委内瑞拉的国家元首和政府首脑或特别代表。

三　华人群体

在拉丁美洲，中国华人群体由来已久，其起源可以追溯到殖民地时期。19 世纪末 20 世纪初，美洲大陆涌现出大批中国移民；20 世纪中期，正值拉美奴隶制废除、交通道路大建设时期，而同时期的大清帝国政体岌岌可危，社会动荡不安，这迫使大量的民众背井离乡，另谋安身之所。

那一时期，中国移民落脚的几个拉美国家为秘鲁、古巴、墨西哥和巴拿马。大部分的移民都来自中国南方各省。他们根据落脚国家的实地情况，一部分聚居在大城市，一部分则分散在全国各地。这些中国移民在居住国的经济、文化和社会领域都扮演着重要角色。然而，在相当长的时间里，居住国政府敌视性的法律政策和种族主义色彩的社会态度，则使中国华人群体饱受磨难。

直到中国改革开放取得成功、国家经济快速发展、国际政治地位日益提升以后，拉美当地的华人群体才敢于向居住国社会发出自己的声音，并开始追溯自身的家族历史以及重建民族身份。上述两项行动均得到了中国政府的大力支持。例如，中国政府支援了拉美地区多个华人社区的重建，也不遗余力地帮助华人重建民族身份。显而易见，带着浓重的官方主义色彩的中国历史和文化，深入地影响着拉美地区华人民族身份重建的进程。值得注意的是，拉美当地的华人知识分子和学者对此并不反感。

对此，我们可援引中国现代国际关系研究院拉美研究所助理研究员曹廷的论述加以说明，他说：“海外华侨华人变成了中国和他们居住国之间的桥梁和纽带，拉美地区的华侨华人、华人组织及华人社团不仅推动了当地孔子学院的建立，还积极地参与当地的教育和文化活动，一部分华人还担任了孔子学院的院长。例如，秘鲁华裔邓如朋，他为秘鲁天主教大学孔子学院的建立和发展做出了很大的贡献，同时，他本人也担任该孔子学院院长。此外，据中国官方统计数据显示，将近 10% 的秘鲁人有着中国血统，但他们中绝大多数既不会说汉语也不了解中国传统文化，但因血缘关系，他们对去孔子学院学习汉语有着天然的兴趣。同时，五所建立在秘鲁国内的孔子学院均得到了当地华侨华人的大力支持和拥护。据统计，在巴西大约有 30 万的中国移民，他们活跃在巴西国内的各个领域。此外，巴西利亚大学孔子学院的建立，当地的华人发挥了极其重要的作用。初期，由于合作双方缺乏相互了解，合作进度极其缓慢。在得悉这一情况后，巴西华人协会的副主席齐仕忠先生，多次亲赴巴西利亚大学给学校师生细心讲解了中国传统文化以及深度剖析了合作建立孔子学院的优势。2010 年的一份调查报告中提到，在智利，仅有 1 万多的中国移民，但是他们对祖籍国存有很深的爱国主义情怀，因此他们中的绝大多数都非常熟悉中国的传统文化，非常积极参与当地孔子学院组织的各种活动。很显然，智利华人的存在成了中国文化在当地传播不可或缺的力量，不仅如此，他们的存在还凝聚和团结了所有在智利的中国人。上述例子均说明，拉美的华人华侨是推动拉美孔子学院发展以及中国对拉美文化外交战略的重要力量。”①

上述这些情况在整个拉美非常普遍，比如在墨西哥，华人群体越来越积极地重建民族身份、融入当地社会、开展中国农历新年主题文化活动，以及学习中国民族舞蹈。在全世界，几乎所有的国家都有中国华人

---

① Cao Ting, “La experiencia de la diplomacia cultural de China en América Latina desde el punto de vista de los Institutos Confucio”, en Rodriguez, Isabel (Ed.) *La Diplomacia Publica De China En América Latina*: *Lecciones Para Chile*, Santiago de Chile: RIL Editores, 2013, pp. 168—169.

建立的企业协会或文化协会。在拉美，这一情况尤为突出，例如，巴西并不是中国移民数量最多的拉美国家，但是却拥有将近 100 个华人企业和文化协会。

中国现代国际关系研究院拉美研究所所长助理、副研究员孙岩峰认为，①这些华人群体是推动中国公共外交的积极力量，他们起到了充实和支持国家公共外交的作用。同时，在 2012 年召开的中国国家侨务工作会议上，中国国务委员戴秉国强调要拓宽侨务公共外交。无独有偶，国务院侨办主任李海峰也在大会发言时也指出，“十二五”时期，要“以侨为桥，沟通中国与世界”为主线，加强侨务公共外交。孙岩峰的文章还提到，中国国务院颁布的《国家侨务工作发展纲要（2011—2015）》明确指出，要通过海外华人拓展公共外交。此外，多伦多华联总会主席林君也表示，华联会应当关注海外华人在中国公共外交中的优势。

孙岩峰认为：“可以预见，侨务公共外交将会成为未来中国公共外交的重要组成部分，伴随着中国‘软实力’的不断提升，侨务公共外交发挥的作用也会日益重要起来，同时，这也将改善中国的国际形象。海外华人群体是外国公众认识中华文化的中介，通过他们，国外民众能更充分地了解中国的基本国情、社会发展模式以及内外政策，在提高对中华民族的认知的同时也有效地提升了中国的‘软实力’。”②

可以预见，中国华人群体的活跃不仅会在拉美地区掀起新一波的移民浪潮，而且将会重塑当地的社会关系和人际关系，构建出与新时代相适应的华裔民族身份。与此同时，中国政府把海外华人群体作为媒介，

---

① Sun Yanfeng, “El papel de comunidades chinas de ultramar en la diplomacia pública entre China y América Latina”, en Rodriguez, Isabel (Ed.) *La Diplomacia Publica de China en América Latina: Lecciones Para Chile, Santiago de Chile*: RIL Editores, 2013, pp. 178 y ss. y, pp. 188—189.

② Ibid.

通过他们来塑造中国在当地社会的国家形象，他们既是中国与居住国之间的桥梁，同时也是中国公共外交的行为主体之一。在拉美地区，华人群体不仅继承了中国珍贵的历史文化遗产，而且比任何群体都更能代表中国的强大。数十年来，他们从倍受欺压到如今的扬眉吐气，都和中国的发展紧密相连，也正因为如此，他们也非常乐意为中国文化在当地的推广贡献力量。

四　思考与总结

鉴于中国对拉美的文化外交政策实施时间尚短，笔者的调查仍不充分，对该政策的实际效果很难做出评价。因为，中国之所以吸引拉美，除了受中国文化外交政策的影响外，也受到中国贸易和投资两个方面的影响，而后两者不仅在拉美甚至在全球都拥有着广泛的吸引力。对于很多拉美年轻人来说，学习中文就意味着有更广阔的就业前景。显而易见，贸易和投资的天然魅力，不可避免地影响了我们判断中国文化外交政策在拉美的实际效果。

从下述一件事中，我们可看到中国整体公共外交政策的成功。在最近一次联合国人权会议上，中国成功扭转了过去一直由欧美主导的不利局面。[①] 这一成功无疑得益于中国外交提倡“不干涉原则”，以及中国投资在亚洲、非洲和拉丁美洲的众多国家中所产生的影响力。以拉美为例，中国是委内瑞拉和阿根廷等几个国家的主要债权国，并且源源不断

① Ian Taynor，“Haemorrhaging of Western Influence at UN wrecks attemps to push human rights agenda”，*The Guardian*，18 de septiembre de 2008，en http：//www. theguardian. com/world/2008/sep/18/unitednations. china，consultado el 3 de octubre de 2009.

地向厄瓜多尔、秘鲁和其他一些拉美国家提供贷款。但是，中国在另外一些拉美国家如墨西哥，影响力则较为有限。

2008 年的北京奥运会和 2010 年的上海世博会，无疑加强了中国的国际吸引力。除此之外，无数展现中国美丽自然风光和文化魅力的电视节目在国际上广为流传，这也吸引了越来越多的拉美民众到中国旅游。这些成功，都要归于中国庞大的对外投资和以文化为内涵的公共外交政策。

中国政府和中国共产党还十分慷慨地向世界各国的学术界和政治界发出了“认识中国”的邀请，访问团代表来自五大洲 21 个国家和地区，均为所在国政党或政府领导、科研机构负责人、大学知名学者、主流媒体撰稿人等高端人士，均在各自国家、地区、研究领域中拥有着极高的影响力。访问的行程包括：中方向代表团介绍中国在政治、经济和社会领域取得的成就；参观文化景点；参观大型企业；参观一些代表性城市的城市规划展览馆，了解这些城市经济发展和行政规划。出访归来的拉美学界和政界代表们都不禁对中国的发展产生由衷的敬佩，同时非常感激中国政府的热情款待。归来不久，大多数人都通过刊文或著书的方式，向本国民众大力地宣传了正面、积极的中国国家形象。

值得关注的一个现象是，近十年来，在拉美出版了大量涉及中国的书籍，但鲜有研究中国历史、哲学、文学等领域的学术性著作。大多数书籍都只是粗浅地描述一下中国的经济和政治局势，但作者却能轻而易举获得中国政府对其调研和出版资助。笔者认为，这些作者缺乏应有的学术严谨，他们的文章或书籍缺乏一定的学术深度，都是些宣传性的文字，实属粗制滥造。此外，由于拉美的大学在人文社科领域的科研、教学和出版预算逐年剧减，迫使许多拉美学者不得不向中国政府寻求资金援助，从而也涌现出许多与中国相关的科研项目和研究机构，这些学者自然而然地变成了中国官方政治立场在拉美的拥护者和传播者。笔者认为，这一点算是中国文化外交政策在拉美学术领域取得的一大成功。

虽然现在估计中国文化外交政策在拉美的影响有多深，有点为时过早，但根据皮尤研究中心（PEW）①公布的研究结果表明，大多数伊比利亚美洲国家的民众认为中国的经济增长有利于自己的国家（见附录1）。此外，超过50%的受访者认为中国将取代美国成为超级大国，并且欧洲的大部分民众也持同样观点。皮尤研究中心的调查报告还显示，尽管中国国家本身拥有着巨大的吸引力，但拉美社会却时常排斥居住在当地的中国人。笔者认为，这与拉美社会种族歧视盛行有关。2007年和2014年，中国在委内瑞拉和阿根廷的正面形象显著上升，而在巴西则明显下降。西班牙、智利、秘鲁等国民众对中国的负面印象则有所增加（见附录2）。

中国在创建和强化自身的国际形象方面，还有很长的路要走。但是，中国政府实施邀请世界各国政界和学界代表来访和资助国外学术机构和学者们出版研究中国的书籍或项目，在拉美各国大学资金短缺问题日益严重，以及拉美学术界个人主义风气盛行的背景下，这两项政策都取得了巨大成效。同时，上述政策也引起中国高层的重视。总之，对中国文化外交政策的实际效果，我们应进行中长期观察，才能得出更为清晰客观的结论。

（罗默·科奈赫，墨西哥学院亚非研究中心中国当代史教授，主要研究中国现代史和中国政治体制；江苏师范大学伊比利亚美洲研究中心特约研究员。2014年，罗默·科奈赫教授曾以国际知名学者和墨西哥

① 皮尤研究中心（Pew Research Center）是美国的一间独立性民调机构，总部设于华盛顿特区。该中心对那些影响美国乃至世界的问题、态度与潮流提供信息资料。——译者注

国家学术界代表的身份，受邀参加了由中国当代世界中心举办的首届中国共产党与世界对话会，受到国家副主席李源潮、全国政协副主席兼中联部部长王家瑞等国家领导人的接见）

附表 1　　2014 年中国的经济增长对自己国家有利或不利　　单位：%

国家	有利	不利
西班牙	44	46
尼加拉瓜	74	13
委内瑞拉	66	20
智利	63	13
秘鲁	54	23
萨尔瓦多	54	26
阿根廷	41	20
巴西	39	41
墨西哥	38	36
哥伦比亚	30	45

参见：http：//www. pewglobal. org/2007/12/11/how – the – world – sees – china/。

附表 2　　2007 年和 2014 年中国的形象　　单位：%

国家＼时间	正面		负面	
	2007	2014	2007	2014
委内瑞拉	61	67	34	26
智利	62	60	22	27
尼加拉瓜		58		19
秘鲁	56	56	22	27
萨尔瓦多		48		25
巴西	50	44	40	44
墨西哥	43	43	41	38
阿根廷	32	40	31	30
西班牙	39	39	43	55
哥伦比亚		38		32
玻利维亚		46		29

参见：http：//www. pewglobal. org/2014/07/14/chapter – 2 – chinas – image/。

伊比利亚美洲的汉学：试论一种整体观的建立*

［墨］拉克尔·伊萨马拉·莱昂·德拉罗莎

（蓝博　译/朱伦　校）

内容提要　本文回顾了近年来伊比利亚美洲学术界的汉学研究状况，认为欠缺很多，而且远远不够深入。本文从商贸关系和中国人向拉美的几次移民潮入手，首先分析了20世纪60年代汉学和毛泽东思想对拉美一些国家的影响。接下来，从中国的国际影响角度，分析了伊比利亚美洲汉学的新发展，认为应该以全球化理论进行解释。最后，对双方学术界的合作提出了远景和建设路径。

引　言

本文的目标是研究汉学在伊比利亚美洲的发展和影响。时至今日，尽管在历史和文化领域，中国和伊比利亚美洲之间有着千丝万缕的联系，但是，对中国的研究仍然是伊比利亚美洲学术界面临的重大挑战之一，因为有两个重要因素影响我们对中国的了解：第一个因素是语言，

* 笔者在此感谢来自西班牙、古巴、哥斯达黎加、墨西哥、秘鲁和巴西所有参与本文数据调查的汉学家；感谢欧亨·尼奥·罗尔丹·阿科斯塔大使分享他的经验；感谢我的科研助手尼法塔·苏格雷·拉乌·伊巴里亚斯协助我整理数据和召开研讨会。

汉语和西班牙语的基本构成和书写方式截然不同。第二个因素是地理位置遥远，西班牙作为伊比利亚美洲所有国家中离中国最近的国家，与中国仍相距 8783 公里，这限制了中国、西班牙、拉美三者之间的交流。但是，这并没有限制住中国人的足迹遍布整个世界。

本文首先从各种历史因素出发，找出一系列因素确立中国研究的方向。但中心论点是分析何谓汉学，讨论它的研究范围。同时回顾汉学的概念，汉学经历了怎样的历史演变。

在谈完汉学的概念后，我们就要追溯导致两个“不同世界”产生最初互动的一系列因素：欧洲对中国的最初认知，大部分都产生于贸易和教士活动。另一方面，我们还要强调作为劳动力输出到拉美的“苦力”移民，他们在拉美一些国家留下了一笔文化遗产，产生了一些有志研究中国的新学者。

接下来，文章将谈到 20 世纪下半叶伊比利亚美洲汉学的建立。笔者将伊比利亚美洲汉学的建立分为两个阶段，更恰当的说法，是把研究中国的伊比利亚美洲学者分为最近的两代人。第一阶段从新中国成立开始，这个阶段又分成两个时期。第一个时期是毛泽东思想开始在拉美传播、并引起一系列政治运动的时期。第二个时期从 20 世纪 70 年代中国对外开放（美国总统尼克松访华为标志）和邓小平改革开始。正是从这个时期开始，中国成了国际体系中的一员，与许多国家建立了外交关系。由此，出于跟一个几近陌生的国家打交道的需要，产生了一批身兼外交使命的新的汉学家。

接下来的第五部分是本文的核心部分，说的是 21 世纪开始后的汉学。最重要的是，笔者尝试重新提出一个理论框架，以使我们了解中国研究到了哪一步，该向哪个方向努力。为此，笔者借助全球化理论，从国际关系的视角展开论述。笔者根据奥克塔维奥·伊安尼（Octavio Ianni）的全球化理论，试图找出我们应该遵循的一系列标准，重新思考怎样建立伊比利亚美洲和中国之间的学术联系，进而提出用我们西班牙语进行研究的建议，打破利用其他中间语言进行研究的局限。

完成理论结构之后，文章回到现实中来。在第六部分，笔者认为最近十四年伊比利亚美洲和中国各方面的许多往来极为重要，值得我们进行自我评估，以判断我们伊比利亚美洲对今日中国的文化、社会、经济和政治现象是否充分理解。为撰写这一部分内容，笔者对伊比利亚美洲不同国家的学者进行了一系列问卷调查，同时利用了一些涉及中国研究的大学、研究中心、论坛和网站的资料。

在结论部分，笔者对伊比利亚美洲汉学的理论方面和实际情况进行了概括，以便我们在确定研究目标时能够扬长避短。

一　汉学与中国研究

众所周知，中国是一个历史宏大复杂的国家（país），一个具有悠久文化的国家，一个哲学思想与西方完全不同的国家，一个语言和文字与我们的起源不一的国家，一个有自己的社会规范的国家，如此等等。也就是说，中国是一个自成一格的国族（nación）。因此，中国是一个非常复杂的研究对象，研究它需要融汇社会科学的诸多学科。

一个重要的问题是，我们需要了解是否存在一个研究领域，可以涵盖中国研究中的每一个方面。让我们从下面的问题开始，即什么是汉学？而中国研究又包括哪些领域？

首先，我们需要说一说“Sinología”（汉学）这个单词是怎么来的。“sino”这个前缀，用来指与中国相关的事物（Cambridge，2014）；后缀“logos”（学），指的是科学或一种整体认知，真实和真正意义上的研究（Ortega，2001，pág. 25）。所以，我们可以简单地定义：汉学即是对中国的认知。

2014 年，西班牙皇家语言学院对汉学一词的定义是：汉学就是对中国的各种语言和各种文化的研究。根据这个定义，我们可以对汉学形成一种更具体的概念，即汉学强调语言和文化方面的研究。

在汉学界内部，围绕如何定义汉学，汉学是怎样建立起来的，一直存在争议。里克曼斯（Pierre Ryckmans，1985，pág. 97）认为，西方汉学只是对中国知识分子历经数世纪建立起来的庞大汉学体系的一种注解（un pie de página）。因此，探讨中国文化和历史的最早导师和大师，应当都是中国人。正是在这个问题上，伊比利亚美洲汉学界犯有错误。就拉美汉学界来说，深受美国解读的影响，留下的烙印至今难以完全消除。

如前所述，“汉学”一词有其概念范围，它的研究对象限于中国的文化和语言。不过，有些学者提出应该给汉学赋予新的定义。

华金·贝尔特兰（Joaquín Beltrán，2006，pág. 18）就是其中的一位，他指出：对于许多专家来说，语言和文化研究是唯一可行的汉学定义。然而，还有其他一些专业学者，虽然潜心研究和认知中国的一些具体方面，但这些方面却不能包括在汉学之下。因此，面对来自其他学科热衷于“认知之学”（logos-conocimiento）的新一代，汉学在坚持原来的定义时，应该重构“修辞之学”（logos-palabras）。

与华金·贝尔特兰一样，在地球的另一端，白杰明教授（Geremie R. Barmé）也对汉学定义提出了异议。在伊比利亚美洲学术界，现强调围绕中国的一系列研究都是汉学，在澳大利亚，也是如此。因此，白杰明教授主张使用“新汉学”（Nueva Sinología）这一概念。

“新汉学”与当代中国坚定地捆绑在一起，它强调中国古典语言和现代语言存在牢固的学术联系，同时对不同角度和学科的研究采取一种包容态度。新汉学追求的是重申作为目前一种研究模式的汉学，有其突出特点（Barmé，2005，pág. 4）。

从上述两位学者的汉学观点，我们可以看到研究中国的方式在变化。华金・贝尔特兰的观点，呼吁人们对中国的研究方式不应限于文化和语言。而白杰明教授则强调语言的作用，但要以多学科的视野来研究。

撇开从研究方式上如何定义汉学不谈，重要的是我们要突出由于中国对世界各地的影响，汉学在世界层面上所具有的作用。汉学现在是一个全球都在发展的研究领域，伴随这一点，汉学在中国以外被视为一个高度专业化的学科。目前，“汉学”还有其他名称，如“中国研究”（Estudios Chinos）、汉语拼音“汉学”（*hanxue*）或“国学”（*guoxue*），这说明汉学需要各个研究领域的参与（Camus，2007）。

笔者认为，“汉学”和“中国研究”应该连起手来，因为中国的文化底蕴是理解中国在政治和经济领域行为的极其重要的切入点。但是，在涉及中国的研究中，我们首先要明白语言的重要性，语言是保证不同地区初步接近的工具。

二　历史联系

“中国”（中心王国之意）之大，直到几个世纪之前才为西方所知。虽然在公元前327年到公元前325年间，亚历山大大帝远征印度可视为欧亚之间的一次互动，丝绸之路的建立也带来了欧亚互动，但中国和西方之间的一系列联系，则是通过海上贸易的发展实现的。海上贸易，开启了中华帝国的新阶段。

在发展中国航海事业中，明朝的永乐皇帝（1360—1424 年）特别值得一提，是他谋划建造了中国船队。在这一计划中，郑和被赋予重任，负责与印度、小亚细亚、非洲之角和东南亚一些新民族建立联系。

但是，这时的世界对“中华文明”还一无所知。明代的航海壮举也只限于宣威，当时的世界没有哪个国家的航海规模可与中国相比。对毗邻民族的商业和政治控制，受“天下”观的支配，这种观念认为中华帝国是正统，其他民族要俯首称臣。这种思想，又伴生了皇帝是“天子”的观念。在扬威天下的活动中，中国制定各种规划，把自己的文化带到了其他地方。为适应“对外关系”的需要，永乐皇帝在 1407 年设立“译馆”，以方便朝贡制度的运行（Keay，2009）。

传教士。西方与中国的早期接触，是通过“宗教外交使团”建立起来的。在这些使团中，有些欧洲人在 12、13 世纪得以出现在蒙古人的宫廷里。不过，欧洲传教士虽然受到宫廷接见，甚至有人死在中国，如 1328 年方济各会修士约翰·德·孟德科维诺（Juan de Montecorvino），但当时还没有产生汉学的清晰线索（Camus，2007）。

中世纪结束和重商主义出现，导致欧洲列强转向如何寻求权力。不安现状，使欧洲列强在全世界到处探险。

当时，欧洲的战略思想，是建立在肩负着向其他民族传播文明和现代化的使命之上的，由此产生了“欧洲中心主义”观念。这种观念认为，高等者（superioridad）要启迪那些“原始人”，这是道义要求（Dussel，2000，pág. 49）。于是，“世界性”在 1492 年诞生了；这一年，欧洲人的理性解放之特性，被视为解救世界之良方，影响政治、经济、宗教和其他各个方面，也就是“走向现代性”（Trans-Modernidad）（Dussel，2000，pág. 51）。

当时的欧洲，重商主义和殖民主义盛行，由此在两个“自我”（Egos）之间产生了碰撞：一方是“天子”观念下的中国中心主义

（sinocentrismo），另一方则是“现代化”观念下的欧洲中心主义（eurocentrismo）。正因为如此，双方最初的接触别具一格。但这里需要强调的是，贸易变成了打开“天下”帝国的大门，并由此开启了中西双方之间最初的文化互动。

16 世纪时，澳门是东方和西方的连接点。这时的澳门是中国沿海地区唯一的贸易港口，这使澳门成为“海上丝绸之路”黄金时代的重要中转站，中国的丝绸、茶叶、瓷器和漆器，通过澳门传遍了五大洲（Ngai，2006，pág. 27）。

中国“走向现代性”的第一步是葡萄牙人促成的。前文说到的碰撞，产生了双方对“他者”的认识与理解阶段。在欧洲人所写的有关中国的早期报告中，我们可以读到如下描述：“他们配戴皇帝赐予的帽子和腰带，乘着金光闪闪的轿子到处巡视；仆人前呼后拥，鸣锣开道；一面面大旗，则象征他们的官阶。”这段文字描述的是高官，欧洲人开始称其为“大人”（louteas），从 1511 年起开始称其为“官人”（mandarines）（Keay，2009，pág. 394）。

经过这些初步接触，双方开始有了另外一种互动。众所周知，在欧洲各国君主和教会密切协作的这一时期，殖民主义的模式通常伴随着通过传教来同化殖民地人民。由此，传教士在殖民活动中发挥了骨干作用。

澳门的重要性，随着耶稣会传教士的到来而得到加强。葡萄牙传教使团登陆中国，使中西文化交流出现了一次新高潮，它远远超过马可·波罗时期的情况（Ngai，2006，pág. 28）。这种在远东与欧洲之间建立联系的新方式，在利玛窦（Matteo Ricci）身上有充分体现。

在欧洲人对中国文化的早期解读中，利玛窦的作用至关重要。他是威尼斯耶稣会传教士，1583 年在罗明坚（Michele Ruggieri）陪同下到达中国，在广东肇庆建立了第一个基督教使团。利玛窦在澳门传教一段时间后，于1597年被任命为耶稣会中国教区领袖（University of MInnesota，2014）。在此任命之前，利玛窦已到过广东地区，提高了理解当地语言的能力，加强了葡萄牙人在澳门的存在。之后，利玛窦开始深入中国内地，目的地是北方。

1598年，利玛窦从南京启程前往北京。旅途中，他发现了中国文化的丰富和沿路城市的繁荣。他对苏州的描述有一句话说："苏州城到处都是古朴精致的桥梁……河水清澈见底，与威尼斯不同。"（Keay，2009，pág. 412）

利玛窦留下许多著作，其中最重要的是编写了第一部《葡汉辞典》（耗时5年，1583—1588年）。另一部重要作品是与华裔学者杨福绵（Paul Fu-Mien）合作完成的，叫《历史和语言导论》，在这篇作品中，作者开始运用语音学为中国"官话"汉语注音。但是，第一部用拉丁字母为汉字注音的字典——《平常问答词意》是利玛窦和郭居静（Lazzaro Cattaneo）神父共同编写的。关于这类字典，还有另外两部较为重要的著作：一是丹尼埃略·巴尔托利（Bartoli）编写的《欧汉词汇》，一是基歇尔（Kircher）编写的《汉文辞典》（Camus，2007，pág. 4）。

这些作品，是欧洲人对中国语言的最早研究，并由此产生了以澳门葡萄牙人为主导的一块"飞地"。上述这些著作是西方人研究中国的出发点，并由此产生了第一批汉学家。

对中国早期解读中的诸多错误。笔者首先要指出，在汉学发展的道路上，欧洲早期汉学家所做的工作具有重要意义。但是，我们也应该指出，人们的认知总会受到作者所处社会环境的影响。

如同前文所言，利玛窦及其后来者的词典，确立了怎样解读中国的方式。但是，我们需要强调指出，宗教在对一些概念和文本的解读中作用太大。

以《明心宝鉴》的西班牙语翻译为例，伊萨亚克·多诺索向我们指出：八十年后，同样是“多明我会”传教士的费尔南德斯·德·纳瓦雷特（Fernández de Navarrete），发表了该书的第二个译本（1676年），他的翻译有意无意地给中国话语赋予某种意义（他特别关心对“中国人仪式”的争论，在这一点上，多明我会教士们一贯采取讨好迎合的态度），以使其符合基督教意义（Donoso，2012，pág. 47）。对照纳瓦雷特和高母羡（Fray Juan Cobo）的译本，我们看到二者对“恶”这个词的翻译带有明显的倾向性：高母羡把“恶”翻译为“坏”（el mal），而纳瓦雷特则将其译为“罪”（pecado）。

如同宗教界一样，西方文学界对汉语单词也存在语音学变异。例如，在西方就把“Kong Zi”（孔子）译为“Confucio”（孔夫子）。Confucio 的名字是 Kong Qiu（孔丘）；Kong Zi 的字面翻译应当是“孔老师”（Maestro Kong）。孔夫子[①]这个名字经语音罗马化，在西方语言中就变成了“Confucio”。

还有一个例子是“China”（中国）这个单词的词源。现有两种说法：第一种说法参考语音相似，认为 China 这个名字由第一个帝国王朝名称 Qin（秦）演变而来；[②] 第二种说法认为，西方开始把中国称为“China”，是受波斯人的影响。大约在公元 150 年，使用梵语的波斯人在讲到中国时，把中国叫“Cina”。在这两种说法之间，1516 年，在葡萄牙人杜亚特·巴尔博萨办的报纸上，采取的是第一种说法（Barbosa，1992）。

还有很重要的一点是，尽管高母羡进行了西班牙语翻译工作，但人们没有继续进行下去。因此，很长一段时间里，伊比利亚美洲在如何认识中国的问题上无人发声。伊比利亚美洲对中国知识的了解途径，是通

---

① Kong Fuzi.

② 从语音上说，“q”听起来像“ch”。

过一种三角关系实现的，这需要我们对伊比利亚美洲的汉学进行重新审视。

“三个世界”之间的联系。除了葡萄牙人在澳门与中国人发生初期交往外，我们在远东还可见到西班牙人的身影。随着时间的推移，征服世界之争扩展到东南亚。海上贸易开辟了将欧洲与非洲、印度、中国、美洲等地联系起来的道路。荷兰人、西班牙人、法兰西人和不列颠人纷纷深入遥远的亚洲海域，在一些海岛立足，并占领了一些王国。

西班牙王室在亚洲获得的成果，是在菲律宾领土上建立了自己的殖民地。西班牙的业绩，是在太平洋和大西洋之间开通了一条航路。西班牙占有美洲和亚洲殖民地，可以让它建立起一支庞大的商船队。

1521 年，麦哲伦远征菲律宾，开始了西班牙在亚洲的殖民过程。但是，西班牙占领菲律宾则是在 1565 年。这一年，米格尔·洛佩斯·德·雷加斯比（Miguel Lopez de Legaspi）被任命为东印度总督，总督府设在菲律宾。

从建立菲律宾这个殖民地开始，伊比利亚美洲和亚洲之间开始了新的互动方式。尽管内陆和岛屿之间相距遥远，但在多明我会传教士的传教活动中，中国民众与教士之间建立起了联系。这让高母羡成功把中国古典名著《明心宝鉴》① 翻译成了西班牙语（Ollé，2007，pág. 27）。关于这本译著是否为高母羡所译，学界有不同看法，其中有些人认为高母羡的工作只是把范立本的版本再译成西班牙语。但不管怎么说，高母羡的贡献在于从基督教假想出发，对这本中国文献的翻译具有一种自由涵化（aculturación libre）的意义（Donoso，2012，pág. 47）。

回到西班牙出现在菲律宾的含义上来，应该强调西班牙人的第一个动机是可向中国领土渗透。这种渗透动机一直在外交与军事战略之间摇

① 这本书在明清时期是少年和儿童背诵的品德修养类读物之一，书中收录了孔子、孟子、老子、庄子、朱子和朱熹等先哲前贤的名句。

摆，并伴随着在中国沿岸进行商业活动。西班牙人的行为没有产生什么结果，这使西班牙人通过菲律宾来联系亚洲的打算大打折扣（Ollé，2007）。

在这种情况下，通过西班牙人进行的菲律宾商业活动开始成为主导，并导致产生了一条殖民航路。到1572年，源源不断前往菲律宾的中国移民，加上福建的贸易活力，使诸如丝绸、小麦、金属等中国商品被带到了菲律宾。移民和商品的共同作用，催生了以族群关系为基础的商业信息网，更恰当的说法是促进了中国的商业扩散（Ollé，2007，pág. 35）。

由此，“马尼拉大帆船”（el Galeón de Manila）出现了，大大巩固了墨西哥的阿卡普尔科、马尼拉和中国之间的贸易往来。拉美向亚洲出口的最重要的产品之一是白银，而西班牙各个殖民地对中国的最大需求是丝绸（Flynn，Frost & Latham，1999）。

大帆船最初是在新西班牙（即墨西哥）和菲律宾两地之间往返，进行贸易活动。后来，在1579年，一条大帆船受命从秘鲁卡亚俄港出发，经巴拿马前往圣诞港。由此，一条联系西班牙人控制的菲律宾、墨西哥和秘鲁各个主要港口的航路发展起来了。但随着时间的推移，这条航路开始收缩，在1599年仅把墨西哥的阿卡普尔科设为出发港。因海盗和台风袭击，这条航路充满了危险（Carrera，1959）。

“马尼拉大帆船”或曰“中国之船”（Nao de China）的重要性，在于它将亚洲、美洲和欧洲三块相互遥远的大陆联系了起来，在这中间，墨西哥的作用至关重要，特别是阿卡普尔科港和维拉克鲁斯港。此外，“中国之船”还使亚洲和拉美之间开始通过移民发生了文化交流，这也很重要。由于中国贸易扩散，“中国之船”给拉美带来了第一批“中国人”。①

---

① 美洲对亚洲人的称呼，不论他们来自哪里。

苦力与美洲。前文我们提到过的中国贸易扩散，其中就包括苦力扩散，下面我们就谈谈 19、20 世纪来到拉美的这些中国移民。

“苦力”一词在亚洲产生时，指的是廉价劳动力。中国苦力大批移入拉美有两方面原因：鸦片战争和大西洋奴隶贸易的废除。苦力贸易主要起始于中国南方，包括香港、澳门、广州、厦门等。在拉美地区，在第一阶段，① 接受中国人最多的拉美国家是古巴和秘鲁，分别为 14.3 万人和 1.2 万人（Simon & Schuster Macmillian，1998）。

中国苦力是以强迫方式招募来的，在半奴隶状态下劳动。苦力招募的方式可以视为一种人口买卖。苦力在华南地区受骗签上合同，被运往美洲。他们在美洲的劳动条件，与合同上的许诺完全是两码事。此外，除了奴隶制废除缺乏劳动力以外，这一时期中国人口过剩和粮食短缺，也是中国苦力大规模移入拉美的决定性因素（Morimoto，Araki & Freitas，2004）。

大量中国人来到拉美，引起了一系列歧视行为。比如，不允许他们立即同化于当地，甚至颁布了一系列法律反对他们移入。

就这些苦力来说，他们的移入过程和到达拉美后的情况，对他们的后代也产生了诸多方面的影响。其中之一是，他们丢失了汉语及其各种方言；另一方面是他们形成了一种不彻底归属所在国、同时思念着祖国的认同。苦力并非事事遭受排斥，与当地也有文化交流，如在饮食方面和一些中国姓氏的流行。

但是，关于苦力最有意义的一点，是他们的第二代或第三代，这两代华人对研究中国很感兴趣，是他们建起了培育拉美汉学家的苗圃。

① 从 1847 年到 1874 年。

三　20世纪研究中国的新方式

20世纪，中国内部经历了一系列的政治变革。中国在结束帝国制度以后，历经孙中山和蒋介石的民国时期，最后建立了毛泽东领导下的中华人民共和国。毛泽东执政时期构建了一种新的民族认同。因此，人们需要对中国从内到外以一种新的方式来研究。

在新的民族认同理想下，毛泽东着手建立毛主义—列宁主义的模式。因这一模式的建立，中国向世界展示的是对内实行社会改造，对外与苏联人结盟，同时对苏联模式做出自己的贡献。

中国一些新制度的建立、第二次世界大战后的国际背景和冷战的开始，让毛泽东在国内受到爱戴，在西方则受到仇视。但在西方，有一个地区赞同毛主义的观点，这个地区就是拉美。

对毛泽东的赞同，源于拉美各国共产党看到了中国的崛起，他们想用中国的活生生变化来回答本国的问题。

在拉丁美洲，一些领导共产党的年轻人开始与中国共产党建立联系，许多人前往中国去体验毛主义的实践。这些年轻人回国后，发动了亲中国运动，还在当地开展一系列的游击战（Connelly，1983）。简而言之，这种取经活动在拉美了解中国的新方式中占有重要地位。毛泽东思想对拉美的影响有：建立有本国特色的民主政府，之后进入社会主义阶段；支持人民战争；游击战策略；重建有关各种矛盾的理论（Connelly，1983，pág. 216）。

在拉美，古巴是一块意识形态飞地。但是，巴中关系是由苏联决定的。一个明显的例子是，中苏联盟破裂后，巴中关系也随之疏远。但一个有趣的现象是毛泽东在其他拉美国家的影响增加了。这在许多国家产生了一些亲中国的党派，如1963年在厄瓜多尔，1964年在智利，1964年在秘鲁，1965年在玻利维亚，1965年在哥伦比亚（Connelly，1983，pág. 215）。下面简要谈谈秘鲁、玻利维亚和墨西哥的情况。

秘鲁。毛泽东思想在拉美许多国家受到欢迎，其中包括秘鲁。中国在20世纪70年代与秘鲁建立了贸易关系，并庇护“光辉道路”（Sendero Luminoso）组织。该组织自称是毛主义左派运动，是在1964年从秘鲁共产党中分裂出的一个派别。“自1980年秘鲁共产党发动内战以来，秘鲁至少有69000人丧生。”（Rothwell，2010，pág. 6）

秘鲁左派运动，是1959年北京为拉美共产主义者举办的一次培训班的产物。受训者在北京接受五个月培训，目的是“了解”毛主义模式，近距离感受毛主义的奥妙。回到秘鲁，阿维马埃尔·古兹曼（Abimael Guzmán）和卡洛斯·德·拉里瓦（Carlos De la Riva）领导了左派运动，并在1961年共同出版了《曙光升起的地方》（*Donde Nace la Aurora*）一书，讲述他们在中国的经历。

后来，由于对毛泽东著作的理解不同，秘鲁左派运动发生了多次分裂。但是，左派有一件事促进了秘鲁和中国的接近，这就是通过圣克里斯托巴尔民族大学（Universidad Nacional de San Cristóbal de Huanmanga）举办的“学术”交流项目。这个项目培训了120名支持“光辉道路”的乡村教师和大学教授，他们中有30人到过中国（Rothwell，2010，pág. 9）。

玻利维亚。罗斯韦尔说：“玻利维亚有自己的特点。虽然有关中国革命的理论通过与秘鲁相似的方式传到了玻利维亚，但在玻利维亚的结果却大相径庭。”（Rothwell，2010，pág. 10）前文说到，拉美各国共产党的行动路线相同，但各国实际和领导人物有别，决定其结果也不尽相同。

玻利维亚共产党的代表人物是马里奥·托雷斯·卡列哈（Mario Torres calleja）和赫尔曼·基罗加·加尔多（Germán Quiroga Galdo），

二人都在1959年到过中国。与秘鲁共产党人一样，他们回国后也出版了中国见闻。需要强调指出，赫尔曼·基罗加是体制内的外交官和活动家。毛泽东提出的“三个世界论断”，对玻利维亚人民影响最大。在这一论断中，中国在国际格局中举足轻重，是解放运动的榜样和领导。马里奥和赫尔曼二人在玻利维亚的名声，与他们受到毛泽东、周恩来和朱德的接见有关。

但是，尽管玻利维亚有自己的不同，但结果与秘鲁毫无二致，共产党分裂成了两个意识形态不同的派别，一派亲中，另一派亲苏。20世纪60年代的中苏分歧，对世界共产党内部影响深刻。有些共产党称自己为毛泽东派，有的则称为苏维埃派，而那些不选边站的共产党，也在两种思想影响下分裂了。

墨西哥。墨西哥共产主义运动的领导人是维森特·朗巴多·托莱达诺（Vicente Lombardo Toledano）。在墨西哥共产主义运动中，最重要的特点是在20世纪50年代前期受维森特思想的左右。

历史上，墨西哥的共产主义运动长期与玻利维亚和秘鲁相似。1935年夏天，维森特和维克多·马努埃尔·维亚赛诺（Victor Manuel Villaseñor）访问苏联，由此产生的结果是，虽然中共思想后来进入了墨西哥，但影响却不如苏共思想大。

我们应该牢记，中国模式与苏联模式的建党基础有别：在苏联，无产阶级是以工人阶级来体现的，而中国的无产阶级则以农民为基础。墨西哥显然受苏联影响更深，其共产主义运动的内部组织结构大多数是由劳动者工会组成的。

需要指出的是，朗巴多领导的墨西哥共产主义运动，曾提出通过武装起义推翻政府，后来出现的一些游击队组织，显然深受亲中国思想的影响（Rothwell，2010，pág. 6）。

20世纪五六十年代，墨西哥认识中国的方式受毛派领导层的左右。

他们在第一阶段受苏联影响，但在第二阶段，双方就疏远了。

除了当时的政治背景外，我们还要看到，促使墨西哥了解中国的因素，与中国此时的影响开始扩大有关。在毛泽东执政初期，拉美就建立了一些民间文化促进组织。

关于这一点，《今日中国》报道说："据统计，在1950—1960年间，有11个拉美国家建立了对华友好协会，有来自19个拉美国家的1200多人访问了中国。1952年，智利中国文化研究所（Instituto Chileno Chino de Cultura）成立，该研究所是拉美第一个对华友好非政府组织。1953年9月，墨西哥对华友好协会（Sociedad Mexicana de Amistad con China）建立。1953年和1954年，巴西—中国文化协会分别在里约热内卢和圣保罗成立。后来，在阿根廷、玻利维亚、乌拉圭、哥伦比亚、秘鲁、委内瑞拉等国家，纷纷成立了类似组织。在这些友好组织的推动下，许多拉美专家得以访问中国。"（Sun，2013）

从中国方面说，自20世纪60年代起，北京大学、中国人民大学、北京师范大学和复旦大学等，开始设立了与拉美相关的课程（Conelly & Cornejo，1992，pág. 9）。

20世纪70年代，毛泽东时代结束和中国再出发。对世界和中国历史来说，美国总统尼克松访华是最重大的事件之一。美国人到访中国，向国际社会传达了一个重要信号，许多国家包括伊比利亚美洲国家，纷纷开始与中国建立外交关系。

随着中国开始与其他国家建立外交关系，汉学也开启了一个新阶段。在这个新阶段，在华的拉美汉学家代表们发挥了重要作用，他们开始对中拉关系所包含的内容进行研究。

因这样的研究，他们被称为学者—外交官一代。他们被"赶鸭子上架"，从1972年之前国际政治关注的台湾，转向对"中国是什么""中国要什么"进行新的解释。

这批学者—外交官有一些共同特征，如他们都毕业于美国或欧洲大学，在他们的课程中都受过如何研究中国的训练。他们中的代表人物有：西班牙派出的安赫尔·桑斯·布利斯（Ángel Sanz Briz）① 和伊尼亚克·普雷希亚多·伊多埃塔（Iñaki Preciado Idoeta）②，巴西派出的阿鲁伊斯尔·拿波莱奥（Aluísio Napoleão de Freitas Rego）以及墨西哥派出的埃赫尼奥·安吉亚诺·罗奇（Eugenio Anguiano Roch）。

埃赫尼奥·安吉亚诺·罗奇是墨西哥驻华大使，他在1985年说过三句话："第一，中国人口众多，地域辽阔，并且在本世纪经历过一场深刻的社会革命，它的地位和分量非同一般；第二，中国政体牢固，它将崛起成为区域和世界强国；第三，中国内部的革命性变化，已影响到世界思想领域。"

关于20世纪70年代中国与拉美的相互影响，有许多文章可供参考，如墨西哥大使埃杜阿尔多·欧亨尼奥·罗尔丹·阿科斯塔在1979年发表的《中国与拉美》一文；系列文集可列举由弗雷德里希·埃伯特基金会（厄瓜多尔首都基多）在1978年出版的那本文集，但该文集在选题方面有许多不足，对中拉关系缺乏研究重点。

在伊比利亚半岛，西班牙驻华使馆的伊尼亚克·普雷希亚多·伊多埃塔（Iñaki Preciado Idoeta）对汉学有所贡献。但是，伊比利亚半岛汉学内部的新生力量，则是几年后出现的以佩德罗·圣希内斯·阿吉拉尔（Pedro San Ginés Aguilar）为首的团队，他在格拉纳达大学推动了对中国思想和哲学的研究课题。

20世纪70年代以后的研究，为"伊比利亚美洲新汉学"（Nueva Sinología Iberoamericana）奠定了基础，其特点我们留待下文谈。

---

① 安赫尔·桑斯·布利斯（Ángel Sanz Briz）在第二次世界大战期间主要从事帮助犹太人的工作。

② 汉译西的专家，因翻译了老子的著作，1979年荣获路易斯·德·莱昂修士奖；他也是用西班牙语发表西藏现代研究的先驱。

四　全球化与中国崛起

20 世纪最后几年，是中国开始走向国际舞台的新时代。邓小平理论留下的遗产，理应在21 世纪初开始结出果实。20 世纪70 年代末开始的经济改革，使中国这只第三世界的“领头羊”在调整和充实自己，中国已今非昔比。

关于全球化。说到全球化，主要有三种观点：第一种观点是迈克尔·维塞斯（Michael Veseth）的怀疑论，认为全球化就是“全球胡扯”（Globaloney）；第二种观点是约瑟夫·斯蒂格利茨（Joseph E Stiglitz）笔下的“经济图解”（esquema económico）；第三种观点是奥克塔维奥·伊安尼（Octavio Ianni）所说的“地球村”（aldea global）。

要理解21 世纪“新汉学”的发展，就要借助奥克塔维奥·伊安尼的全球化理论。之所以选择这一理论，是因为这一理论对20 世纪末以来世界发生的变化采取的是一种社会学视野。

尽管全球化视野着眼于超国家权力机构的产生，但有人认为全球化从维京人时代开始就发生了，维京人开辟的海上航路使他们与其他人民实现了“互联互通”（conexión）。由此推论，还有人认为移民是推动建立这种互联互通关系的一个重要因素，因而把视线转向人性所固有的流动因素，尽管人的迁徙往往导致不同民族之间的明显对立。有鉴于此，笔者在前文说到洲际商贸和宗教使团十分重要，认为19 世纪的历次移民潮奠定了汉学的基础。

但是，我们今天看到，有一系列因素影响国际互动。按照1998 年扬尼的说法是：“今日的世界已不只是各民族、各民族社会和各民族—

国家的集合体，而是处在相互依存的关系中，依附、殖民主义、帝国主义、双边主义和多边主义都存在”。这些要素相互联系，产生出了一些新的权力中心。

因此，全球化是在发展、世界经济、社会舞台、文化和政治影响等领域发生的各种社会现象的一种表现（Reyes G.，2001）。

社会建设的方式，需要从这些新现象出发。各个社会内部和相互之间存在高度整合，它在目前的经济和社会变化中发挥着首要作用（Reyes G.，2001，pág. 2）。

由于社会具有的重要性，人们接受了“地球村”这个概念。所谓全球村，“是指最终形成一个主要通过电子媒介实现通信、咨询和感知的世界共同体。地球村要求人人加入不断和谐化和同质化的进程中。除了传统商品生产外，信息生产也是商品生产”（Ianni，La sociedad global，1998）。

在地球村的特点中，人们还创造了“文明使团”（misiones civilizadoras）这个概念。所谓文明使团，其特点和作用就是用“西方化”去发展自己所进入的社会。这些使团要具有承担西方模式和价值传播中心的功能（Ianni，La sociedad global，1998，pág. 46）。就中国研究来说，我们应该用汉学这个概念来取代“西方”这个词。

综上所述，在全球化和新汉学中，我们需要注意三个决定性的因素，它们是：相互交流；文化和社会影响；技术。

21 世纪：太平洋的世纪。1988 年，邓小平说过这样一段话：有人说 21 世纪是太平洋的世纪……但我坚信，那时也会是拉丁美洲的世纪，我希望太平洋世纪、大西洋世纪和拉丁美洲世纪一同到来。

邓小平的这番讲话，好像他知道中国通过改革将会形成这样的“宏伟蓝图”（el mega-Proyecto）。但是，我们现在面对浩瀚的太平洋，存在如何互联互通的问题。关于这个问题，还要回到邓小平对全球化的论证上来，他说：中拉双方的关系，可从重新调整20世纪国际体系开始。我们可以回想一下，20世纪发生了一系列导致世界重组的冲突，产生了非殖民化过程，通过贸易确立了新型关系。从16世纪到19世纪，大西洋的作用仅是欧洲通过它征服了世界；20世纪，美国重复这个方式，通过大西洋实现对世界其他地方的统治。但我们今天面临的重要问题不是军事或政治挑战，而是经济问题，在这方面，太平洋已取代了大西洋。

近年来，中国与太平洋地区就是通过贸易提升了自己的地位。今日中国发挥的作用，使其他国家都想与中国建立联系，了解中国的新动向。

中国在世界上的分量，使伊比利亚美洲和其他地区都在优先发展同中国的关系，不仅是政治和经济关系，也包括学术和社会关系。

五　21世纪的伊比利亚美洲汉学

根据前文所述，全球化已在呼唤“新汉学”的建立。中国对拉美兴趣的增加，带来了双方日益走近。在目前，我们虽然还不能指望中拉关系像中欧关系那样紧密，但我们现在可以强调的是，20世纪90年代对双方来说都是重要的时间节点，正是在20世纪90年代，在中国开始崛起的时候，汉学家的“苗圃”得以建立起来。

经济原因曾经使伊比利亚美洲对中国的研究开始时只能在本地区进行。我说过，“新汉学”的先驱者大多数是在伊比利亚美洲以外的大学培养起来的，因此，伊比利亚美洲对中国的最早研究，是通过三角方式实现的。

我们知道，社会科学内部传统上分为法国学派、德国学派、英国学派和美国学派。因此，伊比利亚美洲汉学家面临的挑战之一，是要克服语言障碍，直接阅读中文。从中国学术界方面说，也要付出自己的努力。因为正是在20世纪90年代，中国的社会科学学派才开始巩固下来，其间，如同伊比利亚美洲的学者们一样，中国学者在境外留学的使命，就是回国效力。

伊比利亚美洲的建议。在伊比利亚美洲，通过各国政府、大学、研究中心、民间团体和国际组织的共同支持，研究中国的基础现已建立起来。

受全球化的影响，汉学现已形成不同的研究领域。在伊比利亚美洲，汉学包括以下方面：1. 经济和贸易；2. 历史和考古；3. 文化和艺术；4. 哲学；5. 语言；6. 医学；7. 政治学和国际关系。

在伊比利亚美洲，现在有一系列项目和研究中心，集中研究上述7个领域（见表1）。

表1　伊比利亚美洲的研究项目和研究中心①　单位：个

国家	研究领域	项目数	研究中心数	研究团队或协会数
阿根廷	1、2、3、4、5和6	22（培训班、技校、本科生、研究生）	20	3
巴西	1、2、3、5和7	12（培训班、本科生、研究生）	9	3
智利	1、3、5和7	13（培训班、大专生、研究生）	11	2
哥伦比亚	1、3、5和7	10（培训班、本科生、研究生）	9	

① 中国驻墨西哥使馆公使衔参赞。

续 表

国家	研究领域	项目数	研究中心数	研究团队或协会数
哥斯达黎加	3 和 7	2（研究生）	2	1
古巴	1、5 和 7	4（培训班和研究生）	3	
厄瓜多尔	1 和 7	咨询中心	3	
西班牙	1、2、3、4、5 和 7	62（培训班、论坛、本科生、研究生）	27	7
墨西哥	1、2、3、4、5、6 和 7	26（培训班、大专生、本科生、研究生）	18	
秘鲁	1、2、3、5 和 7	5（培训班、论坛和大专生）	7	
葡萄牙	1、2、3、5 和 7	27（培训班、本科生、研究生）	12	1
委内瑞拉	1、2、3 和 5	5（培训班和研究生）	11	

资料来源：根据各大学官方网站整理。

从表 1 中可以看出，在伊比利亚美洲地区，西班牙是培训班和研究机构最多的国家。西班牙的领先地位不归因于它在 2000 年前就已开始研究中国，其他国家在 2000 年以前也成立了一些研究中国的机构。但是，由于西班牙政府和企业界不断推动，西班牙是最早开始对中国进行分领域研究的国家。

还有一个重要方面是，除了大学和研究中心各自开展有关亚洲特别是中国的培训班和研究项目外，伊比利亚美洲各国学者还相互联系，在国外相关国家和地区举办学术会议或论坛。表 2，是在一些国家和地区举行学术会议、论坛和建立网站的情况。

表 2 **汉学研讨会和论坛** 单位：个

国家/地区	研讨会数量	论坛数量	网站数量
阿根廷	4	2	1
智利	1	0	
中国	1		
哥伦比亚	3	1	
哥斯达黎加	1		
西班牙	31	9	3
墨西哥	8	1	2
澳门	1		
葡萄牙	1		
中国台湾	1		
乌拉圭—拉经委		1	

资料来源：根据研讨会和论坛网址收集整理。

对比两个表格，我们可以得出同样的结论：西班牙的汉学居于领先地位。但是，伊比利亚美洲地域广大，制约着汉学家相互间的交往和互动，网站数量不够，涉及内容单调。

伊比利亚美洲的汉学，现在受到一些因素的制约，或者说存在不足。首先，没有一种整体观；其次，只有西班牙在汉学整体建设方面一枝独秀；最后，其他国家没有形成合乎规范的“学派”，只有一些研究中心，这些中心虽然从事中国研究数十年，但没有进行整合。

通过观察伊比利亚美洲两大网站的成员和涵盖面，可以证明笔者的上述分析。“伊比利亚美洲汉学网”（Red Iberoamericana de Sinología）有12个国家参与，[①] 成员有40个。同时，“拉美和加勒比中国学术网”（Red Académica de América Latina y el Caribe sobre China）有135个成员，几乎遍布整个拉美。如果对照网站上的项目数量和成员数量，可以看出我们缺乏整体观。

能让我们对“新汉学”建立整体观的手段之一，就是如何在新汉学内引入信息技术。在西班牙，现已设立硕士研究课程，可以通过虚拟校园进行国际授课，可以把一些专业汉学家联系起来参与教学平台。另一个手段是通过大学、研究中心或协会等平台，推进方便和免费获得西班牙文资料，这些单位有“亚洲之家”“亚洲网”“中国政治观察”、墨西哥中国研究中心（Cechimex）、墨西哥学院（Colmex）等。这些科研机构都办有学术刊物，如“中国政治观察”主办的《解析中国：伊比利亚美洲对中国政治的分析和思考》；墨西哥学院主办的《墨西哥学院工作日志：亚洲和非洲研究》；安德烈斯·埃雷拉主办的《远方》杂志，等等。

除上述情况外，我们还可以发挥网络作者和学者的积极性，他们的网页在整个伊比利亚美洲都有重要影响。这些网页涉及的基本内容有文化、消息、博客和学术出版物，例如娜塔莉亚·多朋（Natalia Tobón）和圣地亚哥·比利亚（Santiago Villa）创立的网页“中国档案”（China Files）；丹尼尔·门德斯（Daniel Mendez）创立的网页“在中国”（Zai China）；奥里奥尔·罗德里格斯（Oriol Rodríguez）创立的网页“拉丁

① 不包括孔子学院；此表所统计的项目，大多数并非只研究中国。

中国”（Chinalati），还有前文说到的“亚洲网”。

关于技术创新，著名汉学家徐里奥·里奥斯（Xulio Ríos）的努力值得一提，他建立的“中国政治国际电邮论坛”（Simposio Electrónico Internacional sobre Política China），现正在准备第四期。这个论坛通过汇集伊比利亚美洲汉学家和中国汉学家的研究成果，旨在对汉学整体观的建立做出贡献。

伊比利亚美洲的辐射源。我们前文提到的全球化理论认为，要对社会产生真正的影响，需要有辐射源。汉学领域的辐射源，就是西班牙和墨西哥两个国家。

尽管在“新时代”里西班牙不是第一个建立中国研究中心的国家，但其领导地位不可置疑。从1989年开始，在巴塞罗那大学西恩·戈尔登（Sean Golden）教授的倡议下，西班牙开始设立了许多研究中心，由此，巴塞罗那自治大学也就成了汉学的大本营。几年之后，马德里加入，从而巩固了马德里和巴塞罗两地的四个研究中心。

对此，安德烈斯·埃雷拉（Andrés Herrera）在2007年评论说：“说到21世纪的第二代汉学家和来自其他学科的研究者，他们都在20世纪八九十年代期间，在欧洲、中国台湾和中国大陆的大学里接受过教育，他们都是格拉纳达、巴塞罗那和马德里的汉学先驱们的第一批学生。”

西班牙有一点非常重要，就是有许多学者出版了大量汉学著作，他们是：约兰达·费尔南德斯（Yolanda Fernández）、徐里奥·里奥斯（Xulio Ríos）、马里奥·伊斯特万（Mario Esteban）、奥古斯托·索托（Augusto Soto）、巴勃罗·布斯特洛（Pablo Bustelo）、曼努埃尔·欧莱（Manuel Ollé）、塔西亚娜·菲沙克（Taciana Fisac）、阿丽西亚·雷林克（Alicia Relinque）、华金·贝尔特兰（Joaquín Beltrán）、阿梅利亚·赛斯（Amelia Sáiz），等等。但是，这些学者的著作仅限在欧洲发行，其他地区只能读到电子版。

另一个较大的辐射源是墨西哥。最近几年，墨西哥开始不断丰富中国研究的领域。与西班牙相比，墨成为辐射源的时间更早。但是，在墨西哥学院，很多学者更注重研究中国的传统。

根据联合国教科文组织的一项倡议，墨西哥学院成立了国际研究中心，1964 年又设立了亚非研究中心（CEAA）。第一批研究人员只有 25 个学生，均来自墨西哥和拉美其他国家。该中心的成果，是培养了一批汉学家，其中有费罗拉·波顿（Flora Botton）、罗默尔·科奈赫（Romer Cornejo）和玛丽塞拉·孔内利（Marisela Connelly）。

从 1964 年到 2004 年，亚非研究中心主导了墨西哥对中国的研究，方式是通过自己的研究生课程、出版物，以及与 1976 年成立的拉丁美洲亚非研究协会（ALADAA）合作。通过该协会，一个面向拉美的网站得以建立起来，受益者包括古巴、委内瑞拉、哥伦比亚、阿根廷、智利和巴西。

2004 年，墨西哥建立了一个专门研究中国的中心，即“墨西哥中国研究中心”。该中心设在墨西哥国立自治大学，负责人是恩里克·杜塞尔·彼特斯（Enrique Dussel Peters）和约兰达·特拉帕卡（Yolanda Trápaga）。

但是，一些学者外交官付出的努力也不能忘记，其中有埃赫尼奥·安吉亚诺·罗切（Eugenio Anguiano Roch）、塞尔吉奥·雷耶·洛佩斯（Sergio Ley López）和埃赫尼奥·罗尔丹·阿科斯塔（Eugenio Roldán Acosta）。

近年来，哈利斯科大学、新莱昂大学、韦拉克鲁斯大学、科利马大学和锡那罗亚大学，也纷纷开展了对中国和亚洲的研究。但是，汉学的中心依然在墨西哥城。

结　论

为准备本篇论文，笔者对伊比利亚美洲不同国家的 15 位汉学家进行了问卷调查，问题分三个方面，结果如下。

1. 学术经历。研究中国 1—5 年者占 14.2%，6—10 年者占 42.8%；在中国和伊比利亚美洲都受过训练者占 28.5%，只在伊比利亚美洲或只在中国受过训练者分别也是 28.5%；基本掌握汉语者占 28.5%，粗通汉语者和不懂汉语者分别也是 28.5%。

2. 研究工作。他们偏向的研究课题是政治和国际关系、贸易和文化；有 85% 的人至少与一家网站或论坛保持联系。

3. 对伊比利亚美洲汉学的看法。认为伊比利亚美洲汉学存在缺陷者占 57.1%，认为在不断加强者占 42.8%；关于汉学的前景，大部分人认为专家不足，本地区不了解中国，缺少研究经费。

对比上述问卷调查的数据和本文讲到的其他情况，我们可以看到伊比利亚美洲新一代汉学家是伴随中国国际地位的提升，特别是中国自 21 世纪开始在伊比利亚美洲地区的影响而出现的。此外，那些正在伊比利亚美洲和中国大学就读或已毕业的专家，都是 20 世纪后 20 年期间成立的研究或培训中心的“果实”。与此同时，伊比利亚美洲的汉学中心和学术网站与中国学界和政府合作，则提供了各种“三明治”研究生课程，使汉学家可在双方大学里得到培养。

虽然伊比利亚美洲汉学在整体上取得了不少成绩，但仍存在一些问题影响其均衡发展。例如，西班牙的研究力量与哥斯达黎加不可同日而语，后者只是在它签订自由贸易协定后，才开始研究中国。均衡发展还要求我们未来对中国的研究，不仅要研究其语言和文化，也应研究其经济和政治。

最后要说的是，现代信息技术是缩短伊比利亚美洲内部之间以及与中国学术界之间距离的主要工具。对中国而言，由于在北京举行双方学术交流和学术会议开支巨大，伊比利亚美洲各国政府没有这类预算，中国政府和大学可加大投入，通过技术手段消解陌生。

但是，导致伊比利亚美洲对中国陌生的主要原因之一是伊比利亚美洲汉学自身的暂时困境，即部分资料是通过三角关系获得的，是翻译其他学派的东西，这就难免有缺陷和局限。因此，伊比利亚美洲国家需要把自己变为有关中国各种信息的辐射源。

汉学在伊比利亚美洲的重要性，决定着我们学术界要进行高度整合，推动本地区对汉学各领域开展研究。只有做好这两点，我们才有可能谈开始建立一种西班牙语世界的汉学观。

（拉克尔·伊萨马拉·莱昂·德拉罗莎，墨西哥普埃布拉自治大学国际关系学教授，中国文化、社会和经济硕士；主要研究领域为中国内外政策、东方哲学、亚洲跨国公司和中国的扩张；江苏师范大学伊比利亚美洲研究中心特约研究员）

参考文献：

1. BARBOSA, D., *O livro de Duarte Barbosa*. Lisboa: Publicacôes Europa-América, 1992.

2. Barmé, G. R., New Sinology. *Chinese Studies Association of Australia Newsletter*, 2005.

3. BELTRÁN, J., *Perspectivas Chinas*. Barcelona: Bellatera, 2006.

4. CAMBRIDGE., *Cambridge Dictionary*. 20 de noviembre de 2014, Obtenido de Http://dictionary.cambridge.org/us/dictionary/british/sino.

5. CAMUS, Y., "Jesuits' Journeys in Chinese Studies". *World Conference on Sinol-*

ogy 2007. Beijing: Renmin University of China, 2007.

6. CARRERA, M. S. , "La Nao de la China" . *Revista Historia Mexicana*, 1959.

7. CHING-HWANG, Y. , *Coolies and Mandarins: China's Protection of Overseas Chinese during Late Qing period.* Singapore: Singapore University Press, 1985.

8. CONELLY, M. , & CORNEJO, R. B. , *China- América Latina: Genesis y desarrollo de sus relaciones.* México DF: El Colegio de México, 1992.

9. CONELLY, M. ,"Influencia del pensamiento de Mao en América Latina" . *Revista Estudios de Asia y África XVIII Colegio de México*, 1983.

10. DONOSO, I. , *Historia cultural de la lengua española en Filipinas: ayer y hoy.* Madrid: Verbum, 2012.

11. DUSSEL, E. , "Europa, modernidad y eurocentrismo" . En LANDER, E. , *La colonialidad del saber: eurocentrismo y ciencias sociales. Perspectivas Latinoamericanas.* (págs. 246—258) . Buenos Aires: CLACSO, 2000.

12. EP. , Convocado el Premio Fray Luis de León, para traductores. El País. 1979, 15.

13. FLYNN, D. O. , Frost, L. , & Latham, A. , *Pacific Centuries: Pacific and Pacific Rim History since 16th Century.* Londres y Nueva York: Routledge, 1999.

14. IANNI, O. , *Teorías de la globalización.* México: Siglo XXI, 1996.

15. IANNI, O. , *La sociedad global.* México: Siglo XXI, 1998.

16. KEAY, J. , *China.* Nueva York: Basic Books, 2009.

17. LI, W. , & WU, K. , *China Today.* 24 de Enero de 2013, Obtenido de China Hoy: http://www.chinatoday.mx/cul/CLACE/content/2013-01/24/content_514262.htm.

18. MORIMOTO, A. , Araki, R. , & FREITAS, S. d. , *Cuando Oriente llegó a América: Contribuciones de inmigrantes chinos, japoneses y coreano.* Washington: Banco Interamericano de Desarrollo, 2004.

19. NGAI, G. , *Macau: Puente entre China y América Latina.* Macau: MAPEAL Instituto Internacional de Macau, 2006.

20. OBSERVATORIO DE POLÍTICA CHINA. *Red Iberoamericana de Si-*

nología. Obtenido de Observatorio de Política China, 2014, http: //www. politica - china. org/ribsi. php

21. OLLÉ, M. , "La formación del pariún de Manila: La Construcción de un equilibrio inestable" . En P. S. Aguilar, *La investigación sobre Asia Pacífico en España* (púgs. 27—49) . Granada: Universidad de Granada, 2007.

22. ORTEGA, E. , *Etimologías: Lenguaje culto y científico.* México: Diana, 2001.

23. REAL ACADEMIA ESPAÑOLA (RAE) . , *Real Academia de la Lengua Española.* Obtenido de 22 de Noviembre de 2014, http: //lema. rae. es/drae/? val = sinolog% C3% ADa.

24. REYES, G. , "Teoría de la Globalización: Bases fundamentales" . *Nómadas. Revista Crítica de Ciencias Sociales y Jurídicas*, Enero de 2001.

25. ROTHWELL, M. D. , "Influencia de la Revolución China en América Latina: México, Perú y Bolivia" . *Revista de la Biblioteca y Archivo Histórico de la Asamblea Legislativa Plurinacional*, 2010.

26. RYCKMANS, P. , "Orientalism and Sinology" . En LEYS, S. , *The Burning Forest: essays on Chinese Culture and Politics.* Nueva York: Paladin, 1985.

27. SAID, E. , *Orientalism.* Nueva York: Pantheon, 1979.

28. SIMON & SCHUSTER MACMILLAN. , *Slave Trade: Coolie Trade.* Farmington Hills: Gale, 1998.

29. SPENSER, D. , "El viaje de Vicente Lombardo Toledano al mundo del porvenir" . *Desacatos*, 2010.

30. SUN, H. , *Los intercambios culturales entre China y América Latina.* Obtenido de China Hoy 29 de Enero de 2013, http: //www. chinatoday. mx/cul/CLACE/content/2013 - 01/29/content_ 515215. htm

31. UNIVERSIDAD DE GRANADA. *Enlaces Confucio Hispanoamerica.* Obtenido de Instituto Confucio Universidad de Granada, 2013, http: //institutoconfucio. ugr. es/pages/enlaces/enlaces_ confucio_ hispanoamerica.

32. UNIVERSIDAD DE MURCIA. "Fúbulas Antiguas de China" Noviembre de

2005. Obtenido de *Tonos Revista electrónica de Estudios Filológicos*：http：//www. um. es/tonosdigital/znum10/secciones/tri – fabulas. htm.

33. UNIVERSITY OF MINNESOTA. *University of Minnesota Libraries*. Obtenidode，2 de Diciembre de 2014，https：//www. lib. umn. edu/bell/riccimap.

秘鲁第三代华裔的价值观与土生性质

[秘] 帕德利西亚·卡斯特罗·奥万多

(蓝博　译/朱伦　校)

内容提要　本文分析了一些由中国移民带到秘鲁并保持至今的价值观和观念。研究对象是第三代及1980年之后在秘鲁出生的华裔，研究这些被称为“土生者”或“华裔后代”的特性，以及他们对中国的看法。为了更好地了解他们，文章还描述了“华人”这个概念在秘鲁社会的演变——从“土生性质”“中餐”到秘鲁身份的各种构建因素。

引　　言

秘鲁是较早与中国接触的国家之一，据官方记载，华人移民秘鲁可追溯到1849年。华人传统以及价值观并没有因世代更替而消失，而是得以延续甚至变成了“土生性质”(esencia tusán)。

本文旨在探讨“土生性质”是什么。这种性质从第三代华裔身上开始表现得更明显，它以“土生”之名为世人所知。[①] 除其他因素外，在第三和第四代土生者身上，有多少中国传统价值观构成了“土生性

① “土生者”现在是指秘鲁所有的华人后代。一开始仅指那些出生在秘鲁的华人移民的孩子(第二代)。

质”的一部分？

在第三和第四代土生者的价值观和观念中，传承自中国的因素主要有教育（上升跳板）、金钱（储蓄意识）和家庭（大家族、等级和敬老）。

这些中国遗产在土生者身上根深蒂固，而其他中国传统和联系则大部分不复存在。“土生性质”中较为明显的特征还有：对中国血统感到自豪；对当代中国特别关注；主动与中国和中国文化重建联系。

与前辈们不同，秘鲁的土生者对自己是中国身份还是秘鲁身份不存在争议。他们一再重申自己的秘鲁身份，包括中国遗产也被认为是秘鲁化的。他们的父辈是中国人，对他们的生活没有多大影响，尽管他们和父辈一样怀念着中国。

由于受时空影响，土生者与其中国之根（祖辈或曾祖辈）的联系几近断裂，但中国遗产在他们身上为何不仅得到了继承，甚至还得到了加强呢？是什么因素促成了年轻一代华裔“土生性质”的觉醒？

有两个因素可以解释这些现象。第一个因素是外部因素，即与中国在世界上的崛起有关，是中国正在发展和中国话语复兴的结果。第二个因素是内部因素，与华人概念在秘鲁社会的演化有关。内外两种因素相结合，激起了华裔的“土生性质”。

本文首先把“土生性质”视为有助于构建秘鲁身份认同的因素，但也强调第三和第四代土生者以自己的中国遗传丰富了“何谓秘鲁”的概念，丰富了秘鲁文化的许多方面。与此同时，将提出解释这两个过程的范式或标志。

文章围绕三大主线展开：华人概念在秘鲁社会的演化；从第三代土生者身上的中国价值观和其他特征看其“土生性质”；在秘鲁民族身份认同建构中“中餐”（chifa）因素的影响。在此之前，笔者先说一下研究过程。

笔者对土生者的研究计划，第一阶段始自 2009 年，是从收集在华新一代秘鲁青年报道开始的。笔者的研究计划与秘—中双边关系的两个重要时刻吻合：一是华人移民秘鲁 160 周年（1849—2009 年）纪念活动；一是秘—中双边自由贸易协定的签署（2009 年 4 月 28 日）。

2009 年，秘鲁《商报》曾刊登过两篇新闻报道：一篇讲述的是在北京各大高校学习汉语的秘鲁青年的生活情况;[①] 另一篇的内容，说的是一名秘鲁青年在中国结束汉语学习后，到广东一家工厂工作的经历。[②]

两篇文章都说到一个共同话题，就是有大量华裔秘鲁青年，他们与其父辈、祖辈或曾祖辈来秘鲁寻求美好未来不同，走了一条完全相反的道路，怀揣梦想到中国去学习。

这种赴华留学现象数年前就出现了，它与另一个可以证明土生者在秘鲁影响力与日俱增的事实相吻合，这就是在不同政党执政时期，先后有两位华裔秘鲁人被任命为驻华大使，他们是：陈路（Luis Vicente Chang Reyes）和伍绍良（Jesús Jay Wu Luy）。前者任期是从 2002 年 11 月 1 日到 2006 年 7 月 26 日，后者任期是从 2007 年 3 月 1 日到 2009 年 6 月 25 日。

第二个研究阶段始自 2014 年，笔者对自 2003 年后去北京求学的土生者进行分类，确定了研究对象，他们可分为三个类型：父母双方均是中国人的子女；至少父亲是中国人、母亲是土生者或当地人的子女；第三和第四代的土生者。

那些与中国之根联系很少或毫无联系的土生者，也就是说，那些其祖辈（也可能是曾祖父）至少已有一人去世的土生者，或者其一生没有受过中国父亲影响的土生者，他们最渴望重建与中国的联系。此外，他们前往中国，还带着一种对中国的美好憧憬。

---

① “*Esta es la nueva generación de peruanos en China*”, artículo del diario *El Comercio* (2009).

② “*La larga marcha del retorno*”, artículo del suplemento especial del diario *El Comercio*: *China-Perú*: 160 *años de migración china al Perú* (2009).

但是，自第三代土生者起，大多数身上仍有一些识别特点和群体特点：他们对自己的身份虽然没有什么困惑（有中国血统的秘鲁人），但在做关键决定时，显而易见具有一系列中国传统的价值观和观念，尽管他们自己认识不到这一点。

在第三个研究阶段，笔者在利马组织了一次座谈会和一系列访谈，受邀者主要是第三代土生者，也有第二代和第四代土生者代表，以及父母均是秘鲁出生的华人的子女。许多受邀者是秘鲁华人协会（APCH）会员。①

座谈会在秘鲁华人社区妇女协会所在地举行。笔者发现，在第二代和第三或第四代华人之间，对“华人”和“土生者”的理解有着明显的不同。人们不仅受与中国之根远近、年龄或经验影响，还受各种角度和参照影响。

通过单独访谈，受访者基于家庭记忆所表达出来的观念和价值观更明确。在不一定都是中国式家庭教育中（至少父亲一方是土生者），他们始终有一些共有的规范。最令笔者难忘的是，受访者在回忆生活中涉及中国的话题时，总是滔滔不绝。

二 “华人”概念的演化

从第一批中国移民到达秘鲁（19 世纪）到 21 世纪初，秘鲁社会对“华人”（chino）一词的概念历经演化。在秘鲁人看来，“华”（lo chino）不仅指出生在中国的入境移民，还指他们的后代，甚至可泛指任何

① *Página oficial de la Asociación Peruano China*（APCH）http：//www. apch. com. pe/inicio. html

有亚裔特征的人。

在150多年时间里，在秘鲁人的观念中，“华”（苦力、嫁接者、土生者、华人）的内涵已从负面或中性意义转为正面意义。最明显的变化，体现在对华人后代的用词上：以前叫华人后代为“injerto”（嫁接者），现在叫“tusán”（土生者）。土生者已无贬义。

随着中国第一波外向移民潮（1849—1900年），[①] 有十万多中国劳工或苦力按照《华人法》来到了秘鲁。该部法律是秘鲁政府于1848年通过的，目的是以中国劳工替代沿海农场中被解放的黑奴。

尽管“苦力”[②] 一词开始并无贬义而是描述事实（指中国劳工及其品质不足），但秘鲁精英阶层先将“苦力”、后将“华人”（还有其他名称）与进入秘鲁的移民可能带来的陋习和恶习联系了起来。在当时的文学作品中，苦力和华人都有陋习和恶习的含义。

到20世纪初，秘鲁媒体开始使用“嫁接者”[③] 一词来称呼中国男性移民和秘鲁妇女（社会经济地位低下的妇女和印第安妇女）的后代。这个原与农业有关的概念，被用来专指受到当时秘鲁社会严厉谴责的种族杂交行为。

后来，大部分苦力结束了在农场劳动的契约。由于中国女性移民很少，苦力们与当地妇女组成了家庭，开始做一些小生意。这些家庭的子女被称为“嫁接者”，他们是第一代其父为华人、其母为当地人的秘鲁人，由此诞生了一种新群体。

---

① 利卡多·拉·托雷·席尔瓦指出，1849年《华人法》允许招收大量契约劳工。据说，第一批到达卡劳港的华人是75个苦力，直到1880年有9万到10万中国人进入秘鲁。

② “culí”这个单词用来指那些被送到秘鲁从事繁重劳作的契约劳工的说法是不准确的。在中国话中，“culí”就是苦力，念“kǔlì”。这个词分“苦”和“力气”两层含义。有中国专家指出，5世纪的一些文学作品中开始出现了这个词。

③ 伊莎贝尔·拉尔森·埃雷拉说，现在不清楚从何时起，大家开始用“injerto”来指那些中国父亲秘鲁母亲的孩子。但是，这个词的概念似乎和农业相关。有一点可以确定的是，它的来源和在田园工作的中国人有关。

随着孙中山宣布成立中华民国，1912 年之后，[①] 秘鲁来了另一批不同的华人移民。在这批移民中，有不少中小业主和商人家庭，他们的经济社会地位虽然比先前的苦力高一些，但仍受到歧视。

在此后的岁月里，“嫁接者”这个称呼逐渐被“土生者”所取代。“土生”源于粤语“土生土长”的发音（tou2 sang1 tou2 zoeng2），意为“出生和成长在这片土地上”。“土生”这个词，开始指孩子的出生地是秘鲁，不管其父母双方是华人还是只有父亲一方是华人。

当中国男子抛弃在中国的家庭而与秘鲁女人（中国血统或当地血统）结婚时，“土生者”这个概念的含义显而易见。对在秘鲁出生的孩子叫土生者，可以与在中国出生的孩子区别开来。[②] 从某种方式上说，土生者一词也曾是贬义的。

20 世纪中叶，秘鲁华人群体已具新的规模。除了老移民和新移民外，在秘鲁出生到中国接受教育的新一代令人瞩目，而华裔后代的数量也在继续增长。[③]

20 世纪 50 年代前后，秘鲁全面走向城镇化，华裔商人走出中心商圈，全面占领各个角落，在首都多个城区和全国各省开办小商店。对商铺主人，民众称他们是“街角华人”。[④]

1961 年，一群年轻华裔走到一起，成立了土生者联合会（Asociación“Tu San”）。与其他华人或华人后裔的协会不同，土生者联合会强调职业圈子。他们以土生者命名自己的协会，是要重新评价其父

---

① 贝尔·亚当·马科尔文负责对秘鲁的中国移民进行分类、登记和统计。

② 拉尔·常·路易斯，曾是《东方月报》的主编。他表示，那些在秘鲁和中国都有家庭的中国移民为了将秘鲁家庭的孩子与中国孩子区别开来，称他们在秘鲁出生的孩子为土生者。因此“tusán”这个单词指的是在秘鲁出生并长大的人。

③ 陈志明在其著作《迁徙，家乡与认同：文化比较视野下的海外华人研究》中解释了海外华人的种类。

④ 在秘鲁和墨西哥，“街角华人”的意思不仅仅指华人仓库，也指到华人商场去。在巴拿马，“去中国”指的就是“去购物”。（Hu - DeHart，Rodríguez Pastor，*Siu en Cuando Oriente llegó a América*：*Contribuciones de inmigrantes chinos*，*japoneses y coreanos*，331 pp）

辈和祖辈用这个词来指称他们的“秘鲁儿孙”。

这个土生者联合会影响虽然很大，但开始只有不到 20 名成员，也只存在 10 年时间。把土生者与职业联系起来，是这个协会的功劳，它促使秘鲁社会对土生者群体的含义进行了重新评价。从此以后，“土生者”一词不再具有贬义，并逐渐用来泛指秘鲁所有的华人后代。

在“土生者”一词含义的变化过程中，《东方月报》（la Revista Oriental）功不可没。自 1931 年创刊（创办者有 Alfredo Chang Cuan、Gabriel Acat Cuan 和 LeonorAcat Cuan），该杂志记录了秘鲁华人共同体的发展。在该杂志的文章中，“土生者”取代了“嫁接者”一词，也取代了“华裔”（waajeoi）一词。

20 世纪 90 年代初，“华人”一词重回秘鲁政治舞台。虽然秘鲁社会一直用华人一词来称呼任何一个是亚裔面孔的人，或特指“街角华人”，但秘鲁前总统藤森（Alberto Fujimori）赋予了“华人”一词新的含义。

藤森开始竞选总统时，其追随者都称他是“华人”；尽管藤森是日本人，但正是他让华人一词普及开来了。藤森政府最初几年的成功，以及他的座右铭——“诚信、技术和工作”，给华人这个概念重新赋予了积极内涵。

执政后期，藤森的民众支持率急剧下降，加上他第三个任期发生的危机（2000 年），华人这个称谓再次染上了贬义。藤森除了被称“这个华仔”外，他的反对者还把“日本”（Japón）一词倒过来（ponja）指称他；日本的西语发音是“蛤笨”，倒过来念就是“笨蛤”。目前，藤森的女儿、秘鲁国会议员藤森庆子（Keiko Fujimori），还被反对者蔑称为“这个华女”。

近几年涌现出来的一个人物，改变了秘鲁社会对土生者的看法，同时提高了“街角华人”的地位。这个人物名叫黄路（Erasmo Wong Lu），他把事业成功与其中国血统联系起来，创建了以 Wong 为名的连锁超市，名利双收。这样的例子并不鲜见，但黄氏家族的影响使土生者在秘鲁社会的地位得到了巩固。

1999 年，黄路和一批知名土生者举办了华人移民秘鲁 150 周年纪念活动，并建立了秘鲁华人协会（APCH）。2001 年，该协会出了第一期简报，名为《整合》（*Integración*）。在这期简报和 2008 年创刊的《整合》杂志中，“土生者”一词频频得到使用。

但是，黄路的目标更大。他不仅努力让“土生者”认识到自己是秘鲁华人共同体的支柱（前文提到的土生者联合会的目标），还想让“土生者”成为秘鲁全社会的支柱。无论是《东方月刊》还是《整合》杂志，都反映出华人群体的勃勃生机，两者都强调土生者对秘鲁国力增强的贡献。

在秘鲁社会中，“华”的概念向正面演化不仅是外部因素发生作用的结果，即不仅受中国在世界上的发展和上升的影响，更重要的是由内部因素决定的，它是一个从 20 世纪中叶开始，至今不曾停止的过程，其中，土生者联合会、《东方月刊》和其他媒体都做出了贡献。

内外两个因素在秘鲁汇合，为华人的“土生性质”注入了一种强大力量。秘鲁华人的土生性质不仅体现在第三代华人后裔身上，也体现在 1980 年中国打开国门后出生的那些土生者身上。

三　土生性质与坚定的价值观

如同“华人”及其延伸概念“华”在秘鲁人的观念中最终演化为“土生”一词的情形一样，第一代华人移民带到秘鲁的传统价值观和习惯，也经历了不同的发展轨迹：有些东西被保留下来，有些东西被融化或消解了，还有一些东西得到了复兴。

华人价值观和习惯的维持，有不同的渠道。在早期阶段，靠的是各种华人协会或联合会（1868 年开始出现），后来，靠的是中华通惠总局（La Sociedad de Beneficencia China，1886 年成立）。这些组织使华人传统在华人社区和华人街（Barrio Chino）内部得以保留下来。后来抵达秘鲁的新移民，也加强了华人遗产。

在华人的整合过程中，天主教会的参与功不可没。在早期阶段，华人移民不仅通过洗礼加入了教会，而且由此成了秘鲁社会天主教徒群体的一部分。后来，华裔家庭的熏陶则使他们的后裔围绕信仰得以团结起来。

然而，早期华人移民中没有女性、后来女性不足，使男性华人不得不与当地妇女结婚成家，这些新家庭很难保持中国价值观和传统。进入 20 世纪，男性华人移民才有可能与土生妇女组建家庭。

即使是那些把妻子从中国带到秘鲁的移民者，以及回到中国结婚的移民者，还面临着另一个难题：子女在秘鲁的教育问题。面对背井离乡之苦，大多数移民都把子女送回中国接受教育。这种做法在 1960 年之后还存在，尽管当时在秘鲁已建有华人学校。

除了中国的教育基础因素外，华人移民把在秘鲁出生的子女送回中国接受教育，主要是让他们学会其父辈信奉的一系列价值观和习惯，加强他们的华人认同。但是，这种认同在某些情况下恰是他们回到秘鲁后产生内部冲突的原因。

秘鲁的华人共同体并不完全承认这些第二代“土生者”的华人身份。前文说到的土生者联合会的成员就是例子。他们创建这个协会，就是要通过建构“土生者”认同，证明自己的华人之根，为华人共同体的团结而努力，以使华人在秘鲁社会中占有一席之地。

在第二代身上体现的“土生”认同，尤其是那些父亲是华人、母亲是当地人或土生者的认同，是建立在从家庭里或学校里获得的价值观、原则和传统为基础的。这种认同与第二代成员们所取得的职业成功和社会地位密切相关。

秘鲁土生者联合会就是一个例子。1961 年 12 月，该协会在其第一期简报中指出：

> 我们的社团之所以取名叫土生者联合会，因为我们深信，一个人的真正价值不是靠他的财富多寡、出身贵贱和信念表白来衡量的，而是取决于他为改善人类社会准备做出什么贡献。我们希望本着相互尊重、相互合作和相互帮助的坚定意志，把所有华人及其后代凝聚为一个“有活力的共同体”。我们相信这是可能的，它是全体华人的要求。①

1999 年，秘鲁华人协会在指出推动其成员团结的原则和价值观时概括为“诚信、勤劳、正直、尊老”。这些观念正是中国传统文化的核心，从秘鲁最早的华人家庭起就铭记在心。

在秘鲁华人协会的官方网站上，黄路会长详细说明了创会的目的。

> 念及几代华人都呼吁实现建立一个团结一致的共同体的梦想，想到已得到公认的对我们祖国的发展贡献巨大、人数众多的土生共同体在团结和引领华人共同体方面具有的重要性，1999 年，我们决定成立秘鲁华人协会，以此肩负保护、传播和发扬我们先辈们的原则、传统和习俗。②

第三代土生者与其先辈最大的不同点之一，是他们的包容观念。第

---

① *Primer boletín de la Asociación* “*Tu San*” （1961），elaborado por la Secretaría de Prensa y Propaganda de la institución.

② Página web APCH（Sección Nosotros），http：//www. apch. com. pe/nosotros. html.

三代土生者的追求，是找回自身的华人一面。但是，他们这种行为不是要将土生人包容到秘鲁新华人移民之中，也不是相反。这些第三代土生者自认为是带有华人遗传的秘鲁人，这是他们具有的性质。

与第二代土生者不同，第三代土生者也不追求界定或担负自己的土生者身份，他们不这样做，是因为他们承认自己的身份是秘鲁人，其华人属性只是通过其土生父母继承下来的部分遗产。在秘鲁人和华人两个世界之间，他们没有碰到需要承受的冲突。

由此我们可以说，所谓土生身份，并非是延续不断的东西，也不是代代需要重申的东西，而是应景的产物。土生身份的建构和重申，是土生者面对秘鲁华人移民珍视其后代的华人身份并使其加入华人群体但却遭到否定时的反应。

此外，强调土生身份也是为了对抗秘鲁社会对华人抱有的并延及华裔秘鲁后代的种族主义和各种歧视。在上述两种情况下，土生者需要获得华人群体和秘鲁国家双方的承认。这是一个长期的过程，秘鲁华裔后代们都有切身感受。

秘鲁土生者联合会在1961年12月发布的第一期简报中就有这样一段话：

> 几代华人，都是在诉求无门、被迫同化和适应中度过的；面对我们社会到处充斥、抬眼可见的问题、错误和不公，他们感到无能为力。①

第三代及其以后的土生者依然保持的最大遗产，是他们在童年时代从土生家庭教育中获得的华人价值观。这是土生者身份最明显的性质。现在，这种土生性质在这代人的秘鲁人身份中已成为最重要的因素。

---

① *Primer boletín de la Asociación* "*Tu San*"（1961）.

土生者与他们的根虽然已没有直接联系，但土生性质则是由华人价值观和原则构成的，这些价值观和原则历经几代人依然得以保持了下来。笔者访谈过的群体，提到最多的是三个观念和价值观，它们是：教育（上升台阶）、金钱（储蓄）和家庭（广义的概念，与等级、服从和尊老等原则相关）。

上述这些价值观，在中国源远流长。在土生者中间，影响最大的要数教育，教育被该群体视为提升社会地位的平台。这种思想与直到1905年才废除的科举考试制度密切相关，这种制度通过严格的考试来选拔官员候选人，不管他们的出身如何，也不管其社会阶级或经济地位如何。

郑若玲在其著作《科举、高考与社会之关系研究》中这样写道：

> 科举考试允许自由报名，大多数人都有机会入朝为官。由于科举是得到上层社会地位、权力和财富的唯一途径……老百姓的参与热情前所未有，这奠定了广泛的社会流动和稳定的社会结构的基础。①

这是华人移民带到秘鲁的希望种子，并在他们的秘鲁家庭中播种下来。这些华人移民虽然大多出身贫寒且未接受过教育，但他们在中国看到了教育具有改变命运的功效。本着这种希望，投资子女教育就是保证他们有一个美好的前途。

在土生者中间，金钱是他们最看重的第二种价值。他们视挣钱为目标（富起来），是积累的源泉（保证生活安稳）。中国从古代时起，金钱的概念便与渴望发财幸福联系了起来。许多思想家都讨论过财富是人类追求的基本目标之一这个话题。

罗世烈在他的著作《孔子学说研讨》中写道：

---

① 郑若玲：《科举、高考于社会之关系研究》，华中师范大学出版社2007年版，第67—68页。

> 关于财富，孔子曰：“富与贵，是人之所欲也，不以其道得之，不处也”。[①]

抵达秘鲁的第一批华人移民不只是为了摆脱贫困，而是为了寻找发财的机会。追求财富是对家庭应尽的一种责任。个人成功与否，体现在他能否使自己的家庭富起来。

在华人的观念中，另一个与钱有关的特点是存钱，认为存钱有多种用途，如以备不时之需以及用于未来投资。但更重要的是，存钱被视为正确理财的证明。这后一点在中国被视为一种品质，甚至是一种艺术。

土生者说到的第三个价值观，是广义的家庭。等级和尊老原则是保证家庭运转的要素。中国自古以来就把家视为一个氏族，家是所有人最高的价值。这种观念意味着人人都应为全家福祉牺牲自己。

高望之在他的著作《儒家孝道》中就此写道：

> 如果我们探讨儒家之爱的本质，我们会发现，儒家之爱在家庭层面中，最大的爱是孝顺父母和对兄弟讲情义，强调孝道和血缘情义……人类应该先爱他的家人，也就是他们的父母、兄弟姐妹和其他亲属。儒家伦理以“孝”为本，重视家族观念。[②]

但是，中国人的“家”不限于父母—子女这种核心家庭，还包括所有直系亲属。在这样等级有序的家里，每个成员各有自己的具体位置。长辈对后辈负有义务和责任，后辈要尊重长辈。这里所说的尊重，就是无条件服从的同义词。

等级对中国家庭的有序运转十分重要，以至于在中文中对每个成员

---

① 罗世烈：《孔子学说研讨》，巴蜀书社 2013 年版，第 150 页。

② 高望之：《儒家孝道》，江苏人民出版社 2010 年版，第 69—71 页。

都有专门的名称，这些名称清楚地界定了每个人在家系中的位置，以及他同该家系其他成员的关系。给每个人定称谓，源于古代中国，当时在一个屋檐下，至少是三世同堂，甚至是四世同堂。

四 吃饭：中国烹调法的土生性质

在秘鲁，中国烹调法现已超越华人圈子成为秘鲁人生活的一部分。决定性的东西是中国烹调法的演变，即从适应当地口味的粤菜发展到“吃饭”（chifa）。吃饭不仅丰富了秘鲁人的餐桌，而且还加强了秘鲁民族认同。

在中国，粤菜的影响之一是导致了一波又一波人口流动。明朝年间（14 世纪），北方一些族群南下，把他们的烹调技艺带到了广东一带。到 1842 年，广东港口开放，粤菜又受到其他菜系的影响。

王松斗在其《广东菜的形成与发展》一文中，描述了这一过程。

> 明清时代，珠江和韩江两个三角洲逐渐发展成商品农业的渔民之乡。韶关、湛江等地的农业产生也趋兴旺。明末清初，屈大均著的《广东新语》曾说：“天下食货，粤东尽有之”，“食在广州”可以说已具雏形。历经元清两代至清中叶后，虽然国势日衰，但广州民间的饮食风气却日渐旺盛，鸦片战争爆发，清政府与英国签订一系列不平等条约，中国从此海禁大开，世界各地的珍异饮食原料陆续传入广州。①

① 王松斗：《广东菜的形成与发展》，《中国烹饪研究》，1999 年第 3 期。

当时，随着中国政治经济形势的变化，粤菜得到了大发展。除了两次鸦片战争（1839—1842 年和 1856—1860 年）外，太平天国起义（1850—1864 年）和义和团起义（1899—1901）等政治变故，都导致中国社会动荡不安。对于很多人来说，迁徙是唯一出路。池子华在其《晚清中国政治与社会》一书中描述说：

> 对于中国来说，连年的战争摧毁了一切，百姓无处安身。仅清朝光绪年间，就有超过 5000 万人被迫背井离乡，甚至有人自卖给外国商人，这种情况在其他时期都难以想象。①

1849 年来到秘鲁的华人移民，就是这些将自己卖给外国商人的中国人，是他们把自己的烹调技艺从广州带到了秘鲁，并进行了各种适应性改造，加入了不少新元素。这批移民大多在农场和鸟粪岛上干活，只有少数人当仆人。

那些当厨师或服务员的劳工在合同结束后，便移居到城市，与当地妻子一道开办面向民众阶层、提供食宿的中国小旅店，另有一些人则在当地市场做起食品零售小生意。

1854 年，始有华人移民来到首都利马，聚居在甲邦街（la Calle Capón）附近，后来，这条街道成了著名的唐人街。在这里，华人开设了第一批中餐馆，主要以粤菜为主。这些中餐馆一开张，就受到秘鲁土生西班牙裔克里奥尔人的青睐。②

因受到克里奥尔人的欢迎，粤菜沾上了克里奥尔人的光。那些具有克里奥尔情怀的艺术家们经常光顾利马中心唐人街，听到中国人吆喝“吃饭”，可能正是他们灵机一动，就给中餐馆起了个“吃饭”（chifa）

---

① 参见池子华《晚清中国政治与社会》，苏州大学出版社 2014 年版。

② 中国餐馆带动了阿尔图斯区（Barrios Altos）的发展，那里是秘鲁作曲家、知识分子、艺术家和吉普赛人聚集的地方。

的名字。从那时起，无论是当地粤菜馆还是粤菜，秘鲁人都称为“吃饭”。

奇怪的是，“chifa”这一西语发音似乎并非来自大多数秘鲁华人所使用的粤语，而与中国普通话有关。粤语“chifa”，是西班牙语对普通话化“chifàn”的发音形式，它有两个含义：（1）吃，即进食；（2）谋生，即挣取面包。[①]

中国普通话“chifàn”，与粤语“chifa”的发音非常接近，这表明20世纪华人移民的来源有了变化，他们的生意也越做越大。中国普通话是与首都和全国联系在一起的，掌握它在当时是受到教育的标志。

1930年前后，不少中国菜名逐渐西语化。此时的中餐，也与原来的粤菜有所不同，做法更精细，还加入了当地菜品如土豆等。广东油炸米饭，此时被称为“炒饭”（chaufa）。1935年，《东方月刊》发布了炒饭的做法。[②]

同样，“大盘”（taypá）这个名词（通常与西语 bien 连用，叫 bien taypá，意为“特大盘”）也流行开来，意思是要点满满一盘食物；taypá也源于普通话中的“太大”（tàidà）一词，意为过多、很大。据说，“taypá”这个词首次出现在中餐中是1921年，创造者是时任中国驻秘鲁领事胡安·伊格莱西亚斯（Juan Iglesias）。[③]

中餐馆不仅在华人街站住了脚跟，而且还引来当地各界人士的光顾。中餐如此受欢迎，以至于秘鲁人炒菜时也开始添加中国调料，如酱油（salsa de soya）、生姜（jegibre）和大葱（ceboollita china），这些调料在秘鲁都形成了专有名词，分别叫 sillao、kión 和 puerro。

1950年，在一份克里奥尔家庭食谱和一家秘鲁糕点店中，都出现

---

① 《新汉西词典》（*Nuevo Diccionario Chino Español*），商务印书馆2004年版，第111页。

② *Revista Oriental*, No. 38, abril 1935, p. 81.

③ En *Arte Culinaria del Celeste Imperio*: *Gastronomía china conquista los paladares criollos de Asociación Peruano China.*

了中国菜肴和食品“comida chifa”。[①] 甚至有人认为，克里奥尔人的传统食品如 lomo saltado、tacutacu 和 caucau 等，[②] 也都受到中国烹调法的影响，连名称都是粤语的西语拼音。

秘鲁的中餐“吃饭”，是中国厨艺的土生产品，它不能再叫中国美食，而应该叫秘鲁美食。“吃饭”从诞生到现在已过去数十年，它的性质不是原汁原味的中餐，而是土生的。换句话说，它继承了中餐粤菜的口味，加入了秘鲁当地作料，连菜名都西语化了。

如同对第二代土生者的认识一样，人们也曾质疑“吃饭”的性质。有些中国厨师试图恢复纯粹的粤菜，但绝大多数厨师还是选择适应当地人的口味。目前，许多中国游客不认为“吃饭”是中国菜或粤菜，可能就因为它是“秘鲁土生土长”的。

在秘鲁人看来，“吃饭”的概念经历了一个当地化的演变过程。开始时，“吃饭”是中餐馆和中餐的同义词，但不久后，“吃饭”一词就不完全是中文的概念，而是具有秘鲁人赋予的含义了。时至今日，“吃饭”不仅是秘鲁烹调法的一部分，而且还是秘鲁认同的特征之一。

关于第三代土生者的秘鲁认同问题，与“吃饭”含义的演变类似。第三代土生者认同自己是秘鲁人，但具有一种因来自土生家庭而带有华人遗传（历经时间考验的中国人价值观）的土生性质，以及其他属于他们这代人的特点。

第三代土生者的寻根之路，在很大程度上是受中国发展和崛起的光辉吸引的。他们与中国的联系纽带（几乎看不见但很牢固存在），就在于他们的土生性质。目前中国之风劲吹，这有利于第三代土生者前往中国，丰富自己的秘鲁认同之旅。

---

① Sergio Zapata Acha, *Diccionario de gastronomía peruana tradicional.*

② 王世申在《秘鲁文华》一书中说，“caucau”是苦力用庄园主丢弃的动物内脏做出来的一道菜肴。Caucau，是粤语“狗狗”的发音。http://elcomercio.pe/mundo/actualidad/promocion－lujo－manual－chino－conocer－peru－noticia－610197。

结　语

本文开始说到那些历经时空而不变并得到历次华人移民潮巩固的中国价值观，在华裔秘鲁家庭中延续了160多年。笔者研究的群体包括第三代（或第四代）土生者，以及1980年以后在秘鲁出生的土生者。

基于对家庭的回忆，土生年轻人赞同他们从家里获得的对自己的成长具有决定性作用的一些价值观，源自他们的中国人遗传。有些人表示，当他们成家后，在向对象表明自己的成长经历不只是不同时，才发现这种遗传。

按照回忆顺序，根据对自己生活影响大小，土生年轻人提到的价值观和观念有教育、金钱和家庭。这些东西，都有确定的含义，都与中国历史有关。

首先，教育被视为提升社会地位的阶梯，这种观念与中国科举制度有关，该制度通过教育可让人向上爬。秘鲁的华人移民对孩子教育舍得投资，他们认为，教育好子女就是成功。

其次，金钱的意涵一是致富，二是存钱，是生活保障。在中国人的传统中，金钱的概念是集体利益，是家族的事情。土生者认为，管好钱是从小就应学好的本领。这种观念让土生者与众不同。

最后，在中国人的观念里，“家庭”的概念是广义的，不是指核心家庭而是指氏族。等级与尊老是维持家庭的核心原则。土生者认为，这样的家庭范式可加强团结，关照到每一个成员。

上述三种观念虽说不是中国人的传统和思想所特有的，但它们却是中国人具有的典型特征。在某些情况下，它们与秘鲁价值观和观念截然相反，相对来说，秘鲁贫民阶层不注意对后代的教育、存钱不是一种必须，家庭一般是核心家庭。

中国在世界上的崛起，中国发展产生的影响和中国话语的复活，在第三代土生者身上也有体现，而在此之前，由于远离中国，他们与中国没有联系，也不学习汉语，对中国思想和文化也无深入了解。

除了中国这一外部因素外，中国遗产在第三代土生者身上得到复兴和加强，还归因于一种内部因素，这种因素与华人概念在秘鲁社会的演变有关，而这种演变则是华人长期不断地移民秘鲁的结果。内外两种因素，共同激发了本文研究对象身上的土生性质。

代代相传的中国人价值观和观念，成就了第三代土生者的土生性质，并且成为他们生活中的决定性因素。此外，第三代土生者身上还有其他特点，如自豪是中国血统，十分热衷于中国文化，以及主动重建与中国和中国文化的联系。

第三代土生者喜欢使用“土生性质”（esencia tusán）一词而非“土生身份”（identidad tusán），是因为他们把中国价值观的保持情况放在首位，也就是说，他们突出“中国遗产在华人后裔身上留下的东西”。土生身份是第二代后裔关切的东西，可被视为第一代移民的华人身份与第三代土生者的秘鲁身份之间的过渡。

此外，第三代土生者选用“土生性质”而非“华人性质”来界定自己，也是为了强调他们与土生家族的联系，以及他们在传承中国遗产时所起的输送渠道作用。第三代土生者接受的中国遗产，不是直接来自华人移民这个源头，而是来自也受到了秘鲁影响的土生家庭。

“吃饭”（chifa）这个概念，是中国烹调法在秘鲁产生的土生词汇，是秘鲁产品。尽管中餐具有中国遗产赋予的土生性质，但它吸收了当地调料，并且每道菜都有西语化的名称。由于生在秘鲁长在秘鲁，人们现不再认为“吃饭”属于中国烹调法。在秘鲁，“吃饭”法定是秘鲁的。

土生者回中国寻根，会使他们的秘鲁身份更加丰满。此外，像其他许多国家的情况一样，也有利于拉近秘鲁与中国的关系。土生者因有中国遗传和秘鲁身份，他们是连接太平洋两岸的牢固桥梁，这座桥梁可以让中国人和秘鲁人越过太平洋来来往往。

［帕德利西亚·卡斯特罗·奥万多，汉办孔子新汉学计划 2014—2015 年度博士项目培养博士；太平洋大学秘鲁中国研究中心助理研究员；秘鲁《商报》驻北京记者（2006—2011）；江苏师范大学伊比利亚美洲研究中心特约研究员］

参考文献：

1. Boletín *Asociación* "*Tu San*", No. 1, diciembre de 1961, p. 4.

2. Boletín Informativo *Asociación* "*Tu San*", Año IV, No. 12, noviembre-febrero 1966, p. 10.

3. CASTRO OBANDO, Patricia: "Esta es la nueva generación de peruanos en China", *El Comercio*, 9 de junio de 2009.

4. http://elcomercio.pe/mundo/europa/esta-nueva-generacion-peruanos-china-noticia-298161.

5. "La larga marcha del retorno", *El Comercio*, Suplemento especial, China-Perú 160 años de migración china al Perú, 13 de noviembre del 2009.

6. "Promoción de lujo: Manual en chino para conocer el Perú", *El Comercio*, 18 de julio de 2010.

7. http://elcomercio.pe/mundo/actualidad/promocion-lujo-manual-chino-conocer-peru-noticia-610197.

8. CHEN, Chuanren: *El poder de los chinos emigrantes: historia y situación actual de la emigración china*, Editorial del Conocimiento Mundial, Beijing, 2007.

9. 陈传仁：《海外华人的力量移民的历史和现状》，世界知识出版社 2007 年版。

10. CHEN, Weiming: *Investigación sobre la producción agrícola y su manejo en Cantón durante la dinastía Qing*, Editorial de la Universidad de Jinan, Guangzhou, 2013, p. 172.

11. 陈伟明:《清代广东农业产业经营研究》,暨南大学出版社 2013 年版。

12. CHEN, Zhiming: *Emigración, hogar e identidad: Enfoque comparativo cultural de los estudios chinos de ultramar*, Editorial Comercial, Beijing, 2012.

13. 陈志明:《迁徙、家乡与认同:文化比较视野下的海外华人研究》,商务印书馆 2012 年版。

14. GAO, Wangzhi: *Piedad filial confuciana*, Editorial Popular de la Provincia de Jiangsu, Nanjing, 2010.

15. 高望之:《儒家孝道》,江苏人民出版社 2010 年版。

16. GAO, Weinong: *Historia de la emigración china a Latinoamérica. Enfoque sobre asociaciones y actividades culturales*, Editorial de la Universidad de Jinan, Guangzhou, 2012.

17. 高伟浓:《拉丁美洲华侨华人移民史、社团与文化活动远眺上册》,暨南大学出版社 2012 年版。

18. LA TORRE SILVA, Ricardo: "La inmigración china en el Perú (1850—1890)", *Boletín de la Sociedad Peruana de Medicina Interna*, Vol. 5, No. 3, 1992.

19. http://sisbib.unmsm.edu.pe/bvrevistas/spmi/v05n3/inmigración.htm.

20. LAUSENT-HERRERA, Isabelle: "Tusans (tusheng) and the Changing Chinese Community in Peru", *Journal of Chinese Overseas*, Vol. 5, 2009, Issue 1.

21. "The Chinatown in Peru and the Changing Peruvian Chinese Communities", *Journal of Chinese Overseas*, Singapore University Press, Volume 7, 2011.

22. LIU, Quan: *Historia de la emigración cantonesa*, Editorial Popular de la Provincia de Cantón, Guangzhou, 2002.

23. 刘权:《广东华人华侨史》,广州人民出版社 2002 年版。

24. LUO, Shilie: *Investigación sobre el pensamiento confuciano*, Editorial Bashu, Chengdu, 2013, p. 150.

25. 罗世烈：《孔子学说研讨》，巴蜀书社 2013 年版。

26. MCKEOWN，Adam：“La inmigración China al Perú，1904—1937，Exclusión y negociación”. *Histórica* Vol. XX，n. 1，julio 1996.

27. http：//revistas. pucp. edu. pe/index. php/historica/article/viewFile/8464/8795.

28. MORIMOTO HAYASHI，Amelia（Ed.）：*Cuando Oriente llegó a América：Contribuciones de inmigrantes chinos*，japoneses y coreanos，Banco Interamericano，Washington D. C.，2004，p. 346.

29. 《新汉西词典》（*Nuevo Diccionario Chino Español*），商务印书馆 2004 年版。

30. *Revista Integración*（varios números）.

31. RODRIGUEZ PASTOR，Humberto：*Hijos del Celeste Imperio en el Perú*（1850—1900）. *Migración，agricultura，mentalidad y explotación*，Instituto de Apoyo Agrario，1989.

32. *Herederos del Dragón*，Fondo Editorial del Congreso del Perú，2000.

33. “La Pasión por el Chifa”. *Nueva Sociedad*，Ed. mayo-junio 2006，No. 203.

34. “Presencia china e identidad nacional”，*Cuando Oriente llegó a América：Contribuciones de inmigrantes chinos，japoneses y coreanos*，Banco Interamericano，Washington D. C.，2004.

35. SHI，Zihua：*Política y sociedad de China a finales de la dinastía Qing*，Editorial de la Universidad de Suzhou，Suzhou，2014.

36. 池子华：《晚清中国政治与社会》，苏州大学出版社 2014 年版。

37. WANG，Songdou：*Formación y desarrollo de la cocina cantonesa. Investigación de la cocina china*，Vol. 16，No. 3，1999.

38. 王松斗：《广东菜的形成与发展》，《中国烹饪研究》1999 年第 3 期。

39. YANG，Guozhen：*Comunidad y emigración china de la zona costera en las dinastías Ming y Qing*，Editorial de Educación de Nivel Superior，Beijing，1997.

40. 杨国桢：《明清中国沿海社会与海外移民》，高等教育出版社 1997 年版。

41. YE，Chunsheng，SHIA，idong：*Gran diccionario de las tradiciones populares de Cantón*，Editorial de Enseñanza Superior de Cantón，Guangzhou，2005，p. 239.

42. 叶春生、施爱东：《广东民俗大典》，广东高等教育出版社 2005 年版。

43. ZAPATA ACHA, Sergio: *Diccionario de gastronomía peruana tradicional*, Universidad de San Martín de Porres, Lima, 2006, p. 735.

44. ZHENG, Ruoling: *Investigación sobre la relación entre el examen imperial, la selectividad y la sociedad*, Editorial de la Universidad Normal de China Central, Wuhan, 2007.

45. 郑若玲：《科举、高考与社会之关系研究》，华中师范大学出版社 2007 年版。

国家双边关系

基什内尔执政时期的阿中关系

[阿] 鲁本·劳费尔

（蓝博　译/朱伦　校）

内容提要　两个基什内尔执政时期：内斯托尔·基什内尔（Néstor Kirchner，2003—2007）以及克里斯蒂娜·费尔南德斯·基什内尔（Cristina F de Kirchner，2007—2016 年），中国击败了众多与阿根廷有着深厚渊源的北美及欧洲地区国家，一跃成了当今阿根廷最重要的贸易、投资、经济伙伴。2004 年中阿建立了“战略伙伴关系”，到 2014 年两国关系则飞跃式地提升至“全面战略伙伴关系”。中阿双边经济和政治关系加速发展的过程中，阿根廷国内的地主及资本家出任中国在阿根廷的中间人，这个群体对双边关系发展起到了推波助澜的作用。中国投资通过国家级或省级平台渗透到了阿根廷的各行各业，这是一个契机，将增加阿根廷国内的就业率，丰富其国际关系以及增加外汇储备。地方企业在阿根廷商界、政界、学界、新闻界具有强大影响力，由它们主导的当地经济发展规划与中国对阿投资战略完美契合，可以说南美洲与中国的关系是：中长期处于依赖性萌芽阶段。

前　　言

两个基什内尔共执政阿根廷十二年时间（内斯托尔·基什内尔，Néstor Kirchner，2003—2007）时期以及克里斯蒂娜·费尔南德斯·基什内尔（Cristina F. de Kirchner，2007 年至今），这期间，中国击败了众多与阿根廷有着深厚渊源来自北美及欧洲地区的国家，成了当今阿根廷最重要的国际商贸、投资、经济伙伴以及国家财政的主要援助国。2004 年，中阿建立了“战略伙伴关系”，到 2014 年，两国关系则飞跃式地提升至“全面战略伙伴关系”。阿根廷国内大企业主和大地主（与中国的大型国有或民营企业合作）出任双方合作中间人的角色，他们推动两国国家级和省级双边合作平台的建立，这无疑进一步巩固了基什内尔政府的执政地位。

阿根廷政府已经将“发展对中战略伙伴关系”列入国家战略：推动两国产业多样化发展，其中包括一部分政策导向型产业。随着两国合作日益密切，阿根廷政府开始致力于发展一部分与中国经济发展模式互补的产业。从阿根廷政府、企业主、学术界的角度来看，阿中联盟对于两国来说是机遇与挑战并行。① 机遇主要体现为：双边贸易关系将得到进一步强化，中国对阿根廷的直接投资将进一步增加，两国多个产业的产能将得到进一步提升，两国的国际关系将进一步多样化，以及阿根廷政府债务得以更大程度缓解；但是同时要面对的挑战是，将会导致阿根廷的出口出现“再第一产业化”趋势，而中国强大的制造业将会破坏阿根廷本土制造业的成长。

阿中两国在两个基什内尔执政时期，通过频繁的国家级和省部级的高层互访，从国家政府到地方政府之间建立起了牢固的合作关系。可以说，在阿中两国亲密关系发展的过程中，阿根廷正义党的胜利阵线集团

① “对于拉美国家来说，中国是一个稳定的市场，可减少其沉重的债务并加强其宏观经济，合作使双边受益，使得拉美经济多元化和商业化并让拉美摆脱对美国和欧洲的经济依赖。”《胡锦涛拉美丰硕之旅》，《今日中国》2005 年 1 月。

是助推器。[①]

2004年，阿根廷时任总统内斯托尔·基什内尔应邀对中国进行国事访问。阿总统先后访问北京和上海，并在上海给复旦大学的师生做了一场演讲。访问期间，两国签订了文化、民航、卫生、农业和投资领域的五个重要协议。对此，阿根廷政府发言人及国内主流媒体兴奋地宣称："阿根廷完成了一项史上最重要的商业使命。"[②] 而且该使命的意义不仅局限在商业投资领域，还包括了国计民生的各个领域。后来，尽管普遍认为，这五个协议并没有为阿根廷带来预想那般巨大的中国资金，但是据阿官方称，阿根廷前后共收到来来自中国境内的超过200亿美元的投资，官媒同时还强调基什内尔总统访中所签署的重要协议是阿中双边关系实现飞跃的根本因素。与此同时，中国政府也得到了阿根廷对其市场经济地位的认同，阿根廷也因此成了中国加入世界贸易组织（WTO）的助力。

随着双边关系不断发展，阿根廷政府对中国投资和中国制造的态度不断开放，这也导致了阿根廷出口业再第一产业化趋势越发严重。[③] 截至目前，中国投资已经遍及阿根廷国内23个重要的经济省份。[④]

此外，中阿商贸的"互补性"是推动两国合作的因素之一，但随着两国企业合作的不断深入，基什内尔政府的决策深受中国因素影响，这就是所谓的"中国资本依赖"，这严重影响了阿根廷的国际战略主张。

---

① 这种表达影射"特殊关系"或"特权关系"，在20世纪最初十年间，拉美国家的地主和大工业，商业，金融资产阶级的产业依靠着英国资金建立起来。赫拉希奥·西阿法尔迪尼（Horacio Ciafardini）将这种关系定性为"附属伙伴关系"（引自：赫拉希奥·西阿法尔迪尼《阿根廷是现代世界市场》）。

② http：//www. presidencia. gov. ar/prensaoficial. En CORNEJO，*Romer*：*América Latina ante el crecimiento económico de China*. Bid-Intal，Buenos Aires，octubre de 2005.

③ OVIEDO，Eduardo D.，"China：Visión y práctica de sus llamadas `relaciones estratégicas?". *En Estudios de Asia y África*，El Colegio de México，Vol. XLI（3），N° 131，México，septiembre-diciembre，2006.

④ ELEISEGUI，Patricio，"Investigación：con paciencia y estrategia milenaria，China ya está presente en las 23 provincias del país". *iProfesional*，02－12－2010.

一　深入拉美的中国

21 世纪的中国经济高速增长，商业资本及制造业迅速占领全球，国际地位日益提升，俨然已是世界强国之一。中国在制造业、商业以及对外投资领域积极参与全球竞争，与美国的差距不断缩小，同时，还与“金砖国家”集团一道领导世界经济，打破欧美的霸权地位。

中国要实现立足世界巅峰的战略目标，那么拉美是其不可或缺的伙伴，中阿关系也将因此受益。事实上，巴西、智利、秘鲁是中国在拉美地区的主要贸易伙伴国，中国还是阿根廷、哥斯达黎加、古巴的第二大出口对象国。进入新世纪后，中国取代美国成为巴西和智利的第一大商贸伙伴国，还超过欧盟成为拉美的第二大商贸伙伴国。[①] 2004 年中国和智利、秘鲁、哥斯达黎加签署自由贸易协定，中国借此扭转了它在某些商品贸易中的逆差地位（例如：铜、鱼粉和集成电路），此外，上述国家对中国出口的大部分工业品征收零关税，并向中国开放服务业以及对中国投资给予“国家层面的特别照顾”，[②] 换句话说，新自由主义时期，[③] 世界经济秩序都是由大国主导的。

中国的国企和民企通过直接投资或与阿根廷本土企业合资，深入拉

---

① LI Wuzhou, “Un nuevo nivel en la cooperación China-América Latina” . *Revista China Hoy* (*filial latinoamericana*), N° 8, agosto 2012, p. 14. Cristophe Ventura: “China e América Latina: as relações perigosas” . 09 – 02 – 2013. En http: //www. outraspalavras. net/2013/02/09/china – e – america – latina – as – relacoes – perigosas/.

② LU Guozheng, “*La importancia de las Zonas de Libre Comercio con América Latina*” . *China Today*, 27 – 04 – 2012.

③ Ver David HARVEY, *Breve historia del neoliberalismo*, *Akal*, 2007, capítulo “*Neoliberalismo ‘con características chinas’*” .

美的各个领域，如石油、采矿、金融、铁路、渔业、食品业、电子业、区域性及大陆性贸易等。原来在拉美各国经济中居主要地位的产业逐渐沦为中国企业的合资方或者是中间商，中国借此影响拉美各国国内或区域性的经济决策，并提升自身在拉美地区的外交影响力。

近十年，委内瑞拉、玻利维亚、巴西、厄瓜多尔、巴拉圭和阿根廷等国政府推行了摆脱美国依赖、经济发展独立、改善社会不公、重视区域一体化的政策。而像智利、秘鲁、哥伦比亚、墨西哥则联手组建了太平洋联盟，经济上坚持以美国为主导，实行新自由主义经济政策。可以说，地缘战略的差异性将拉美各国分成了两大集团，但是两大集团有一个“共识”，即都与中国建立战略合作伙伴关系。[①] 内斯托尔·基什内尔执政时期，阿根廷国际战略的核心目标国是南方共同市场国家、欧盟、中国。

中国通过双边贸易、直接投资、采矿、食品业从拉美获取了巨大的经济利益，而拉美各国也借与中国合作的契机加快自身的农村城镇化和生产现代化的进程。现如今，中国已成为委内瑞拉和厄瓜多尔的石油、阿根廷和巴西的大豆、乌拉圭的肉类和高质量的羊毛、智利的铜矿、秘鲁的鱼粉的主要出口对象国。中国通过借贷、银行投资、货币交换协议等手段，将南美大陆变为其工业制品主要的销售场所之一，以及国家对外直接投资的目的地。

拉美各国的经贸动向都传达出一个共同的信号：重视与中国的贸易关系并根据中国的需求来调整自身的产业链结构。翻阅拉美经济史，我们不难发现拉美大陆敲开经济大国贸易大门的工具永远都是原材料。对于阿根廷来说，中国是一个拥有巨大和持续投资能力的超级大国，中国

---

① La Alianza del Pacífico, formada en junio de 2012, aspira a proyectar el proceso de integración entre sus miembros hacia el Asia-Pacífico, dando prioridad a China. “La Alianza del Pacífico mira hacia China” . *Dangdai*, 09 - 04 - 2013. http: //www. dangdai. com. ar/index. php/america - latina/23 - america - latina/2658 - la - alianza - del - pacifico - mira - hacia - china.

的资金成了阿根廷国内的地主和资本家追逐的对象，他们通过成为中国企业在阿根廷的合伙人或中间人获利，而中国企业也利用他们在阿根廷国内的影响力实现中国在世界政治博弈中的目的，可以说，中国与阿根廷精英阶层的合作是一种复杂和互相利用的关系。

二　大豆产业、再第一产业化、资本集中、外资持股、依赖性

2014 年 7 月，中国国家主席习近平访问阿根廷，这是他第二次拉美之行的重要一站。访问期间，两国建立了全面战略伙伴关系，并签署了二十几项大型投资项目，涉及基础设施、石油、金融、核能等领域。其中值得一提的是，贝尔格拉诺货运铁路一期改造项目和基什内尔－塞佩尼克水电站项目融资协议，这两项投资不仅可以缓解阿根廷融资问题，而且对未来阿根廷调整经济结构也具有战略意义。此外，中阿两国还签订了 110 亿美元的货币互换协议。习近平主席的这次访问不仅给阿根廷带来了经济影响，还带来了政治影响，阿根廷政府向中国元首表示：希望阿根廷经济在未来能像中国一样创造奇迹，希望得到中国政府的大力支持，以摆脱美国对拉美地区的控制，同时表达了阿根廷进入“金砖国家”的愿景。毫无疑问，中国在与美国、欧洲、俄罗斯争夺拉美的竞赛中，已经跑在了前列。①

对于阿根廷来说，中国是排在欧盟之后的第二大国际贸易伙伴国，

---

① LAUFER，Rubén：“¿Complementariedad o dependencia? Carácter y tendencias de las ‘asociaciones estratégicas’ entre China y América latina”. *Observatorio de la Política China*，27－10－2014.

还是排在美国和西班牙之后的第三大外来投资国；2013 年，中国还成了阿根廷第二大出口对象国，出口总额超过 110 亿美元。

2000—2004 年间，阿根廷对中国的贸易从开始 3.5 亿美元的逆差转变为 12 亿美元的顺差。此四年间，阿根廷的出口总额增加了三倍，进口额也得以从 2002 年的经济危机中缓慢恢复过来。2003 年全年，阿根廷对中国出口额增加到 112.6%，[①] 中国一跃成了阿根廷在全球的第四大贸易伙伴国，正如一位中国专家所说："这些数据足以表明中阿两国在经济发展上具有很强的互补性。"[②]

2002—2010 年期间，阿根廷对中国的出口额以每年近 23.2% 的速度增长，八年间涨了近十倍，与此同时进口额也飞速地增长，年均增长速度达到了惊人的 48.1%。[③] 2008 年之前，阿根廷对中国贸易始终保持着顺差地位，但 2008 之后，阿根廷的顺差地位快速丢失，到了 2010 年，阿根廷对中国贸易的逆差额达到近 19 亿美元（见图 1）。[④] 2011 年第一季度，阿中贸易逆差总额已经突破上述数字，[⑤] 这主要因为工业产品进口过大。不过，阿根廷的农业制品和化工产品对中国仍保持着顺差；[⑥] 2013 年为 58 亿美元，2014 年则为 64 亿美元。[⑦]

---

① CORNEJO, Romer: *América Latina ante el crecimiento de China* (2005), p. 27.

② Discurso del embajador chino Ke Xiaogang en el seminario "China: el desafío de insertarse en un mercado en expansión". *Argenpress*, 11-10-2003. En LAUFER, Rubén: "China desembarca. América Latina: una relación cuadrangular en el escenario 'global'". XX Jornadas de Historia Económica. Mar del Plata, 2006.

③ "El comercio exterior bilateral Argentina-China (doc. de trabajo)". *Min. de Economía y Finanzas Públicas* (*Arg.*). Agosto 2011.

④ "Análisis del comercio agrícola chino en 2010". *Agrichina*, Consejería agrícola de la embajada argentina en la RPCh, 10-05-2011.

⑤ "El desembarco chino". *Diario Página/*12, 21-07-2011.

⑥ "La balanza comercial argentina con China, en déficit". http://www.mercadocontinuo.com/2011/02/28/la-balanza-comercial-argentina-con-china-en-deficit/, 28-02-2011.

⑦ "Por mayor equilibrio comercial". *DangDai*, 19-07-2014. http://dangdai.com.ar/joomla/index.php?option=com_content&view=article&id=4324:por-mayor-equilibrio-comercial&catid=24:economia&Itemid=30.

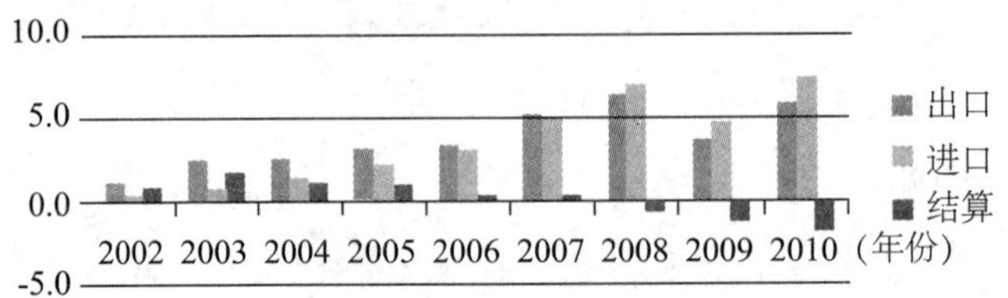

图1　2002—2010年阿根廷对中国的贸易差额（单位：10亿美元）

资料来源：阿根廷财政部2011年8月的报告《中阿双边贸易》。

近十年，阿中双边贸易的不平衡现象逐渐显现，尤其是贸易品种方面：阿根廷出口给中国的几乎都是初级产品和农牧业制品，而中国出口到阿根廷的是清一色的工业品。此外，阿根廷是世界第一大豆油出口国，全球第三大大豆出口国（仅次于美国和巴西）。阿根廷有两种大豆制品主要销往中国，而大豆粉主要销往欧洲。2010年，中国进口了阿根廷出口大豆类制品总额的25%（见图2），迄今中国对此的购买力仍维持在这个水准之上。

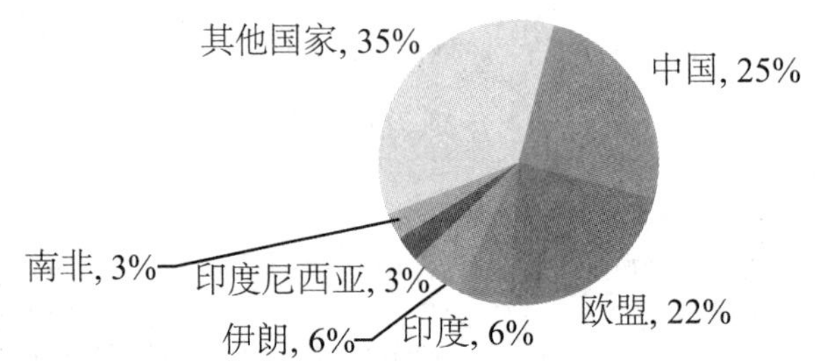

图2　阿根廷2010年大豆类制品出口国（不包括生物柴油）占比

资料来源：阿根廷财政部。最终数据以国家统计局数据为准。

正如前文所述，阿中贸易逐渐失衡，阿根廷对中国出口出现再第一产业化趋势，数据显示：2013年，阿对中出口产品的85.6%为初级农牧产品，11.4%是可燃物和能源，[①] 其中初级农牧产品出口中菜豆和豆油出口占58.7%（具体分别为49.8%和8.9%）。在进口方面，2010年至今，阿根廷每年主要向中国进口电脑（10%）、手机（8.5%）、化工制品（3.5%）以及摩托车（3.3%）等。[②]

表1　　农工业在阿根廷向中国出口额中所占比重

2005—2010年阿根廷与中国双边贸易详表
农工贸易总额

期间	贸易总额（单位：百万美元）			农工贸易总额（单位：百万美元）			农/总（%）	农/总（%）
年	出口	进口	差额	出口	进口	农差额	出口百分比	进口百分比
2005	3192.65	2236.83	955.82	2661.44	12.63	2648.80	83.36%	0.56%
2006	3475.85	3121.70	354.15	2376.01	19.39	2356.62	68.36%	0.62%
2007	5169.82	5092.95	76.87	4576.09	31.46	4544.63	88.52%	0.62%
2008	6354.96	7103.89	-748.93	5474.14	42.02	5432.11	86.14%	0.59%
2009	3668.28	4822.60	-1154.31	3193.28	32.53	3160.75	87.05%	0.67%
2010	5794.49	7648.85	-1854.36	4965.29	51.25	4914.04	85.69%	0.67%

资料来源：阿根廷国家统计局。

2009年，拉美经委会就指出阿中贸易关系是属于“农产品导向型出口模式”，与一个多世纪前寡头政府、地主以及欧洲资本家在拉美实行的双边贸易模式并无二致。

中国有望在未来五年成为拉美第二大国际贸易伙伴，往好的方面想，我们和21世纪全球经济的发动机紧密联系在一起，而不幸

① *Orientar*, *revista de la Cámara de la Producción*, *la Industria y el Comercio Argentino-China*, abril-mayo 2014. Ver también: “*Por mayor equilibrio comercial*”, *Dang Dai*, 19-07-2014.

② “El comercio exterior bilateral Argentina-China (doc. de trabajo)”. Min. de Economía y Finanzas Públicas (Arg.), Agosto 2011.

的是我们的国家正在走着一条与19世纪相似的出口贸易之路。①

中国崛起于20世纪90年代，当时的中国就已经是世界大豆和豆油最大进口国之一（该过程与欧盟截然相反②），换句话说，中国市场对大豆类制品的需要对阿根廷的出口有决定性的影响。阿根廷—中国生产及工商业协会主席埃尔内斯托·费尔南德斯·塔博尔达（Ernesto Fernández Taboada）曾说道："中国投资阿根廷的战略目标之一就是降低大豆类制品的物流及运输成本。"③

中国对阿根廷大豆的巨大需求让阿根廷国内的地主和资本家产生了"大豆依赖"，甚至可以说是"中国依赖"，中国（犹如另一个大不列颠帝国）成了阿根廷国际贸易的主宰。尽管近几年，阿根廷对中国的贸易也试图向多样化转变。例如，自2007年起，阿根廷对中国出口的产品中开始涉及部分工业制品（如压缩天然气钢瓶、压缩机和药品），④ 不过仍以农副产品为主（介于出口总额的80%—90%之间），这其中又以大豆类产品为主（大豆及大豆油约占农副产品出口总额的70%）。2001年，大豆及其制品约占阿根廷全国出口额的17.7%，到了2006年，这一数据上升到了20.5%，现如今飙升至24%。⑤ 与之对应的是，2003年至2007年间，阿根廷国内大豆种植面积翻了一番，从900万公顷升

---

① En "China-América Latina, ¿un modelo siglo 19?" . *Clarín*, 25 - 04 - 2010.

② Bolsa de Comercio de Rosario, 19 - 05 - 2014. http://www.fyo.com/informe/argentina - amenaza - compras - soja - china.

③ En ELEISEGUI, Patricio, "China avanza sobre Argentina en sectores claves de la economía". *iProfesional.com*, 13 - 08 - 2010. En http://www.pdeqdigital.com/index.php?option=com_content&view=article&id=1325: china - avanza - sobre - argentina - en - sectores - claves - de - la - economia - gandara - ya - es - china&catid=76: economia&Itemid=468.

④ NAISHTAT, Silvia *en Clarín*, 14 - 11 - 2007 y 25 - 01 - 2008.

⑤ MANGIONE, Germán, "La década del comercio exterior: El sojaducto" . *SurSuelo* N° 39 (junio 2014) .

至2002万公顷（这其中2/3的土地用于种植大豆），[①] 这严重挤压了畜牧业活动和传统的农作物（如小麦、玉米、向日葵）的用地。[②]

自从阿中战略伙伴关系上升为“亲密”后，阿根廷国内农作物种植就开始了向单一化以及出口专业化转变。数据表明，中国国内消费的近5%的转基因大豆进口自阿根廷，阿根廷为此付出了巨大的人口成本，牺牲了大量其他农业、工业生产。上述数据还从侧面说明了阿根廷目前社会状况：土地及资本集中制，大量的土地、资金都集中控制在地主以及国内外资本家手里。

“大豆出口依赖”不仅是阿根廷贸易失衡的症结，还导致了国家财政收入单一化：大豆及大豆类制品占阿根廷年出口总额的35%，政府每年可对其征税约250亿比索，约占总税收的一半。从2004年起，阿根廷经济严重依赖大豆，换句话说，依赖国内大豆种植和生产的资本家，以及中国市场的需求。[③] 到了2014年第一季度，阿根廷总出口额为368亿美元，大豆类产品出口额为110亿美元，约占总额的30%，而工业自动化类产品仅占13%，仍不及豆类制品的一半。[④]

随着大豆种植及豆类制品的商业化进程，大量土地及生产组织活动开始聚集在少数人手中。与20世纪的肉类出口一样，大豆产业被少数大型外企所垄断。数据显示，1998—2010年，阿根廷大豆类出口前五名企业所占销售额从51%上升到了70%，这些企业的外资持股比例也在不断攀升。1988年，豆类产业主要集中在政府机构或国有企业手中

---

① *La Nación*, 04 –09 –2011. Bolsa de Comercio de Rosario：https：//www. bcr. com. ar/Pages/ gea/ default. aspx

② RODRÍGUEZ, Javier： “Los cambios en la producción agrícola pampeana. El proceso de sojización y sus efectos” . *Revista Voces en el Fénix*, N°12, marzo 2012.

③ IGLESIAS, Enildo： “¿Explota la burbuja de la soja?” . *Rel-Uita*, Uruguay, junio de 2004. http：//www. lainsignia. org/2004/junio/econ_ 049. htm.

④ Bolsa de Comercio de Rosario, 04 –11 –2014. http：//www. fyo. com/noticia/144666/complejo – sojero – exporto – us – 11048 – millones – 6 – meses.

（如阿根廷农业合作社、阿根廷农民联合会），但到了2010年，该产业则完全被外资所垄断（如嘉吉公司、特普费尔、邦基、阿彻丹尼尔斯米德兰和德雷福斯）。[①]

阿根廷对中国市场出口的单一化，容易引发国内经济危机，还会减弱对世界经济危机的抵抗力。2014年，伴随着国际原材料市场（石油、铜、铝、铅、镍等工业金属）价格骤降，国际大豆价格也随之跌至350美元/吨，比2011—2013年平均价格低了近32%，这直接导致阿根廷损失了近27亿美元。[②] 近年来，为了应对持续低迷的国际大宗商品价格，阿根廷不得不采取和巴西一样的货币宽松政策。[③]

对中国市场过度依赖的后遗症在2010年爆发，中国政府拒绝了两艘来自布宜诺斯艾利斯港的大豆运输船入境，阿根廷国内大豆业及财政迅速遭受打击。事情的起因是阿根廷政府试图控制中国资金在当地的扩张，对中国进口产品采取了一系列限制措施，中国则以豆油卫生问题作为反击，让阿根廷尝到了苦头。[④]

中国中粮集团在和美国嘉吉、邦吉、德雷福斯、阿彻丹尼尔斯米德兰竞争中脱颖而出，收购了尼德拉公司和来宝农业51%的股权。尼德拉是全球知名的农产品及大宗商品贸易集团，年销售额超过170亿美元。目前尼德拉在18个主要进出口国家从事当地分销和国际贸易业务，产品销往全球60余个国家。其优势在于对南美粮源的掌控能力，以及

---

① ORTIZ, Ricardo y PÉREZ, Pablo, “Ambiciones privadas y connivencia estatal: dos décadas de explotación de los recursos naturales en la Argentina”. *Revista Industrializar Argentina* N° 14, mayo 2011.

② Bolsa de Comercio de Rosario, 19 – 05 – 2014. http://www.fyo.com/informe/argentina – amenaza – compras – soja – china.

③ “Brasil se prepara para una medicina amarga”. *La Nación*, 10 – 12 – 2014.

④ “椅子、地毯、电动锯、砂光机、拼图、钻机、研磨机、割草机、锄杂草机、卫生设施、汽车配件、垫圈、各种工具，有一些数以千计的原产于中国的产品已经返回到侵入阿根廷市场，对当地产业造成显著的损害。”阿根廷中小企业联合会（CAME）。新闻稿，2014年8月17日。另请参见“另一个红潮：中国制造”，*La Nación*，2014年8月24日。

掌握着种子业务的核心技术。来宝农业是来宝集团农业平台，也主要从事农产品贸易，优势在于物流资产布局和糖类业务。中粮集团资产超过570亿美元，营业收入合计633亿美元。该公司计划在南美、黑海等地的粮食产区与亚洲新兴市场之间建立“粮食走廊”。几年前，该公司就设立了100亿美元的专项资金，专门用于国际并购。尼德拉阿根廷分公司是阿根廷国内最重要的农业公司，公司业务包括谷物、豆制品、油脂燃料、面粉、食用油等农副产品的生产、采购、仓储、调配、销售。阿根廷来宝公司是来宝集团的农业子公司，在利马和丁布斯（Timbúes，位于布宜诺斯艾利斯和圣塔菲之间）拥有自己的码头。①

通过上述收购，中国在阿根廷从种子仓储到港口运输，拥有了完整的产业链，这极大地提升了对中出口农作物的数量。但是，也让中国政府掌握了阿根廷农产品的发言权，尤其是在数量、质量、价格问题上，中国可以任意压价，进而影响阿根廷政府的财政和税收。②

三　中国投资：经济与政治并行

阿中建立战略伙伴关系为阿根廷带来了大量的中国投资。拉美地区的石油、采矿和基础设施建设是中国、欧洲、俄罗斯、美国竞争的核心领域。③ 中国对阿根廷的直接投资，实际采用的是外资持股方式，不破

① MANGIONE, Germán, “¿A qué vienen los chinos?”. *La Brújula*, 17-04-2014.

② SLIPAK, Ariel, “Una relación riesgosa”. *Página/12*, 08-12-2014.

③ “EE UU, China y Rusia compiten por grandes proyectos en Argentina”. *Russia beyond the headlines*, 08-12-2014. http://es.rbth.com/internacional/2014/12/08/ee_uu_china_y_rusia_compiten_por_grandes_proyectos_en_argentina_45655.html.

坏阿根廷国内原有的产业结构。①

目前阿根廷国内不时会有这样的声音发出：警惕阿根廷再次沦为“十九世纪初级产品出口型国家”。阿根廷国内各界对此看法不一，有人认为应当利用与中国的关系带动国家发展。如何克服大量的中国制造涌入冲击民族制造业以及出口单一问题，笔者认为：坚持对中国出口多样化的策略，此外应利用中国投资加快阿根廷国内的基础设施建设，还应进一步增加初级产品的附加值，弥补巨大的价值逆差。②

除了中粮集团的大型收购外，在2010年，中国大型国有石油公司中国海洋石油有限公司（以下简称中海油）持股50%的合资公司布里达斯公司（BRIDAS），与英国石油公司（BP）签署股权购买协议，拟以约70.6亿美元的价格，收购英国石油公司持有的泛美能源（PAE）60%的权益。之前，布里达斯公司已拥有泛美能源40%的权益，剩余60%一直由英国石油公司持有。2011年2月，泛美能源收购了埃克森美孚阿根廷分公司埃索（ESSO）的全部资产，要知道，泛美能源拥有阿根廷最大的矿脉——龙山（位于丘布特省）。经过一系列的运作，中海油在短短一年时间里一跃成了阿根廷第二大石油公司，仅次于雷普索尔公司（REPSOL）。早在2010年，中海油董事长杨华就意味深长地说过：“布里达斯公司拥有世界级的石油和天然气产业网络，是中国进入拉美最好的滩头。”③

此外，亚洲最大的炼油化工企业中国石油化工集团（以下简称中石

---

① SCHORR，Martín y MANZANELLI，Pablo，“La extranjerización en la pos – convertibilidad”. *Revista Industrializar Argentina*，N°4，mayo 2011.

② “En vista de esos desafíos，cabe dirigir los esfuerzos a captar inversiones de Asia en esas cadenas de valor y a estimular el comercio intraindustrial con esa región”. O. ROSALES y M. KUWAYAMA：“China y América latina y el Caribe. Hacia una relación económica y comercial estratégica”. CEPAL，marzo 2012.

③ *Crítica de la Argentina*，15 – 03 – 2010. http：//criticadigital. com/index. php? secc = nota&nid = 39190.

化），以24.5亿美元收购了美国西方石油（OXY）阿根廷子公司100%的股份。同时，中石化还在巴卡穆埃尔塔地区（Vaca Muerta，位于内乌肯省Neuquén）进行页岩气开发。在此之前，雷普索尔公司和美国雪佛龙公司也达成了协议，也在此区域勘探和开采天然页岩气。在中海油和中石化的大规模投资落地后，中国在阿根廷外国投资排行榜上一跃从第二十九位升至第三位。之后，在2012年，中国TCL集团控股的亚太石油和佩德罗（Pedro AP）公司携手，竞标门多萨省的油气项目。

中国资本也积极与阿根廷省级政府合作，达成了不少投资项目：里奥内格罗省的谢拉格兰德铁开采；火地岛的电子元件厂建设；门多萨省的能源、旅游及民用住宅建设项目；恩特雷里奥斯省的水渠的建设；为恩特雷里奥斯省、科连特斯省、米西奥内斯省的铁路支线建设的提供贷款等。2010年年末，中国企业已遍布阿根廷国内的所有省份（共23个），资金主要集中在西北地区的铁、锂、木材、食品（大米和烟草），潘帕斯地区的大豆、大豆油、生物柴油和牛，库约地区的矿，滨海地区的木材和粮食，巴塔哥尼亚地区的石油、天然气和大豆种植。① 此外，值得一提的是，在阿根廷的21个省都开有中国超市，约占其国内零售市场份额的20%。

中国对阿根廷投资在近三年出现了质的飞跃，这直观地反映了中阿战略伙伴关系推动了两国在经济领域的高速发展。中国投资在阿根廷普遍享有税收减免、承揽政府工程及其他一些待遇。接下来笔者简要回顾一下这三年间一些中国在阿较有影响力的投资项目。

中国陕西化工股份有限公司（国资委控股70%）阿根廷子公司——火地岛能源化工股份有限公司（TFEyQ）在火地岛省建造了一座

---

① ELEISEGUI, Patricio en iProfesional. com, 2 – 12 – 2010, http: //www. iprofesional. com/notas/108107 – Investigacin – con – paciencia – y – estrategia – milenaria – China – ya – est – presente – en – las – 23 – provincias – del – pas.

化肥工厂，工厂通过地热发电工作，产出的成品通过火地岛港直接运往海外。

虽然历经波折，黑龙江农垦总局旗下的北大荒集团公司与阿根廷里约内格罗省政府合作的30万公顷耕地大豆种植计划最终成功启动，该计划包括配备先进的灌溉设施，兴建配套的发电项目和进行港口扩建。此外，北大荒公司还和阿根廷大地主克雷苏德（Cresud）合作，购买其手里的土地用于种植大豆。① 在里约内格罗省，中冶集团收购了谢拉格兰德公司，该公司的前身是阿根廷国营矿产企业，2005年由省政府宣布破产并转卖给一家中国私人企业，2007年，中冶接手该公司，更新了生产设备，于2007年年底重新投入生产。②

在阿根廷第二大城市科尔多瓦，中铁国际将和合作伙伴——阿根廷罗希奥集团（Roggio）共同参与地铁工程建设，中铁国际还将提供地铁运营设备。整个地铁项目总投资约为18亿美元，中铁国际将提供85%的建设资金，阿根廷政府承担剩余的15%资金。中国中信建设与阿根廷交通国务秘书处签署了布宜诺斯艾利斯地铁车辆供货框架合同。该项目主要目的是更新布宜诺斯艾利斯陈旧的地铁列车，新车由中国北车集团负责设计和生产。首批供货的列车投入布宜诺斯艾利斯地铁A号线的运营，剩余批次的列车则计划提供给B、D、E三条地铁线使用。③

2014年7月，中国国家主席习近平访问布宜诺斯艾利斯，访问期间两国签署了两项“大单”的贷款协议：数额分别为47亿美元和21亿美元，主要用于公共项目建设。一笔是阿根廷从中国国家开发银行贷款用于修建两座水电站。另一笔则是帮助阿根廷一个拖延已久的铁路项目融资。这条铁路建成后，将使阿根廷能更有效地把粮食从产粮的平原运

① “Cresud negocia asociarse con una empresa china”. *Clarín*, 23-06-2011.

② LAUFER, Rubén, “Argentina-China: recreación de la vieja ‘relación especial’ con Gran Bretaña”. *Ariadna Tucma Revista Latinoamericana*. N°.

③ Diario *La Capital* (Rosario, Santa Fe), 29-07-2014.

到港口。该铁路横跨阿根廷中部及北部十四省，可将大豆及其他农产从产地直接运往太平洋港口。计划修建1500公里铁轨、购买100台机车、5000节车厢，全部原装从中国进口。工程85%的资金是向中国国家开发银行贷款（贷款全部用于购买上述铁轨、机车和车厢），剩余的15%由阿根廷政府独立承担。①

同时，两国还签署一个合作建设压水堆核电站协议，中国核工业集团公司将为阿建造Atucha 3号重水反应堆核电站。② 2015年，中国承建的阿根廷圣克鲁斯河大型水电站项目开工。

通过上述例子，笔者认为，阿根廷的国家建设正在不断迎合中国工业发展的方向。上述工程项目不会促进阿根廷民族工业的发展，更不会产生工业技术革新，仅只是一味迎合中国罢了。项目的实施方式是直接购买，且不公开竞标，例如铁路建设项目：将近1200节车厢和50台机车均由中国南车集团制造。虽然中国的贷款数额巨大，但是其实质并非用于重建阿根廷铁路工业，而是用于购买中国生产的列车，这会导致阿根廷需要出口更多的农产品（尤其是大豆和豆制品）用于冲抵债务，也从侧面反映出阿根廷的“中国依赖”日趋严重。③

---

① FRETE, Maximiliano: “Alcances de la alianza estratégica entre Argentina y China. ¿Un retorno al esquema de dominio inglés del Siglo XIX?” . Tesis *de licenciatura*, Fac. de Cs. Económicas, UBA, noviembre 2014.

② Russia beyond the headlines, 08 - 12 - 2014. Art. citado. http: //es. rbth. com/internacional/2014/12/08/ee_ uu_ china_ y_ rusia_ compiten_ por_ grandes_ proyectos_ en_ argentina_ 45655. html.

③ Diario BAE, 20 - 02 - 2014. http: //www. diariobae. com/notas/4550 - linea - sarmiento - llego - tren - okm - desde - china. html. *Diario Ámbito*, 25 - 06 - 2012. http: //www. ambito. com/noticia. asp? id = 642725.

四　中国贷款："人民币外交"

中国国际贷款投资战略手段是通过中国国有银行（或是其阿根廷分公司）发放贷款及两国央行之间签署的货币互换协议（SWAPS）。中国政府在对外投资、国际融资、国际信贷方面有着充足的资金储备，中国还根据"非发达国家"的实际发展状况，将这些国家分为"发展中国家"和"新兴国家"，便于中国政府投放针对性的投资和贷款。结合拉美的实际来看，中国在当地投资和贷款在帮助拉美各国摆脱欧美控制的同时，也让中国企业控制了各国的经济命脉（例如石油、天然气、矿产、铁路、港口、金融、土地）。

但是，笔者认为"北京共识"的本质是友好的，虽然中国国有银行或私人银行提供的投资和贷款需要拉美各国通过大量的农产品或原材料出口来冲抵，但并非如20世纪90年代的"华盛顿共识"般具有霸权主义色彩。综合中国政府所采取的"软实力"外交与"和平崛起"的政治主张，[①] 中国已经具备成为"第三世界"领导国的素质。

2011年，中国工商银行（ICBC，全球市场资产估价最高及资金储备量最大的银行）收购了阿根廷标准银行，包括其在阿根廷国内的103家分行。对于这起收购，笔者引用一篇中国评论员文章里的话："运用中国资本为阿根廷经济发展服务。"[②]

2014年7月，习近平主席访问阿根廷时签订了一个货币互换协议，

① LAUFER, Rubén: "China: 'país emergente' o gran potencia del siglo XXI? Dos décadas de expansión económica y de influencia política en el mundo". *Observatorio de la Política China*, 28-10-2014.

② *La Nación*, 19-03-2011.

规模为700亿人民币或900亿阿根廷比索，相当于110亿美元；协议期限3年，年息6%－7%，同年11月份正式开始实施。不客气地说，这份协议拯救了基什内尔政府，[①] 将这些人民币兑换成美元，有助于保证阿根廷外汇储备流动资金的稳定性（自阿根廷前政府从2011年10月31日起实行汇率管制政策以来，比索贬值近230%，外汇储备减少了近一半，严重影响了阿经济的可持续发展）。此前，国际大宗商品价格暴跌，导致阿根廷外汇储备吃紧，但又无法获得国际融资，随后阿根廷金融遭到国际对冲基金的围攻。该协议为对阿出口和投资的中国公司提供了极大的便利，使用人民币结算基础设施工程项目（以项目换贷款的方式，带有一点强迫性质，不公开招标）以及直接投资，将会掀起新一波的中国投资热潮。

2015年12月11日，阿中货币互换协议启动第三批之后，阿根廷外汇储备基本脱离危险区域，但其中“借账”比例上升：人民币（折合约23亿美元）占外汇总储备量的7.7%。[②]

值得一提的是，克里斯蒂娜·F. 基什内尔执政期间，与中国签署了众多秘密协议，其中之一是和中国军方签订的卫星“深空站”项目。该“深空站”位于阿根廷内乌肯省南部，省政府将为中国方面提供约200公顷土地50年免费使用权，用于建造一个大型通信卫星监测及控制站。[③] 但后来，反对党及民众对该项目提出强烈质疑，这也让项目的启动时间一拖再拖，中国驻阿根廷大使杨万明曾对此表示强烈不满。阿根廷国内外新闻媒体普遍认为，克里斯蒂娜·F. 基什内尔政府同意中国在贝尔格拉诺铁路改造项目中一家独大，并且允许中国在阿根廷本土建造带有军事色彩的深空站，其目的主要是为了换取中国政府对其外汇储备的支持，以及为圣克鲁斯省的水电站项目提供贷款。[④]

---

① *El País*（España），01－11－2014.

② *La Nación*，12－12－2014.

③ *Clarín*，14－09－2014.

④ *La Nación*，11－11－2014.

五 经济和政治上的“可信赖伙伴”

近十五年来，阿中双边贸易及中国对阿投资增长迅速，许多大型的中国企业涌入阿根廷市场。中国企业进入阿根廷的方式可分为三种：第一种是从中国本土直接对接；第二种是通过与欧洲或俄罗斯企业合资的形式进入；第三种是通过与阿根廷本地企业合资的形式进入。采取这后一种形式进入的阿中合资企业，从一开始就掌握了大量当地的政界、学界、传媒资源，迅速立足并成为中国政府在当地的滩头堡和中间人。

通过观察不难发现，阿中双边商贸快速发展的时期，不时会有一些名人出现在双边谈判中，例如胡里奥·维恩（Julio Werthein），他是阿根廷大型畜牧业生产集团的掌门人，曾任布宜诺斯艾利斯联交所前任所长以及阿中工商会前任会长（现任会长是卡洛斯·斯帕多内 Carlos Spadone）。此外，2006 年，阿根廷首富佛朗哥·马克里（Franco Macri，他是阿根廷现任总统毛里西奥·马克里的父亲）曾受中国政府委托，作为中国三河汇福粮油集团与索马克集团合资的中间人，促成两家公司合资成立了南美石马股份有限公司。该合资公司也是贝尔格拉诺铁路改造项目的直接受益者，现如今，佛朗哥·马克里仍是阿中工商会的名誉主席。值得一提的是，佛朗哥·马克里与他儿子毛里西奥·马克里（时任布宜诺斯艾利斯市长，右翼反对党领袖）的政治理念不同，佛朗哥·马克里一再公开支持执政党，2010 年 7 月，他还为克里斯蒂娜·费尔南德斯·基什内尔总统充当贝尔格拉诺铁路改造项目的中间人，同时也出任其儿子主导的价值 100 亿美元的布宜诺斯艾利斯地铁车厢购买项目的中间人。

另一例为中国国企或私企充当中间人的知名人物是布里达斯公司的卡洛斯·巴尔格洛尼（Carlos Bulgheroni）和亚历杭德罗·巴尔格洛尼（Alejandro Bulgheroni）兄弟。2010年3月，中海油收购了布里达斯一半的股份，斥资约31亿美元。中海油通过布里达斯公司，间接拥有了泛美能源40%的股份，仅次于雷普索尔公司。2011年，中海油与布里达斯公司携手购得美国埃克森美孚石油公司阿根廷分公司——埃索石油公司（Esso），该公司在阿根廷、巴拉圭、乌拉圭拥有数座炼油厂和450座加油站，总价值约6亿美元。2013年，两家公司携手认购了5亿美元的阿根廷国债（BADDE），该国债主要用于巴卡穆埃尔塔（Vaca Muerta）区的非传统型页岩油气田开发项目。

阿根廷国内的知识分子积极地推动阿中"战略伙伴关系"的发展，他们认为中国是阿根廷的"可靠、可敬的伙伴"，① 双边贸易和中国投资会让阿根廷摆脱欧美的控制，自主独立地走向强国之路。

这其中的代表人物是豪尔赫·卡斯特罗（Jorge Castro），他是阿根廷战略规划研究所所长，国际问题专家；曾任总统府战略规划国务秘书，现在是《号角报》国际专栏主编。他认为，基于中国这个亚洲超级大国对农产品的大量需求，阿根廷的国家出口战略转向农产品专业化方向发展是一条必由之路；② 阿根廷加强与中国的关系，进而联合其他拉美国家共同发展与中国的关系将是未来拉美区域一体化的基础，他对此发表评论说："农产品生产专业化是阿根廷的优势，这不意味着出口再第一产业化，恰恰相反，在世界新形势下，这是最适合阿根廷走向工业化出口的必由之路"，他补充道："总而言之，阿根廷强大的农产品生产及出口是其走向国际的标杆，③ 美国、巴西、特别是阿根廷，在未

① VACCAREZZA, *Federico*: "*Un socio confiable*". Página/12, 08-12-2014.

② CASTRO, Jorge; *La Nación*, 22-04-2004.

③ CASTRO, Jorge, "Argentina: Pasado, presente y futuro". *Observador global*, 25-06-2009.

来二十年到三十年里，我们将成为世界农产品的供应中心，对于中国来说，我们将拥有‘大豆特权’①”。②

克里斯蒂娜·F. 基什内尔政府称，双边协议的目的是让国家发展，同时适应中国的需求；协调好本地政府与中国投资之间的关系，避免变成原材料生产附庸关系，避免落入类似的陷阱，③ 避免“19 世纪末 20 世纪初，英国与阿根廷铁路和冰箱领域合作的情况。本国强大生产部门需要适应时代经济中心的需求来调整结构，中国为阿根廷投资基础设施建设，而我们就要拿出相应产品来满足中国市场的需求”。④

六　“大豆列车”：互补性和依赖性

在克里斯蒂娜·F. 基什内尔三次执政共 11 年的时间里，阿中商业贸易以几何数级的速度增长，但极度失衡。失衡不仅指的是价值方面，还指的是领域方面。最主要的表现是阿根廷的出口呈现明显的再第一产业化，主要的商品是大豆类产品。由于以“大豆”作为对外贸易主体，⑤ 一些分析家将阿中贸易比喻为“新殖民主义贸易”，认为其与 19

---

① Jorge CASTRO, “La exportación de soja a China es el dato clave de la demanda alimentaria”. *Clarín*, 18 -07 -2010.

② En LAUFER, Rubén, “China ¿Nuestra Gran Bretaña del siglo XXI?” *La Marea. Revista de cultura, arte e ideas.* N°35, Verano 2010—2011.

③ El concepto es de Horacio Ciafardini, “La Argentina en el mercado mundial contemporáneo”.

④ Rafael Bielsa, ex ministro de Relaciones Exteriores de la Argentina, en Ámbito Financiero, 08 -11 -2004.

⑤ OVIEDO, Eduardo D., “Los efectos del ascenso internacional de China en Argentina”. 3er. Encuentro de Investigadores Argentinos y Chinos: Las relaciones estratégicas sino-argentinas y sus nuevas circunstancias. Conicet-Cicir (China Institutes of Contemporary International Relations). Palacio San Martín, Bs. As., 3 de junio de 2014.

世纪末 20 世纪初阿根廷与英国的双边贸易相类似。①

这种不对等的贸易关系，使中国的国有或民营企业通过直接投资或与当地企业合作的方式，大举进入阿根廷的核心产业：农牧产业生产、矿业、油气、基础设施建设、铁路运输、区域贸易、电子装配厂、金融等。

以中国政府的需求来调整生产结构和国家战略，主要因为中国资本与阿根廷国内利益集团已经在阿根廷国家经济结构中具有了一定的权力或影响力。自 2004 年内斯托尔·基什内尔将阿中关系提升为“战略合作伙伴”开始，中国资本进入阿根廷的速度让人瞠目结舌。中国俨然成为内斯托尔·基什内尔 2003 年提出的“新发展主义”模式的核心盟国，他从任期一开始就谋求与中国合作，将中国作为阿根廷进入国际市场的战略跳板之一。

回看阿根廷 20 世纪的发展史，阿根廷习惯于将一两个超级大国作为国际目标市场，然后寻求建立两者之间的互补性，其中农牧产品永远是阿根廷打开大国出口之门的钥匙，进而引进大国的资金进行基础设施建设，而阿根廷的地主及资本家阶层自然而然地变成大国在当地的中间人（贸易、经济、政治、军事等）。这样延续下来，会因为国家生产力落后最终导致阿根廷在双边关系中变为“依附”一方。

克里斯蒂娜·F. 基什内尔执政的十年，也是阿中战略伙伴关系发展的十年，其间，阿根廷出口产品从最初综合生产转向了初级产品和单一大豆生产。阿根廷出口经济转变为以大面积的耕地为基础，成为中间人或与国际垄断组织合作，将农产业集中销往中国市场作为出口经济的支柱。她执政时期，阿根廷进口的工业产品增长呈现不规律性，如汽车进口数量在减少，尤其从欧美进口汽车数量减少。中国企业垄断了少数

① N. ZUAZO y M. ROHMER：“Argentina y China：un matrimonio muy desigual”. Le Monde Diplomatique（El Dipló），*edición* N° 181，julio 2014.

几个产业，例如电子业、石油业、铁路和基础设施建设。当然，这也是中国的国际发展战略。在国企或私企仍不足以和欧美抗衡的时期，中国的目标是成为阿根廷某些产品的主要买家，并控制阿根廷产业链的局部。同时，阿根廷为了适应这个东方大国对农产品越来越高的需求，出口逐步变得单一化，本国在双边贸易中深陷逆差地位。

阿根廷是拉美地区经济发展的一个缩影。拉美地区与中国战略伙伴关系发展非常迅速，双边经济的互补性确实为拉美地区发展带来了短暂的稳定，尤其是在2014年，得益于拉美出口给中国大量资源类（如石油、农产品、矿产等）产品，伴随着国际大宗商品价格上涨，拉美的经济开始趋于稳定。① 双边贸易的失衡，不仅表现在价值方面（逆差），还表现在数量方面（贸易组成），这导致拉美地区经济出现再第一产业化：和中国战略伙伴关系的发展不断推动拉美经济走向油气提炼和农业出口“模式”，专业化或单一化出口某些农牧业产品或原料制品，以及开采、提炼和加工矿产资源、天然气和石油。也就是说，中拉经济模式的互补性是一种勉强互补模式，极度依赖外商投资、原材料以及国际市场需求。

近十年，中国对阿根廷投资所表现出来的某些特点与阿根廷历史上一些强国所表现的几乎一模一样。双边贸易和中国投资让阿根廷经济不断往“核心—边缘”模式发展，这样的发展在一个多世纪前就有先例，在将来无疑会受到阿根廷社会更多的质疑。②

［鲁本·劳费尔，阿根廷布宜诺斯艾利斯大学国际关系史研究中心

① Rubén LAUFER：“China：‘país emergente’ o gran potencia del siglo 21？Dos décadas de expansión económica y de influencia política en el mundo”. *Observatorio de la Política China*, 28-10-2014.

② Eduardo D. OVIEDO：“Los efectos del ascenso internacional de China en Argentina”… Junio de 2014.

教授；江苏师范大学伊比利亚美洲研究中心特约研究员。在国内外知名期刊上发表过许多文章，如：《中国和拉美领导层面的特殊关系的奠基与巩固》（发表于《墨西哥外交》2008 年第 4 期）；《中国，21 世纪的大不列颠?》（发表于《拉马雷尔》2010 年第 3 期）；《中国，就其 20 年间的世界经济扩张及政治影响而言，到底是“崛起的大国”还是“21 世纪的强国”?》（发表于《微观中国政治》2014 年 10 月）]

对中国与巴西全面战略伙伴关系的认识

江时学

在中国与数十个国家建立的各种“伙伴关系”中，战略伙伴关系被认为是最高的层次。巴西是最早与中国建立战略伙伴关系的国家。1993 年 11 月，江泽民访问巴西，两国领导人就建立中国与巴西长期稳定、互利的战略伙伴关系达成共识。这是中巴双边关系史上的一个里程碑，对进一步推动两国友好合作具有重要意义。巴西是与中国建立战略伙伴关系的第一个发展中国家。这足以说明巴西这个西半球最大的发展中国家在中国外交战略版图中居于极为重要的地位。

一　中国与巴西关系的发展进程

19 世纪初，葡萄牙要求澳门总督为巴西招募一批中国茶农。与此同时，中国湖北省的一些茶农因自然灾害而被迫外出谋生。因此，数百名茶农携带了一些茶树苗，经澳门前往巴西，最终在里约热内卢等地定居和从事茶叶种植业。这一事实无疑说明，澳门在中国与巴西的历史交往中发挥了举足轻重的作用。

在历史上，巴西的经济基础是热带作物种植业。这一劳动密集型产业需要大量劳动力，因此，灭绝人性的黑奴贸易正好弥补了巴西热带作物种植园对劳动力的需求。直到 19 世纪中叶，巴西才废除奴隶制。而巴西社会的这一巨大进步却使巴西的种植园出现了严重的劳动力短缺。

当时的巴西在得知美国、古巴和秘鲁等国从中国输入大批华工后，也向中国提出了招募华工的要求。1880 年，中国与巴西在天津签署了《中国—巴西和好通商航海条约》。条约的主要内容包括：两国建立外交关系；两国“永存友好，永敦友谊，彼此皆可前往侨居……”；在平等互利的基础上发展贸易。

1913 年 4 月 9 日，巴西宣布承认中华民国。1915 年 12 月，中巴两国在北京签订《中巴修改条约》，以进一步密切双边关系。1943 年 8 月 20 日，国民党政府驻巴西公使与巴西外交部长在里约热内卢签署了两国友好条约。1946 年 3 月 27 日，两国又达成了文化交流协议，“以求于科学技术、文艺及其他文化文明作积极之交换”。[①]

令人遗憾的是，在冷战期间，受美国反共思维的影响，新中国成立后并未立即得到拉美国家的承认。直到 1960 年 9 月 2 日中国与古巴建交后，中国与拉美国家的关系才发生了重要的变化。如在 1961 年 8 月，巴西副总统古拉特应中国国家副主席董必武的邀请访问中国。这是新中国建立后来自拉美的第一位国家领导人。

古拉特当选巴西总统后，在外交领域加大了与中国发展关系的力度，当然中国也做出了积极的回应。1961 年，新华社在里约热内卢建立了新华社分社。1963 年 6 月，中国国际贸易促进委员会在巴西设立了代表处。1963 年，中国又先后派出了建筑师代表团、学生代表团和教育代表团访问巴西。但翌年发生的“九人事件”使中巴关系蒙受了

---

① 沙丁等:《中国和拉丁美洲关系史》，河南人民出版社 1986 年版，第 252 页。

创伤。此后相当长的一段时间内，中巴关系十分冷淡。①

1971 年中国重返联合国以及 1972 年美国总统尼克松访华，使中国的对外关系发生了翻天覆地的变化。在这一背景下，巴西和其他一些拉美国家对中国的国际地位获得了新的认识。1974 年 8 月 15 日，中国与巴西建立了外交关系。翌日，巴西《圣保罗之页》报以头版头条报道了这一重大消息。

1984 年 5 月，巴西总统若昂·巴普蒂斯塔·德奥利维拉·菲格雷多应邀访问中国。他是两国建交后第一位来访的巴西总统。中国领导人邓小平在会见菲格雷多总统时提出了著名的“东西南北”理论。邓小平说，当前世界上的问题很多，但突出的问题有两个：一是和平问题，要争取和平就必须反对霸权主义，反对强权政治；二是南北之间的问题，南北问题不解决，就会对世界经济的恢复和发展带来障碍。邓小平说，我们主张加强第三世界国家间的合作，也就是南南合作。第三世界国家相互间进行合作，可以解决许多问题，前景是很好的。②

1988 年 7 月，巴西总统萨尔内访华。邓小平在会见萨尔内总统时说，中国和巴西两国的历史地位相同，责任相同，应该互相补充，取长补短。中巴两国加强合作有很好的政治基础，两国各有优势。他还说，第三世界的发展是保证世界和平的主力。我们要为人类作贡献主要靠自己努力，第三世界国家要加强合作。③

1993 年中国与巴西建立战略伙伴关系后，两国在各个领域的合作与交往日益增多。除经贸、科技、文化、教育及军事等领域以外，两国在联合国、世界贸易组织、二十国集团、金砖国家和“基础四国”等

---

① 1964 年 3 月 31 日，巴西发生军事政变。4 月 3 日，九名在巴西从事新闻报道和筹办贸易展览的中国公民被捕。（见王泰平主编《新中国外交 50 年》（下），北京出版社 1999 年版，第 1640—1652 页。）

② http：//www. showchina. org/zwgxxl/zgbx/200705/t115398. htm.

③ http：//www. showchina. org/zwgxxl/zgbx/200705/t115398. htm.

国际组织和多边机制中也有密切的合作，并在国际金融体系改革、多边贸易体制、气候变化以及南南合作等问题上保持良好沟通与协调。巴西政府一贯坚持一个中国政策，在台湾、涉藏等重大核心利益问题上给予理解和支持。如在2007年8月，巴西外交部发表新闻公报，重申坚持一个中国政策，支持中国和平统一，反对台湾“入联公投”。①

二　中国与巴西关系中的误解

虽然中国与巴西的关系在快速发展，但这一双边关系也时常受到以下几个误解的困扰。

误解之一：“中国从巴西进口大量初级产品和资源，从而导致巴西无法提升产业结构，无法摆脱‘荷兰病’，无法避免‘资源诅咒’。”

这一误解低估了中国与巴西经贸关系的互补性。中国确实从巴西和其他国家进口了大量资源。这与中国长期维系高速经济增长和经济效率低下密切相关。但是，必须指出，中国的这一贸易行为至少在以下两个方面为巴西的发展作出了不容低估的贡献。

一是有利于巴西获得更多的出口收入。众所周知，无论在国内市场上还是在国际市场上，需求与价格密切相关。中国对初级产品和资源的巨大需求使其在国际市场上的价格保持在高位，这无疑使巴西受益匪浅。二是有利于巴西发挥其自然资源丰富的比较优势。提升产业结构固

① 但是，巴西的一些非官方出版物有时却把台湾视为一个国际政治实体。例如，巴西四月出版社编辑出版的《四月年鉴》，一直将中国大陆与台湾在地图上以两种颜色标示。（引自张宝宇《中国与巴西关系三十年》，2005年5月18日。http：//ilas. cass. cn/zxcg/zhongla_ gx/20050918/143912. htm）

然是必要的，但也不能无视本国的比较优势。巴西的比较优势之一就是拥有多种多样的、丰富的自然资源。例如，巴西的铁矿砂储藏量占世界储藏量总额的22.5%，产量占世界的20.5%；[①]铝矾土储藏量和产量占世界的7.8%和12.3%，镍储藏量和产量占世界的6.1%和3.3%，锰的储藏量和产量占世界的2.5%和11.8%。[②] 目前巴西全国各地正在开采的矿产资源约为80种。

可以想象，如果国际市场对巴西的初级产品和资源需求疲软，巴西就无法扩大出口，其比较优势就无法发挥。

美国《商业周刊》的一篇文章写道："巴西淡水河谷公司（CVRD）是世界最大的铁矿砂公司。在淡水河谷公司的大型露天铁矿内，机器轰鸣声不绝于耳，工人们昼夜不停地辛勤工作。这是为什么？答案很简单，只有一个词：中国。该公司计划与战略部门主管加布瑞尔·斯托利亚表示，'如果要完成中国方面所有的订单，我们公司的规模必须扩大一倍。'为了尽可能满足中国的需求，巴西淡水河谷公司正在努力提高产量，并计划在今年斥资12亿美元扩张生产规模。"[③] 这一描述表明，中国为巴西提供了不可多得的商机。

世界银行、联合国拉美和加勒比经济委员会、经济合作与发展组织以及美洲开发银行等多边机构的经济学家都以有力的数据和扎实的研究证明，中国对初级产品的巨大需求与巴西和其他拉美国家的出口收入的增长密切相关。事实上，中国经济"软着陆"与否经常引起巴西和其他拉美国家的忧虑。

---

① 巴西的铁矿砂开采业始于1942年。2008年的产量已达3.8亿吨，占世界产量的19%，为世界第二大开采国，仅次于中国的6亿吨。[Instituto Brasilero de Mineracao (IBRAM): Brazilian Mineral Economics: Information and Analysis, 3rd edition, 2008]

② http://www.bhpbilliton.com/bbContentRepository/brazilpresentationtoanalystsmarch2007.pdf.

③ http://digest.icxo.com/htmlnews/2004/10/28/429131.htm.

令人遗憾的是，巴西总统罗塞夫却认为，巴西与中国的经贸关系应该“超越互补性”。她说，中国不应该仅仅购买巴西的大豆、铁矿砂和石油，而是应该购买附加值更高的巴西产品（如飞机）。[①]

中国当然可以从巴西购买多种多样的产品，但是，国与国之间的双边经贸必须以互补性为基础关系。否则，中国与巴西经贸关系的发展前景必然是黯淡的。

误解之二：“中国仅仅希望从巴西进口初级产品和资源，不愿意在巴西进行直接投资。”

这一观点无疑对中国实施的“走出去”战略一无所知或知之甚少。事实上，通过“走出去”战略扩大在国外的直接投资，既是中国对外开放的重要组成部分，也是中国国力不断强盛的必然结果。

中国的“走出去”战略是在20世纪90年代提出的。1992年10月12日，江泽民在中国共产党第十四次全国代表大会上的报告中提出了努力实现十个方面关系全局的主要任务，其中第二个任务就是进一步扩大对外开放，更多更好地利用国外资金、资源、技术和管理经验，积极扩大我国企业的对外投资和跨国经营。[②] 2011年3月14日第十一届全国人民代表大会第四次会议批准的《中华人民共和国国民经济和社会发展第十二个五年规划纲要》（以下简称《十二五规划》）再次确定了“走出去”战略的重要性。《十二五规划》的第52章指出，坚持“引进来”和“走出去”相结合，利用外资和对外投资并重，提高安全高效地利用两个市场、两种资源的能力，按照市场导向和企业自主决策原则，引导各类所有制企业有序开展境外投资合作。《十二五规划》甚至

① http：//www. cpdcngo. org/stvincent/index. php? option = com_ content&view = article&id = 74：brazils – rousseff – wants – new – phase – in – china – ties&catid = 3：news&Itemid = 57.

② 江泽民在中国共产党第十四次全国代表大会上的报告：“加快改革开放和现代化建设步伐，夺取有中国特色社会主义事业的更大胜利。” http：//news. xinhuanet. com/ziliao/2003 – 01/20/content_ 697148. htm。

还要求做好海外投资环境研究，强化投资项目的科学评估，健全境外投资促进体系，提高企业对外投资便利化程度，维护我国海外权益，防范各类风险。[①] 中国共产党第十八次全国代表大会的报告也指出，要加快走出去步伐，增强企业国际化经营能力，培育一批世界水平的跨国公司。

巴西拥有丰富的自然资源和市场规模，而且还临近美国市场，因此，巴西必然会成为中国实施“走出去”战略的主要场所。至2012年年底，中国在巴西的直接投资存量已达14亿美元。[②] 这一投资既有利于中国扩大其海外经济存在，也弥补了巴西的资本短缺，因而是一种实实在在的双赢。

应该指出的是，中国企业家不时抱怨巴西的投资环境，如税收体系复杂、审批程序拖沓、社会治安不佳、腐败严重、基础设施落后以及融资成本高，等等。国际上将这一切称为“巴西成本”（Custo Brasil）。换言之，巴西如要吸引更多的中国投资，有必要实实在在地降低“巴西成本”。

还应该指出的是，一些巴西人受西方媒体的误导，指责中国未能在2010年使中国在拉美的直接投资达到时任中国国家主席胡锦涛许诺的1000亿美元。这与一些国际媒体的错误报道有关。这些媒体将中国希望在2010年实现的中国与拉美国家的双边贸易额（1000亿美元），说成是中国希望在2010年投资拉美的数额。[③] 事实上，当时中国在拉美的

---

① http：//politics. people. com. cn/GB/14163512. html.

② Ministry of Commerce，National Bureau of Statistics and SAFE：2012 *Statistical Bulletin of China's Outward Foreign Direct Investment*，China Statistics Press，2013，p. 42.

③ 2004年11月12日，中国国家主席胡锦涛在巴西国会发表了题为《携手共创中拉友好新局面》的重要演讲。他说：“双方采取积极行动，争取双边贸易额在现有基础上到2010年再翻一番半，突破1000亿美元，同时力争在投资方面取得较大进展，实现总量翻番，相互成为更重要的投资对象。”http：//news. xinhuanet. com/newscenter/2004 - 11/13/content_2213620_ 1. htm。

投资仅为40亿美元。①

误解之三："人民币汇率削弱了巴西产品的国际竞争力。"

令人遗憾的是，持有这一误解的不仅仅有巴西工商界人士和学者，而且还有巴西的政府高官。例如，2010年4月在华盛顿召开的二十国集团财政部长和中央银行行长会议前夕，巴西及印度的中央银行行长对人民币汇率表达了"最有力的不满"。② 而且，他们的表态是在巴西主办的金砖国家领导人峰会闭幕后不久作出的。当时，这一峰会发表的联合声明墨迹未干。

据报道，面对雷亚尔的升值，时任巴西总统罗塞夫也将人民币汇率视为巴西的国际竞争力面临的威胁。她认为，中国依靠不当的人民币汇率向巴西出口大量商品。③

当然，始终对人民币汇率发难的美国起到了挑拨离间的作用。如在2011年2月，美国财政部长盖特纳在访问巴西时要求罗塞夫总统"对

---

① 2007年，笔者应邀为美国学者里奥登·罗伊特和瓜达鲁佩·帕斯主编的《中国进入西半球：对拉美和美国的影响》（*China's Expansion into the Western Hemisphere: Implications for Latin America and the United States*）一书撰写一章。笔者在文章中明确写道："胡锦涛主席在巴西国会的演讲中没有承诺要在2010年以前向拉美投资1000亿美元。他说的1000亿美元是指中拉双边贸易额，不是投资额。"著名的美国智库布鲁金斯学会在2008年4月30日为该书举办了一个讨论会。该智库的东北亚研究项目主任理查德·布什（中文名叫卜睿哲）在评论该书时说："我们能从本书中学到一些知识。这方面的一个例子就是关于胡锦涛主席在2004年访问巴西时许诺的在拉美投资1000亿美元这一令人好奇的数据。一些严肃的学者也多次重复地引用胡锦涛主席说的这个数字。有些观察家甚至据此而把中国描绘成掠夺者的形象。其他一些分析人士（包括本书的一些作者）指出，中国在拉美的投资步履缓慢，因此中国可能会食言。但江时学在本书中明确地写道，这个1000亿美元不是投资额，而是预计要在2010年达到的双边贸易额，即增长2.5倍。就投资而言，仅仅是总量翻番。所以说，我们要感谢江时学纠正了这一巨大的误解。"http://www.brookings.edu/~/media/events/2008/4/30%20china%20latin%20america/20080430_china。

② http://www.ft.com/cms/s/0/1d692fd2-4d1c-11df-baf3-00144feab49a.html#axzz2R6Hg7uxv.

③ http://en.mercopress.com/2011/02/14/china-not-too-worried-about-india-brazil-s-criticism-of-yuan-policy.

北京进行更多的游说”，以促使人民币汇率自由浮动。①

2012 年 11 月 5 日，巴西向世界贸易组织提出讨论人民币汇率的动议。巴西的这一动议认为，世界贸易组织“在系统上无法应对汇率对贸易产生的微观经济影响和宏观经济影响”，但世界贸易组织成员可以考虑用贸易救济的方法应对这些影响。②

中国当然反对巴西的动议，因为货币问题是国际货币基金组织管辖的范围，与世界贸易组织无关。解决汇率问题的关键是拥有储备货币地位的少数几个大国（尤其是美国）应该承担更多的义务。当然，这并不意味着中国不必使人民币汇率具有更大的灵活性。

巴西难以向中国扩大出口的根本原因不是人民币汇率的高低，而是巴西产品缺乏足够的国际竞争力。此外，中巴两国的经贸摩擦在一定程度上也是两国经贸关系快速发展的结果。正如 2009 年 3 月 24 日巴西驻华大使胡格内（Clodoaldo Hugueney）在接受中国媒体采访时所说的那样：“中国和巴西之间的贸易关系发生了一些小摩擦，主要是因为中国对巴西的贸易增长速度非常快，在某种程度上也威胁到了巴西本土的产业。这种问题的发生并不奇怪，因为只有在贸易速度飞速增长时才能发生这样的问题，它是正常的。”③ 巴西巴中工商总会会长唐凯千（Charles Tang）也认为，用保护主义措施来限制与中国的贸易是不明智的。④ 2011 年，胡格内大使在评价巴西希望中国扩大市场开放度时说，中国的反应是积极的，尤其在进口巴西的肉类和飞机这个问题上。他认为，巴西的私人部门应该确定中国这个人口最多的国家对巴西产品的需

① http://en.mercopress.com/2011/02/14/china-not-too-worried-about-india-brazil-s-criticism-of-yuan-policy.

② http://www.reuters.com/article/2012/11/26/us-wto-currencies-idUSBRE8AP0XJ20121126.

③ http://www.china.com.cn/international/txt/2009-03/24/content_17494718_3.htm.

④ http://www.vermelho.org.br/diario/2005/1012/1012_brasil-china.asp.

求是什么，然后实施一个扩大对中国出口的战略。①

误解之四：“中国的出口商品充斥巴西市场，使巴西制造业处于极为不利的地位。”

作为世界上的制造业大国，中国的出口能力是不容低估的。2001年，中国对巴西的出口额仅为13.5亿美元，2013年大幅度上升到361.9亿美元，即在短短的十多年中增长了将近27倍。

1989年12月，巴西首次对中国的出口商品进行反倾销。自那时以来，巴西每年都对若干种中国商品进行反倾销。2004年11月12日，即时任中国国家主席胡锦涛访问巴西期间，当时的中国商务部部长薄熙来和巴西外长阿莫林分别代表两国政府在巴西利亚签署了《中华人民共和国和巴西联邦共和国关于贸易投资领域合作谅解备忘录》。尽管巴西政府在备忘录中正式承认中国的市场经济地位，但巴西并没有停止或减少对中国商品的反倾销。

与反倾销等贸易保护主义措施遥相呼应的是一些巴西人对中国的偏见。例如，巴西圣保罗州企业家协会主管贸易事务的官员罗伯特·吉安内蒂（Roberto Giannetti）说，中国不是巴西的战略伙伴，中国仅仅是想购买拉美的资源，同时向拉美出口消费品。② 该联合会主席保罗·斯卡夫（Paulo Skaf）甚至认为，卢拉政府承认中国完全市场经济地位的做法是一个错误。③

事实上，中国对巴西的出口既是一种极为常见的商业行为，也是两国经贸关系的组成部分。中国的劳动力成本低，导致其出口产品价廉物美。这有利于丰富巴西的市场供应，也有利于巴西控制通货膨胀的压力。英国《金融时报》（2011年4月22日）的一篇文章写道，在巴西

① Conselho Empresarial Brasil-China, “Interview with the BrazilianAmbassador to China, Clodoaldo Hugueney” *China Brazil Update*, Issue 2, April-May, 2011, p. 5.

② “Brazil and China: Falling out of Love”, *Economist*, August 4, 2005.

③ http://www.vermelho.org.br/diario/2005/1012/1012_ brasil – china.asp.

圣保罗的帕赖索波利斯贫民区，低收入者非常喜欢较为廉价的中国商品，因为巴西生产的同类商品在价格上要高出4倍。该贫民区的一名店主说，他的商品必须如此便宜，否则这里的很多穷人买不起。《金融时报》的这一文章认为，中国的廉价商品有助于巴西政府控制通货膨胀压力。①

误解之五："中国不支持巴西成为联合国安理会常任理事国。"

作为拉美的地区大国，巴西始终希望在本地区和国际事务中扮演更为重要的角色，成为联合国安理会常任理事国就是巴西宏伟的外交战略的一大目标。

巴西认为，联合国改革与重组安理会是不能分割的，而且，安理会必须增加透明度和更大规模的代表性。这意味着安理会的席位必须增加，不同地区的发展中国家应该获得常任理事国或非常任理事国席位。在联合国改革的过程中，巴西不会放弃其责任。② 此外，巴西还认为，它成为联合国安理会常任理事国的愿望，符合国际社会的理想，也会使联合国的合法性和代表性更加完善。③ 2003年9月，卢拉在联大发言时指出，"联合国改革是一项急迫的任务。必须赋予安理会更大的权力来解决危机和对和平的威胁。必须配备采取有效行动的工具。必须考虑到发展中国家在国际舞台上的兴起"。安理会必须反映当代的现实。他明确指出，"巴西是南美和拉美最大和最受欢迎的国家。我们有权争取成为安理会常任理事国"。④

2004年9月，59届联大召开一般性辩论期间，日本、印度、巴西和德国宣布结成同盟，相互支持对方竞争新的安理会常任理事国席位。

---

① http：//www. ftchinese. com/story/001038207/en.

② http：//www. mre. gov. br/ingles/politica_ externa/discursos/discurso_ detalhe. asp? ID_ DISCURSO = 2704.

③ http：//www. brasil. gov. br/ingles/about_ brazil/brasil_ topics/foreign/categoria_ view.

④ 转引自贺双荣《联合国安理会改革与巴西"入常"问题》，《拉丁美洲研究》2005年第4期。

但这些国家在各自所在的地区都面临着一些阻力。例如，巴基斯坦反对印度成为常任理事国，意大利反对德国，阿根廷和墨西哥反对巴西。朝鲜和韩国等国都表示反对日本获得这一席位。①

在2004年5月巴西总统访问中国时，两国元首在《中华人民共和国和巴西联邦共和国联合公报》中指出，“双方重申支持加强联合国的权威及其在维护世界和平、安全和促进发展方面的核心作用，认为有必要对联合国、包括安理会进行改革，支持通过对安理会进行必要和合理的改革，加强发展中国家的作用，以使安理会更具代表性和民主性。中方重视巴西在地区和国际事务中的影响和作用，支持巴西作为西半球最大的发展中国家在联合国等多边机构中发挥更大作用。中方愿在此问题上与巴方加强沟通与合作”。②

此外，对于安理会改革问题，中方强调支持安理会改革。改革的目的是增强安理会维护国际和平与安全的能力，提高安理会工作效率，维护安理会权威。中方支持安理会扩大，主张优先解决发展中国家代表性不足的问题。改革事关重大，会员国需要通过民主协商，争取达成广泛一致。不应为改革设定时限，也不应强行推动表决。③

总之，中国并非反对巴西在联合国改革中发挥重要作用，并非反对巴西成为联合国安理会常任理事国的决心和愿望，但坚决反对拒不承认战争罪行的日本成为联合国安理会常任理事国。

---

① 2005年3月21日，时任联合国秘书长科菲·安南向联合国大会提交了题为《大自由：为人人共享发展、安全和人权而奋斗》的联合国改革报告。安南说，这次改革的一号方案是增加6个没有否决权的常任理事国以及3个经选举产生的非常任理事国，其中非洲和亚太地区各有2个常任席位，欧洲和美洲各增加1个常任席位。日本、印度、巴西和德国当天联合发表声明，对安南提出的联合国改革报告表示欢迎。安理会改革的二号方案是：增加8个任期4年、可连选连任的半常任理事国和1个非常任理事国，非洲、亚太、欧洲和美洲将分别获得2个半常任席位。两套方案的共同点在于，新增的常任理事国或半常任理事国都不拥有否决权。

② http：//www. people. com. cn/GB/paper464/12073/1086837. html.

③ http：//www. chinadaily. com. cn/gb/doc/2005 –04/14/content_ 434300. htm.

三　中国与巴西的关系前景美好

虽然中国与巴西的关系中存在一些问题，如经贸摩擦频繁、相互了解不够、文化差异巨大和地理上相隔遥远，但这一双边关系的发展前景是美好的。这与以下几个因素有关：一是两国在经贸合作领域具有显著的互补性；二是两国领导人拥有进一步加深战略伙伴关系的政治愿望；三是两国在联合国改革、二十国集团及金砖国家等多边舞台上的合作已起步。

2012 年 6 月，温家宝对巴西进行正式访问，双方签署了两国政府十年合作规划，发表了联合声明，并宣布建立外长级全面战略对话。2014 年巴西世界杯足球赛开幕前夕，罗塞夫正式向中国国家主席习近平发出邀请，希望他能够前往巴西观看 7 月 13 日的世界杯决赛。7 月 14 日，习近平抵达福塔莱萨，出席金砖国家领导人第六次会晤。15 日，习近平抵达巴西利亚，开始对巴西进行国事访问。16 日，习近平在巴西国会发表题为《弘扬传统友好 共谱合作新篇》的演讲。[①] 17 日，两国发表了《中华人民共和国和巴西联邦共和国关于进一步深化中巴全面战略伙伴关系的联合声明》。在习近平访问巴西期间，两国签署了 56 项

---

① 习近平在演讲中说，两国应该以两国建交 40 周年为新起点，承前启后，继往开来，以更加长远的眼光、更加宽广的胸怀、更加坚定的信心，在更高水平、更宽领域、更大舞台上推进中巴全面战略伙伴关系。为达到这一目标，习近平提出了三个建议：把握战略协作方向；做好共同发展的文章；肩负国际责任担当。

合作文件，其中32项是在两国元首见证下签署的。[1] 这些合作文件的签署意味着两国全面战略伙伴关系的未来是极为美好的。

（江时学，中国社会科学院研究员，中国拉丁美洲学会副会长，江苏师范大学伊比利亚美洲研究中心特约研究员）

① http：//www. mfa. gov. cn/mfa_ chn/ziliao_ 611306/zt_ 611380/dnzt_ 611382/xzxcxhw_ 668266/zxxx_ 668268/t1175756. shtml.

从查韦斯到马杜罗的委内瑞拉外交政策
——兼具延续性和现实政治变化的特点

［西］罗伯特·曼西亚·布兰科

（蓝博　译/朱伦　校）

内容提要：2013 年 3 月乌戈·查韦斯去世，政权交到了他生前指定的接班人尼古拉斯·马杜罗手中。总体上看，委内瑞拉玻利瓦尔共和国新政府的对外政策不会有重大调整，委内瑞拉政府将继续致力于建立多极化和多边主义、反对霸权主义的世界格局。尽管委内瑞拉尝试改善与美国的双边关系，但是双方未来关系依然紧张。同时，马杜罗政府重视通过区域一体化来提升委内瑞拉在西半球的地位，特别是在拉美和加勒比国家共同体及南方共同市场中的地位。然而，美洲玻利瓦尔联盟的援助活动则暂时停止，这原本是查韦斯的外交核心。另外，马杜罗开始计划和中国建立战略伙伴关系。当前委内瑞拉国内面临严重的经济和财政危机，发展对中国的关系将是未来一段时间里马杜罗政府外交工作的重心。

委内瑞拉国家政权从查韦斯手中平稳过渡给马杜罗，委内瑞拉的外交政策总体上不会发生重大改变，将继续推行从 1999 年开始实施的“21 世纪社会主义”和“玻利瓦尔革命”。

具体来讲，委内瑞拉将坚决维护国家主权，特别是在美国及其西半球盟友（尤其是哥伦比亚）以及国际金融市场和投机资本施加压力的情况下更是如此。同时，委内瑞拉是一个兼具石油和地缘政治战略性的国家，其政治走向和进程也会令多方感到不安。他们的不安源于查韦斯政府实行的独立自由的外交政策，使委内瑞拉摆脱了美国地缘政治的影响和新自由主义经济理论的束缚。其外交政策强调保护和捍卫国家主权，使得委内瑞拉当局打破了之前传统的亲美方针，并在冷战后单边主义的世界格局下谨慎地开启“分裂极”。①

这一主张也在委内瑞拉的军事领域产生了影响，国防战略机制上采用“不对称作战”，② 并且继续和俄罗斯、中国以及伊朗进行军事结盟，这些国家均不满或者公开对抗美国霸权主义政策。

一 不变的愿望：拉丁美洲一体化

查韦斯时期的委内瑞拉一直致力于推动一个排除美国单边主义的全新的西半球一体化局面。由此，“查韦斯式”的外交政策推动了美洲玻利

① 这里指的是，阿根廷社会学家诺韦尔托·塞雷索勒（Norberto Ceresole，2003 年逝世）定义的国际体系中因地缘政治战略所产生的“分裂集团”，他的国际体系观点对早期的查韦斯造成了一定的冲击和影响。他认为，这些“分裂集团”都试图瓦解美国及其盟国（特别是以色列）一起建立的霸权主义。这位阿根廷社会学家在 1994 年和 1998 年先后两次被委内瑞拉驱逐出境，他曾为 1999 年查韦斯领导下的委内瑞拉玻利瓦尔“后民主主义”模式进行辩护，建立了一套汇聚“考迪罗—军事—民众”主义核心思想的合法人民选举体系。在地缘政治立场上，塞雷索勒建议查韦斯靠近以中国、俄罗斯和伊朗为主的权力极。

② “不对称作战”战略作为“玻利瓦尔国家武装力量”（FANB）的防御作战机制，经西班牙政治学家豪尔赫·维特里尼（Jorge Vertrynge）将其理论化后，从 2005 年起一直作为一个重要的军事理论被委内瑞拉军界采用。这项战略理论是受 2003 年伊拉克战争中伊拉克的游击战略的启发。从 2005 年起，维特里尼教授多次被邀请访问委内瑞拉玻利瓦尔共和国国防部国家战略研究所，他的两部著作《外围战》（*La guerra periférica*）和《革命的伊斯兰》（*el islam revolucionario*）在当地引起了巨大的反响。此外他还发表过两篇关于“不对称作战”战略理论的文章，一篇为《不对称战争的起源、准则和伦理》（*Orígenes*，*reglas y ética de la guerra asimétrica*，*El Viejo Topo*，Mataró，2005），另一篇为《与帝国抗衡：不对称战争和全面战争》（*Frente al Imperio*：*Guerra Asimétrica y Guerra Total*，*Editorial Foca*，*Madrid*，2007）。

瓦尔联盟（ALBA，2004）、南美国家联盟（UNASUR，2008）、拉美和加勒比国家共同体（CELAC，2011）等一体化组织的建立，其中，拉美和加勒比国家共同体是第一个没有美国和加拿大参与的西半球一体化组织。

除此之外，委内瑞拉还积极加入现有的拉美一体化组织框架中，如南方共同市场（MERCOSUR）。2012 年年中，委内瑞拉成为其正式成员国。

特别要注意的是，美洲玻利瓦尔联盟—人民贸易协定（ALBA－TCP）的建立，协定强调重视社会和人民利益，重视美洲民族认同以及立场鲜明地反对美国前总统比尔·克林顿 1994 年起倡导建立的美洲自由贸易区计划（ALCA），反对其提出的自由贸易理论及新自由主义学说，同时也坚决反对由华盛顿政府倡导的其他战略计划，如 2000 年的哥伦比亚计划以及普埃布拉-巴拿马计划（“PPP”）。

自 2001 年 10 月委内瑞拉和古巴签署合作协议以来，美洲玻利瓦尔联盟如今已经拥有了 11 个拉美地区成员国①，以及叙利亚和伊朗两个非美洲大陆观察员国。另外，观察员国海地现通过谈判有意正式加入。②

在查韦斯推动拉美一体化和相互合作的手段中，加勒比石油计划（PETROCARIBE）无疑是较为有效且重要的一个，为此搭建起的能源援助平台惠及了多个中美洲及加勒比地区国家，甚至还包括那些非美洲玻利瓦尔联盟成员国。另外一些重要手段，比如创立南方电视台（TE-

① 这些国家分别是：古巴、委内瑞拉、厄瓜多尔、玻利维亚、尼加拉瓜、多米尼加、安提瓜和巴布达、圣卢西亚、苏里南、萨尔瓦多、圣文森特和格林纳丁斯；洪都拉斯发生推翻前总统马努埃·塞拉亚政变后，于 2009 年退出。

② “Observatorio del ALBA”，Instituto Galego de Análise e Documentación Internacional，IGADI. Sitio web：http：//www. igadi. org/web/programas－de－investigacion/programa－seguridade－conflitos－e－alternativas－no－sistema－internacional/observatorio－do－alba. Página web del ALBA：http：// www. portalalba. org/index. php/. Consultar también：ALBA（Alternativa Bolivariana para las Américas）en Emir Sader e Ivana Jinkins（coords），Latinoamericana. Enciclopedia Contemporánea de America Latina y el Caribe，CLACSO Coediciones，Editorial AKAL，Boitempo editorial，2009，pp. 66－67.

LESUR），在传媒领域与西方主流媒体对抗；成立南方银行，推动区域金融活动使用统一货币苏克雷（SUCRE）。

在社会援助方面，美洲玻利瓦尔联盟成功推行了多项计划，帮助了包括玻利维亚、厄瓜多尔和尼加拉瓜在内的多国民众。

二　马杜罗领导下的外交政策

2013 年 3 月查韦斯去世，“查韦斯主义”失去了其人身领袖，这引发了各方对其继任者的关注。查韦斯式的外交政策能否得到延续，也引起广泛关注。尽管当前遭遇一系列政治危机，执政党和反对党之间爆发了多次正面冲突（主要发生在 2014 年 2—4 月），但是，“后查韦斯”时期的委内瑞拉国内政局还算稳定。从表面上看，马杜罗政府已经在整合国内政局①及获得国际社会认可②方面取得了进展。

因此，2013 年 7 月底，马杜罗进行了首次区域性出访，旨在表明其委内瑞拉新总统的身份，并加强其执政的合法性和提高外界的认可度以及确保几个主要外交盟国在政治和经济方面的支持。

基于这方面考虑，马杜罗出访的第一站选择了巴西、阿根廷和乌拉

① 2013 年 7 月，在第三次委内瑞拉社会党（PSUV）全体会议上，马杜罗的合法执政地位得到了巩固。借此，马杜罗平衡了“查韦斯主义”鼎盛时期的政治精英团体和经济精英团体，而一些反对党领导的革命性团体和民众批判运动团体以及一些既得利益团体（享有公共权利的团体，甚至被戏称为玻利瓦尔官僚主义团体）通通都被马杜罗暂时性地排斥出了权力中心。

② 美国官方拒绝承认 2013 年 4 月大选中马杜罗以 50.5% 的得票率微弱胜出这一结果。自从查韦斯在 2008 年命令驱逐美国驻委内瑞拉大使以来，两国关系跌入冰点，两国宣布断交，关系持续紧张。尽管如此，马杜罗政府正尝试重新建立与美国的外交关系，这点从最近的一项人事任命可以看出来，马克西米利安·阿尔维拉兹（Maximilen Arbeláiz）被任命为委内瑞拉驻美大使。

圭这三个同属于南方共同市场组织[①]的国家。在粮食合作上得到了这几个国家领导人的重要承诺（这对自2012年起发生粮食短缺危机的委内瑞拉来说尤为关键），共同探讨了能源合作问题，并且扩大了“苏克雷”区域货币机制，把乌拉圭纳入机制中来。

相比较而言，马杜罗政府当前面临最大的问题是严重的经济危机。据非官方机构统计数据显示，截止到2014年9月，委内瑞拉国内通货膨胀率高达63.4%，为西半球最高，但委内瑞拉中央银行发布的指数则仅为39%。

恶性通胀可能会诱发社会腐败，再加上反对党激进派发动的民众反政府示威带来了空前的政治和社会压力，马杜罗政府被迫先将注意力放在处理国内危机上，活跃外交关系的计划只能暂时搁置。发生在2014年2月份到4月份期间的政治危机，严重影响了马杜罗试图巩固西半球盟友政治支持和提高国际社会认可度的战略计划，尤其是巴西、阿根廷、南美洲国家联盟、拉美和加勒比国家共同体的支持和认可。

因此，与积极而极具影响的查韦斯外交相比，“后查韦斯时期”马杜罗的外交则显得有点停滞甚至是有点减缓。在努力巩固其执政的合法地位以及应对国内的政治经济危机的同时，马杜罗还要加强委内瑞拉在南方共同市场及拉美和加勒比国家共同体中的地位，以及通过加勒比石油计划机制来延续查韦斯在美洲玻利瓦尔联盟的能源战略计划。

值得一提的是，后查韦斯时期的美洲玻利瓦尔联盟，在组织内部事务的处理上，马杜罗政府采取的是一种实用主义政策，其中包括计划加强与其他一体化组织的合作，特别是与南方共同市场（MERCOSUR）、南美洲国家联盟（UNASUR）及拉美和加勒比国家共同体（CELAC）之间

① MANSILLA BLANCO, Roberto, “MERCOSUR e China: peóns estratéxicos para Maduro”, *IGADI*, 24 de julio de 2013. Ver en: http://www.igadi.org/web/analiseopinion/mercosur – e – china – peons – estratexicos – para – maduro.

的合作。

马杜罗没有直接延续“查韦斯时期”推行的个人魅力和石油外交政策，而是处于一个保守观察阶段，这也引起了国际社会对美洲玻利瓦尔联盟未来的各种猜测。① 当前，现有的众多一体化组织既需要互相整合又同时面临新兴一体化组织（例如由墨西哥、哥伦比亚、秘鲁、智利组成的太平洋联盟，la Alianza del Pacífico），该组织于2011 年年底被奥巴马纳入《跨太平洋战略经济伙伴关系协定》中的挑战，因此，委内瑞拉现阶段的外交政策显得尤为重要。

这些因素使得马杜罗政府重新明确了外交工作的战略重点。坚持与古巴的战略伙伴关系不动摇，并将双边合作延长 10 年。此外，委内瑞拉政府也重视加强与其他一些伙伴国的关系，如巴西和俄罗斯，后者是委内瑞拉在能源和军事领域的主要合作伙伴。相比之下，马杜罗更为重视与中国发展全面战略伙伴关系，特别是在能源、金融和建筑领域的合作与发展，尤其是建筑领域，这是“查韦斯主义”社会发展计划的引擎。②

三　中国：战略伙伴

中国现在是“后查韦斯”时期马杜罗在外交战略的棋子和赌注。发展对中关系并延续“查韦斯主义”的统治地位，这种做法带有强烈的政治和选举意图，尤其针对 2015 年 12 月举行的议会选举，以及 2019 年的

① MANSILLA BLANCO, Roberto, “El ALBA post－Chávez”, *Anuario CEID* (Argentina) e *IGADI*, 11 de febrero de 2014. Ver en: http: //www.igadi.org/web/analiseopinion/el－alba－post－chavez.

② 例如，2014 年 9 月，中国和委内瑞拉达成双边协议，继续援助委内瑞拉的民生工程计划“深入贫民区使命”（Misiones Barrio Adentro）和“三色区使命”（Barrio Tricolor），这两项使命都是从 2004 年起由查韦斯提出并推动的，现如今交到马杜罗手中。

总统大选。

2013 年 9 月，马杜罗首次以总统身份访问中国，此前在 2006—2012 年间，他曾以外交部长身份多次访问中国。

2001 年，中委双方签署了一份战略合作协议，协议对加强两国双边关系具有重要意义。值得一提的是，马杜罗总统和习近平主席两人在之前的访问中已经互相认识，这也使得两人相处更为和谐。2009 年，习近平出访委内瑞拉，马杜罗当时是查韦斯政府的外交部长。

马杜罗访问中国，正值中委两国刚刚完成国家首脑换届选举之际，在马杜罗当选委内瑞拉总统的同时，习近平也在巩固他作为中国领导人的地位。这也使得两国明确了把经济合作作为双边关系发展的优先目标。

中国的重要性在于它是委内瑞拉的第二大贸易伙伴。事实上，2000 年至 2012 年间，中委两国贸易关系发展迅猛。据拉美经委会（CEPAL）公布的数据显示，2000 年，在委内瑞拉的出口贸易中，中国排在第 35 位；进口贸易中，中国排名第 18 位。到了 2012 年，双边贸易有了长足发展，中国无可争议地成了委内瑞拉第二大国际贸易伙伴。① 2001 年，中委两国进出口贸易总额不足 5.89 亿美元，到 2012 年则超过了 200 亿美元。

马杜罗此次访问得到中国国家发展银行提供的一笔 50 亿美元的贷款，主要用于社会住房和交通设施建设计划。但是贷款暂缓到位，因为委内瑞拉经济社会发展银行（BANDES）爆出公务人员非法挪用 8400 万美元的丑闻，该银行成立于 2007 年，主要负责管理来自中委联合融资基金的贷款，用于推动中委两国的发展。

通过中委联合融资基金，委内瑞拉已经收到中方承诺的 445 亿美元贷款中约 360 亿美元，而委方则以每天 10 万桶的原油和其他石油产品来偿

---

① SLIPAK, Ariel M. “América Latina y China:¿cooperación Sur－Sur o Consenso de Beijing”, *Revista Nueva Sociedad*, N° 250, marzo － abril de 2014. ISSN: 0251—3552. Ver en: http: //www. nuso. org/upload/articulos/4019_ 1. pdf.

还贷款。当前委内瑞拉石油日产量为64万桶，预计在2015年可以增长到100万桶。

除了经济合作，能源合作在两国双边关系发展也具有战略意义。中国大型国企中国石化（SINOPEC）宣布投资14亿美元用于委内瑞拉奥里诺科石油带胡宁1号区块项目，计划每天生产石油20万桶。与此同时，中国进出口银行同意提供一笔贷款给委内瑞拉国家石油公司，用于专用石化码头建造项目。该码头位于莫隆经济特区（卡拉沃沃州），紧临帕里托炼油厂，在首都加拉加斯西面150公里。另外还有一笔由中国银行提供的约7亿美元的贷款，用于在委开展地质调查和开发拉斯克里斯蒂纳斯金矿。①

另外，马杜罗的访问还使得中委双方达成了一份公交车购买协议，以及两国联合在委成立一家汽车公司，产品主要销往拉美地区。

还有委内瑞拉公共住房计划，这是触动委政府敏感神经的项目。马杜罗政府正处于需要巩固民众支持的关键时期，为此，近期将在委内瑞拉东部的新埃斯帕塔州和安索阿特吉州建造4500套民用住宅。还有农业方面，重视大米和大豆的种植，最重要的是稳定和保证粮食的产量。②

马杜罗访问前，副总统阿雷亚萨以及国会议长迪奥斯达多·卡韦略曾先后访问中国，其中卡韦略被认为是委国内主要的“查韦斯主义”领袖之一，他继承了“查韦斯路线”的政治思想、经济思路和行政风格。

2013年7月阿雷亚萨访问中国，主要在国内经济特区建设问题上寻求中国的帮助，因为中国曾帮助过拉美地区国家建立过经济特区，比如帮助古巴建立了马里埃尔港。不过，从以往协助过的非洲国家的身上，中国政府已经注意到经济特区的设立会导致贫富分化，因此提醒委内瑞

① RÍOS, Xulio, “China y Venezuela: de la alianza perfecta a la alianza madura”, *Observatorio de la Política China* (OPCh) e *IGADI*, 24 de septiembre de 2013. Ver en: http://www.igadi.org/web/analiseopinion/china-y-venezuela-de-la-alianza-perfecta-a-la-alianza-madura.

② Ibid.

拉政府需要考虑相关的变数和条件。

卡韦略访问的意义在于政治方面，其目的是推动委内瑞拉统一社会党与中国共产党的合作。之后马杜罗访问中共中央党校时，进一步扩大了两党合作。

马杜罗政府大规模访问中国后，中方也进行了回访。2014 年 7 月，中国国家主席习近平访问了委内瑞拉和其他一些拉美国家，如阿根廷，巴西和古巴。

在委内瑞拉首都加拉加斯，习近平与马杜罗签署了多项经济合作协议和财政援助计划，帮助委内瑞拉摆脱经济危机和流动资金不足等问题。同时，结合 2013 年卡韦略和马杜罗访问北京时双方达成的政治共识，两党（委内瑞拉社会统一党（PSUV）和中国共产党）达成了全面政治合作协议。

近几年来，委内瑞拉国内对中国的关注度不断上升，例如：委内瑞拉的公共电视台转播中国 CCTV 频道节目；同时在商贸和建筑领域，中委两国进行了大量合作，还有委国内出现了大批中国移民。

2011 年，查韦斯政府在国内推动“大住房使命”计划，中国与巴西、俄罗斯、伊朗、白俄罗斯、古巴和葡萄牙都是该计划的主要援助国。马杜罗政府的目标是完成该计划的绝大部分，也就是到 2018 年年底，在国内建成约 400 多万套民用住房。因此，“大住房使命”也被视为 2019 年总统大选马杜罗政府能否连任的关键因素。

中委两国的合作渠道，依然在不断扩大。2014 年 9 月，委内瑞拉深入贫民区使命及三色区使命主席曼诺埃尔 · 盖维多将军访问中国，目的就是调整两国在这两项使命及大住房使命方面的合作。

四　无限制联盟?

委内瑞拉对外关系的另一个方面，是要考虑全球体系的变化，特别是与美国的关系。

1999 年查韦斯掌权后，反帝、反霸权、反美成了委内瑞拉外交活动常见的口号，但这样的号召并没有得到中国主动的响应，[①] 双方在这一点上的态度相去甚远。因此，委内瑞拉方面试图和中国建立意识形态和地缘政治方面的无限制同盟，只能是徒劳无功的。

中国和委内瑞拉在建立多极化世界秩序问题上态度一致。但是，如果我们非要对中委关系下定义并概念化的话，可以称为实用主义。互不干涉和战略理解是两国紧密合作的基石，也包括双方在军事和太空等特殊领域的合作。[②]

两国在相互声明中巩固了彼此的和谐关系。习近平称马杜罗是“中国的好朋友”。2013 年 4 月马杜罗赢得大选，5 月，中国国家副主席李源潮对委内瑞拉进行国事访问，当时委内瑞拉国内的政治局势非常紧张。李源潮是这一时期第一个访委的外国领导人，他称委内瑞拉是“中国在拉丁美洲最好的朋友”。[③]

所有的这一切都极大地促进了中委关系的发展，使得两国建立了全面战略伙伴关系。由于马杜罗政府需要维持和加强巨大的社会公共支出，

---

① RÍOS，Xulio，“China y Venezuela：de la alianza perfecta a la alianza madura”，*Observatorio de la Política China*（OPCh）e *IGADI*，24 de septiembre de 2013. Ver en：http：//www. igadi. org/web/analiseopinion/china-y-venezuela-de-la-alianza-perfecta-a-la-alianza-madura.

② Ibid.

③ Ibid.

于是中国就成了委内瑞拉在经济和财政方面的重要战略伙伴。据统计：2013 年委社会公共支出达到 310 亿美元，比 2012 年同期增长了 65%。

这也使得马杜罗把发展对中关系作为对外政策的优先战略目标。中国对委的财政援助主要用于推动各项“社会使命”计划和社会发展项目。特别是用于基础设施和民用住宅的建设，都是带着明显政治色彩的民生工程，以期在大选中赢得公众对“查韦斯主义”的支持。

然而，中国政府必须注意到，委内瑞拉经济对石油的严重依赖使得双边关系存在不稳定因素。[①] 近年来，委内瑞拉面临经济危机，通货膨胀居高不下，基础物资严重短缺，导致危机日益加剧。委内瑞拉国家发展模式严重依赖石油换资金，世界石油行业和国际原油市场价格波动会对中委战略关系的发展与稳定产生影响。

由于经济危机导致国家财政失衡以及经济濒临崩溃，未来一段时间内，委内瑞拉都将严重依赖中国等外交伙伴的支持。

2013 年 4 月马杜罗赢得大选后不久以及在 2014 年 2 月到 4 月期间，委内瑞拉国内爆发了大规模政治危机，这也使得 2015 年 12 月的议会选举形势更为严峻。“后查韦斯时期”政权的稳定性和持久性，是中国需要密切关注的方面，这也是中委战略关系发展中的不确定因素。

值得中国政府密切关注的还有，委内瑞拉当前紧张的政治气氛和不稳定的社会局面，还会进一步恶化。主要原因可以归结为三点：第一，持续的经济危机将导致社会危机加剧；第二，政府流动资金短缺；第三，自 2003 年起，委内瑞拉一直实行外汇兑换管制制度，使得国内货币体系混乱不堪且不断贬值，这点在马杜罗执政时期将会显得尤为突出。

因此，虽然现在不可能，但如果“查韦斯主义”政权一朝突然倒台，

---

① RÍOS，Xulio，“China y Venezuela：de la alianza perfecta a la alianza madura”，*Observatorio de la Política China*（OPCh）e *IGADI*，24 de septiembre de 2013. Ver en：http：//www. igadi. org/web/analiseopinion/china-y-venezuela-de-la-alianza-perfecta-a-la-alianza-madura.

将是对中国地缘政治战略的一个沉重打击，将使中国失去一个强有力的能源伙伴。之前发生在某些国家和地区的政权颠覆事件，就严重影响了中国的地缘政治战略和能源战略的利益，比如2011年利比亚卡扎菲政权垮台事件。

五 "后查韦斯主义者"的现实政治和实用主义

2014年9月初，拉斐尔·拉米雷斯被任命为委内瑞拉新任外交部长，[①] 这是马杜罗政府最近的一次政府人事调整，调整显示出强烈的政治意义和选举目的（针对2015年12月的议会选举），[②] 当然，也不排除这可能是"实用主义和现实政治"在"黄楼"[③] 逐渐成形的标志。

尽管委内瑞拉对美国等西方国家依然持强硬的外交辞令，但马杜罗政府已开始刻意减少与西半球邻国之间产生摩擦。然而，委内瑞拉和美国、哥伦比亚等一些国家之间的关系，目前仍然很紧张。

最近一次委美关系紧张的导火索是在2014年8月初，美国国会通过法案制裁委内瑞拉政府的部分官员，原因是这些官员参与贩毒。同一时间，马杜罗进行反击，发表声明计划出售委内瑞拉国家石油公司美国雪铁戈分公司，该公司是美国能源市场重要的跨国公司之一。

还有2014年9月，委内瑞拉试图再次进入联合国安理会担任非常任理事国，美国对此虽未公开表示反对，但在人权和民主化问题上对马

---

① 拉斐尔·拉米雷斯自2015年1月1日起转任委内瑞拉驻联合国大使级代表，马杜罗称，这次外交部长的人事调整"将加强玻利瓦尔外交政策"。——译者注

② MANSILLA BLANCO, Roberto, "Venezuela: o sacudón de Maduro", *IGADI*, 8 de septiembre de 2014. Ver en: http: //www. igadi. org/web/analiseopinion/venezuela-o-sacudon-de-maduro.

③ 委内瑞拉外交部所在地。——译者注

杜罗政府提出了严厉批评。

但是，委内瑞拉和哥伦比亚之间，两国关系正在向理解互信方向转变。委内瑞拉总统马杜罗和哥伦比亚总统胡安·曼努埃尔·桑托斯协商，将进一步推动边界安全合作，特别是共同打击走私和非法贸易。另外，9月初，哥伦比亚政府驱逐了两名在当地参与反对马杜罗政府活动的委内瑞拉籍学生，并直接将其移交给了委内瑞拉当局。

不久前，哥伦比亚前总统埃内斯托·桑佩尔被任命为新一任南美洲国家联盟秘书长，委内瑞拉政府对此公开表示欢迎。桑托斯政府也多次公开感谢委内瑞拉在哥伦比亚国内和平问题上的合作，尤其在委调解下，哥伦比亚反政府武装同意与哥政府在古巴首都哈瓦那展开和平对话。

从地缘政治的角度来看，马杜罗通过对拉米雷斯的任命清楚地向外界表明，委内瑞拉将加强同中国的关系以及缓和同美国的关系。拉米雷斯曾担任过委内瑞拉国家石油公司总裁、能源部部长以及副总统，被称为委内瑞拉经济“沙皇”。在外界特别是中国政府眼中，他是众多“查韦斯主义者”中比较有影响力和辨识度的一个。马杜罗执政时期，他是委国内“高级技术型”官员的代表，近几年在政府各大职能部门和公共管理部门轮流任职。①

对美关系问题上，从2014年中起，马杜罗政府着重于缓和两国间的紧张关系，重新派遣了驻美大使：政府外交顾问马克西米利安·阿尔维拉兹临危受命，更突显该职位的重要性。

---

① MANSILLA BLANCO，Roberto，“Venezuela：o sacudón de Maduro”，*IGADI*，8 de septiembre de 2014. Ver en：http：//www. igadi. org/web/analiseopinion/venezuela-o-sacudon-de-maduro.

六　西班牙和委内瑞拉的关系

委内瑞拉外交关系的发展并不局限在美国、哥伦比亚、中国或者西半球的国家身上。如果与拉美国家的外交关系是最优先发展目标的话，那么紧随其后的就是与西班牙的关系发展。西班牙和委内瑞拉有着深刻的历史、文化以及政治渊源，特别是西委关系的发展直接影响委与欧盟关系的发展以及伊比利亚美洲国家之间的合作。

查韦斯主义时期，委内瑞拉和西班牙的双边关系历经曲折，经历过紧张和缓和交错的两极时期，也经历过融洽稳定的时期。因此，西委关系可以分为三个阶段：第一个阶段是在西班牙人民党保守派领袖何塞·玛丽亚·阿斯纳尔第二任首相期间（2000—2004）。这一阶段也恰好是查韦斯执政的头几年（1999—2004）。这一时期的委内瑞拉正处于选举、宪法修改、政策和政府改革阶段以及查韦斯主义与国内反对派和国际社会之间频繁发生矛盾和冲突的阶段。在这一阶段中，西委两国之间的局势也非常紧张。主要源于两个方面：一是西班牙要求委内瑞拉引渡在委的埃塔组织（ETA）成员，并称该组织恐怖分子参与了委内瑞拉的玻利瓦尔革命。二是委内瑞拉政府实行的企业国有化进程，损害了在委的西班牙移民和企业的权益。但是，使得两国紧张关系最大化的事件是阿斯纳尔政府和华盛顿政府一起公开支持2004年4月发生在委内瑞拉国内的推翻查韦斯的政变。委内瑞拉政府对此表示强烈谴责。要知道，在查韦斯因政治叛乱被迫丢掉总统位置后，西班牙是继美国之后第二个承认政变当局佩德罗·卡莫纳临时政府的国家，这个短命的政府仅仅存活了一天时间（2002年4月12—13日）。

第二个阶段，是工社党领袖萨帕特罗上台执政期间（2004—2011）。这一时期的两国关系明显改善。但是在缓和的同时又在处理一些历史性问题上导致关系颇为紧张，呈现两极化局面。特别是在推动经济国有化政策问题上，查韦斯政府试图将西班牙桑坦德国家银行委内瑞拉分行国有化，这一举动加剧了两国的紧张局势。

第三个阶段，是西班牙人民党重新上台、保守派领导人拉霍伊担任首相期间（2011 年起至今）。同一时间，委内瑞拉国内因查韦斯生病陷入动荡（2011 年 6 月）；之后查韦斯第四次竞选总统成功（2012 年 10 月），并指定马杜罗担任临时总统；2013 年 3 月查韦斯因病去世，同年 4 月马杜罗竞选胜出担任总统。这个阶段，两国解除了之前的紧张关系，逐渐走向缓和。但是，双方并未表现出太多的交集，主要是因为现阶段两国政府工作的重心没有太多的一致性。两国各自的经济危机迫使拉霍伊和马杜罗都将更多的工作重心放在国内。但是比起两国之前针锋相对的双边关系，现在双方都以一种较为平和的语气进行交涉。但是依然存在一些双边紧张的状况，例如：拉霍伊政府和众多西班牙媒体公开批评马杜罗政府暴力镇压 2014 年 2 月到 4 月的学生及市民示威游行。但是另一方面，西委又在发展双边关系上迈出了建设性的一步。西班牙政府同意在首都马德里开设委内瑞拉文化中心，同时，两国关系向正常化方向发展，外交来往和使节互访频繁。

七　一个新阶段？

委内瑞拉国内近期的一些重大事件和部长任命，体现出马杜罗政府在外交方面的两个改变：实用主义和现实政治，特别是涉及委内瑞拉地缘政治的战略角色中国、美国、拉丁美洲和欧洲时是如此。

但是，在改变中也有不变因素，例如继续保持和古巴的特殊关系。两国关系始于2000年11月查韦斯政府和菲德尔·卡斯特罗政府在加拉加斯签署双边联盟与合作协议，2010年时双方又将协议延长10年直到2020年。单从这方面来看，马杜罗政府的对外政策仍延续着查韦斯时期的政治路线和意识形态，但从整体上看，并不能说他会完全继承查韦斯时期的外交遗产。

马杜罗的外交政策中最为突出的，就是坚定不移地和中国发展重要经济和政治战略伙伴关系，主要是经济上的关系。同中国发展战略伙伴关系是委内瑞拉和古巴两国达成的共识，这一点也得到古巴领导人劳尔·卡斯特罗的认同。劳尔·卡斯特罗在2006年被菲德尔·卡斯特罗钦点为临时接班人，2008年被正式任命为古巴国务委员会主席。因此，中委战略伙伴关系可以被视为是“后查韦斯”时期马杜罗各项外交政策变量的交汇点。

［罗伯特·曼西亚·布兰科，西班牙加利西亚国际资料研究所（IGADI）研究员；江苏师范大学伊比利亚美洲研究中心特约研究员］

参考文献：

1. SADER，Emir y JINKINS，Ivana（coords），*Latinoamericana. Enciclopedia Contemporánea de America Latina y el Caribe*，CLACSO Coediciones，Editorial AKAL，Boitempo editorial，2009.

2. VERSTRYNGE，Jorge，*La guerra periférica y el islam revolucionario. Orígenes，reglas y ética de la guerra asimétrica*，El Viejo Topo，Mataró，2005.

3. VERSTRYNGE，Jorge，*Frente al Imperio：Guerra Asimétrica y Guerra Total'*，Editorial Foca，Madrid，2007.

4. MANSILLA BLANCO，Roberto，“El ALBA post-Chávez”，*Anuario CEID*（Ar-

gentina) e *Instituto Galego de Análise e Documentación Internacional* (*IGADI*), 11 de febrero de 2014. Ver en: http: //www. igadi. org/web/analiseopinion/el-alba-post-chavez

5. MANSILLA BLANCO, Roberto, "MERCOSUR e China: peóns estratéxicos para Maduro", *Instituto Galego de Análise e Documentación Internacional* (*IGADI*), 24 de julio de 2013. Ver en: http: //www. igadi. org/web/analiseopinion/mercosur-e-china-peons-estratexicos-para-maduro.

6. MANSILLA BLANCO, Roberto, "Venezuela: o sacudón de Maduro", *Instituto Galego de Análise e Documentación Internacional* (*IGADI*), 8 de septiembre de 2014. Ver en: http: //www. igadi. org/web/analiseopinion/venezuela-o-sacudon-de-maduro.

7. SLIPAK, Ariel M. "América Latina y China:¿cooperación Sur-Sur o Consenso de Beijing", *Revista Nueva Sociedad*, N°250, marzo-abril de 2014. ISSN: 0251-3552. Ver en: http: //www. nuso. org/upload/articulos/4019_ 1. pdf.

8. RÍOS, Xulio, "China y Venezuela: de la alianza perfecta a la alianza madura", *Observatorio de la Política China* (*OPCh*) *e Instituto Galego de Análise e Documentación Internacional* (*IGADI*), 24 de septiembre de 2013. Ver en: http: // www. igadi. org/web/analiseopinion/china-y-venezuela-de-la-alianza-perfecta--a-la-alianza-madura.

9. "Observatorio del ALBA", *Instituto Galego de Análise e Documentación Internacional* (*IGADI*) . Sitio web: http: // www. igadi. org/web/programas-de-investigacion/programa-seguridade-conflitos-e-alternativas-no-sistema-internacional/observatorio-do-alba.

10. Página web de la Alternativa Bolivariana para los Pueblos de Nuestra América (ALBA): http: //www. portalalba. org/index. php/.

中葡关系的发展历程

［葡］卡门·曼德思
（蓝博　译/朱伦　校）

内容提要　早期来中国的欧洲列强中，葡萄牙是最早来最晚离开的。从1557年葡萄牙被允许在澳门居住开始，澳门逐渐发展成为葡萄牙一块独立在海外的领土，几个世纪以来，澳门半岛上的东西方文化相互交融，和平共处。耶稣会传教士作为葡萄牙使者来到中国，向中国大陆传播了宗教文化及科学知识。20世纪末，葡萄牙政治体系历经两个阶段——从独裁到1974年的民主改革，中葡关系的发展也因葡萄牙的政权变化而经历了两个不同的时期——从不承认中国共产党政权到1979年正式建交。澳门回归中国最终的解决方案是邓小平提出的“一国两制”模式。2003年，中国政府在澳门建立了中国—葡语国家经贸合作论坛，澳门就变成了中国与葡语世界商贸及文化互联互通的平台。

引　言

三言两语不可能完整地阐述中葡近500年的交往史，笔者力图通过三大要点给大家简单梳理一下两国关系的发展史。首先，从1557年起，葡萄牙正式在澳门建立定居点，两国签署了一份非正式的友好条约，允许将澳门设为葡萄牙在中国境内的一块单独行政区域，便于中葡两国开展务实、互惠的通商活动。在鸦片战争爆发之前，澳门与葡萄牙其他海外殖民地不同，它虽然名义上归葡萄牙王室管辖，但是由于王室无暇兼顾，大多数时间它都处于自管状态。从外交层面来说，中葡主要通过澳门来实现双边交往，现代西方文明和基督教通过葡萄牙传入清朝，同时传入中国的还有发达的西方科技。

其次，直到1979年，中葡才解决两国之间一直悬而未决的建交问题，之前葡萄牙“第二共和国”（El Estado Novo）独裁政府拒绝承认毛泽东领导的中国共产党政府。澳门社会在葡萄牙政府的管理下一直保持稳定，只有在1966年的中国“文化大革命”时期有过短暂的动荡，其间澳门总督府遭受攻击，中国激进派试图以暴力手段收回澳门主权。1980年中葡正式建交后，两国官员开始频繁互访，两国关系逐渐密切，澳门回归问题也得到了实质性的进展。

最后是1999年，中国正式对澳门恢复行使主权，不过澳门通过主办中国—葡语国家经贸合作论坛，仍然扮演着中葡关系中间人的角色。澳门回归后，中葡关系有了更进一步的发展，中国通过对葡投资和高层访问不断加深其在葡的影响力。

一 1513—1949年：澳门的诞生及首个外交周期

1510年葡萄牙占领印度西海岸重镇果阿，次年占领马来半岛重镇马六甲，紧接着进入苏门答腊，并将果阿设为葡萄牙在远东殖民统治的中心。第一个到中国来的葡萄牙人名叫豪尔赫·阿尔瓦雷斯（Jorge Alvares），他到中国的时间是1513年，在他之后的是多默·皮列士（Tomé Pires），后者是葡萄牙派往中国的首位使者。托梅·皮雷斯原为葡萄牙王室的药剂师，后随东征船队来到马六甲担任药物生意经纪人。被派往中国后，他历经磨难，写下了著作《东方志》（*A Suma Oriental*）。

但是皮列士的到来并没实质性地推动中葡关系的发展，因为当时的中国对外关系主要以"朝贡"体系为主，缺乏外交弹性。所谓"朝贡"体系是指从明朝永乐年开始，[①] 设立"译馆"便于中国与外国的朝贡制度运行。早期中国的"对外关系"，主要目的是让其他民族俯首称臣，与邻国的交往强调的是文化优越、让对方附庸并签署朝贡协议，基于此，当时的中国政府会定期邀请周边的"蛮族"来访。受此体系的影响，中国早期发展对葡关系的目的也以"朝贡"为主，强调自身"天子"地位，这对当时两国关系的发展造成了很大阻碍。[②]

---

① WU Zhiliang, *Segredos da Sobrevivência-História Política de Macau*, Associação de Educação de Adultos de Macau, Macau, 1999, pp. 32—33, 38.

② HSU, Immanuel, *The Rise of Modern China*, Oxford University Press, Nova Iorque, 1970, p. 152. FORD, Christopher Ashley, *The Mind of Empire: China's History and Modern Foreign Relations*, The University Press of Kentucky, Lexington, 2010, p. 55.

1514年，中国明朝正德皇帝颁布了非贡期入华进贡的事团令，允许葡萄牙商船进入中国“朝贡”。1518年皮列士率团来访中国，这是两国开始第一个外交周期。次年，正德皇帝病危，临死前发布了一道命令，要求所有来明的使团全部离境，并监禁了皮列士，驱逐葡萄牙使团。接到遣返令的葡萄牙使团拒绝离境，于是，中葡舰船在西草湾交火，中葡关系由此破裂。①

实际上，皮列士率领的葡萄牙商船到访中国，其目的是与明朝进行贸易的。不过，在当时的中国人看来，凡是外国有人来，就是来进贡的而已。② 16世纪上半叶，葡萄牙对于中国的角色逐渐产生变化，从开始的“朝贡者”转变为“商贸者”。③ 澳门也是从这时起，成为中葡以及中国与西海域邻国进行商贸的一块重要“飞地”，并且成为中国内陆抵御海盗入侵的桥头堡。④ 此后，澳门逐渐成了中国接收多元文化和利益的“器皿”。直到1554年，中葡关系有了新的进展，葡萄牙的日本航线司令莱奥内尔·德·索萨（Leonel de Sousa）与广东道副使达成口头协议，在交付税收的情况下，允许葡萄牙在中国境内进行正常的商贸活动。此后，葡萄牙人得以在澳门居留，澳门开始对外国商船开放，这里也正式成为各国商人贸易聚居点。⑤

澳门作为葡萄牙本土和远东联系的中间地，拥有高度的自治权，也

---

① WU, *op. cit.*, pp. 35—38.

② WILLS, John Elliot Jr., *China and Maritime Europe, 1500—1800*: Trade, Settlement, Diplomacy, and Missions, Harvard University Press, Cambridge, 2011, pp. 28, 30—31. DISNEY, Anthony R., *A History of Portugal and the Portuguese Empire*, Volume II, Cambridge University Press, Nova Iorque, 2009, p. 291.

③ COSTA, João Paulo Oliveira, *A Descoberta da Civilização Japonesa pelos Portugueses*, Instituto Cultural de Macau, Macau, 1995, p. 111.

④ WU, op. cit., p. 41. WILLS, John Elliot Jr., *Embassies & Illusions: Dutch and Portuguese Envoys to K'ang-hsi, 1666—1687*, Harvard University Press, Cambridge, 1984, p. 52.

⑤ RAMOS, João de Deus, *Portugal e a Ásia Oriental*, Fundação Oriente, Lisboa, 2012, p. 106. BARRETO, Luís Filipe, “A Condição de Macau: Elementos para uma análise Histórico-Cultural”, *Administração*, n.°30, Vol. VIII, 1995, p. 780.

称为葡萄牙帝国的“东方影子”（Shadow Empire）。[①] 纵观澳门发展史，其商贸活动和外籍人权受葡萄牙政府和律法约束。这样的发展模式也称“澳门模式”，其核心是为中国和海外的贸易寻找一个利益平衡点，保障在澳居住的外国人的安全。[②] 随着时间的推移，澳门自身逐渐拥有了一定的自治权。早在1583年，澳门便已拥有属于自己的市政府，市政府拥有独立的行政权力。但是，葡萄牙仍然实际控制着澳门，如澳门的关税立法、政府财政以及外交行使权。[③] 之后，随着中国内地和澳门半岛的联系日益紧密，葡萄牙开始允许中国内地的资金和人员自由进出澳门，但澳门仍不属于中国管辖。[④]

16世纪末，耶稣会传教使团受葡萄牙王室委派来到中国，这算是第一批西方驻中国使者。在这个时期，中国普遍将外国使团的到来看作朝贡，不允许外国在中国境内建立长期的联系机构。这些传教士以宗教使者的身份为中国政府出谋划策，为东方贡献了自己渊博的学识和技能。

科英布拉大学人文艺术系成立于1547年，曾经培养过一大批优秀的耶稣会传教士，例如马特奥·里奇（Matteo Ricci）、托马斯·佩雷拉（Tomás Pereira），因而被誉为培养葡萄牙驻中国大使的摇篮。科英布拉

---

① PTAK, Roderich, op. cit., pp. 139—140. NEWITT, Malyn, *A History of Portuguese Overseas Expansion, 1400—1668*, Routledge, Londres e Nova Iorque, 2005, pp. 92 - 93. WINIUS, George, “The Shadow Empire of Goa in the Bay of Bengal”, *Itenerario*, Vol. 7, n. °2, 1983.

② FOK, Kai Cheong, “The Macao Formula at Work-An 18th Century Qing Expert's View on Macau” in Saldanha, António Vasconcelos e Alves, Jorge Manuel Santos, *Estudos de História do Relacionamento Luso-Chinês: Séculos XVI—XIX.* Macau: Instituto Português do Oriente, 1996, p. 222. ALVES, Jorge Manuel dos Santos, “Natureza do Primeiro Ciclo da Diplomacia Luso-Chinesa (séculos XVI a XVIII)” en SALDANHA, António Vasconcelos e ALVES, Jorge Manuel Santos, *Estudos de História do Relacionamento Luso-Chinês: Séculos XVI—XIX*, Instituto Português do Oriente, Macau, 1996, p. 190.

③ PEREIRA, Francisco Gonçalves, *Portugal, a China e a “Questão de Macau”*, Instituto Português do Oriente, Macau, 1995, pp. 17—19.

④ WU, *op. cit.*, pp. 75—76.

大学培养的传教士还为中国带去了西方科技：数学、天文学和艺术，他们不仅在中葡交往史中有着非常重要的地位，还赢得了历代中国皇帝的尊重。[①] 在1667—1784年间，随着西方传教士大量登陆中国，这一时期也被誉为“西方使者繁荣时期”，这期间著名的葡萄牙籍使者共有六位。到了康熙年间，相对于其他国家的传教士，葡萄牙传教士在中国宫廷中占有的地位达到最高峰。

葡萄牙的传教士同时也是中葡两国对话的媒介，他们的存在可以让基督教在中国得以传播，实现了两地宗教的交流融合，他们也被称为“两国宗教的百科全书”。[②] 在1750—1777年的庞巴尔（Pombal）首相时期（何塞一世时期），对葡萄牙海外殖民地的传教士实施削减政策，澳门也不例外。他的这一措施确实加强了葡萄牙王室在海外的势力，但是也削弱了国家影响力。

从18世纪中叶开始，葡萄牙开始专注于有效管理各大洲的殖民地，尤其重视加强澳门和印度殖民地政府之间的联系。葡萄牙有意识地通过印度干预澳门的事务，直到19世纪鸦片战争爆发，世界形势发生了翻天覆地的变化，西方通过暴力手段敲开了中国开放的大门，将现代秩序强制性地带入这个古老的东方大国。1842年中国与英国签署了《南京条约》，割让香港并开放口岸与西方国家通商。[③] 1849年葡萄牙关闭中国设在澳门的海关，拒交租地租银，并以武力手段赶走中国政府官员，

---

① VON COLLANI, Claudia, “Les Activités Scientifiques de Matteo Ricci en Chine” en Landry-Deron, Isabelle (ed.), *La Chine des Ming et de Matteo Ricci (1553—1610)*, Les Éditions du Cerf/Institut Ricci, Paris, 2013, pp. 173, 182. Universidade de Coimbra, “Christophorus Clavius: um dos mais famosos estudantes de Coimbra”, consultado em 10 de dezembro, 2014, http://www.uc.pt/org/historia_ciencia_na_uc/Textos/cienciasexactas/christoclavius.

② RAMOS, *op. cit.*, pp. 93, 127—133.

③ ALVES, Jorge Manuel dos Santos, “Natureza do Primeiro Ciclo da Diplomacia Luso - Chinesa(séculos XVI a XVIII)” en SALDANHA, António Vasconcelos e ALVES, Jorge Manuel Santos, op. cit, pp. 201—202. CONCEIÇÃO, *Macau entre Dois Tratados com a China, 1862—1887*, Macau, ICM, 1988, p. 174.

夺取中国在澳门主权。1887年中葡两国在北京签署了《中葡和好通商条约》（俗称《中葡北京条约》），中国允许葡萄牙长驻和管理澳门。①

1910—1911年，葡萄牙和中国先后废除了君主制，建立共和国。共和制唤醒了中国人的民族独立和反封建意识，中国国内对废除19世纪被迫签署的一系列不平等条约的呼声日渐高涨，例如：在民族独立意识推动下，中国向葡萄牙政府提出废除1887年签署的《中葡北京条约》，收回澳门主权；之后，在1928年，中葡对条约进行了修订。

1930年年初，中国已经收回了除香港和澳门外的大部分20世纪割让给西方列强的领土。1945年中国获得抗日战争胜利，随后中国向葡萄牙提出收回澳门主权，之后，两国在1947年签署新的协定，但是和1928年时候一样，新协定只是对旧协定进行了微调，并未实质性地解决澳门问题。②

二　1949—1999年：从拒绝承认中国共产党政权到澳门回归

直到1974年独裁者安东尼奥·德奥利维拉·萨拉查（António de Oliveira Salazar）去世后，葡萄牙才开始承认中国共产党政权。之前，萨拉查时期的葡萄牙只承认台湾的中华民国政权（1949年战败后，蒋介石逃亡台湾成立的政府）。

---

① PTAK, Roderich, "Macau entre la Chine et l'Asie Maritime: Cycles d'Économie" en FELIPE DE ALENCASTRO, Luiz e BETTENCOURT, Francisco (eds.), *L'Empire portugais face aux autres Empires*, Maisonneuve & Larose/Centre Culturel Calouste Gulbenkian, Paris, 2007, p. 151. WU, op. cit., pp. 229, 237—38.

② MENDES, Carmen, *Portugal, China and the Macau Negotiations, 1986—1999*. Hong Kong: Hong Kong University Press, 2013, pp. 12—13 e WU, op. cit., pp. 259—264, 311.

中国共产党执政初期，由于国内政治和经济形势混乱，澳门和香港的主权问题不是毛泽东政府战略的重心所在，而且对处于特殊时期的中国来说，这两个地方反而成了政府打破西方外交封锁的工具。例如1950年的朝鲜战争期间，中国政府通过港澳进口战略物资，打破了西方国家的封锁。虽然无暇兼顾，但是中国政府从一开始就布局澳门回归战略。1949年中国政府直属企业南光（集团）有限公司在澳门成立，该公司通过投资和商贸活动不断影响着澳门，让内地政府在澳门半岛影响力逐渐扩大。①

回归前的澳门名义上受葡萄牙政府管辖，其发展方向取决于三股权力的平衡：葡萄牙驻澳门总督府、广州省政府以及北京政府。1960前后上述平衡被打破，国民党政府势力进入澳门，在澳进行反对共产党政府的活动。

1966年12月3日，受国民党政府煽动，大批澳门师生聚集在葡萄牙驻澳总督府前进行示威活动，当局开枪扫射了示威民众，史称“一二·三”事件（事件因发生的日期而得名）。这一年中国正处于“文化大革命”的高潮阶段，该事件引起了中国社会的愤怒，各地的“红卫兵”云集拱北海关，试图冲破阻拦进入澳门。随后，中葡政府就该事件进行了紧急磋商：全面清除国民党在澳门的势力；禁止在澳门进行与中华人民共和国敌对的活动；对死难家属进行赔偿；葡萄牙政府继续保持管辖澳门等。②

从1970年起中葡关系开始有了较大的改变。葡萄牙“第二共和国”政府有意减轻中国共产党政府在澳门问题上施加的压力，于是在次年的

---

① FERNANDES, Moisés Silva, *Sinopse de Macau nas Relações Luso-Chinesas-1945—1995*, Fundação Oriente, Lisboa, 2000, pp. xii—xvii.

② PEREIRA, Francisco Gonçalves, *Accomodating Diversity: The People's Republic of China and the "Question of Macao" [1949—1999]*, Centro Científico e Cultural de Macau, Lisboa, 2013, pp. 94—95. South China Morning Post, 19 de setembro de 1963. CASTANHEIRA, José Pedro, Os 58 dias que abalaram Macau, Publicações Dom Quixote, Lisboa, 1999.

联合国大会上，葡萄牙给中国政府取代台湾政府重返联合国投了赞成票。① 1972 年，中国驻纽约大使向联合国非殖民化委员会提出，要求将香港和澳门从殖民地名单中删除，将港澳问题归为中国内政。② 中国此举意将澳门“被殖民”身份剔除，中国也借此反击苏联对澳门问题的指责。实际上，中国此举具有深远而务实的意义，这为港澳最终回归奠定了基础，也消除了它们独立的可能性。③ 此外，中国政府将澳门定义为一块“外占领土”而不是一块“殖民地”，时任葡萄牙统治者萨拉查对此也表示接受。1974 年 4 月 25 日葡萄牙民主革命成功，实行非殖民化政策，承认澳门是葡萄牙非法侵占。

葡萄牙在实行非殖民化政策后，迅速与中国共产党政府建立起了外交关系，并将中葡关系发展视为外交事务的重点。1976 年 1 月 6 日葡萄牙外交部发表了两点声明：第一，台湾是中国固有领土的一部分，坚持一个中国的原则；第二，中葡双方将通过友好协商的方式解决澳门问题。④ 之后，葡萄牙政府提出归还澳门，不过正值“文化大革命”末期的中国政府并未接受，主要因为当时中国社会动荡不安，中国政府担心苏联共产党借机通过葡萄牙共产党扰乱澳门。总的来说，这个时期，澳门回归问题悬而未决，只因中国没有找到合适的时机而已，中葡之间并

---

① Resolução n. °2758 (XXVI) da Assembleia Geral das Nações Unidas. FERNANDES, Moisés Silva, "O Diplomata José Calvet de Magalhães e a Questão de Macau nas Relações Luso – Chinesas, 1946—1971", *Administração*, n. °72, Vol. XIX, 2006, pp. 792—793.

② Assembleia Geral da Organização das Nações Unidas, A/AC. 109/396 de 8 de março de 1972, UNGA A/AC. 109/L. 795 de 15 de maio de 1972 e FO371/175931.

③ MENDES, Carmen, *Portugal*, *China and the Macau Negotiations*, op. cit. , p. 34.

④ Comunicado à Imprensa, Serviços de Imprensa do Ministério dos Negócios Estrangeiros, Ministério dos Negócios Estrangeiros, Lisboa, 6 de janeiro, 1975, Arquivo Histórico-Diplomático, e *Diário de Notícias*, 9 de janeiro de 1987.

不存在任何矛盾。①

1976 年葡萄牙颁布了《澳门组织章程》，成立澳门立法议会，新的政治体制下澳门实现了高度自治。同年葡萄牙颁布的新宪法中明确表示，澳门是葡萄牙管辖下的特殊地区，并非殖民地。②

这个时期，中国政府对澳门回归问题保持沉默，并未让中葡关系发展停滞，两国达成了许多非正式协议，这些都是两国大使在法国巴黎频繁会面的成果（1964 年戴高乐在巴黎建立了中法外交平台）。1979 年 2 月 8 日，中葡正式建立外交关系。双方就澳门问题达成协议，两国谈判内容在当时属于“国家机密”，直到 1987 年才正式对外公布。在这份双边协议中，葡萄牙明确了澳门是中国的领土，归还时间和细节，将在适当时候由两国政府谈判解决。此外，葡萄牙政府禁止苏联和台湾当局利用澳门开展敌对中国政府的活动。③

之后中国“改革开放”的领袖邓小平对澳门的角色进行了明确定义：中欧的媒介地。1982 年邓小平针对澳门、香港和台湾问题提出了

---

① “China Welcomes Portuguese Government Statement: Yugoslav Report”, TANJUG, Pequim, 13 de janeiro de 1975, en *BBC Summary of World Broadcasts*, 15 de janeiro de 1975, Londres, FE/4804/A1/1. FERNANDES, Moisés Silva, *Sinopse de Macau*, *op. cit.*, p. 354. MARTINS, António Coimbra, *Esperanças de Abril*, Perspectivas & realidades, Lisboa, 1981, p. 433. FERNANDES, Moisés Silva, “Contextualização das negociações de Paris sobre a normalização das relações luso - chinesas, 1974—1979”, *Negócios Estrangeiros*, n.° 16 Especial, Instituto Diplomático do Ministério dos Negócios Estrangeiros, 2010, pp. 31—33.

② *Estatuto Orgânico de Macau*, Lei 1/76, 17 de fevereiro de 1976. GARCÍA, Leandro, *Macau nos Anos da Revolução Portuguesa-1974—1979*, Gradiva, Lisboa, 2011, p. 23. *Constituição da República Portuguesa*, N°5 e N°306, 1976. GARCIA, Leandro, “Os Anos da Grande Mudança 1974/1979”, en BARRETO, Luís Filipe (ed.) *Trabalhos do Seminário Rumos de Macau e das Relações Portugal-China (1974—1999)*, Centro Científico e Cultural de Macau, Lisboa, 2010, pp. 26—27.

③ MARTINS, *op. cit.*, p. 434. “*Comunicado Conjunto do Governo da República Popular da China e do Governo da República Portuguesa sobre o Estabelecimento de Relações Diplomáticas entre a China e Portugal*”, Paris, 8 Fevereiro 1979, Serviço de Informação do Ministério dos Negócios Estrangeiros, Lisboa, Arquivo Histórico-Diplomático, Ministério dos Negócios Estrangeiros. “Ata das Conversações sobre a Questão de Macau”, Paris, 8 de fevereiro de 1979; Arquivo Histórico - Diplomático, Ministério dos Negócios Estrangeiros, Lisboa.

“一国两制”模式，并公开否决了所有由旧中国政府签署的不平等条约。

1984 年中英高层会面达成一致：香港将在 1999 年租约到期后回归中国。之后不久，时任中华人民共和国主席李先念访问葡萄牙，这是新中国元首首次访葡，两国领导人就澳门问题进行了“密谈”，中国对葡萄牙表示两国谈判解决澳门问题的时机已经成熟。1985 年，葡萄牙总统回访中国，会见了时任中国总理赵紫阳，葡萄牙对中国表示两国可以举行正式外交谈判解决澳门问题。

中国政府从国家战略高度，对香港和澳门这两块历史渊源不同的殖民地采取同一解决方案。赵紫阳曾向安东尼奥·拉马尔霍·埃亚内斯（Ramalho Eanes）指出：澳门平稳过渡不仅是领土平稳过渡还是两种文化的平稳过渡。① 埃亚内斯回到葡萄牙后着手准备移交澳门主权事宜，并确保此事不受总统换届影响。笔者认为，香港的回归对澳门问题实际上产生了决定性的影响，是澳门回归的直接诱因，因为从历史角度看，香港和澳门是两块有本质差异的占领地，在提出收回香港之前，中国从未主动提出收回澳门主权。②

对于当时的葡萄牙来说，将澳门主权交还中国是一个敏感的议题，之后受到 1975 年东帝汶去殖民化的影响，葡萄牙政府才开始思考体面解决澳门问题。鉴于澳门在远东的重要性远不如香港，且中葡关系存在一定的不对称性，葡萄牙政府在澳门回归问题上相比起英国政府要积极和配合得多。③ 1987 年 4 月 13 日，时任中国总理赵紫阳和葡萄牙总理卡瓦科·席尔瓦分别代表中葡两国政府在北京人民大会堂西大厅正式签

---

① *Expresso*, 30 de agosto de 1986.

② RAMOS, João de Deus, “Declaração Conjunta sobre Macau: Um Olhar Retrospectivo”, en ALVES, Jorge dos Santos (coord.), *Portugal e a China-Conferências nos Encontros de História Luso-Chinesa*, Fundação Oriente, 2000, p. 422.

③ Para uma análise mais detalhada das negociações luso-chinesas, ver: MENDES, Carmen, *Portugal*, *China and the Macau Negotiations*, *op. cit.*

署《中葡联合声明》。1987 年，中葡两国在各自政府内获得《中葡联合声明》的批准。中国政府允许澳门在香港回归之后两年正式回归，从 1987 年到 1999 年这 12 年时间，被称为过渡期。

澳门回归后，那些持葡萄牙护照在澳门居住的中国人将面临很严重的问题，因为中国法律不允许双重国籍的存在。对于当时的中国来说，国籍问题是一个很严肃的政治问题，澳门人身为中华民族的一员如放弃中国籍加入葡籍，会被社会视为耻辱。后来，两国政府采用了“混合制”来解决上述问题：但凡在澳门居住的中国人，无论是中国籍还是葡萄牙籍，都统一归为澳门人，但是葡籍澳门人一旦离开澳门进入内地则等同于中国籍。

从联合声明生效到正式回归典礼期间，被称为过渡期。与中英关系在香港回归过渡期经历多番起跌不同，在澳门回归过渡期间，中葡关系一直较为平稳。其间，对中国国际关系影响最大的事件是 1989 年的“政治风波”，该政治事件导致中国与西方关系破裂，英国更是指责中国政府罔顾人权，导致中英关系一度紧张。但是这期间，葡萄牙政府没有受此影响，稳步推进澳门回归进程。在中国对外关系最艰难的时期里，葡萄牙在大部分涉及澳门的问题上与中国政府合作良好。①

葡萄牙希望回归后的澳门能长期在行政、经济、社会发展上保持独立性，并且摆脱对香港的依赖（香港是世界最重要的金融和贸易中心之一，而澳门仅有服务业）。对此，过渡期间葡萄牙政府致力于通过交通设施建设来减少澳门对香港的依赖性，如澳门国际机场、外港码头、新

① LO, Shiu Hing, *Political Development in Macau*, Hong Kong, The Chinese University Press, 1995, p. 24. CATARINO, Pedro, “Macau Visto de Quatro Ângulos em Quatro Momentos da sua História: De Macau, de Hong Kong, de Lisboa, e de Pequim”, en BARRETO, Luís Filipe (ed.) *Trabalhos do Seminário Rumos de Macau e das Relações Portugal-China* (*1974—1999*), Centro Científico e Cultural de Macau, Lisboa, 2010, p. 103.

澳凼（Macao－Taipa）大桥等。[1] 对中国来说，最重要的是如何有效协调和管理这个特别行政区的法律、政府官员和语言。

1999 年 12 月 20 日，葡萄牙正式将澳门交还给中华人民共和国。时任中国国家主席江泽民在交接仪式上郑重宣布：澳门回归后，中国政府将坚定不移地贯彻执行“一国两制”方针。这种“港人治港”“澳人治澳”的方式也为中国解决台湾问题奠定了基础。[2]

三　从 1999 年至今：迈上新台阶

2014 年，是中葡建交三十五周年，澳门回归十五周年。在这段岁月中，澳门始终保有葡萄牙的影响，并坚持其历史使命：作为中国与欧洲和葡萄牙语世界交流的桥梁。我们如何来评判近几年中葡关系中发生在两国内外的重大事件？

1999 年 12 月澳门主权回归中国，打开了中国外交史的新篇章，中国的国际地位不断巩固和提升，如今的中国已经是世界强国之一。尽管从国家规模、影响力以及地缘分量上来说，葡萄牙显然不会是中国活跃外交战略的重心，但中国对葡关系的发展将会给世界展现出优异的洲际外交能力。鉴于葡萄牙身处欧洲以及在葡语世界的重要历史地位，两国外交关系的进一步发展也将为中国打开欧洲国家和葡语世界国家外交的

---

① SOARES, Mário, *Macau: Uma Responsabilidade Histórica-Discurso de Sua Excelência o Presidente da República Dr. Mário Soares*, Missão de Macau em Lisboa, Lisboa, 22 de maio de 1990, pp. 3—8, 17.

② Discurso do Presidente da República Popular da China, Jiang Zemin, na Cerimónia de Transferência de Poderes de Macau, 20 de dezembro de 1999.

大门。[①] 2005 年，中葡两国宣布建立全面战略伙伴关系，葡萄牙也因此成为首批与中国建立全面战略伙伴关系的欧洲国家之一。两国结盟的主要目的是：促进两国经贸持续增长、加强双边外交关系、深化多领域合作以及建立政治磋商。[②]

高层互访无疑是加强双边政治关系最重要的手段之一。2014 年 5 月，葡萄牙史上最庞大的代表团访问中国，这是葡萄牙总统近十年来首次访中。其行程包括北京（政治中心）、澳门（历史渊源）及上海（经济中心。尤其是从 2006 年起，葡萄牙对外投资贸易局（AICEP）在上海设立了办事处）。值得一提的是，葡萄牙对外投资贸易局驻上海办事处是葡萄牙对中经济外交的最早和最具代表性的机构，它为中国与葡萄牙、非洲、拉美企业的经贸合作提供了很大便利。阿尼巴·卡瓦科·席尔瓦总统将中国作为其外交战略的重心，他到访中国的代表团成员包括外交部长、教育文化部长、经济部长等，这体现出他对双边关系的重视。此次访问，除了国家要员外，还有 100 多位葡萄牙各界人士（金融业、法律界、房地产业、旅游业以及青年企业家代表），双边企业界合作硕果累累，共签署了 29 项双边合作协议及合作备忘录。此外，葡萄牙政府还加强了与澳门特区政府的联系，并进一步提升了葡萄牙对外投资贸易局北京和上海办事处的职能。[③]

从一个细节可以看出中国政府也非常重视发展对葡关系：席尔瓦总统的访问受到中国政府最有分量的三位领导人的接见，他们是：习近平主席、李克强总理和张德江委员长。纵观中国人的政治文化，非常讲究细节，有一个细节也体现出中国政府重视对葡关系：习近平主席结束拉

---

① PEREIRA, Bernardo Futscher “Relações entre Portugal e a República Popular da China”, *Relações internacionais* n. °10, junho de 2006, pp. 65—66.

② *Diário de Notícias*, “Sócrates e Wen Jiabao querem duplicar comércio em três anos”, 15 de dezembro de 2005.

③ *Revista Macau*, “Visita de Aníbal Cavaco Silva: China tem portas abertas para Portugal”, 5 de junho de 2014.

美访问返程特意经停特塞拉岛（la isla de Terceira，Azores），与葡萄牙总统代表、副总理保罗·波斯塔（Paulo Portas）进行了会谈。2012 年时任中国总理温家宝结束拉美之行返回北京时，也在该岛经停。①

此外，从 2014 年席尔瓦总统的代表团成员组成上，可看出葡萄牙政府优先与中国发展商贸和投资领域关系。因为一些重要领域的部长并未随行，例如海洋农业部部长、环保部部长、国土战略部部长以及能源部部长等。

纵观当今中葡关系，可以将其总结为“多元”的。两国在商贸、经济、教育、文化等领域开展合作。多年前，一部分葡萄牙国内的大型企业通过合资成功打入中国市场，例如好利安制药②（Hovione，成立于 1959 年，1979 年起在香港开设办事处，1986 年在澳门开设办事处，2008 年与浙江海神公司合资）、费尔斯通公司（这是一家主营石材的企业，公司为扩大对中国的出口业务，于 2006 年在上海开设了办事处，专门负责开发和管理中国市场的客户群体）、阿莫林木业（这家公司在中国开展业务有将近四十年的时间，它不断与中国公司合资开拓中国市场，到 2011 年，它旗下的主营葡萄酒软木塞及其衍生品的合资公司阿莫林软木公司成了世界的领导者）。③

中国逐步对葡萄牙开放国内市场，尤其是农产品市场，其中葡萄牙出口到中国的葡萄酒在近四年中翻了一番，中国已成为葡萄牙在欧盟以

---

① *Diário de Notícias*，“Presidente chinês na Terceira para visita de 8 horas”，24 de julho de 2014.

② *Hovine*，“Hovione no Mundo-Zhejiang，China”，consultado em 16 de outubro，2014，http：//www. hovione. pt/sobre/hovione _ zh. asp. *Hovine*，“50 Anos de Excelência em Química Farmacêutica”，consultado em 7 de dezembro，2014，http：// www. hovione. pt/sobre/hovione _ hm. asp.

③ *Veja Portugal*，“China é porta de entrada da pedra portuguesa em novos mercados”，23 de Julho de 2013，http：//www. vejaportugal. pt/china – e – porta – de – entrada – da – pedra – portuguesa – em – novos – mercados/. *Wicanders*，“Amorim Revestimentos reforça a sua presença na China”，consultado em 7 de dezembro，2014，http：// www. wicanders. com/pt/press/newsletter/Amorim – Revestimentos – reforca – a – sua – presenca – na – China/51/.

外的第五大出口市场。[①] 2013 年，德尔塔咖啡（El Grupo Delta Cafés）进入中国市场，并计划在五年内成为中国该产业前五强。此外，葡萄牙出口到中国的家具总额持续攀升。中国还是葡萄牙汽车第二大出口目的国，仅次于德国。[②] 葡萄牙对中国出口持续增长是不争的事实，但不可忽视的一点是，中葡双边贸易平衡中葡萄牙和大多数中国贸易伙伴国一样，仍处于逆差地位且逆差额越来越大。[③]

中国对于欧洲经济的重要性日益巩固和加强，这是不争的事实。但值得注意的是，如今的葡萄牙和整个欧盟正遭遇严重的经济危机，而且没有好转的迹象。2011 年 5 月，葡政府为获得欧盟援款，与“三驾马车”签署了相关协议，其中包括葡国企私有化项目。根据协议规定，至 2013 年年底，私有化项目须至少为葡政府带来 55 亿欧元收入。在 2011 年的私有化项目中，中国三峡集团和国家电网参与葡萄牙电力公司（下称葡电）和国家电网项目竞标，并先后于 2011 年年底和 2012 年年初，分别以 26. 9 亿欧元和 3. 87 亿欧元成功购买了上述两家公司 21. 35% 和 25% 的股份，从而为中资企业在葡萄牙投资翻开了新的一页。2014 年 10 月，葡电与三峡集团联合设立的中欧清洁能源技术中心揭牌，研发中心由三峡集团和葡电联合设立，将利用双方技术优势，加大新能源领

---

① *AICEP*, “Assunção Cristas China e Portugal convergem acerca da ‘economia azul’”, Portugal Global, 14 de novembro de 2014. Agência Lusa, “China tornou - se um ‘mercado estratégico’ para vinhos portugueses-ViniPortugal”, 14 de março de 2014, http: // www. peprobe. com/pt - pt/new/china - tornou - se - um - mercado - estrategico - para - vinhos - portugueses - viniportugal.

② *Agência Lusa*, “Delta entra na China e espera que mercado entre no ‘top 5’ dentro de 3 a 5 anos”, 21 de outubro de 2014, http: //www. peprobe. com/pt - pt/new/delta - entra - na - china - e - espera - que - mercado - entre - no - top - 5 - dentro - de - 3 - a - 5 - anos. *Agência Lusa*, “China é o segundo maior destino dos automóveis produzidos em Portugal-ACAP”, 12 de agosto de 2014, http: // www. peprobe. com/pt - pt/new/china - e - o - segundo - maior - destino - dos - automoveis - produzidos - em - portugal - acap.

③ *Agência Lusa*, “Balança comercial com Portugal é favorável à China em mais de mil milhões”, 12 de maio de 2014, http: // www. peprobe. com/pt - pt/new/balanca - comercial - com - portugal - e - favoravel - a - china - em - mais - de - mil - milhoes.

域的技术研发和转化，将葡萄牙及欧洲先进的智能电网、海上风电等技术在中国进行应用推广。在此期间，葡电还和三峡集团签署合作协议，共同开发非洲和拉丁美洲的水电项目；① 三峡集团总经理还与葡电股东代表进行会谈，表示了长期开发新能源的信心和决心。三峡集团副总经理林春学（Lin Chunxue）在访问期间接受葡萄牙国家电视台采访时曾表示："葡萄牙是中国最理想的投资国，因其拥有稳定的政治环境和高素质的人力资源。"②

葡萄牙稳定的政治和社会环境是外商投资的前提。对于中国投资来说，葡萄牙不仅是欧洲的门户，还是可将业务扩展至其他前葡萄牙殖民地的战略枢纽，最显著的例子是 2012 年中石化收购了葡萄牙高浦能源（Galp Energia）巴西公司 30% 的股权。此外，值得关注的是，中石化在 2010 年曾认购雷普索尔巴西公司 40% 的股份，价值 71 亿美元，这是当时中国石油行业最大的一笔对外投资。③ 葡萄牙是中国通往葡语国家的一扇大门，中国通过葡萄牙可以在诸如巴西和安哥拉这些对中国投资抱有热情的国家身上获取利益。目前，中国已成为上述国家石油业最大的投资国。

可以说，如今葡语国家与中国的合作逻辑是"综合性"的。例如，2014 年葡萄牙语国家共同体（CPLP，下称葡语国家共同体）接纳赤道几内亚为正式成员国。④ 要知道，赤道几内亚的官方语言并非葡语，它也不是一个传统的葡语文化国家，接纳它仅仅是因为它丰富的自然资源储备，以及它是非洲第三大产油国。最早提出建立葡语国家共同体的是

---

① *Jornal de Negócios*, "Novo presidente da China Three Gorges recebido por Cavaco Silva", 29 de outubro, 2014.

② *Jornal de Negócios*, "Cavaco aponta China como" país estratégico para empresas "portuguesas", 16 de maio de 2014.

③ *Jornal de Notícias*, "Investimento chinês" abre caminho às pequenas e médias empresas "portuguesas", 4 de Julho de 2012.

④ *Expresso*, "Guiné Equatorial já é membro de pleno direito da CPLP", 23 de julho de 2014.

巴西驻葡萄牙大使何塞·阿帕雷希多·德·奥利维拉（José Aparecido de Oliveira）。共同体于 1996 年正式成立，由安哥拉、巴西、佛得角、几内亚比绍、莫桑比克、葡萄牙、圣多美、普林西比和东帝汶组成，是一个基于共同语言和文化背景的国家联合组织，其秉承三大宗旨：协调成员国间的政治和外交、整合成员国间的文化以及推动经济发展。① 赤道几内亚的加入引发了共同体内部巨大的争议，葡萄牙代表认为该国的加入不仅会让共同体“贬值”，还因该国的独裁政体和人权问题给其他成员国带来“政治污染”。② 尽管饱受争议，但赤道几内亚还是顺利加入，这恰恰说明了葡语国家共同体目前工作的重心是发展经济，不仅重视中国对能源业的投资，也注重非洲大陆能源业的开发。值得一提的是，赤道几内亚于 1970 年与中国建交，与安哥拉一道均为中国在非洲大陆最大的石油投资目标国。③

在银行业领域，欧洲银行业持续萎缩，而形成鲜明对比的中国银行业则快速扩张。笔者摘取几条该行业最新的动态：2013 年，中国银行（世界规模最大的银行之一）卢森堡分行与葡萄牙电力公司签署了一份总额为 8 亿欧元的贷款协议，并参与了葡电和国家电网的私有化评估；此外，2014 年，中国海通证券（中国第三大投行）斥资 3. 79 亿欧元收购葡萄牙新生银行（Nuevo Banco，葡萄牙第二大银行）旗下圣埃斯皮里图投行业务（Banco Espírito Santo Investment）。④

---

① PINTO, José Filipe, “A adesão da Guiné – Equatorial à CPLP”, *Diário Notícias*, 4 de março de 2014, http: // www. dn. pt/inicio/opiniao/jornalismocidadao. aspx? content _ id = 3719190&page = –1.

② *Diário de Notícias*, “Ana Gomes chocada com adesão da Guiné Equatorial à CPLP”, 23 de julho de 2014.

③ China. Org. Cn., “Equatorial Guinea”, consultado em 15 de outubro, 2014, http: // www. china. org. cn/english/features/focac/183538. htm. ALESSI, Christopher e HANSON, Stephanie “Expanding China-Africa Oil Ties”, *Council on Foreign Relations*, 8 de fevereiro de 2012, http: // www. cfr. org/china/expanding – china – africa – oil – ties/p9557.

④ *Jornal de Notícias*, “BESI vendido aos chineses da Haitong por 379 milhões de euros”, 8 de dezembro de 2014. *Diário Económico*, “Fosun admite comprar Novo Banco”, 15 de outubro de 2014.

除此之外，中国还对葡萄牙的海洋业和港口表现出极大的投资兴趣，尤其是对锡尼什港（Puerto de Sines）。该港是欧洲第三大深水港，是许多货物从亚洲、拉美和澳大利亚到欧洲的进口港，具有非常突出的战略地位，这也引起了中国资本的关注。2013 年，中国国家开发银行（CBD）代表亲赴锡尼什港洽谈投资事宜。至于海洋业，习近平主席访问拉美结束回国途中经停葡萄牙与副总理波斯塔的会谈时就提到了，双方要加强在海洋经济和海洋资源领域的合作。①

值得注意的是，2014 年中国对葡保险业投资异常活跃，中国最大的民营企业复星国际（Fosun Internacional）以 10 亿欧元收购了葡萄牙最大的保险公司（Caixa Seguros）旗下的忠诚保险（Fidelidade）。复星国际此举不仅成功进入欧盟保险市场，还进一步连通了巴西、安哥拉等葡语国家的市场。2014 年，复星国际参与竞标葡萄牙圣埃斯皮里图银行分支机构，同年，该公司还宣布一项斥资 1 亿欧元收购罗安达（Luanda）一家私立医院的计划。②

中国对葡萄牙基础设施领域投资迅速扩张，从中得到了高额回报，这让葡萄牙国内的一些人感到不满。对此，中国驻葡萄牙大使黄松甫（Huang Songfu）表示："中国投资是受葡萄牙人民邀请来的，时间会验证投资的结果是好还是坏。"③ 总的来说，葡萄牙政府对中国投资持欢迎态度。2012 年，三峡集团、国家电网与葡电合资，同年中国石化与

---

① *Cargo News*, "Porto de Sines recebeu delegação do China Development Bank", 30 de maio de 2013, http: //www. cargoedicoes. pt/site/Default. aspx? tabid = 380&id = 9167&area = Cargo. *O Século Online*, "Presidente da China fez escala nos Açores", 28 de julho de 2014, http: //www. oseculoonline. com/index. php? option = com_ content&task = view&id = 7035.

② *Macau Hub*, "Caixa Seguros expande-se em África enquanto se conclui aquisição pela chinesa Fosun International", 20 de janeiro de 2014, http: //www. macauhub. com. mo/pt/2014/01/20/caixa – seguros – expande – se – em – africa – enquanto – se – conclui – aquisicao – pela – chinesa – fosun – international/. *Jornal de Negócios*, "ES Saúde vai construir hospital privado em Luanda", 11 de fevereiro de 2009.

③ *Jornal de Negócios*, "Huang Songfu: O tempo dirá se investimento chinês é bom para Portugal ou não", 24 de outubro de 2014.

高浦能源合资，葡萄牙外交部长对这两项合资表示：中国投资对于葡萄牙的经济发展是一个契机，双边企业的合资领域要更进一步扩大，从大型企业延伸到中小型企业。

为了吸引外商投资，葡萄牙政府重启了“黄金签证”（Visado Gold），申请此签证的渠道一共有7个，分别是：（1）向银行转账100万欧元或以上，或购买不少于100万欧元的证券；（2）开办公司及创造10个工作岗位；（3）购置50万欧元或以上的不动产；（4）购置35万欧元或以上的旧房产或者旧区重建房产，其中旧房产指的是30年或以上楼龄；（5）在科研项目投资35万欧元或以上；（6）在文化艺术项目、文物保护或修复项目中投资25万欧元或以上；（7）在面向中小企业的投资或融资基金中投入50万欧元或以上。

据葡萄牙移民局公布的“黄金签证”最新数据，获批的中国申请为1429个，占总数的80.5%，其次分别是俄罗斯（58个）、巴西（55个）、南非（43个）和黎巴嫩（30个）。虽然葡萄牙政府的“黄金签证”营销赚取了大量投资，但是一些管理漏洞，导致众多相关职能部门发生了贪污、洗钱、谋取私利以及挪用公款。①

中国对外投资活动可以分为两种性质：第一种以地缘经济和政治为目的，中国政府通过大型企业对各大洲逐年渗透，以增强其作为世界超级大国的政治和经济影响力；第二种则是投资能源和资源，以满足中国经济持续增长的需要。要知道，中国从2013年年底起超越美国成为全球最大石油净进口国。上述两种投资活动尽管性质不尽相同，但是基于中国的外交政策和内部秩序，两者之间具有统一性和战

① *Jornal de Negócios*，“Portugal já atribuiu 1.649 vistos ‘gold’：investimento estrangeiro ultrapassa os mil milhões”，9 de outubro de 2014. Observador，“Vistos Gold já renderam 1.108 milhões de euros”，13 de novembro de 2014，http：//observador.pt/2014/11/13/vistos－gold－ja－renderam－1－108－milhoes－de－euros/. *Observador*，“Vistos Gold：11 detidos por suspeitas de corrupção”，13 de novembro de 2014，http：//observador.pt/2014/11/13/diretor－nacional－sef－detido－por－suspeitas－de－corrupcao－na－atribuicao－dos－vistos－gold/.

略协同性。中国的国际影响力与其国内秩序稳定有千丝万缕的联系，国际地位稳步上升有利于实现其政府所倡导的“全面建设小康社会”的民生目标。

中葡在文化领域也不断加强交流与合作，以推动两国人民的相互理解和认知。两国在2014年签署了一系列关于文化领域合作的协议，旨在加强中葡的文化往来，例如葡萄牙—北京文化中心项目。这是一个传播葡萄牙文化的多功能机构，定期向普通民众开放，举办的活动涵盖展览、电影放映、会议等。此外，葡萄牙广播电视台（RTP）和中国中央电视台也开展合作，旨在共享文化和新闻资源。①

葡萄牙教育领域一直非常重视汉语教育。② 而中国国内学习葡语的人也越来越多，近年来，不仅私人教育机构重视葡语，连许多公立大学也开始重视葡语专业的建设，从长远来看，中国与葡语世界的联系必将越来越紧密。随着巴西的崛起，中国各界已将葡语视为未来对外商务谈判最重要的语言工具之一，中国政府也承诺增加对葡语教育的投入。截至目前，全中国共有26所高校开设了葡语专业。

因曾被殖民的缘故，澳门与众多葡语国家的大学建立了关系，因此澳门是葡语在中国大陆重要的“推广员”。贾梅士学院（El Instituto Camões）和东方葡语中心（Instituto Portugués de Oriente）是两所殖民时期就开设的葡语教育机构，现在肩负着向全中国推广葡语的使命。③ 孔子学院是中国向世界传播汉语和文化的重要手段，也是中国向世界展示

---

① *Jornal de Negócios*, “Portugal assina três protocolos de cooperação cultural com a China”, consultado em 18 de junho de 2014.

② *Agência Lusa*, “Mandarim atrai cada vez mais portugueses”, 8 de junho de 2013, http://www. sol. pt/noticia/77621.

③ *Agência Lusa*, “É a hora do português na China”, 25 de setembro de 2011, http://noticias. sapo. cv/lusa/artigo/13108110. html. *Ponto Final*, “Ensino do português na China pode justificar vinda de professores lusos”, 17 de novembro, de 2014. *Plataforma Macau*, “Macau reforça laços com Universidades Lusófonas”, consultado em 10 de novembro, 2014, http://www. plataformamacau. com/macau/macau – reforca – lacos – com – universidades – lusofonas/.

其软实力的主要工具之一。在葡萄牙境内共有两所孔子学院，其葡方合作学校分别是葡萄牙的两所高校米尼奥大学（Universidad de Minho）和里斯本大学（Universidad de Lisboa）。[①] 值得一提的是，近年来孔子学院与地方合作高校的摩擦越来越多，不断有媒体质疑孔子学院在他国境内主导非文化性质的活动。[②]

由于所有的孔子学院都受中国政府直接管辖，因此中国政府很难摆脱干预他国高等教育的嫌疑。不过由于汉语对于未来世界的重要性，加上葡萄牙政府的大力推广，现在越来越多的高等学府专门开设了汉语专业，汉语在葡萄牙国内的影响力不断增强。

因为澳门的缘故，中葡两国最早的接触可以追溯到16世纪，重要的是两国关系并没有随着时间的推移和1999年澳门主权的交接而疏远，澳门的存在让两国关系始终密切。2003年，中国商务部创立了中国—葡语国家经贸合作论坛，葡语成员国主要有：葡萄牙、东帝汶、巴西、佛得角、几内亚比绍、安哥拉和莫桑比克，而圣多美和普林西比由于和台湾建立了“外交关系”只被列为观察员国。在第一届论坛后，各国提出设立一个永久性的办事处（中国与葡语国家经贸合作论坛常设秘书处）及明确论坛的主办地为澳门；2005年，又成立了中国与葡语国家经贸合作论坛常设秘书处辅助办公室，其职责是辅助中国与葡语国家经

① KAPP, Robert et al., “The Debate Over Confucius Institutes”, *China File*, consultado em 23 de junho de 2014, http://www.chinafile.com/conversation/debate-over-confucius-institutes. Reuters, “China's Confucius Institute regrets closure of University Of Chicago center”, 30 de setembro de 2014, http://www.reuters.com/article/2014/09/30/us-china-usa-education-idUSKCN0HP15B20140930. LEE, Gregory B. *et al.*, “The Debate Over Confucius Institutes PART II”, *China File*, 1 de julho de 2014, http://www.chinafile.com/conversation/debate-over-confucius-institutes-part-ii.

② *Inside Higher Ed*, “Censorship at China Studies Meeting”, 6 de agosto de 2014, https://www.insidehighered.com/news/2014/08/06/accounts-confucius-institute-ordered-censorship-chinese-studies-conference. *Revista Macau*, “Visita de Aníbal Cavaco Silva: China tem portas abertas para Portugal”, 5 de junho de 2014, http://www.revistamacau.com/2014/06/05/visita-de-anibal-cavaco-silva-china-tem-portas-abertas-para-portugal/.

贸合作论坛常设秘书处工作，并提供所需的资源。

中国对澳门的利用体现出实用主义政治的特点，双边论坛不仅增强葡语世界对于中国的认知，同时也会吸引更多富有远见的葡语国家的企业来中国投资，此外，还有助于中国与各葡语成员国之间建立友好互信，尤其是双边高层关系。[①]

中葡论坛部长级会议每三年召开一次，最近一次召开是在2013年11月。中国副总理汪洋发表了题为“一个平台，三个中心”的讲话，“三个中心”分别是：葡语国家中小企业商贸服务中心、葡语国家食品集散中心，以及中葡论坛与会国经贸合作会展中心；“一个平台”指的是：中国政府支持葡语国家的经济发展，倡议在澳门设立旨在交换信息、促进商务互动和合作的（中葡）双语信息分享平台。该平台连同三个中心，合称“一个平台、三个中心”。[②] 2011年，广东省江门市应邀参加由澳门贸易投资促进局举办的“澳门国际品牌连锁加盟展”，向世界各地的国际品牌客户推介江门，这不仅推动了澳门与江门市的区域合作，也为在澳的葡语国家的中小企业进入内地市场提供了一个平台。

目前，葡萄牙对外投资贸易局和澳门政府正计划携手，将葡萄牙打造为中国与葡语非洲国家（PALOP）互联互通的契合点。但这样的多边倡议成功的前提条件，是中国与葡萄牙或葡语世界的关系长期健康发展。基于此，葡萄牙总统在最近一次访问中国时，反复提及多维“三边合作”战略：葡萄牙是中国与非洲撒哈拉以南地区、巴西合作的纽带，

---

① MENDES, Carmen, “Fórum Macau”, *Nação e Defesa*, março de 2013, pp. 280—285.

② *Macau Hub*, “IPIM de Macau cria grupo de trabalho para a construção de Uma Plataforma, Três Centros”, 30 de setembro de 2014, http://www.macauhub.com.mo/pt/2014/09/30/ipim-de-macau-cria-grupo-de-trabalho-para-a-construcao-de-%E2%80%9Cuma-plataforma-tres-centros%E2%80%9D/.

而澳门是中国与葡萄牙合作的纽带。[①] 2014 年 3 月，河南首府郑州建立了中国大陆第一个“葡萄牙之家”（Casa de Portugal），这是一个具有代表性的机构，主要用于宣传葡萄牙产品和吸引对葡投资，同时也将致力于推广葡萄牙文化以及推进两国之间的友好关系。[②]

总的来说，中葡关系在经历了中国长时间占主导地位的时期后，当前的发展逐步转向相互倡议、相互投资、共谋发展的阶段。我们可以肯定地说：中葡关系正值蜜月期。当然，当前的中葡双边关系中仍然存在不对称，主要因为葡萄牙方面没能有效利用两国自 2005 年起建立的战略伙伴关系。另一方面，中国巧用澳门身份，通过建立中葡论坛等方式，快速有效地吸收并利用了葡萄牙遗留的政治和经济遗产，不得不说，这样的手段极具“中国特色”。

笔者认为，葡萄牙与澳门特别行政区联合委员会会议是一个值得进一步开发的双边对话机制。该对话机制是双方根据 2001 年所签署的框架合作协议建立的，会议之前是每两年举办一次，但在 2014 年葡总统访问澳门时双方将举办时间改为一年一次。截至目前，该会议已举办过两次。

---

① *Agência Lusa*, “Primeiro centro de exposição e venda de produtos lusófonos abre ‘boas oportunidades’ às exportações portuguesas”, 23 de setembro de 2011, http://noticias.sapo.cv/lusa/artigo/13099876.html. *Plataforma Macau*, “AICEP ajuda Macau a criar centros para a cooperação China – Lusofonia”, consultado a 11 de novembro de 2014, http://www.plataformamacau.com/macau/aicep – ajuda – macau – a – criar – centros – para – a – cooperacao – china – lusofonia/. *Jornal de Negócios*, “Cavaco Silva diz que visita” elevou parceria estratégica “entre Portugal e China”, 18 de maio de 2014, http://www.jornaldenegocios.pt/economia/detalhe/cavaco_ silva_ diz_ que_ visita_ elevou_ parceria_ estrategica_ entre_ portugal_ e_ china.html.

② *Macau Hub*, “Portugal inaugurou Consulado – Geral em Xangai vocacionado para a diplomacia económica”, 7 de setembro de 2006, http://www.macauhub.com.mo/pt/2006/09/07/1668/. *Agência Lusa*, “China passará a ter 'Casa de Portugal'”, 10 de março de 2014, http://www.hardmusica.pt/lazer/turismo/24936 – china – passara – a – ter – casa – de – portugal.html.

结　语

从早期中国封建王朝拒绝和葡萄牙建立正式的外交关系，到后来西方强行打开中国贸易的大门，可以说，中葡之间拥有 500 年的交往史。在这漫长的时间里，两国交往从低层面逐步走向高层面，中间也历经波折，但有一个永远伴随的话题——澳门。早期的澳门受中葡两国影响，成了中西方文化和法律和平共存的一块飞地。后来很长一段时间，虽然澳门名义上受葡萄牙管辖，但是其仍遵守中国法律，属于中国领土。两国关系发生剧烈变化始于 18 世纪末，当时的葡萄牙人领土扩张意识不断增强。到 19 世纪，中国封建王朝因鸦片战争迅速走向衰落，葡萄牙趁机占领澳门。但是，葡萄牙人从未否认过澳门是中国的领土这一事实。1911 年清王朝覆灭，从中华民国成立到 1949 年中华人民共和国成立，国共两党政府从未主动提出从葡萄牙和英国手中收回澳门和香港，因为这两个地方特殊的政治地位能为当时的内地带来诸多好处。直到 20 世纪 70 年代末，邓小平实行改革开放后，收回澳门和香港开始成为中国政府的重要任务。邓小平提出的“一国两制”模式不仅用于解决香港和澳门回归问题，还有一个更重要的目标：统一台湾。中葡两国经过多轮谈判达成了友好解决澳门主权交接问题的一致意见。与英国抗拒香港回归不同，葡萄牙对澳门回归持配合态度，这也获得了中国在交接时间和澳门人国籍问题上的让步。

1999 年后，中国对葡萄牙以及葡语世界的兴趣越来越浓。一开始，葡萄牙对中国的主动表现谨慎，但在席尔瓦总统访中后，两国关系有了新的局面。在经历长时间的中国主导后，两国关系开始步入相互共同发展时期，葡萄牙对中投资也开始不断增加。现如今两国关系仍存在不对称性：葡萄牙未能有效利用2005年两国建立的战略伙伴关系，而中国则有效利用了葡萄牙遗留在澳门的政治和经济遗产。在2001年中葡两国签署合作框架协议下，两国建立了葡萄牙与澳门特别行政区联合委员会会议，该会议两年举办一次。笔者认为这是一个尚未完全发挥其潜力的对话机制，因为从2001年签署协议召开首次会议后，仅在2013年召开过一次。不过，在2013年席尔瓦总统访问澳门时，双方将会议时间从两年一次改为一年一次，可以说，这是双边关系发展历程中重要的一步。①

中国企业在葡萄牙投资活跃，其中的代表有：三峡集团投资能源业、复星国际投资保险业等，这些中资企业将葡萄牙作为跳板进一步打开葡语世界贸易的大门。从全球化的视角来看，中国对葡投资是其全球化步伐的重要一步，而葡萄牙企业对中国采取多元化和多样化的策略，2013年在葡萄牙经济整体不景气的情况下，葡萄牙政府却更加鼓励对中投资，葡企业逆流而上加快了对中投资。对于中葡两国来说，当务之急是创造良好的投资环境，并对两国贸易制定长远的规划，致力于改善双边贸易平衡。当前的中葡关系正处蜜月期，尤其在两国元首互访后更是达到了历史的高点。笔者认为，现在是一个重要契机：构建双边企业互信，构建两国人民相互认知以及构建两国交互的政治和经济资本。从历史的高度及发展的眼光来看，中葡关系必将引领一个时代。

［卡门·曼德思，葡萄牙科英布拉大学经济学院国际关系学副教授，研究生导师。2004年伦敦大学亚非学院博士毕业；1998年斯特拉斯堡

① TVI24, "Portugal e China vão realizar reuniões para aprofundar cooperação", 14 de maio de 2014, http: // www. tvi24. iol. pt/politica/macau/portugal - e - china - vao - realizar - reunioes - para - aprofundar - cooperacao.

大学欧洲研究硕士毕业（专业硕士）；1997 年里斯本理工大学社会政治学院国际关系本科毕业。江苏师范大学伊比利亚美洲研究中心特约研究员。代表作：《1986—1999 年间中葡就澳门问题的磋商》，香港大学出版社 2013 年版］

伊比利亚美洲国情

墨西哥政府应对全球金融危机的就业政策及效果分析

丁波文

内容提要 2008 年爆发的世界经济危机对拉美各国造成了不同程度的影响。作为与美国经济联系最紧密的拉美国家，墨西哥经济受到的冲击最为明显，经济增长放缓，失业增加，整体经济形势比较严峻。面对这一情况，墨西哥政府出台了一系列就业政策，旨在保证和促进就业，推动经济复苏。近年来墨西哥政府的就业政策取得了一定的成效，一定程度地遏制了就业形势的恶化，起到了加强社会稳定、巩固消费和扩大内需的作用，但也存在一些不足。

地理、历史等原因决定了墨西哥经济与美国经济有着千丝万缕的联系。1994 年墨西哥与美国、加拿大签署了北美自由贸易协定，融入以美国为中心的区域产业链，对美国市场的依赖性进一步加剧。发端于 2008 年美国房利美和房地美两大房贷巨头倒闭的金融风暴迅速在全球蔓延和发酵，致使全球主要金融市场出现流动性不足危机。金融危机发生后，美国国民财富大幅缩水，收入减少，市场萎缩，削弱了美国金融和实体经济实力以及国内的消费需求。在这一轮金融危机中，美国经济衰退通过影响墨西哥的出口、特别是加工业的出口，对墨西哥的就业市场造成严重影响。

为应对金融危机对劳动力市场造成的冲击，墨西哥政府出台了一系列的政策措施以促进就业。2009 年年初，墨西哥政府颁布了《全国各界关于促进家庭经济和就业的契约》；2010 年年初，时任墨西哥总统的卡尔德隆把增加工作机会视为其当年工作的重心之一。此外，墨西哥政府还颁布和实施了“就业储备计划”“生产率支持计划”等，旨在通过政府的积极就业促进政策消除经济危机对墨西哥劳动力市场的负面影响，稳定社会，有效促进经济的尽快复苏。

本文通过分析金融危机对墨西哥经济部门和劳动市场产生的冲击以及墨西哥政府相继出台的就业促进政策，旨在说明在促进就业的问题上，不能只靠市场的调节，政府的积极和有效参与亦十分重要。本文第一部分主要论述金融危机对墨西哥就业市场的冲击，通过数据说明 2008—2010 年墨西哥就业形势的持续恶化；第二部分主要阐述墨西哥政府为应对危机出台的就业政策，其中包括以增加就业为目标的扩张性宏观经济政策和以体制性调整为目标的促进就业结构调整的政策；第三部分主要分析墨西哥就业政策实施以来取得的初步成效和不足。数据显示，2010 年以来墨西哥劳动力市场就业状况有了明显改善，这一改善正是得益于墨西哥政府及时出台和有效实施的就业促进政策。

一　金融危机对墨西哥就业市场的冲击

在经历了 21 世纪初期的经济萎缩后，2003 年墨西哥经济开始进入缓慢增长阶段。2004—2007 年，墨西哥经济保持了相对稳定的增长速度，国内生产总值年均增速达到了 3.9%，其中 2006 年实现了 5.1% 的增长速度。① 受外部危机的影响，2008 年第四季度墨西哥经济开始出现下滑，但当年仍实现了小幅经济增长。2009 年受国际金融危机和甲型 H1N1 流感疫情的双重打击，墨西哥国内生产总值出现大幅下滑，创自 1996 年以来经济最大的降幅。2009 年上半年墨经济连续七个月呈下降趋势。其中，除第一产业同比上升了 8.7% 外，第二产业和第三产业均出现大幅下降，降幅分别为 13.2% 和 12.9%。② 从图 1 我们可以看到，2008 年墨西哥国内生产总值虽然实现了 1.2% 的增长，但明显低于前一年的 3.2% 的增长率。受经济危机带来的不良预期影响，2009 年墨西哥私人消费和投资也分别下降了 6.5% 和 11%。③ 2010 年后，墨西哥经济逐渐恢复增长。

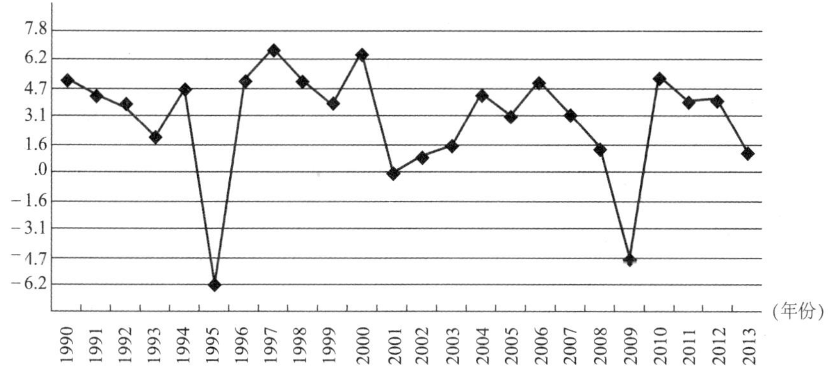

图 1　1990—2013 年墨西哥经济变化率（以 2005 年的不变价格为基准）（%）

数据来源：联合国拉美经委会统计数据，http://estadisticas.cepal.org/。

从部门经济看，受危机影响降幅较为显著的是对外贸易和建筑行

① 国际货币基金组织数据，http://www.imf.org。

② 冯晓明，《墨西哥 2009 年上半年经济形势分析》，中国国际贸易促进委员会，http://www.ccpit.org/Contents/Channel_ 54/2009/0703/192204/content_ 192204.htm。

③ Cepal, *Balance preliminar de las economías de América Latina y el Caribe 2009*, Santiago de Chile.

业。据墨西哥经济部统计，2009 年墨西哥货物进出口额为 4640. 1 亿美元，同比下降 22. 9%。其中，出口 2296. 2 亿美元，下降 21. 5%；进口 2343. 9 亿美元，下降 24. 1%；贸易逆差为 47. 6 亿美元。2009 年墨西哥出口前三大类的机电产品、运输设备和矿产品出口额分别下降了 17. 6%、22. 8% 和 39. 5%。①

受危机和 H1N1 的共同影响，2009 年墨西哥游客数量骤减，旅游业受到较大冲击。据墨西哥旅游部公布的数据，与 2008 全年旅游收入 132. 89 亿美元相比，2009 年墨西哥旅游收入减少约 10%。②

墨西哥汽车工业是墨西哥经济的重要支柱产业之一，对其国内生产总值和出口的贡献分别为 3. 3% 和 24%。因与美国市场密切相关，墨西哥汽车工业亦受到较大冲击。据墨西哥经济部数据，2009 年上半年墨西哥汽车产量同比下降 42. 9%；出口量下滑 42. 1%。③

经济形势的变化直接影响劳动力市场的状况。美国著名经济学家阿瑟·奥肯认为，失业率与实际国民生产总值之间存在一种高度负相关关系，被称为奥肯定律。该定律表明失业率高低在很大程度上是由经济增长的能力所决定的。因此，2008 年的经济危机也对墨西哥劳动力市场造成了冲击。

图 2 给出了 1990—2013 年墨西哥失业率。从图中我们可以看到，受世界经济危机影响，墨西哥失业率于 2009 年达到高点，2010 年后略有下降，但仍高于危机爆发前的水平。

联合国拉美经委会统计数据显示，2007 年、2008 年和 2009 年的城市公开失业率分别为 3. 9%、4. 3% 和 6. 4%。2009 年非正规部分吸纳了

---

① 商务部国别贸易报告：《2009 年墨西哥货物贸易及中墨双边贸易》，http：//countryreport. mofcom. gov. cn/record/view. asp？ news_ id = 20535。

② 《墨西哥 2009 年旅游收入将减少 10. 5%》，新华网，http：//news. xinhuanet. com/world/2009 - 12/16/content_ 12657238. htm。

③ 新华社，http：//news. xinhuanet. com/video/2009 - 07/17/content_ 11725228. htm。

28%的就业人口，有三分之一的人口处于失业或不完全就业的状态中。[①] 据墨西哥社会保障部统计，2008 年 10 月至 2009 年 10 月，墨西哥登记在册的参保人员数量下降了 3.4%，其中下降最为明显的是制造业，降幅为7%，建筑业下降9.5%，通信行业下降4.3%。外部需求的降低严重影响了墨西哥的出口加工业，因此，制造业就业人数出现了明显的下降，而建筑业和通信行业则是受到了外部冲击的间接影响。

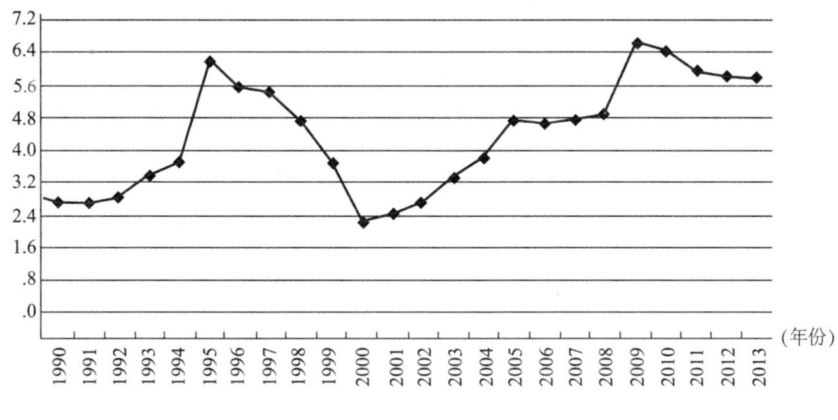

图 2　1990—2013 年墨西哥失业率（%）

数据来源：联合国拉美经委会统计数据，http：//estadisticas. cepal. org/。

2010 年墨西哥的就业形势仍然没有明显好转。就业率仅为 58.4%，城市公开失业率的改善也很微弱。失业率并不是反应墨西哥劳动力市场发展状况最科学的指标，因为墨西哥劳动力市场上存在着大量的非正规就业现象，而这一现象无法在失业率数据中体现出来。作为社会的弱势群体，非正规就业劳动者在危机到来时受到的影响相对更大。圣地亚哥·莱维在文章中谈到，墨西哥的非正规就业与劳动者无社保覆盖直接

① Cepal, *Balance preliminar de las economías de América Latina y el Caribe 2009*, Santiago de Chile.

相关。[①] 墨西哥社会保险局（IMSS）和公务员社会保险和服务局（ISSSTE）是墨西哥最主要的两大社保机构，分别针对私人部门和公共部门的工薪职工，除此之外，墨西哥军队等特殊机构还另有一套自己的社保机构。[②] 根据圣地亚哥·莱维的观点，如果劳动者没有在社会保险局或公务员社会保险和服务局中的任何一个部门登记，其从事的岗位就是非正规就业岗位。

根据墨西哥社会保障部的统计数据，直到2010年10月底，墨西哥正规就业岗位数量才开始出现小幅回升，达到1480万个，超过了危机前的水平，但不完全就业和非正规就业的占比仍比较高，分别为8.4%和27.3%，且就业人口中的47%没有正式的就业合同。根据墨西哥国家统计局的数字，2010年四季度墨西哥失业率约为5.4%，与上一年相比没有明显回落；失业人数为250万，非正式就业人数达1100万，失业率和非正规就业率仍居高不下。由于墨西哥国内劳动力市场恢复缓慢，尽管2010年创造了70万个新就业岗位，但失业率和非正规就业率仍没有下降迹象。墨西哥国立自治大学学者认为，墨西哥就业形势非常严峻。一方面是失业人口增加，但另一方面即便有了就业机会，就业条件也非常苛刻，只能靠非正规就业加以弥补。此外，经济危机后企业结构调整面临困难，这也使得劳动力市场在墨西哥经济初步复苏的情况下不能同步发展。[③]

墨西哥社会保险局和公务员社会保险和服务局是分别针对私人部门和公共部门的工薪职工的社会保险机构，是墨西哥最主要的社会保险机构。根据圣地亚哥·莱维对非正规就业的定义，在墨西哥，没有在这两

---

① De Laiglesia Juan R., coord., *Work and wellbeing in Mexico. Integrating the employment and social development agendas*，经济合作与发展组织，2009。

② 徐世澄，《墨西哥社会保障制度的改革》，载《拉丁美洲研究》1997年第4期。

③ 中国驻墨西哥使馆经济商务参赞处，《2010年墨西哥失业问题没有明显好转》，http://mx.mofcom.gov.cn/article/jmxw/201102/20110207405597.shtml。

个机构中注册登记的劳动者可视为从事非正规就业。比较图 1 和图 3 中的数据可以看出，非正规就业人数的变化情况也与经济周期变化密切相关。在 1996—1999 年和 2003—2007 年，墨西哥经济稳步增长。在这期间，参加社会保险的劳动者数量也有较大增幅，每年新增 50 万至 100 万劳动者获得正规就业岗位。而在经济衰退期，就业质量则恶化。2001 年至 2007 年，墨西哥新增参保劳动者的数量基本呈逐年上升的趋势，而 2008 年的世界经济危机打破了这一上升周期。

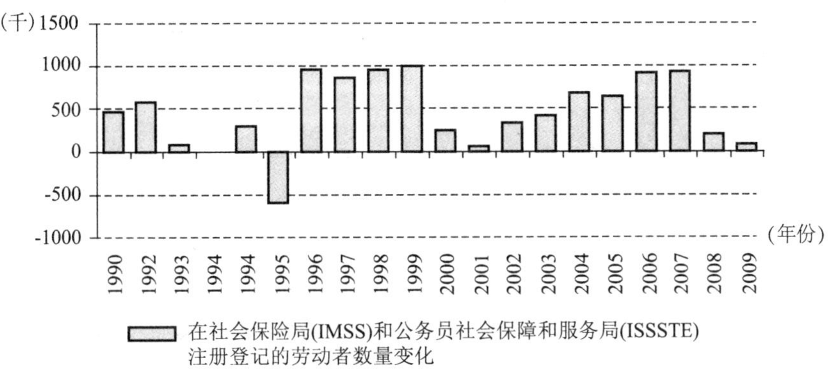

图 3　1990—2009 年墨西哥参保劳动者数量变化情况

数据来源：联合国拉美经委会，Del Río Marco Antonio，Manuel Diana，Islas Israel，*Implicaciones de la política macroeconómica，los choques externos y los sistemas de protección social en la pobreza，la desigualdad y la vulnerabilidad en América Latina y el Caribe*，México D. F.，2010，p. 29。

经济周期不仅会对失业率和就业质量产生影响，也会影响劳动者的收入状况。图 4 中数据显示，在 2008 年和 2009 年，墨西哥城市实际最低收入均下降了两个百分点左右，这体现出了 2008 年经济危机对于城市弱势群体的影响较大。2001 年和 2009 年墨西哥人均收入和人均国内生产总值出现了明显的负增长，说明这危机既给墨西哥经济造成了较大冲击，也损害了劳动者的收入水平。

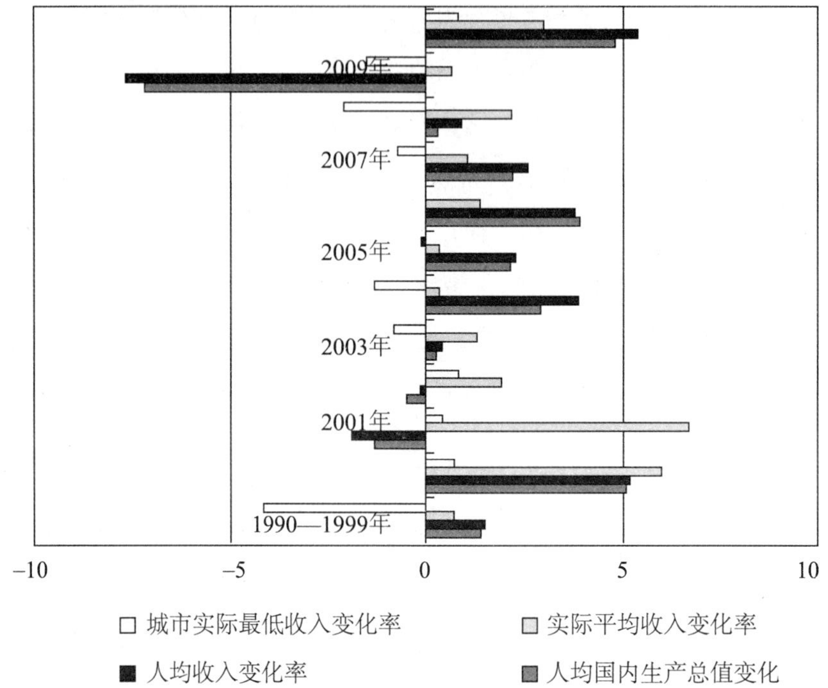

图4　1990—2010年墨西哥人均国内生产总值和其他收入变化率（%）

数据来源：联合国拉美经委会统计数据，http：//estadisticas.cepal.org/。

综上所述，经济周期的波动对墨西哥劳动力市场的影响巨大，对就业岗位数量、就业质量和劳动者收入水平三方面的影响都很明显，墨西哥政府必须采取恰当的政策加以调节，解决劳动力市场上的固有矛盾，并弱化经济波动的不良影响。

二　墨西哥政府出台的促进就业政策

就业政策是指政府为了解决现实中劳动者就业问题而制定和推行的一系列方案及采取的措施。就业政策的直接目标可以概括为三个方面：一是解决失业人员的再就业问题；二是解决新生劳动力的初次就业问题；三是提升已就业人员的就业质量。

在全球金融危机冲击下，为应对就业市场严峻形势，墨西哥政府先后出台多项旨在促进就业的措施，显示出对就业问题的高度重视。2010年新年伊始，时任总统卡尔德隆在其新年致辞时明确表示，增加就业机会和减少贫困是其当年工作的重中之重，其重要性居于打击贩毒集团之上。卡尔德隆政府承诺，政府将在基础设施建设方面进行大规模投资，以提供更多的就业机会，同时改善贫困人口的生活和居住条件。①

墨西哥政府出台的一系列就业促进政策既包括以增加就业为目标的宏观经济扩张政策，例如反周期的财政和货币政策；同时还包括积极的劳动力市场政策和体制性改革等，例如推出《临时性工作计划》和《生产率支持计划》等，并对劳动法进行了改革。

当经济增长速度减缓、有效需求不足、失业率上升时，政府可以实施扩张性的宏观经济政策，增加厂商的生产需求和消费者的消费需求，以达到促进就业的目的。墨西哥政府重视通过宏观经济政策来解决劳动力市场问题，缓解社会矛盾，缩小贫富差距，增加内需，保障劳动者权益。

1994年，墨西哥爆发了严重的金融危机。面对多方面的困难，墨西哥政府采取了紧缩性的财政和货币政策。1995年，墨西哥国内生产总值骤降6%，但是墨西哥政府财政盈余占国内生产总值的比重却从1994年的2.1%提高到了1995年的4.7%。度过危机后，墨西哥政府通过审慎的财政和货币政策，在浮动汇率制下，宏观经济基本保持稳定。从表1中可以看出，墨西哥政府在应对1994年和2008年两次危机时均出台了大量的应急政策，但应对这两次危机的政策之间也有一定的差别。墨西哥政府在应对1994年金融危机时采用了顺周期的宏观经济政策。经历了十多年的调整后，墨西哥政府财政状况良好，通货膨胀率处

① 中国驻墨西哥使馆经济商务参赞处，《墨西哥总统表示增加就业是其今年工作主要任务》，http：//mx. mofcom. gov. cn/article/jmxw/201001/20100106738011. shtml。

于低位，在2008年全球经济危机爆发时，政府采取了逆周期的调控政策，通过调节公共支出刺激经济，取得了一定的效果。公共支出中很重要的一部分就是用于社会保障的社会性公共支出，这部分支出可以惠及劳动者，对促进就业有积极作用。

表1　墨西哥政府为应对1994年和2008年危机出台的主要政策

政　策	应对1994年危机	应对2008年危机
财政政策	增加财政收入	增加财政收入
	提高公共服务产品价格（电、燃气等）	降低或稳定公共服务产品价格（电、燃气等）
	减少公共支出（减少9.8%）	增加公共支出（增加11.6%）
货币政策和债务政策	开始采用浮动汇率制	继续执行浮动汇率制
	采取货币紧缩政策	向国际货币基金组织申请470亿美元贷款
	加入期货市场	小幅降低利率以刺激经济活动
社会方面的政策	出台“临时就业计划”（Programa de Empleo Temporal）	进一步加大“临时就业计划”的覆盖范围
	将最低工资标准提高10%	强化国家就业服务中涵盖的各项计划
	大力推广各类培训计划	延长失业人员的医疗保险周期
	出台“住房与就业特别计划”（Programa Especial para la Vivienda y el Empleo）	在部分技术型企业实施“就业岗位保留计划”（Programa de Preservación del Empleo）
	出台“家庭食品和营养计划”（Programa de Alimentación y Nutrición Familiar）	推出“更好地生活”（Vivir Mejor）食品支持计划

数据来源：联合国拉美经委会，Del Río Marco Antonio，Manuel Diana，Islas Israel，*Implicaciones de la política macroeconómica*，*los choques externos y los sistemas de protección social en la pobreza*，*la desigualdad y la vulnerabilidad en América Latina y el Caribe. México*，México D. F.，2010，pp. 22—23。

2009年1月，墨西哥政府颁布了《全国各界关于促进家庭经济和就业的契约》。该契约包含25项具体措施，目标包括保护和促进就业、扩大社会保险范围、支持中小企业发展和加强基础设施建设等。为落实上述计划，墨西哥于2009年2月至6月投入资金1.5亿比索（约合0.12亿美元），实行旨在促进中小企业发展的433个项目，创造了约46万个就业岗位。同时，墨政府投入用于基础设施和公共设施建设的专项资金比2008年同期增长了90%，占到了同期GDP的5.5%。2009年2月至6月，墨西哥政府共向中小企业提供优惠贷款350亿比索（约合26.92亿美元），同比增长61%，惠及企业5万余家。墨西哥政府坚持认为，只有为企业的发展提供更大空间，为中小企业提供更多的技术援助和资金支持，才能更好地解决就业问题。[①]

此外，墨西哥政府还实施了大量积极的劳动力市场政策。墨政府额外分配资金给国家就业和培训体系，保证就业服务的覆盖面和质量；推出"临时性工作计划"，为16岁以上的公民提高临时性的收入保障，只要他们参加社会项目即可得到补助。[②] 为扩大社会保障对失业人员的覆盖面，墨政府还实施了"就业储备计划"。为提高生产效率，政府推出了"生产率支持计划"[③]。"生产率支持计划"其中注重将学校的教学与社会的需求关联起来，让学生可以学以致用，为其就业提供帮助。

促进青年人就业是政府工作的重点之一。墨西哥每年有大量的15岁至20岁之间的青少年选择离开学校。严峻的就业形势使他们中很多人无法找到合适的工作，一些人整日游荡街头、无所事事，为社会治安埋下隐患。2011年，墨西哥各州州长在全国州长大会上达成一致，为

---

① 商务部：《墨西哥政府促进就业措施收效明显》，http：//www.mofcom.gov.cn/aarticle/i/jyjl/l/200908/20090806436975.html。

② 墨西哥社会发展部，http：//www.sedesol.gob.mx/es/SEDESOL/Mas_ Informacion_ del_ Programa。

③ 张勇：《拉美劳动力流动与就业研究》，当代世界出版社2010年版，第293页。

15 岁至 20 岁之间既不上学又无工作的无业青年建立一个专门的就业市场，提供专项服务。除了为无业青年建立全国性的就业市场外，各州政府计划为他们提供更多资金援助和奖学金，促使他们顺利进入劳动力市场，或者重新走入校园。[①]

墨西哥还进一步完善了劳动和就业方面的法律法规，从机制上保障劳动者的权益。这些法律法规包括规范劳动合同；调整工会组织；严禁 14 岁以下未成年人参加工作；提升最低工资；加强劳动人员尤其是矿区工人的劳动保障；严禁歧视女性的就业政策，减少女性哺乳期劳动时长等。[②] 据墨西哥《经济学家报》报道，为应对不利的就业形势，墨西哥劳动与社会保障部 2009 年上半年出台了十条促进社会劳动与保障就业的改革措施，其中包括提高签订劳动合同和确定劳动关系的灵活性，加强对劳动者试用期期间各项权利的立法保护，充分保障劳动者的合法收入及休假、发展集体合同和长期合同制，健全并完善劳动伤害赔偿制度，合理处理罢工和游行等事件，建立明确而严格的劳动保障制度，简化合同签订和续约程序以及逐步废除因年龄、地域等因素造成的劳动歧视。

为了提高生产率，增强劳动力市场灵活性和竞争力，提高劳动者的工作技能，推动技术创新，2012 年墨西哥政府对运行了 40 年之久的《联邦劳动法》进行修改，对其中多项规定进行了调整，触及了很多重要方面，如劳动合同灵活化以及工会的自治权和民主化等。改革后，一些新的雇佣模式合法化，例如试用期、学习期和临时雇佣等，目的是提高劳动力市场的灵活度，从而提升企业的竞争力和生产效率，进而创造更多更好的就业岗位提供条件。

---

① 《墨西哥将为无业青年建就业市场》，新华网，http：//news. xinhuanet. com/world/2011-07/13/c_ 121663167. htm。

② Cepal，*Balance preliminar de las economías de América Latina y el Caribe 2012*，Santiago de Chile.

三　就业促进政策的效果

墨西哥政府为应对全球金融危机，实施反周期的财政政策和积极的劳动力市场政策，推出多项政府计划，修改相关法律法规，大力创造就业，收到了一定的效果。

根据墨西哥劳动和社会保障部公布的数字，截至 2011 年 3 月墨西哥新增正规就业岗位 12 万个，比 2010 年 12 月增长了 0. 82%。其中仅 2 月份新增加了就业 10. 4 万个。而从 2009 年 3 月至 2011 年 2 月墨西哥新增就业共 95. 7 万个，其中制造业提供新就业 9. 06 万个。2010 年 2 月至 2011 年 2 月间，城市临时工和长期工就业分别增长 11. 75%（19 万 7843 人）和 3. 99%（49 万 6845 人）。①

表 2　2011 年和 2012 年前三季度墨西哥各经济部门就业变化率(%)

制造业		建筑业		贸易		农牧渔业		其他[a/]	
2011 年	2012 年	2011 年	2012 年	2011 年	2012 年	2011 年	2012 年	2011 年	2012 年
1. 0	3. 4	1. 1	-0. 3	0. 2	4. 8	-0. 3	3. 6	2. 1	6. 1

数据来源：**OIT**，*PanoramaLaboral 2012*，*América Latina y el Caribe*。

说明：*a/* 包括矿业、电力、燃气、水、交通、通信、金融服务和公共服务。

从表 2 我们可以看到，2011 年前三季度，除了农牧渔业的就业变化率有微弱减少外，其他行业的就业都呈现增长的态势。而到了 2012 年，这一现象更加明显，除了建筑业下降了 0. 3% 之外，其他行业的就

① 中国驻墨西哥使馆经济商务参赞处，《墨西哥就业继续有所缓和》，http：//mx. mofcom. gov. cn/article/jmxw/201103/20110307434917. shtml。

业都有较大幅度的上升。尤其是制造业、贸易等其他行业，就业比例都在2011年增长的基础上又上升了超过三个百分点。

出口加工业是墨西哥经济的重要部门，2012年墨西哥对外出口加工贸易创历史新高，出口额超过2000亿美元。2011年墨西哥出口加工贸易额为1780亿美元，2012年长幅高达18%。同时，就业岗位数量也创下新高，2012增加的新工作岗位超过26万，总人数也超过225万人。截至2012年，墨西哥对外出口加工贸易占墨西哥制造业产品出口的65%，就业人口占从事工业人口总数的80%。①

根据墨西哥矿业商会报告，2012年墨西哥矿业投资达40亿美元，基本与2010年持平。投资主要面向新项目的开工、原有项目的扩展、技术更新、培训、环保和现代化建设等。2012年墨西哥矿业继续维持历史性的投资金额，矿业生产有大幅增长，使墨西哥作为世界主要矿产国家的地位得到巩固。此外还扩大了高质量就业和有利于矿业发展的基础设施建设。②

在发达国家经济恢复不力和新兴国家发展速度放缓的国际大环境下，墨西哥主要部门就业形势却出现了较大程度的好转，这充分说明墨西哥政府实施的就业政策取得了一定的积极效果。

墨西哥政府实施的就业促进政策也存在一定的不足。将墨西哥劳动力市场的特征与墨西哥政府出台的积极的劳动力市场政策进行分析，可以看出这项政策在解决劳动力市场矛盾方面也存在许多不足。墨西哥劳动力市场有着强烈的分割化特征，非正规就业问题非常突出。虽然墨西哥政府推出的积极的劳动力市场政策对于解决劳动力市场分割化问题有一定作用，但政策目标并没有准确定位在推动劳动力市场实现从分割化

① 中国驻墨西哥使馆经济商务参赞处：《墨西哥对外出口加工贸易创历史新高》，http：//mx. mofcom. gov. cn/article/jmxw/201212/20121208505084. shtml。

② 中国驻墨西哥使馆经济商务参赞处：《2012年墨西哥矿业投资40亿美元》，http：//mx. mofcom. gov. cn/article/jmxw/201202/20120207949096. shtml。

到统一化的转变，也没能着重解决非正规就业问题。在政策颁布和实施过程中没能有效把握住劳动力市场的核心矛盾，导致政策定位有偏差，政策之间也无法形成合力。因此，政策出发点的偏差从根源上导致了墨西哥政府的积极的劳动力市场政策的局限性。

墨西哥政府实施的积极的劳动力市场政策的战略同经济合作与发展组织的其他成员国有一些差别。多数经济合作与发展组织的成员国在实施积极的劳动力市场政策时，既强调增加积极的劳动力市场政策的覆盖率，提高政策的实施效率，又要结合运用积极的劳动力市场政策和失业保险政策，协同二者共同促进劳动力市场的发展。也就是说，多数经济合作与发展组织国家是采取积极的劳动力市场政策同社会保障政策相结合的政策，最为典型的是丹麦的灵活保障机制。然而，墨西哥社会保障机制薄弱，缺乏一个统一的、强有力的失业保险体系。

墨西哥与失业相关的全国性的政策主要有“大众医疗保险政策”（Seguro popular）。“大众医疗保险政策”于2004年正式实施，该政策在劳动者离开工作岗位8周期间，为劳动者提供医疗保险，并不提供经济补偿。墨西哥仅在首都联邦区实施了“失业保险计划”（Programa de Seguro de Desempleo）。该计划救助的失业人员必须为非自愿失业，没有经济来源，而且失业者的最近两份工作中，必须至少有一个是为注册地在墨西哥城的公司和居住在墨西哥城的个人工作超过6个月。符合条件的失业者可以按照墨西哥城的标准，每月获得30天的日最低工资，持续6个月，每两年可以申请一次。“失业保险计划”的特点是不要求劳动者在墨西哥社会保险局或公务员社会保险和服务局登记，也就是说，从事非正规就业岗位的劳动者也可以申请。①

2013年9月墨西哥总统涅托向议院提交了“全国性社会保障提案”（Seguridad Social Universal），该提案正在讨论中，其中包含失业保险方

① Graciela Bensusán, *El seguro de desempleo en México*, CEPAL, Santiago de Chile, 2014.

面的内容。但是与首都联邦区的“失业保险计划”不同的是，“全国性社会保障提案”要求劳动者必须在墨西哥社会保险局或公务员社会保险和服务局登记，因此，即使提案通过，非正规就业劳动者也不在受保障之列。

墨西哥《联邦劳动法》改革也存在一些问题。墨西哥非正规就业的问题非常严重，改革没有解决好非正规就业的问题。在墨西哥，无社保覆盖的劳动者的劳动权益实际上是受法律保护的，但由于法律实施不够严格，他们无法行使自己的权利。在遵守法律成本高、违反法律成本低的形势下，很多单位都愿意选择后者，因此非正规就业不断扩张。由此可见，墨西哥必须严格实施法律条款，加强违规惩罚，以促进就业岗位正规化。应对非正规就业方面的政策应该更加严格，在实施过程中应当加强监管，做到有法必依。

改革过分高估了数量灵活化对于提高劳动生产率的作用，低估了墨西哥劳动力市场本身的灵活化水平，不加区别地一味强调提高灵活化程度，没有充分重视其本身存在的问题。劳动力市场创造高质量就业岗位的能力直接决定着一个国家的社会凝聚和发展质量。墨西哥劳动力市场呈现出了越来越严重的分割化趋势，受到外部经济波动的冲击较大，原因并不是法律条款严苛，而是与墨西哥的发展战略以及其参与国际分工的方式密不可分。墨西哥的发展以出口技术含量低的工业加工品为基础，以劳动力成本低为优势吸引外国投资，这种政策从 90 年代一直持续至今，创造的正规就业岗位非常有限，加剧了墨西哥劳动力市场的非正规化。在这种情况下，2012 年劳动法改革并没能有针对性地解决这些问题。

《联邦劳动法》改革没能解决好劳动者收入问题。墨西哥将廉价劳动力作为国家发展的比较优势，在短期内给墨西哥带来了新的发展机遇。但是在获取经济发展的好处的同时，墨西哥政府没能抓住利用机遇提高产品附加值，促进产业结构升级，导致了劳动者收入水平始终没能提高。在墨西哥，劳动者在工资制定方面几乎没有发言权，加上政府采取的以廉价劳动力和低附加值为基础的出口加工业发展战略，劳动者收入问题十分严峻。劳动法改革强调的重点是提高劳动生产率，忽视了劳动者收入问题，因此改革没能提高劳动者实际收入水平。实际上，收入问题直接关系贫困问题、不平等问题和国内总需求问题，对于经济和社会的健康发展至关重要。改革使得企业在聘用和解聘劳动者时有更大的自由，较低的工资水平得以保持。这样的改革加大了劳动者之间以及劳动者和雇主之间的不平等，加剧了社会贫困和不公，不利于国家的包容性发展。在墨西哥，资本和劳动的矛盾由来已久，劳动力市场分割化和不平等性不仅没有得到改善，反而日益加剧。要实现包容性发展，劳动法规和机制以及其他相关的宏观经济政策、工业发展政策和社会政策都应该服务于创造高质量的就业岗位，增加劳动者的发言权，降低劳动者之间在收入水平和工作条件方面的差距，实行合理的收入分配机制，同时建立有效的社会保障机制，帮助劳动者克服传统困难（失业、疾病、衰老）和新型困难（结构调整带来的新挑战）。

结　论

通过以上分析我们可以看出，2008 年至 2010 年期间全球金融危机对墨西哥就业情况造成了较大冲击。面对这一形势，墨西哥政府积极应对，出台并实施了一系列政策措施和多项计划，目的是创造就业岗位、提高就业率和就业质量。2010 年以来墨西哥劳动市场出现了较为明显的积极信号，失业率开始小幅回落。这些迹象表明，墨西哥政府实施的就业促进政策收到了一定的效果。墨西哥政府应对危机的就业措施和成效说明，在保障和促进就业的问题上，不能只靠市场的调节，政府的积极参与也很重要。墨西哥政府必须持续关注就业问题，一方面完善法律法规，加大就业保障的覆盖率，保障劳动者的利益；另一方面根据具体形势，灵活出台就业计划，促进就业形势的进一步改善。

除了实施就业促进政策之外，墨西哥政府在未来还可以通过调整产业结构和对外贸易结构来进一步促进就业。经济危机爆发后，墨西哥劳动力市场受到较大冲击的重要原因是其产业结构的脆弱性。经济危机以前，墨西哥80%的产品出口到美国，国家支柱产业是客户工业和石油出口，高度受制于发达国家的需求和价格。发达国家的需求下降和贸易条件大幅波动在危机期间严重损害了墨西哥的利益。从技术密集度来分，墨西哥制成品贸易主要集中在以中等技术为基础的产品上，高技术制成品的产业内贸易不足。要想摆脱这一脆弱性，墨西哥必须对产业结构作相应调整，进行技术创新和产品升级。对外贸易方面，危机过后发达国家的需求持续低迷，新兴经济体在全球经济增长中的占比逐渐提高。因此，墨西哥应当发挥自身加工业的优势，除了服务美国等发达国家市场外，还要更多地考虑如何使本国制造业融入亚洲的产业链，以扩大其制造业部门与亚洲国家间的产业内贸易，促进经济复苏。也只有这样，才能更好地解决就业问题。

（丁波文，博士研究生，北京第二外国语学院西葡语系讲师）

参考文献：

1. 冯晓明：《墨西哥2009年上半年经济形势分析》，中国国际贸易促进委员会，http://www.ccpit.org/Contents/Channel_54/2009/0703/192204/content_192204.htm。

2. 商务部国别贸易报告：《2009年墨西哥货物贸易及中墨双边贸易》，http://countryreport.mofcom.gov.cn/record/view.asp?news_id=20535。

3.《墨西哥 2009 年旅游收入将减少 10.5%》，新华网，http：//news. xinhuanet. com/world/2009 -12/16/content_ 12657238. htm。

4. Cepal, *Balance preliminar de las economías de América Latina y el Caribe 2009*, Santiago de Chile.

5. Cepal, *Balance preliminar de las economías de América Latina y el Caribe 2012*, Santiago de Chile.

6. Cepal, *Estudio Económico de América Latina y el Caribe 2012*, Santiago de Chile.

7. OIT, *Panorama Laboral 2012*, América Latina y el Caribe.

8. 芭芭拉·斯托林斯、威尔逊·佩雷斯：《经济增长、就业与公正》，江时学等译，中国社会科学出版社 2002 年版。

9. 张勇：《拉美劳动力流动与就业研究》，当代世界出版社 2010 年版。

10. 中国驻墨西哥使馆经济商务参赞处：《墨西哥对外出口加工贸易创历史新高》，http：//mx. mofcom. gov. cn/article/jmxw/201212/20121208505084. shtml。

11. 中国驻墨西哥使馆经济商务参赞处：《2012 年墨西哥矿业投资 40 亿美元》，http：//mx. mofcom. gov. cn/article/jmxw/201202/20120207949096. shtml。

12. 中国驻墨西哥使馆经济商务参赞处：《墨西哥就业继续有所缓和》，http：//mx. mofcom. gov. cn/article/jmxw/201103/20110307434917. shtml。

13. 商务部：《墨西哥政府促进就业措施收效明显》，http. //www. mofcom. gov. cn/aarticle/i/jyjl/l/200908/20090806436975. html。

14.《墨西哥将为无业青年建就业市场》，新华网，http：//news. xinhuanet. com /world/2011 -07/13/c_ 121663167. htm。

智利阿连德政府时期党争研究

贺　喜

内容提要　党争是智利阿连德政府改革失败最重要的内因。本文探讨了阿连德政府内部党争的历史根源、争论内容及政治影响。阿连德上台前，智利共产党和社会党先后就与苏联外交关系、资产阶级民主、冷战格局、“社会主义道路”的实现途径等议题爆发了四次论战。阿连德执政后，政府内部分裂为“温和派”和“激进派”，双方就如何通往“社会主义道路”、军队的政治角色、基督教民主党的地位、经济改革的实施方式等议题展开激辩，并由观点之争上升为党派间的政治斗争。激烈的党争使阿连德政府始终难以形成基本的决策能力和有效的行政能力，政府凝聚力不断下降，“人民团结阵线”政府动荡不安，内阁部长频繁更迭。党争给美国干涉造成了可乘之机，加速了“社会主义道路”失败的步伐。

1970 年，萨尔瓦多·阿连德（Salvador Isabelino Allende Gossens）赢得智利总统大选，左翼政党联盟“人民团结阵线”上台执政。阿连德主张在遵守宪法和现存政治制度的前提下，进行国有化改革，实施收入再分配计划，废除大庄园制，建立一院制立法机构，发动民众参与经济管理和政治决策，奉行独立的对外政策。[①] 然而，三年后，皮诺切特（Augusto José Ramón Pinochet Ugarte）发动政变，阿连德以身殉职，智利通往“社会主义道路”的实践以失败告终。

尽管阿连德政府仅存在了三年，但“对阿连德及其人民团结阵线的研究，却是智利研究中最令人感兴趣的话题”。[②] 阿连德的“社会主义道路”思想以及“人民团结阵线”政府的改革实践，一直是研究拉丁美洲左翼政治思想史和马克思主义在拉丁美洲传播演变史时必须涉及的重大议题。探讨阿连德“社会主义道路”失败的原因也随之成为学者们关注的焦点。国内外学术界有关该问题的研究大多从两个方面展开，一是“人民团结阵线”政府政治经济改革的诸多失误，二是美国的干涉。从“人民团结阵线”政府内部党争视角探讨阿连德政府改革失败原因的成果并不多见。中联部李扬谈道：“人民团结阵线”六个成员党在理论基础、对社会主义和对民主的理解、反帝的策略等方面有很大差异。[③] 目前尚未见到专门从党争角度探讨阿连德“社会主义道路”改革失败原因的论著。实际上，阿连德政府内部的党派纷争是导致“人民团结阵线”政府改革失败最重要的内因。

阿连德领导的“人民团结阵线”是由六个智利左翼政党组成的联盟，其构成党派分别是社会党（Partido Socialista de Chile）、共产党（Partido Comunista de Chile）、激进党（Partido Radical）、社会民主党（Partido Social Democracia de Chile）、统一人民行动运动（Movimiento de Accion Popular Unitario）和独立人民行动（Accion Popular Independiente），其中共产党和社会党占主导地位。尽管这六个政党都是左翼党派，但它们之间仍然存在着明显分歧。这些分歧的产生既有历史原因，也有

---

① 韩琦：《世界现代化历程·拉美卷》，江苏人民出版社 2010 年版，第 294 页。

② 约翰·L. 雷克特：《智利史》，郝名玮译，中国出版集团中国大百科全书出版社 2009 年版，第 264—266 页。

③ 李扬：《智利阿连德的社会主义》，《当代世界与社会主义》1993 年第 2 期。

各政党政策取向层面的差异。“人民团结阵线”竞选成功后，能否继续保持左翼政党之间的团结，既是阿连德本人面临的严峻考验，也是关系“人民团结阵线”政府改革成败的关键因素。智利共产党领导人路易斯·科尔巴兰（Luis Corvalan）谈到，“阿连德政府的主要构成部分是共产党、社会党和激进党，如果这三个主要政党不能团结一致，如果（阿连德）政府的政策得不到这三个党的支持，那么他将什么也做不成”。[①] 阿连德没有充分认识到这一问题的重要性，一直未能采取有效措施维护左翼政党之间的团结。“人民团结阵线”政府后期，智利各左翼政党之间的斗争和分裂达到了惊人的程度，阿连德政府已经丧失了基本的行政能力和有效的决策能力。残酷的党争是造成阿连德政府“社会主义道路”改革失败最重要的内因。

本文首先追溯智利共产党和社会党党争的历史演进，其次论述阿连德时期“人民团结阵线”政府内部党争的主要内容，最后分析党争造成的严重后果。

一　智利共产党和社会党党争的历史根源

智利共产党和社会党是“人民团结阵线”政府的主要构成党派，也是支持阿连德竞选成功的关键政治力量。智利共产党成立于1912年，最初名为“社会主义工人党”（Partido Obrero Socialista），1922年改为现名。智利社会党成立于1933年，由社会主义革命行动组织（Accion Revolucionaria Socialista）、马克思主义社会主义党（Partido Socialista Marxista）、新公共行动组织（Nueva Accion Publica）和老社会党（Par-

① Luis Corvalan, *Camino de Victoria*, Santiago: Sociedad Impresa Horizamte, 1971, p. 345.

tido Socialista）合并而成。[①] 智利共产党和社会党的成立标志着智利的马克思主义思想有了组织化依托，左翼政党正式登上国家政治舞台。然而，从 20 世纪初叶到 70 年代初，两党之间爆发的四次论战导致双方的分歧不断加深。

20 世纪三四十年代，智利共产党和社会党之间爆发了第一次论战，本次争论的焦点是二战时期智利应如何处理与苏联的关系。共产党呼吁智利全面倒向苏联，而社会党主张智利保持中立。两种截然相反的立场使两党关系第一次出现了裂痕。[②] 考虑到智利共产党的发展史，该党二战中提出"全面保卫苏联"的口号也就不足为奇了。智利共产党一成立便迅速加入第三国际，成为它在南美的一个支部。智共领导人路易斯·艾米利奥·雷卡瓦伦（Luis Emilio Recabarren）曾对苏联进行了两个月的访问。雷卡瓦伦回国后，高度赞扬了苏联的政治制度，坚持唯有苏维埃才能实现民主[③]。雷卡瓦伦访苏奠定了智利共产党的亲苏立场。智利共产党在第二次世界大战中主张亲苏政策是有历史根源的。

卡雷拉时期，智利共产党和社会党围绕着资本主义民主的性质展开了激辩。本次辩论中，两党领导人都亲自撰文阐述本党的政治主张。共产党领导人卡洛斯·孔特雷拉·拉瓦尔卡（Carlos Contrera Labarca）指出，资产阶级是一支可以团结的政治力量，智利共产党应团结包括资产阶级和小资产阶级在内的一切政治力量，共同阻止智利法西斯主义势力的泛滥。[④] 社会党政治家温贝托·门多萨（Humberto Mendoza）提出了

---

① Benny Pollack and Hernan Rosenkranz eds.，*Revolutionary Social Democracy*：*The Chilean Socialist Party*，London：Frances Pinter Publishers，1986，pp. 10—49.

② Carmelo Furci，*The Chilean Communist Party and the Road to Socialism*，*London*：*Zed Books*，1984，pp. 35—36.

③ Robert J. Alexander，*Communism in Latin America*，*New Brunswick*：Rutgers University Press，1957，p. 178.

④ CarlosContrera Labarca，"The People of Chile Unite to Save Democracy"，*The Communist*，1938，p. 11.

针锋相对的观点，他认为资本主义民主的有限性决定了智利的国家机器是服务于资产阶级利益的政治工具。门多萨号召工人阶级先通过罢工和游行示威等非暴力手段争取利益，如果达不到目的，工人阶级可以选择武装暴动甚至发动革命。[①] 此次论战严重影响了两党的发展轨迹。共产党选择了温和路线，只要能达到目的，不惜在不违背根本原则的前提下作出妥协和退让。社会党选择了相对激进的政治策略。

1962 年，智利共产党和社会党就如何判断冷战格局和国际共产主义运动的性质展开了第三次论战。两党争论的焦点有三个：一是如何把握冷战格局。共产党号召智利不仅应该全面支持苏联的外交政策，而且要接受莫斯科提出的把世界划分为资本主义和社会主义两大阵营的判断。社会党强调，真正的马克思主义者只会把世界分为无产阶级和资产阶级两大相互对立的阶级。二是国际共产主义运动的中心问题。共产党提出，苏联共产党有权指导世界各国的共产主义运动。社会党坚持，各国应根据本国实际经验选择适合自身国情的革命道路。三是在中苏论战中采取何种立场。共产党提出全面接受苏联提出的“和平过渡”理论，并坚决反对中国号召的“两条腿走路战略”。社会党表示，采取何种方式达到革命目的，是一国内政问题，别国不宜过分干预。[②] 此次大论战发生在 1964 年智利总统大选前夕，智利共产党和社会党的关系更加疏远，左翼政党之间的裂痕也进一步加深。

1970 年总统选举之前，智利共产党和社会党之间进行了第四次论战。尽管六个左翼政党组成了“人民团结阵线”，并推选阿连德为总统候选人，但两党的论战不仅没有停止，反而愈演愈烈。这一时期两党的

---

① Humberto Mendoza, “El Frente Popular a laluz del socialismo revolucionario”, 1942, in J. C. Jobet and A. C. Rojas eds., *Pensamiento politico del PS*, Santiago: ED. Quimantu, 1972, pp. 35—39.

② Carmelo Furci, *The Chilean Communist Party and the Road to Socialism*, London: Zed Books, 1984, pp. 88, 127, 129.

分歧集中在两个方面，一是能否吸收资产阶级和小资产阶级参加革命。共产党号召要联合包括资产阶级和小资产阶级在内的一切政治力量，共同反对帝国主义和寡头主义。社会党坚持，社会主义革命的主要依托力量是工人阶级、农民阶级、知识分子和中产阶级中的先进份子。社会党坚决反对吸收资产阶级和小资产阶级参加社会主义革命。两党争论的第二个是社会主义的实现途径。共产党强调，智利的实际国情决定了议会道路是通往社会主义的唯一途径。社会党主张，发动武装斗争，举行暴力革命是实现社会主义的不二法门。① 两党的争论深刻影响了“人民团结阵线”制定竞选纲领。为了维护左翼政党之间的团结，阿连德做出了一定调和，他谈道：“人民团结阵线”政府是全体智利人的政府，该政府反对的仅仅是大垄断集团、寡头利益集团和封建集团②。

综上所述，尽管同为左翼政党，但智利共产党和社会党之间的分歧由来已久，且愈演愈烈。双方在社会主义革命理论和一些重大国际问题上都存在着不可调和的矛盾。两党的历史分歧和现实矛盾注定了阿连德的“人民团结阵线”政府是不稳定的。

---

① Salvador Allende, *Programa Basico de la Unidad Popular. in Salvador Allende.* La Via Chilena al Socialismo, Rome: Editori Riuniti, 1971, pp. 63—101; Luis Corvalan. Unidad Popular para Conquistar el Poder, Report to the 14th General Congress of the PCCh, 11－23－1969; Julio Cesar Jobet, El *Partido Socialista de Chile*, Santiago: Ediciones Prensa Latinoamericana, 1971, pp. 90—127.

② Salvador Allende, “The Chilean Road to Socialism: First Annual Message to the National Congress”, *Santiago*, May 21, 1971, in James D. Cockcroft ed., *Salvador Allende Reader: Chile's Voice of Democracy*, Melbourne: Ocean Books, 2000, pp. 89—113.

二　阿连德执政时期“人民团结阵线”政府内部的党争

党派纷争是“人民团结阵线”时期智利政治的主要内容之一，也是导致阿连德政府“社会主义道路”失败最重要的内因。阿连德上台后，“人民团结阵线”政府内部很快分化为以共产党为首的“温和派”和以社会党为首的“激进派”，① 标志着两党分歧已经激化为政府内部的派系斗争。② 由于阿连德对各左翼政党和政治组织缺乏实质性约束，导致政府内部的派系斗争走向失控，严重影响了“人民团结阵线”政府的改革实践。

“人民团结阵线”政府内部的党争从三个层面展开：一是共产党和社会党之间的争论；二是政府内部“激进派”和“温和派”之争；三是智利左派革命运动和阿连德政府的分歧。

---

① 关于阿连德政府内部两个政治派系的表述，不同学者有不同的提法，常见的有以下几种：芭芭拉·斯特林（Barbara Stallings）使用了“持温和意见者”（the moderates）和“左翼派系”（the left – wing faction），参见 Barbara Stallings，*Class Conflict and Economic Development in Chile*，1958—1973，Stanford，California：Stanford University Press，1978，p. 135；纳德·恩特萨尔（Nader Entessar）的博士论文表述为“中间派”（a centrist approach）和“好战派”（a militant approach），参见 Nader Entessar，*Political Development in Chile*：*From Democratic Socialism to Dictatorship*，Calcutta：K. P. Bagchi Company，1979，pp. 161—162；洛西·赫克特·奥本海姆（Losi Hecht Oppenheim）的提法是“温和派”（the moderate faction）和“激进组织”（the radical group），参见 Losi Hecht Oppenheim，*Politics in Chile*：*Socialism*，*Authoritarianism*，*and Market Democracy*（*Third Edition*），Boulder，Colorado：Westview Press，2007，p. 40。为了表述一致，本文统一使用“温和派”和“激进派”的说法。

② Losi Hecht Oppenheim，*Politics in Chile*：*Socialism*，*Authoritarianism*，*and Market Democracy*（*Third Edition*），Boulder，Colorado：Westview Press，2007，pp. 1—12，75—77，42.

（一）阿连德时期智利共产党和社会党的争论

智利共产党和社会党在整个阿连德时代都一直争论不休。作为“人民团结阵线”政府的核心政党，它们的争论严重影响了阿连德政府的改革实践。

双方争论的第一个焦点是社会主义的实现路径。智利共产党仍然主张，只有议会道路才能实现社会主义。该党认为，既然阿连德能通过民主方式赢得总统选举，就说明议会道路在智利行得通。但社会党更倚重武装斗争和暴力革命。1971 年塞雷纳会议（La Serena）期间，社会党发表的决议声称：“资产阶级的反抗只有一个反革命目的：阻挠劳动人民起来取得国家机器。”① 有鉴于此，该党领导人谈道：“经过 1970 年总统选举，智利社会的阶级矛盾更加尖锐，到了一触即发的境地。当下，议会道路已毫无意义。”社会党号召武装左翼工人，为即将到来的革命暴动未雨绸缪。② 两党在这一问题上的观点没有任何回旋余地，此后它们又多次就此问题展开辩论，严重影响了阿连德政府的稳定。

两党辩论的第二个议题是智利军队的政治角色。“人民团结阵线”政府上台执政后，如何定位军队的政治角色，成为阿连德必须面对的问题。共产党领导人科尔巴兰提出，智利军队不是美国利益的代言人，军队的爱国主义和宪政主义传统值得肯定。科尔巴兰呼吁阿连德政府重视军队，吸引军队参加社会主义建设事业。③ 社会党极其不信任军队，主张建立工人阶级武装力量，以制约智利军队。

---

① 中共中央对外联络部编印：《智利道路的破产（上册）》，北京：内部资料，1974 年，第 57—58 页。

② Eliecer Carrasco, *Acerca del desarrollo historico del PSCh*, Paris: Taller Orlando Letelier, 1980, pp. 84—85.

③ Luis Corvalan: Chile, el pueblo al poder. *Revista Internacional*, 12 - 12 - 1970, in Luis Corvalan, *Camino de Victoria*, Santiago: Ed. de Homenaje al cuncuentenario del PCCh, 1971, p. 424.

共产党和社会党的第三个分歧是关于基督教民主党的作用问题。共产党领导人科尔巴兰谈到，阿连德只有联合基民党，组成最广泛的政治联盟，才能走通“社会主义道路”。[①] 共产党理解阿连德和基民党签署的《民主保障条款》。[②] 社会党声称基民党代表着资产阶级利益，坚决反对阿连德向基民党做任何妥协和退让。

两党争论的最后一个问题是经济改革的路径选择。共产党倾向于以温和方式实施经济改革，社会党的主张较为激进。两党在采取何种收入分配政策、公有制经济的范畴、通货膨胀的应对措施和采用何种方式扩大生产等问题上展开了激烈的辩论。收入分配政策方面，共产党强调根据每一阶层的实际收入和生活成本制定相应的收入分配政策；社会党主张实施带有歧视色彩的收入分配政策，增加低收入民众的工资，并停止给高收入群体发放任何补贴。关于公有制经济的范畴，共产党呼吁保障私人和小商贩群体的财产权；社会党主张继续加紧征收私营小企业。关于通货膨胀的应对措施，共产党主张政府应高度重视通胀问题，拿出切实可行的应对政策；社会党强调通货膨胀是改革的必经阶段。关于扩大生产的方式，共产党主张在巩固经济改革已有成果的基础上，依靠工人

---

① Luis Corvalan, Chile, el pueblo al poder. *Revista Internacional*, 12 - 12 - 1970, in Luis Corvalan, *Camino de Victoria*, Santiago: Ed. de Homenaje al cuncuentenario del PCCh, 1971, pp. 425—426.

② 根据智利宪法，当总统候选人得票率不足一半时，议会将通过投票决定总统的最终人选。1970 年，智利国会共有 200 个席位，阿连德阵营占了 80 个席位，基督教民主党掌握着 75 席。基民党的选票成为决定总统人选的关键因素。1970 年 9 月，阿连德和基民党签署《民主保障条款》。该条款规定，阿连德上台后，不能随意变更智利现存的政治框架和政治制度，切实保障宪法赋予每个公民的每项基本权利；尊重司法系统的独立属性；保证不干预军队和警察系统政务；保障大学的办学自主权；尊重贸易协会和行业工会的独立性；保证新闻出版自由。作为回报，基民党把该党掌握的 75 张国会议席选票投给阿连德，支持他获得总统任职资格。10 月 24 日，智利国会举行了关于总统任职资格的投票。由于有了基民党的支持，阿连德获得了 153 张赞成票，36 张反对票，7 张弃权票，成功入主莫内达宫。尽管阿连德阵营出于政治需要接受了《民主保障条款》，但其苛刻的条件很快成为“人民团结阵线”政府实施改革的重要阻力。Lester A. Sobel ed. , *Chile and Allende*, New York: Facts on File, 1974, p. 34; “Chile: The People Take Over,” *World Marxist Review*, volume 13, 12 - 12 - 1970, pp. 5—12。

的支持努力扩大生产；社会党强调工人运动是扩大生产的有效途径。①

（二）阿连德时期“人民团结阵线”政府内部“温和派”和“激进派”之争

阿连德时期，“人民团结阵线”内部的党派斗争由最初的两党纷争发展到派系斗争。阿连德政府内部分为以共产党为首的“温和派”和以社会党为首的“激进派”。“温和派”由共产党、激进党和统一人民行动运动（右翼）构成；“激进派”的组成部分是社会党、统一人民行动运动（左翼）和独立人民行动。尽管阿连德是社会党政治家，但他本人倾向于“温和派”。阿连德时期，两派在一些重大政治问题上始终无法达成一致，“人民团结阵线”政府在党争中耗尽了政治资源，阿连德政府的各项改革事业也陷入困境。

社会主义的实现途径，是两派争论的第一个重大议题。以共产党为首的“温和派”一再坚持，只有在尊重宪法和现存政治体制的前提下，通过走议会道路，才能以和平方式过渡到社会主义。以社会党为首的“激进派”提出，适度的武装革命和暴力冲突才是实现社会主义的有效方式。社会党议员马里奥·帕莱斯特罗（Mario Palestro）谈到，“当前的政府应该脱掉白手套，换上拳击套。智利应选择一场卡斯特罗式的战争”。② 社会党议员卡洛斯·阿尔塔米拉诺（Carlos Altamirano）的态度更加激进，他曾发表过一份言辞激烈的声明：“让我们去摧毁资产阶级的政治制度、摧毁他们的嗜好和胃口、摧毁现存的宪法框架和政治体制，建立新的国家政体吧！”③ 两派之间截然不同的立场决定了阿连德

---

① Carmelo Furci, *The Chilean Communist Party and the Road to Socialism*, London: Zed Books, 1984, pp. 88, 127, 129.

② Edy Kaufman, *Crisis in Allende's Chile*, *New Perspectives*, New York: Praeger Publishers, 1988, pp. 214—216, 214—226.

③ El Mercurio, 2-2-1972.

政府内部的矛盾是不可调和的。

是否有必要联合基民党，是两派争论的第二个焦点。以共产党为首的“温和派”认为，阿连德政府可以在不违背基本原则的前提下，与基民党签署协议，以便在宪政框架内推进改革。而以社会党为首的“激进派”则坚决反对向基民党做出任何妥协和让步，该派强调基民党代表着资产阶级的利益，理应排除在革命阵营之外。

智利军队的政治角色，是两派争辩的第三个焦点。以共产党为首的“温和派”认为智利军队的宪政主义传统值得肯定，主张阿连德应该积极吸收军队参加社会主义建设事业。以社会党为首的“激进派”反复强调，智利军队的本质是维护资产阶级利益的卫队，不值得信任，更不宜吸收军方入阁。

经济改革的路径选择，是两派争论的又一个重要内容。以共产党为首的“温和派”主张在巩固好已有改革成果的前提下，循序渐进地建立公有制经济部门。“温和派”进而提出了经济改革的具体主张：政府对私营企业的征收数量不得超过 90 家；阿连德应该明确向公众宣布公有制经济的范畴问题，以缓解企业家阶层的恐慌情绪，增加私营企业主的安全感；用提高商品价格的方式管控物价；抑制工人工资的增长速度；采取有效措施积极应对日益严峻的财政赤字和通货膨胀现象。以社会党为首的“激进派”主张以最快的速度在所有经济领域推行国有化改革，并迅速建立起公有制经济部门。“激进派”经济改革的政策主张有：迅速完成对绝大多数企业的征收活动；加强管控私营企业，严格控制商品价格；用大幅度增加工人工资的方式战胜通货膨胀。①

阿连德时代后期，智利左翼工人阶级广泛成立了基层政治组织“人民力量”（Poder Popular）。如何处理与“人民力量”的关系，又成为两派争论的新话题。“温和派”主张在尊重左翼工人组织的基础上，把他

① Carlos Vidales, *Contrarrevolucion y dictadura en Chile*, Bogota, 1974, pp. 134—135.

们的斗争活动纳入法律框架内予以约束。“激进派”声称“人民力量”代表着工人阶级的未来发展趋势，呼吁阿连德政府大力支持该组织[①]。

阿连德执政后期，智利社会的冲突日益加剧，国家走向内战边缘。如何应对即将到来的内战乃至军事政变，成为“人民团结阵线”政府面临的严峻考验。以共产党为首的“温和派”主张联合一切可以联合的阶级，共同阻止内战爆发，他们仍然坚信议会道路是通往社会主义的唯一途径。而以社会党为首的“激进派”号召早做准备，积极面对即将发生的武装冲突。

1973 年，“人民团结阵线”政府内部两派的冲突几乎达到失控的程度，以至于双方都派出最优秀的政治理论家，在媒体上展开了公开论战。社会党领导人卡洛斯·阿尔塔米拉诺号召“激进派”“永不妥协地前进!”[②] 智利共产党作为“温和派”阵营的主力，提出了新的口号：“先和解，再前进!”[③] 两派之间的矛盾彻底走向公开化。

（三）智利左派革命运动与阿连德政府的争论

“智利左派革命运动”（Movimiento de Izquierda Revolucionaria），成立于 1965 年，是阿连德时代智利最有影响力的极左翼政治力量。[④] 智利共产党和社会党不满于现状的青年人发起了该组织，在短短几年内成为拉丁美洲最大的信奉卡斯特罗主义的政治组织。尽管该组织没有参加

---

① Carmelo Furci, *The Chilean Communist Party and the Road to Socialism*, London: Zed Books, 1984, pp. 88, 127, 129.

② Carlos Altamirano, *Decision Revolucionaria*, Chile: Edicion Homenaje al 40 aniversario del Partido Socialista, 1973, pp. 56—82.

③ Ricardo Israel Z. , *Politics and Ideology in Allende's Chile*, Tempe: Arizona State University, Center for Latin American Studies, 1989, p. 71, 68.

④ 罗·杰·亚历山大：《拉丁美洲的托洛茨基主义》，高铦、涂光楠、张森根译，商务印书馆 1984 年版，第 152—155 页；威廉·E. 拉特利夫：《拉丁美洲的卡斯特罗主义和共产主义（1959—1976 年）——马列主义经验的几种类型》，王槐挺、樊庭、王明杰译，商务印书馆 1979 年版，第 222—233 页。

“人民团结阵线”政府，但仍然发挥了重要的政治作用，严重影响了智利政局的走向。基于历史根源和现实考虑，智利左派革命运动始终不认同阿连德提倡的“议会道路”模式，强调通过武装斗争夺取国家政权才是实现社会主义的唯一途径。整个阿连德时代，智利左派革命运动和“人民团结阵线”的冲突一直不断。

1965 年，智利左派革命运动正式宣告成立。宣言指出：智利左派革命运动是信奉马克思列宁主义的革命卫队，其目的是为了保护那些致力于民族解放和社会变革的智利工人阶级以及一切被压迫阶级。智利左派革命运动自认为是智利无产阶级革命先驱雷卡瓦伦的精神继承人。宣言谈到，该组织要联合被剥削阶级向剥削阶级争取权利，任何阶级调和政策都背叛了马列主义。宣言声称，该组织的政治目标是推翻资产阶级统治，先建立由工人阶级和农民阶级掌权的无产阶级政府，再逐步消灭阶级差别，建设社会主义。该组织谈到，既然资产阶级不可能拱手让出政权，那么阿连德倡导的以和平方式通往社会主义的途径只能是空想。该组织号召建立准军事组织，为将来爆发的武装冲突早做准备①。

1970 年总统选举期间，智利左派革命运动大力支持阿连德参选。“人民团结阵线”政府上台执政后，该组织负责阿连德的日常保卫工作，一部分成员在阿连德政府内部担任了职位。

基于政治理念的差异，在“人民团结阵线”政府成立之初，智利左派革命运动就和阿连德政府发生了尖锐的冲突。1970 年，阿连德援引列宁的论著《极端主义是共产主义的通病》，强烈批评了智利左派革命运动。阿连德指责该组织不负责任的激进活动有损于他倡导的“议会道路”。② 自此之后，阿连德政府和智利左派革命运动的分歧开始公开

---

① Michael Lowy ed. , *Marxism in Latin America From* 1909 *to the Present*: *An Anthology*, New Jersey: Humanities Press International, 1992, pp. 203—207.

② Luis E. Aguilar ed. , *Marxism in Latin America*, *Philadelphia*: Temple University Press, 1978, pp. 312—318, 329—333.

化。1972 年，智利共产党和智利左派革命运动就如何应对资产阶级的破坏活动展开公开辩论。共产党仍然相信议会道路的有效性。智利左派革命运动提出以武装工人和农民阶级的方式保卫革命成果，并积极准备即将爆发的全面内战。① 具体到政治行动方面，智利左派革命运动一直强调武装斗争的重要性，大力支持工人占领工厂运动和无地农民占领大庄园运动，这又进一步加速了智利社会的动荡。1973 年 6 月，智利左派革命运动在《起义者报》发表《左派革命运动宣言》，声称“人民确实必须建立一个平行的自治政权。当政府采取反人民行动时，这个（平行的自治）政权也能够反对该政府”。② 7 月，智利左派革命运动公开宣称要建立无产阶级专政统治。这一声明加速了军人发动政变的步伐。③

智利左派革命运动的激进行为引发了阿连德政府内部大多数政党的不满。连一向以激进著称的社会党都对智利左派革命运动表示强烈的愤慨，其领导人阿尔塔米拉诺谈到，“社会党不支持左派革命运动提出的通过游击战夺取政权的革命纲领”。④ 1973 年政变发生后，智利共产党领导人贝洛迪亚（Velodia Tetoblian）撰文指出：“以智利左派革命运动为首的极左翼政治势力要对阿连德社会主义道路的失败负责。”⑤

---

① David Thorstad, *A Simmering Crisis in the UP*, Intercontinental Press, 1972.

② 威廉·E. 拉特利夫：《拉丁美洲的卡斯特罗主义和共产主义（1959—1976 年）——马列主义经验的几种类型》，王槐挺、燮庭、王明杰译，商务印书馆 1979 年版，第 230 页。

③ 3Libro Blanco, pp. 19—27.

④ Carlos Altamirano, *Decision Revolucionaria*, Chile: Edicion Homenaje al 40 aniversario del Partido Socialista, 1973, pp. 56—82.

⑤ Luis E. Aguilar ed., *Marxism in Latin America*, Philadelphia: Temple University Press, 1978, pp. 312—318, 329—333.

三　党争的严重后果

“人民团结阵线”政府是六个左翼党派组成的政党联盟。能否在当政后保持政党之间的团结，就显得尤为重要。阿连德本人对此缺乏清醒的认识，导致“人民团结阵线”执政时期，政府内部的党争愈演愈烈，党派之间的矛盾不断走向公开化，智利政治也一步一步走向碎片化。阿连德政府内部的党争在很大程度上导致了智利“社会主义道路”的失败。

首先，不断激化的党争使阿连德政府始终难以形成有效的政治决策核心和行政执行力量，政府的凝聚力和公信力也随之不断下降。“人民团结阵线”政府颁布的重大政策，大多在政党之间引发了巨大的争论，阿连德政府正是在无穷无尽的党争中耗尽了政治生命。阿连德上台之初，各左翼政党沉浸在赢得总统选举的喜悦中，尽管它们之间仍然存在着历史分歧，但尚且能维持表面的团结。随着阿连德政府逐步推进各项改革事业，各左翼政党之间的分歧也逐渐走向公开化。1972 年，智利共产党就公开谈道：“不得不承认的是，阿连德政府内部已经出现巨大的分裂。人民团结阵线政府的政治立场、领导能力和执政能力都大打折扣了”。[①] 1973 年 8 月，社会党领导人阿尔塔米拉诺公开抨击了阿连德的宪政主义信仰，他要求迅速武装工人阶级，为即将到来的智利内战早做准备。[②] 阿连德政府内部的党派分歧已经彻底公开化了。

---

① Ricardo Israel Z.，“Politics and Ideology in Allende's Chile”，Tempe：Arizona State University，*Center for Latin American Studies*，1989，pp. 71，68.

② Losi Hecht Oppenheim，*Politics in Chile*：*Socialism*，*Authoritarianism*，*and Market Democracy*（*Third Edition*），Boulder，Colorado：Westview Press，2007，pp. 1—12，75—77，42.

其次，党派纷争还引发了智利政治走向碎片化，国内政局愈加动荡。“人民团结阵线”时期，智利各个政党之间不断分化组合。很多政党内部分裂出不同的派系，一些小党派不断变换政治立场，加速了智利政局的动荡。1971 年 8 月，激进党内一部分左翼分子宣布脱离阿连德政府，成立“激进左派党”（The Partido de Izquierda Radical）。几乎在同一时间，人民团结行动运动内部也分化出“基督教左派党”（The Izquierda Cristiana）。“人民团结阵线”政府的构成党派由六个增加到七个，每个政党都提出了本党的施政纲领和利益诉求。激进左派党自成立后，不断公开否定阿连德倡导的“议会道路”模式。1973 年 3 月，该党彻底脱离阿连德领导的左翼政党联盟，加入代表智利中右翼政治势力的“民主联盟”，站到了“人民团结阵线”政府的对立面。① 该党的叛变沉重打击了处于风雨飘摇境地的阿连德政府。

再次，党派纷争还导致了阿连德政府的动荡不安。“人民团结阵线”政府的内阁部长像走马灯一样频繁更迭，阿连德政府的各项改革政策也缺乏连贯性和一致性。埃德·考夫曼（Edy Kaufman）的研究表明，阿连德三年内更换了八届内阁，最后三届内阁尤其短命，分别持续了 28 天、26 天和 14 天。除外交部长克洛多米罗·阿尔梅达（Clodomiro Almeyda）干满了整个任期外，别的部长都未逃脱被撤换的命运，每个部长的平均任期仅为 282 天。② 导致内阁部长频繁更迭的原因很多，但各党派之间的纷争也是主要因素。阿连德上任后，各左翼政党采取“政

① “民主联盟”（The Democratic Confederation）是智利基督教民主党和民族党成立于 1973 年的政党联盟。该联盟以推翻阿连德政府为最高目标，其成立标志着智利政治彻底陷入僵局。Michael Fleet, *The Rise and Fall of Chilean Christian Democracy*, Princeton, New Jersey: Princeton University Press, 1985, p. 168。

② Edy Kaufman, *Crisis in Allende's Chile*, *New Perspectives*, New York: Praeger Publishers, 1988, pp. 214—216, 214—226.

党分肥制”[①] 的方式分配内阁部长席位。[②] 各党派为了维护自身利益，都希望本党政治家能控制政府关键部门的部长职位。左翼党派之间的派系斗争导致了阿连德政府的政策令从多出，有些政策甚至前后矛盾，严重影响了阿连德的“社会主义道路”改革。

最后，党派纷争给美国的干涉造成了可乘之机。从20世纪中叶开始，阻止以阿连德为首的智利左翼政治势力当政，就成为美国对智利最重要的外交政策目标。1970年大选开始前，中情局就着手资助“人民团结阵线”内部的一部分非马克思主义左派政党，期待这些小党能在关键时刻叛逃阿连德阵营。[③] 阿连德上任后，“40委员会”[④] 正式拨款81.5万美元，专门用于在阿连德政府内部各党派之间制造分裂和混乱。[⑤] 阿连德时期的美国驻智利大使纳撒尼尔·戴维斯（Nathaniel Davis）在回忆录中说，从1971年11月到1973年9月，美国花费了5万美元用于促进阿连德政府内部的分裂。[⑥] 1974年，美国情报官员科尔比（Colby）向媒体承认，阿连德时期，中情局已经成功地渗透了智利政府

---

① “政党分肥制”是20世纪智利政治的特色。1969年，为了取得智利各左翼政党的支持，阿连德承诺一旦当选总统，将按照一定比例给各左翼政党分配内阁各部部长职位。1970年，阿连德上台前，曾和各左翼政党就新政府内部各部部长职位的分配达成过口头协议：“社会党、共产党、激进党可以得到三个部长席位；统一人民行动运动可以有两人出任部长；社会民主党和独立人民行动共同分配剩下的三个部长职位”。

② Losi Hecht Oppenheim, *Politics in Chile: Socialism, Authoritarianism, and Market Democracy* (*Third Edition*), Boulder, Colorado: Westview Press, 2007, pp. 1—12, 75—77, 42.

③ United States Senate, *Covert Action in Chile*, 1963 - 1973: *Staff Report of the Selected Committee to Study Governmental Operations with Respect to Intelligence Activities*, Washington: U. S. Government Printing Office, 1975, p. 10.

④ “40委员会”是阿连德时期美国官方制定对智利政策的外交决策组织。该委员会成立于20世纪50年代，最初为“5412特别行动小组”，1964年更名为“303委员会”，1969年又更名为“40委员会”，具体的成员组成有：司法部长、副国务卿、国防部副部长、中央情报局副局长、参谋长联席会议主席和时任总统的国家安全事务助理。总统的国家安全事务助理任委员会主席，行使决策权力；美国驻智利大使馆和中情局驻圣地亚哥站负责执行政策。

⑤ New York Times, 2 - 2 - 1976.

⑥ Nathaniel Davis, *The Last Two Years of Salvalor Allende*, London: I. B. Tauris Company Limited Publishers, 1985, p. 309.

的每一个构成党派。[①]“人民团结阵线”政府内部的党争给美国的干涉提供了可乘之机。

综上所述，阿连德政府内部各左翼政党之间分歧的产生有着深刻的历史根源。“人民团结阵线”上台后，各左翼政党之间的分歧不仅愈演愈烈，而且还从观点之争激化为党派之间的政治斗争。党争使阿连德政府始终难以形成有效的政治决策核心和行政执行力量，削弱了政府的凝聚力，降低了政府的公信力。党争还引发了智利政治走向碎片化，国内政局更加动荡不安。不断激化的党争在一定程度上诱发了美国的干涉。党派纷争是造成阿连德政府“社会主义道路”失败的重要内在因素。

（贺喜，博士研究生，天津外国语大学拉丁美洲研究中心讲师）

① *New York Times*, 9-24-1974.

夸乌特莫克——从末代阿兹特克皇帝到现代墨西哥民族象征

肖隽逸

内容提要 阿兹特克帝国的末代皇帝夸乌特莫克被誉为“墨西哥历史英雄榜第一人”，他的形象既明确地代表了墨西哥的民族文化和历史，又模糊多元。从爱国者到叛乱者、从文化象征到进步障碍，他的形象在不同时代、不同阶层和群体代表眼里，有着不同诠释和象征意义。本文以这个独特的文化现象为背景，结合具体史实，从政府、社会阶层和普通民众对夸乌特莫克的象征意义的认识和解读出发，一窥墨西哥后殖民时代意识形态的转变以及社会和政治各阶层的诉求、利益和矛盾，并尝试分析其背后的根源。

引 言

当今世界，每个国家都有其标志性的英雄人物，并且在相同或相似的文化背景下，这些人物及他们的象征意义在其所属国人民眼中大多是趋于一致的。但是墨西哥民众却对夸乌特莫克（Cuauhtémoc），这位

“墨西哥历史英雄榜第一人”[①] 有着千差万别的解读。夸乌特莫克在得到墨西哥人民的爱戴和崇拜的同时，不同时代、不同阶层在对其形象的认识和解读上却存在较大差异。这种差异性集中体现在两点：第一，从历史的纵切面观察，这样一位在墨西哥历史上如此重要的人物，在被西班牙殖民者杀害后的三个世纪里几乎完全湮灭在时间长河里，直至19世纪末独立战争以后，民众对他的认识和崇拜才突然达到高峰；第二，从历史的横切面看，相同时代的不同阶层对其形象的解读可谓“千差万别”，有人认为他是抗击西班牙侵略者的英雄，有人将他视作阻碍墨西哥历史前进的罪魁，有人把他奉为原住民阶层和民主共和国的代言人，还有人利用他的丰碑为白人阶层统治下的独裁政府保驾护航。总的来说，夸乌特莫克是墨西哥国家英雄主义和民族性的具体象征，然而其象征意义却又如此模糊不清。

本文主要截取“从1810年墨西哥独立战争开始至今”这段时期作为论述重点。原因在于，从夸乌特莫克罹难，阿兹特克帝国倾覆后的三个世纪里，夸乌特莫克一直被西班牙殖民者定义为“协助叛乱者”和“战败者”,[②] 他的形象被刻意弱化于历史文本中。直到19世纪初墨西哥独立战争和20世纪初革命战争前后，墨西哥国内的民族主义和拉丁美洲一系列新思潮兴起的影响，夸乌特莫克的名字才重新被墨西哥人提起，关于他的历史也随之被挖掘和正视，并在这个阶段逐渐被视为墨西哥的国家英雄。由此，进一步探究这个现象的背后动因，加深了解墨西哥后西班牙殖民时代意识形态的风向转变，以及不同政治派别和社会阶层的诉求、利益和矛盾。

---

① Fernando L. Orozco, *Grandes Personajes de México*: *Hombres de la Epoca Prehispanica*, la Conquista, el *Virreinato*, *la Independencia*, *la Republica y la Revolucion*, Panorama Mexico, 1980, p. 34.

② Jim Tuck, Cuauhtémoc: Winner in Defeat (1495—1525), http://www.mexconnect.com/articles/260 - cuauhtemoc - winner - in - defeat - 1495 - 1525, 2008.

夸乌特莫克象征意义的流变

（一）夸乌特莫克的罹难和西班牙殖民统治的开始（1521）

夸乌特莫克（约1495—1525年），古代墨西哥阿兹特克帝国第十一任，也是最后一任皇帝，是抗击西班牙侵略者的民族英雄，被誉为“墨西哥历史英雄榜第一人”。

1521年，入侵阿兹特克帝国的西班牙殖民者兵临首都城下。此时，年仅25岁、刚刚继任阿兹特克国王的夸乌特莫克临危受命，奋起反抗。最后，终因实力不济，在抵抗80天后于1521年8月13日不幸被俘。以此为标志，美洲大陆最强盛的阿兹特克帝国被西班牙殖民者征服，真正开启了墨西哥的殖民时代。①

被俘后的夸乌特莫克依然保持着国王的尊严和气节。根据西班牙人的记述，当失去武器的夸乌特莫克被带到西班牙军队首领科尔特斯面前时，他面对侵略者大义凛然地说：“为了保卫我的人民，我已经做了我所能做的一切，现在就用你腰上佩戴的匕首杀死我吧！”② 但西班牙人觊觎阿兹特克帝国的宝藏，想从夸乌特莫克口中获知埋藏何处，因此没有立即杀害他，而是对他施以酷刑，将其捆绑，用火盆灼烧他的双脚。③ 夸乌特莫克强忍剧烈的痛苦，面色坚毅。与他一起受刑的还有一

---

① Bradley Smith, *Mexico: A History in Art*, Gemini－Smith, 1968, pp. 166—167.

② 卡洛斯·富恩特斯：《墨西哥的五个太阳》，张伟劼、谷佳维译，译林出版社2012版，第21页。

③ 沈允熬：《话说墨西哥》，http://www.cpdcea.com/lecture/info/20121016/46.html，2012。

位阿兹特克贵族，他苦苦哀求夸乌特莫克告诉西班牙人宝藏的所在，以免受非人的折磨。夸乌特莫克斥道：“难道我是躺在铺满玫瑰的床上吗?”同年，美洲最强大的印第安帝国阿兹特克帝国彻底灭亡，其末代皇帝夸乌特莫克也因为在被押往洪都拉斯的途中科尔特斯怀疑其有谋反之心，于1525年2月28日将其绞死在一棵木棉树上，年仅29岁。①

在今天的墨西哥，夸乌特莫克的名字随处可见。无数的街道、街区、学校、体育场，甚至海军军舰、啤酒公司都以他的名字命名；关于他的书籍和艺术作品层出不穷；许多墨西哥人也以用他的名字取名而倍感骄傲，包括“石油之父”卡德纳斯总统的儿子、民主革命党的创始人夸乌特莫克·卡德纳斯、墨西哥传奇足球明星夸乌特莫克·布兰科等。他的塑像遍及全国，仅在首都墨西哥城中心就矗立着两尊地标式的纪念铜像：一尊放置在索卡洛广场（Zócalo）；另一尊则屹立在最繁华的街道——改革大道和最长的街道起义者大道的交汇处。无论从哪个角度来说，夸乌特莫克都可以被视作“墨西哥的象征”。但是他的形象并不是从一开始便如此光彩夺目。

（二）独立战争结束之前的殖民地时代（1521—1810）

阿兹特克帝国崩塌后十余年，西班牙殖民者在帝国首都的废墟上建起墨西哥城，并于1535年在墨城设立总督府，开始了对墨西哥和美洲长达三个世纪的殖民统治。常年的战争、屠杀、奴役和瘟疫导致当地印第安原住民的数量急剧下降，于是西班牙人从非洲殖民地大量输入黑人奴隶。到18世纪后半期，大批西班牙本国人也开始迁入定居。一方面，墨西哥当地的工业、农业、经济和社会得以加速发展。另一方面，墨西哥国内人口结构发生了彻底改变，社会阶层分化加剧，贫富和等级差距进一步拉大。绝大部分社会财富和资源都被少数西班牙白人阶层垄断和

① Bradley Smith, *Mexico: A History in Art*, Gemini - Smith, 1968, pp. 166—167.

控制，而以印第安原住民为代表的中下层人口几乎没有财产可言。极端的不平等使中下层民众产生了对殖民当局强烈的不满。1810 年 9 月 16 日凌晨，神父米格尔 · 伊达尔戈鼓动教民同他一起推翻殖民当局，废除奴隶制，墨西哥独立战争自此开始。1821 年，墨西哥获得独立战争的最后胜利。

在这漫长的三百年殖民时期里，古代墨西哥灿烂的文化遗产遭到了毁灭性的清洗。夸乌特莫克的形象渐渐被人遗忘，关于他的记忆仅仅留存在印第安原住民口耳相传的故事和传说里。即使进入历史文本，也是以“协助叛乱者”或“战败者”的反面形象出现在西班牙殖民者的笔下。直至 19 世纪初独立战争胜利开始以来，墨西哥国内爱国热情才空前高涨，民族主义思潮和一系列社会政治运动（“反独裁”“泛拉美主义”和“去美国化”）风起云涌。受此影响，夸乌特莫克的名字重新被人提起，作为爱国主义和本土印第安人代表的形象再一次进入人们的视野，他的事迹也随之被挖掘和重新书写。但是在这个阶段，墨西哥普通民众对夸乌特莫克的记忆依然没有被完全唤醒，以致到 19 世纪 50 年代，当时的墨西哥国家博物馆馆长也不得不承认，平民中少有人知晓这位阿兹特克的国王。①

（三）从独立战争结束到抗法战争阶段（1810—1876）

独立后的墨西哥，并没有立即走上和平发展的坦途。尽管此时的墨西哥已经以一个独立的现代民族国家形象展现在世人面前，然而这个饱受屈辱、百废待兴的国家，仍然深陷于一个内忧和外患交织的混乱时代。这个时代有两个主要特征：一是内政混乱，社会动荡不安，举国艰难前行；二是受到卷土重来的西班牙、乘虚而入的法国、武装干涉的美

---

① Christopher Fulton, “Cuauhtémoc Awakened, Estudios de Historia”, *Moderna y Contemporánea de México*, 2008, No. 35, pp. 10, 12—13, 23, 40, 9.

国的数度入侵，全国一致地保护国家主权和民族独立。

在这段政局动荡和战事频仍的时期，墨西哥人还必须思考如何对待西班牙殖民统治的历史遗产。这个问题从很大程度上决定着墨西哥未来的前进方向，因此引起社会各阶层不断升温的争论。争论的核心问题可以归结为“文化方向之争”——独立统一之后的墨西哥应当如何处理前殖民文化和殖民文化的关系，以及如何将这两种截然不同的民族性融合并塑造成未来墨西哥的新文化。用墨西哥人自己的话说是，“要金字塔还是要大教堂，要夸乌特莫克还是要科尔特斯”。这两种观点，形成了两种影响整个墨西哥政治和社会的两种派别：保守派（conservatives）和自由派（liberals）。①

独立战争后的一段时间里，原先的白人后裔依然占据着墨西哥政府高级职位，属于社会上层阶级。自然而然地，他们中的大多数持保守派观点，反对深刻的政治和社会变革，希望维持原有的西班牙殖民时期的社会制度和利益划分。他们推崇埃尔南·科尔特斯所代表的西班牙征服者，认为其为墨西哥这片蛮荒之地带来了文明开化和基督福音的种子，而夸乌特莫克所象征的古墨西哥文化则是阻碍这颗种子发芽的原始愚昧势力。②

自由派也主要由上层白人构成，不同的是他们接触了欧洲新思想，希望将“去殖民化”进程进行到底，彻底打破原有的社会结构和利益划分机制。③ 特别是受到在拉美殖民地刚刚兴起的民族主义的感召，④又受到18世纪末美国独立战争和法国大革命胜利的鼓舞，一种建立一个崭新的共和制度，解决后殖民时代所遗留的社会问题的愿望就愈加强

---

① RayTelles, The Storm that Swept Mexico (the documentary), PBS USA, 2011.

② Christopher Fulton, " Cuauhtémoc Awakened, Estudios de Historia ", *Moderna y Contemporánea de México*, 2008, No. 35, pp. 10, 12—13, 23, 40, 9.

③ Ibid.

④ 本尼迪克特·安德森：《想象的共同体》，吴叡人译，台湾时报出版社2010年版，第96页。

烈。他们反对保守派，痛斥以科尔特斯为首的西班牙侵略者的无耻、残酷和贪婪。他们高举夸乌特莫克的形象，并将其塑造成一位守护者，护佑他身后未来那个自由平等的新国家。

如前所述，无论是保守派还是自由派，在社会和政治方面占统治地位的依然是西班牙和欧洲白人后裔。在这个阶段，他们并不重视也无暇考虑由梅斯蒂索人、[①] 印第安原住民和被解放的奴隶所构成的广大中下层人民的生活状况和社会地位。相反，这些社会精英和上层人士都认为这个阶层是“国家进步的负担和障碍”，必须“去印第安化”（desindianizar），让他们适应白人社会的新秩序。[②]

但是，在墨西哥连续发生的三场抗击外国侵略者的战争——独立战争、美墨战争和抗法战争，极大地振奋了国内的民族自豪感。此时夸乌特莫克的反抗和罹难在这个饱受侵略和压迫的国家人民中引起巨大的共鸣，他的形象在普罗大众中间迅速复苏，成为墨西哥民族主义和爱国主义的标志性人物。

特别是到抗法战争（1861—1867）胜利后，由墨西哥历史上最著名的总统贝尼托·胡亚雷斯领导的自由派彻底压倒保守派，掌握国家政权，对印第安原住民的历史评价和认识有了大转变，夸乌特莫克也在这个阶段以本国文化和爱国主义的象征开始被广泛接受。1869 年 8 月 13 日，也就是在阿兹特克首都陷落纪念日这一天，墨西哥第一尊夸乌特莫克塑像在墨西哥城落成。这尊塑像由胡亚雷斯这位流淌着原住民血液的总统特别指定铸造，胡亚雷斯亲自主持了塑像的落成仪式。这标志着夸乌特莫克的形象得到了国家最高层面的认可，他被塑造成墨西哥灿烂的

① Mestizos，即白人和土著人的混血后裔。

② Christopher Fulton，“Cuauhtémoc Awakened，Estudios de Historia”，*Moderna y Contemporánea de México*，2008，pp. 35，10，12—13，23，40，9.

古代文明和国家独立统一的象征。[①] 由此，夸乌特莫克的形象不断通过学校教科书和各种文学艺术作品，迅速被各个社会阶层的墨西哥人所认识、熟知和赞颂。

（四）波菲里奥独裁时代（1876—1910）

抗法战争的胜利，标志着墨西哥彻底走出了外国侵略者的阴影，获得了完全意义上的独立和统一。战争英雄波菲里奥·迪亚斯将军在政坛平步青云，最终登上总统宝座，开启了墨西哥近现代历史上的“波菲里奥独裁统治时代”。

波菲里奥·迪亚斯出生于一个印第安人和西班牙人混血的下层平民家庭，少年丧父，家境贫困。迪亚斯 16 岁加入军队，参加抗法战争，效命于胡亚雷斯总统麾下的中央军，屡立战功，擢升将军。特别是在 1865 年 5 月 5 日关键一战——普埃布拉战役中作战英勇，令他在国内外声誉大噪。这为他战后不久发动军事政变，迅速登上总统之位做好了铺垫。此后，他通过威逼利诱、贿选暗杀等手段，把持墨西哥政坛长达 35 年之久（1876—1911），史称“波菲里奥时代（el Porfiriato）”。[②] 在他的总统任期内，一方面，墨西哥社会出现了相对的和平稳定，努力向欧洲国家看齐，加速国内现代化进程，在工业、经济、公共教育等各个方面都取得了巨大进步，墨西哥今天的铁路和教育的基础就是在那个时代奠定的；另一方面，这些成就在很大程度上是以牺牲社会下层人民的利益为代价而获得的，农民长期处于受半奴役的生存状态。[③] 对于控制

① Christopher Fulton, “Cuauhtémoc Awakened, Estudios de Historia”, *Moderna y Contemporánea de México*, 2008, pp. 35, 10, 12—13, 23, 40, 9.

② Faces of the Revolution: PorfirioDiaz, http://www.pbs.org/itvs/storm-that-swept-mexico/the-revolution/faces-revolution/porfirio-diaz/.

③ 特指迪亚斯身边幕僚小集团。因为他们大多持科学实证主义观念，所以被称作“科学家（Los cientificos）”。

国家命脉和财富的迪亚斯和他的幕僚“科学家们”,① 他们眼中的“拖后腿的（backward)”② 印第安原住民和贫困群体是国家进步和发展的最大障碍。迪亚斯千方百计地想淡化其印第安原住民的出身背景，据说他曾不止一次命令画师将他的肤色画得接近于白人。③

但极具讽刺意味的是，就是这样一位想竭力摆脱其印第安原住民印记的总统，在 1877 年甫一上任，就决定在改革大道上为夸乌特莫克修建一座巨型纪念碑。迪亚斯特别选择了 1878 年的“五月五日节（Cinco de Mayo)”——抗法战争中著名的普埃布拉战役胜利纪念日——作为纪念碑奠基日，并亲自主持奠基仪式，亲手铺下了第一块基石。

这座耸立在墨城市中心最繁华大街上的纪念碑，很大程度上映射出迪亚斯的执政理念。作为自由派的拥护者，迪亚斯认为抗法战争的胜利（他在这场战争中建立功勋，并引以为傲）是墨西哥真正意义上的摆脱殖民统治，赢得国家独立与统一的标志。其卑微的出身背景、参与反殖民战争的经历，以及对战后政局和社会动荡的感触，使迪亚斯深切地渴望以其“铁拳”（Iron Fist）政策巩固墨西哥的独立和统一。正是在这样的执政理念支持下，迪亚斯在其任期内以独裁手段，维持国家的秩序稳定和快速发展。

因此，这座在迪亚斯上任初期就动手修建的纪念碑，其目的和意义非常明确。

第一，以夸乌特莫克这位阿兹特克帝国最高统帅的地位，来比喻迪亚斯政府的国家最高权威；第二，以夸乌特莫克土著英雄的身份，暗示迪亚斯的印第安原住民血统和出身，以此赢得普通民众，特别是中下层阶级的好感和支持（尽管迪亚斯本人私下并不愿过多提及自己的出

① Stella M. Blazquez and Carmen G. Gonzalez, *History of Mexico: From Pre – Hispanic Times to the Present Day*, Panorama Mexico, 1979, p. 120.

② RayTelles, The Storm that Swept Mexico (the documentary), PBS USA, 2011.

③ Ibid.

身）；第三，以夸乌特莫克抗击西班牙侵略者的事迹，显示迪亚斯作为抗法战争英雄的功勋；第四，效仿深受爱戴的贝尼托·胡亚雷斯总统，为夸乌特莫克树立新纪念碑，利用胡亚雷斯总统的威望和自己曾经效力于胡亚雷斯麾下的经历，表明自己是最正统的领袖接班人。

迪亚斯修建夸乌特莫克纪念碑的四个目的，还可以从他发布的另一项大型城市工程命令得以印证。在夸乌特莫克纪念碑竣工不久，迪亚斯又提议以纪念独立战争英雄为主题，要求国内各州政府贡献两座小铜像树立于改革大道两旁。由此，独立战争中的各州英雄以后辈身份，列队于夸乌特莫克脚下，暗示墨西哥全国各地区都应该接受和拥戴迪亚斯政府的统领和指挥。尽管这个提议立即引起墨西哥国内多个州政府和民众的强烈反对，但最后各州还是陆续将铜像运往墨西哥城。

尽管迪亚斯政府树立夸乌特莫克塑像的本意是为其执政理念和独裁统治正名，但是这尊塑像却被大众以另一种方式接受，并赋予其新的意义。夸乌特莫克的塑像在墨西哥城中心地带揭幕后，这位阿兹特克末代帝王的形象更加广为人知。人们在夸乌特莫克脚下的那一方空地聚集，宣布公告，发表演说，举行节日庆典等，这里俨然成为墨西哥普通民众一个重要的公共活动场所。夸乌特莫克的形象连同他的故事，也越来越频繁地出现在普通出版物、影视作品、明信片等大众信息载体上。夸乌特莫克纪念碑的复制品，更是被墨西哥政府三次作为国家的象征，带到世界博览会上（1889 年、1893 年和 1922 年）。

（五）后迪亚斯时代（1910 年至今）

1910 年，不堪忍受迪亚斯“铁拳”独裁统治的墨西哥人民掀起了推翻其统治的革命战争。经过十年战争，迪亚斯政府倒台，迪亚斯本人被驱逐。革命胜利以后，墨西哥国民教育、土地改革、工人权益运动重新展开，尤其是民族文化认同的风向发生巨大转变。经过自由派坚持不懈的努力，印第安土著传统得到前所未有的重视，本土思潮在战争烽火锤炼后得到升华。作为这股思潮的具体结果，夸乌特莫克的形象变得更加丰富、多元、平民化。他不只是一个高高在上不可侵犯的英雄人物，不只是学校教科书上爱国主义的象征，而且逐渐开始成为一个流行的文化符号，以玩具、漫画、街头壁画，甚至啤酒公司商标等非正式形象出现在墨西哥人的日常生活中。

另一方面，迪亚斯倒台后相当长一段时间可以说是墨西哥政治最混乱的时期，先后有三位总统或总统候选人以及革命时期最重要的两位农民运动领袖——埃米利亚诺·萨帕塔和潘乔·维亚遭到暗杀。这种政治暗杀，是迪亚斯时代留下的恶果，执政者及其政敌都想用暗杀这种看似“一劳永逸”的方式解决问题。在此阶段，不论政见和意识形态如何，各个阶层和族群都把夸乌特莫克视为自己的精神旗帜。

在这个阶段，虽然自由派和保守派仍然用自己的方式定义夸乌特莫克的象征意义，但二者也开始出现一些趋同的迹象，双方都把夸乌特莫克视作古墨西哥人高雅尊贵的代表。不同的是，保守派依然坚持现代墨西哥仅仅是西班牙后殖民时期的产物，这个新国家和古代文化已经彻底断代；西班牙征服者为墨西哥带来了基督文明，而夸乌特莫克所代表的古墨西哥文明虽然值得敬仰，但印第安土著文化自身包含的劣根性却“无法促进”甚至“阻碍”了墨西哥的进步。自由派则认为，虽然逐渐“退化堕落”至社会底层的印第安土著人与夸乌特莫克的高尚形象形成鲜明对比，但今日墨西哥与古代墨西哥具有一脉相承的历史和文化，并由此形成了独特的“美斯蒂索”民族文化；夸乌特莫克是墨西哥古代灿烂文明的象征，印第安人在整个墨西哥甚至美洲历史和文化演进过程中的重要作用是无法忽视的，而侵略者无论如何都是侵略者，无法改变其罪恶的历史形象。这两派的交锋，成了从彼时至今争夺夸乌特莫克“肖像权”战争中两面最鲜明的旗帜，甚至在以后几乎所有类似争论中，都可以或多或少找到这两面旗帜的影子。

夸乌特莫克形象的另一个显著变化，出现在艺术界。此时，他的形象经历了一段近乎神化的转变历程。当时艺术家的观察点和创作点，几乎都着眼于公认的夸乌特莫克人格魅力的最高峰——被俘和受刑两个时刻。他坚守国王的尊严和责任，被捕后承受着常人难以承受的巨大痛苦仍没有丝毫动摇，而与他形成鲜明对比的，则是贪婪残暴的西班牙人和那位一同受刑却最终屈服的阿兹特克贵族。有趣的是，当代墨西哥艺术家大都以欧洲绘画艺术的表现手法，将这两个时刻描绘成一个与耶稣受难非常相似的宗教式场景。这为此后关于夸乌特莫克的艺术创作定下了基调，几乎所有以夸乌特莫克为主题的艺术作品都是基于此视角所创作。

结语和启示

阿兹特克帝国末代皇帝夸乌特莫克的形象，在经过三个世纪的湮灭后才重新回到人们的视野，这与墨西哥的历史和社会发展密切相关。作为“墨西哥历史英雄榜第一人”，他的形象代表了阿兹特克帝国，甚至整个古代墨西哥的荣光。经过两百多年的演变和沉淀，今天夸乌特莫克俨然成为墨西哥爱国主义和民族主义精神的榜样。无论是白人精英阶层，还是占绝大多数的梅斯蒂索人和原住民，都把夸乌特莫克视为墨西哥民族、墨西哥文化、传统以及伟大历史的象征。关于夸乌特莫克的象征意义，墨西哥的“桂冠诗人”、诺贝尔文学奖得主奥克塔维奥·帕斯这样写道：“夸乌特莫克深知在这场战役中自己毫无胜算，却依然坚持战斗。这场战役的悲哀也莫过于他从内心里对失败的坦然接受。他眼睁睁看着创造出整个民族伟大与辉煌的神明们在自己身旁坍塌，而这样的不幸，似乎也贯穿着我们的整个历史。”但是从独立战争到三次反抗外来侵略战争再到国内革命，无论是自由派还是保守派，官方还是民间，都对夸乌特莫克的形象进行了重新发掘、解读和定义，赋予其各种各样的含义。因此，我们不禁要问，在夸乌特莫克被不同阶层和族群一致视为国家和民族英雄的同时，为何人们对其象征意义的解读如此千差万别？这给了我们怎样的思考和启示？为了解决这些问题，我们必须探究此独特现象的背景和根源，或许可以得到一些重要启示。

谈到墨西哥，我们，甚至墨西哥民众，总会联想到这个民族“悠久灿烂的文化、历史和传统”。但是在这个表象背后，却潜藏着深刻的民族认同困境。首先，“墨西哥民族”的称呼就是一个似是而非的问题。墨西哥作为一个真正现代意义上的民族国家，其历史不过两百年左右（以1810年独立战争胜利为标志）。连国名“墨西哥”也是独立战争以后才借用西属拉美殖民总督首府“墨西哥城”的城市名而得来的。[①] 而且今天所谓的“墨西哥民族”，其领土疆域的划定也是基于西班牙殖民者所征服的“新西班牙”的土地范围。那么，夸乌特莫克所代表的“墨西哥民族”到底应该如何界定？

从社会阶级结构方面观察，这种民族意识的脆弱根基就更加明显。在西班牙殖民者到来之前，在这片土地上曾经存在着无数个大大小小的族群，他们彼此之间界限分明，相对独立，有的甚至存在着长期的敌对冲突。而今天在这片土地上，人口结构依然非常复杂，大致为：其一，从昔日的“新西班牙”到今天的墨西哥，处于社会上层的依然是少数西班牙后裔；其二，构成社会中下层的则是人口占绝大多数，却处于社会边缘的梅斯蒂索人和少数民族原住民；其三，另外还有为数众多的黑奴和欧洲移民的后裔。但今天他们所有人却都骄傲地宣称自己属于“古

① 西班牙殖民者攻陷阿兹特克帝国的首都特诺奇蒂特兰后，借用了周边一个叫作“墨西卡（Mexica）”部族的族名，以此称呼西班牙殖民首府“墨西哥城（Ciudad de Mexico）”。

老的墨西哥民族大家庭”。那么，是什么力量把“墨西哥民族”这个观念几乎在一夜之间植入不同阶层和不同族群的脑中，使他们都强烈地意识到，原来他们是一家人呢？答案是兴起在拉美殖民地上的民族主义思潮。正是拉美殖民地民族主义的勃兴，才使得包括墨西哥在内的拉美殖民地人民开始意识到，自己（和自己所归属的某个小族群）属于一个更高层次的民族，并且为了这个民族的独立与自由，就应该拿起武器反抗殖民者，赢得民族独立，建立民族国家。

我们必须注意到，在这个历史性时刻，掀起墨西哥独立运动的领袖们，并非是那些受压迫、剥削和奴役的原住民和奴隶。恰恰相反，运动领导者和后来的国家建立者，几乎无一例外的都是那些居于统治地位的白人精英（无论是出于对底层大众的同情或者出于自身利益）。因为只有他们才能获得掀起一场革命所必需的知识准备和物质准备。

但是，是什么原因让这些拥有一切的白人统治精英，竟然选择站在他们曾经不齿的原住民和奴隶一边，将矛头指向原来的母国西班牙，并宣称“我们和你们都是土生土长的墨西哥人”呢？

看似高枕无忧的白人阶层，实际上也陷入身份认同的尴尬困境中。首先他们受到了母国苛捐重负的盘剥，在殖民地所缴纳的税额要远高于西班牙本土，这使他们感到强烈的不公。更重要的是他们的出身问题。这些殖民者原来在西班牙就无法跻身贵族阶层，他们是在殖民地出生的后代，由于“血液已经被肮脏的土地所玷污”，只能在“新西班牙”境内移动和升迁（最多不会超过拉美殖民地之间），永远无法回到马德里觅得任何职位。处于如此境地的白人上层，开始萌生了一种前所未有的新观念，他们不再认为自己是西班牙的后代（当然他们也不会认为自己是古墨西哥文化的后继者），而是“新西班牙”大地上的主人。他们开始更加认同彼此之间的这种新身份，而不再是原先母国所赋予他们的身份。因此，这种新身份的认同极大地激发了他们从西班牙母国独立的念头。

这些白人精英们当然也知道，他们在“新西班牙”拥有的一切——土地、财富、声望、地位——都仰仗着母国西班牙的支持，但现在他们决定割离这层关系，意味着他们将彻底失去这种支持，甚至极有可能失去一切，而一旦选择对抗自己的母国，远在殖民地的他们只能依靠那些被他们奴役剥削的中下层平民。可是怎样才能把这些敌视他们的人吸收到自己的阵营中呢？他们能利用的最具说服力的就是“民族主义”这个强有力的旗帜，于是他们宣称“我们都是这片土地的子民，我们墨西哥人现在要从西班牙殖民者手中夺回本来属于墨西哥民族的自由”。在拉美殖民地，民族主义就是在白人精英阶层中首先产生的意识形态，并由他们普及各个族群中，成为塑造墨西哥民族的思想力量源泉。

墨西哥社会的中下层平民，无论在殖民时代还是后来，主要是原住民、梅斯蒂索人、黑奴的后裔，是无所依靠的被剥削阶级。他们没有任何接受知识和信息的渠道，无法构建起解放和独立斗争所必需的知识准备，所以在长达三百年的殖民历史中悄无声息地接受了自己的命运。因此，殖民者阶层所营造的“民族主义”这个不可抗拒的口号响起时，他们便迅速接受了这种强大力量的召唤。

但是，虽然“墨西哥民族”的观念广泛地传播到了整个国家，但实际上各个群体对这个观念的认识却有着巨大差异。这种认同上的不一致体现到对夸乌特莫克的认识上，就产生了差异：不同的阶层和族群都视夸乌特莫克为民族英雄，但对夸乌特莫克象征意义的解读又烙上了不同阶层和族群的烙印。

表面上，墨西哥人树立夸乌特莫克作为墨西哥国家和民族的形象，是对灿烂的殖民前文化的追思，对独一无二的民族形象的渴望。但其背后，却隐藏着更深的政治和利益背景，不同的阶层和族群通过他来表达自己的意识和诉求。因此，夸乌特莫克一方面是一个民族象征；另一方面，又是一个带着实用主义政治目的的标志，一个被政府组织、私人机构和持有某种意识形态主张的知识阶层所任意解读和操纵的形象。夸乌特莫克从各个方面——爱国、勇敢、独立、牺牲及其印第安原住民身份，都符合一个完美的民族主义领袖的标准，因此，几乎任何政治派别和意识形态的团体和个人都可以，并且都乐于在夸乌特莫克的形象里找到属于自己的身份认同和诉求归属。

（肖隽逸，重庆科技学院外国语学院讲师）

大哥伦比亚的兴衰与拉美一体化

蓝　博

内容提要： 大哥伦比亚的建立是拉美一体化进程中的重要历史事件，但因政治冲突、战后糟糕经济的状况、内部各地区地位差异以及军人领袖的政治图谋而分裂。在1830年后，派斯、莫纳加斯古斯曼等早期的分裂主义者，出于对玻利瓦尔主义思想的敌意以及他们的个人目的，提出了重建大哥伦比亚的想法，其中还包括在新格拉纳达和委内瑞拉掀起的、由“玻利瓦尔主义者”莫斯克拉直接授意的重建大哥伦比亚的思潮。本文通过分析大哥伦比亚的兴衰，试图勾勒拉美在一体化进程中所面临过的问题，为解决当今拉美一体化所遭遇的困境提供启示。

拉美一体化思想最早出现于独立战争时期，当时的政治精英主张把小国家整合为大国。其中，大哥伦比亚的建立是典型案例。大哥伦比亚包括现在的委内瑞拉、哥伦比亚（时称“新格拉纳达”）和厄瓜多尔（时称“基多”）。从1819年到1861年，大哥伦比亚历经建立、分裂、再试图重建，到最终成为三个主权独立的民族—国家（nation - state），其中的分分合合，给世人留下许多值得思考的东西。大哥伦比亚的兴衰存亡已成历史，但总结其经验教训，对我们了解拉美一体化思想的产生和发展，对于我们把握拉美一体化目前面临的问题和未来趋势，具有一定的启示意义。

一　大哥伦比亚的建立

大哥伦比亚的建立，有其客观原因和主观愿望。首先，就客观原因来说，主要有两点。

第一点是拥有共同的殖民地历史。在西班牙殖民时期，现今的委内瑞拉、哥伦比亚（原称格拉纳达，包括巴拿马）和基多地区先后被纳入新格拉纳达总督区管辖，使得这三个地区拥有了共同的行政管理、经济生活和地域归属感。

在整个殖民统治时期，西班牙王室先后在美洲殖民地设立四大总督区：新西班牙总督区（1535 年）、秘鲁总督区（1542 年）、新格拉纳达总督区（1718 年）、拉普拉塔总督区（1776 年）。其中哥伦比亚、委内瑞拉和基多同属新格拉纳达总督区，辖区以行政中心波哥大为核心，从东北方位的加拉加斯至西南方位的基多，“三点一线”地连通了太平洋与大西洋。16 世纪后期，随着殖民地经济和贸易的发展，该辖区的三个地区可分为三类。第一类是农业，以基多地区为代表。在印第安人传统农业的基础上，生产宗主国所规定的农业产品。第二类是矿业，以哥伦比亚为代表。1541 年起，西班牙殖民者开始在该地区大肆开采金矿（例如安蒂奥基亚金矿）。第三类是商业，以委内瑞拉地区为代表。因为该地区拥有辖区重要的内河航道及毗邻大西洋，是新格拉纳达总督区金矿、农牧产品等运往欧洲的重要出海港口。可以说，殖民地时期政治和经济的互补互联奠定了三个地区联合的基础。

第二点是拥有相近的人文背景。委内瑞拉、哥伦比亚和基多在西班牙殖民前主要是美洲四大土著文化之一的奇布查文化影响区，到殖民时代末期，其居民主体是土著人与西班牙人的混血，文化上则是西班牙因素居主导地位。

奇布查文明是以其集大成者奇布查人命名的，在西班牙殖民者入侵之前，奇布查人主要分布在哥伦比亚、委内瑞拉、厄瓜多尔地区，因此，在奇布查文化的影响下，三个地区的民众有着非常相似的生存方式和风俗习惯。西班牙殖民者的到来，中断了奇布查文明的独立发展史，并在当地传播了西班牙语言文化。西班牙殖民者还与土著人通婚，形成了兼具两者特点的混血人，他们是反对西班牙殖民统治的主力军。

上诉两点客观因素，使大哥伦比亚的建立有了可能性。但是，政治联合是人的思想与活动，大哥伦比亚的建立也是如此。其中，后被誉为“南美解放者”的玻利瓦尔发挥了关键性的作用。这一点，可从两个方面得到证明。

首先，玻利瓦尔贡献了自己的统一思想。19 世纪初，拉美各地反对西班牙殖民统治的独立运动如火如荼，虽然各地有相互支援、声援乃至联合作战的行为，但普遍是把地方利益放在首位，思想上是仿照欧洲的“民族—国家”模式建立各自的民族国家。唯有玻利瓦尔独树一帜，提出了区域整合的思想。1815 年 9 月 6 日，玻利瓦尔在著名的《牙买加来信》中提出了以新格拉纳达和委内瑞拉为核心建立大哥伦比亚的设想，他在信中说：“……新格拉纳达和委内瑞拉如能达成协议，组成一个中央共和国，他们将联合在一起，首都可能在马拉开波，或者是在两国交界处的美丽的翁达湾港建立起来的一个新城市……这个国家将称作哥伦比亚，以表示我们对这个半球发现者哥伦布的敬意和感激。”① 玻利瓦尔的统一思想，不是欧洲人的“小国寡民”的思想，而是北美英

① 中国社会科学院拉美所：《玻利瓦尔文选》，徐世澄、苏振兴、徐文渊、杨衍永、石瑞元、白凤森译，中国社会科学出版社 1983 年版，第 40、59 页。

属殖民地建立“美利坚合众国”的联合思想。因此，当人们现在追溯拉美地区一体化的思想起源时，一致认同玻利瓦尔是先驱。

玻利瓦尔不仅提供了大哥伦比亚统一的思想，而且还领导了大哥伦比亚的建立。1819 年 5 月，玻利瓦尔率领爱国军从安戈斯图拉挥师东进，进入新格拉纳达，开辟新的革命根据地。6 月 22 日，玻利瓦尔抵达安第斯山附近的德雷波镇梅塔一带，与桑坦德的军队会师。7 月初，玻利瓦尔和桑坦德翻越安第斯山脉，打败了西班牙军队，并于 8 月 5 日占领了通哈。8 月 7 日，玻利瓦尔和桑坦德在波哥大的博亚卡河桥边，与西班牙军队展开决战，这就是著名的“博亚卡战役”。当时，西班牙军队有 2900 人，玻利瓦尔有 2600 人。在玻利瓦尔的指挥下，桑坦德率部占领桥头，将敌军分成两段，向敌军发动猛攻。经过 2 小时的激战，西班牙军队大败，莫里略等 1600 人被俘。新格拉纳达总督闻讯后逃离波哥大。8 月 10 日，玻利瓦尔率领爱国军进入波哥大。博亚卡战役的胜利标志着新格拉纳达获得解放。1819 年 12 月 17 日，在安戈斯图拉召开全国大会，宣布成立大哥伦比亚共和国，将波哥大定为首都。共和国由原新格拉纳达总督区的领地组成，分三大行政区：委内瑞拉、新格拉纳达、基多。①

二　大哥伦比亚的解体

大哥伦比亚从 1819 年至 1830 年只存在了十一年。1831 年 11 月 10

① LEÓN DE LABARCA，Alba Ivonne，MORALES MANZUR，Juan Carlos，“La Gran Colombia：algunos intentosreintegradores después de 1830”，*Revista de Artes y Humanidades UNICA*，Año 6 N°13/Mayo-Agosto 2005.

日，大哥伦比亚解体，形成厄瓜多尔、新格拉纳达和委内瑞拉三国。其具体的解体原因主要有四点。

第一点是政治冲突。从大哥伦比亚建立伊始，委内瑞拉地区一直都是分裂的隐患，波哥大政府的行政令很难在该地区得以推行，并最终导致大哥伦比亚的解体。

回顾历史，委内瑞拉是大哥伦比亚国内最早萌生君主制想法的地区。这一点，从 1826 年 3 月玻利瓦尔写给派斯的一封信可以看出，信中玻利瓦尔拒绝了某些人要他称帝的建议："……哥伦比亚不是法国，我也不是拿破仑，也根本不想成为拿破仑。我也不想效仿恺撒，更不想效仿伊图尔维德。我觉得这类榜样跟我的荣誉不相容……我很坦率地告诉您，这个计划不论对您、对我、还是对国家都不合适。"① 虽然玻利瓦尔尽全力维持着大哥伦比亚的统一，但是，以何塞·安东尼奥·派斯（José Antonio Páez Herrera）为首的委内瑞拉地方分裂主义者通过操控地方媒体，不断引导当地民众抵制大哥伦比亚宪法，贯彻地方政府的意志，控制地方选举。到了 1826 年前后，以派斯为首的委内瑞拉地方分裂势力与以桑坦德为首的波哥大政府的冲突全面爆发。②

双方的首次冲突发生在 1825 年，冲突的原因是波哥大政府指控委内瑞拉籍上校莱昂纳多·英凡特（Leonardo Infante）参与谋杀，并对其判处死刑。但是，委内瑞拉最高司法长官米格·佩亚（Miguel Peña）拒绝执行波哥大政府的判决，他也因此被国会暂停职务一年。委内瑞拉地

① 中国社会科学院拉美所：《玻利瓦尔文选》，徐世澄、苏振兴、徐文渊、杨衍永、石瑞元、白凤森译，中国社会科学出版社 1983 年版，第 40、59 页。

② LEÓN DE LABARCA, Alba Ivonne, MORALES MANZUR, Juan Carlos, "La Gran Colombia: algunos intentosreintegradores después de 1830", *Revista de Artes y Humanidades UNICA*, Año 6 N°13/Mayo-Agosto 2005.

区政府公开声援自己的同胞，并指责国会不公。① 从这时起，委内瑞拉地方对于波哥大中央不满的声音愈发强烈，甚至已经开始讨论是否要脱离大哥伦比亚。实际上，玻利瓦尔推进南美大陆联合的设想和努力在拉美各地都遭遇到很大阻力。例如，巴拿马政府内部曾就加入大哥伦比亚的议题爆发过激烈的争吵，甚至危及该国政治稳定。巴拿马实际上一直游离于大哥伦比亚之外，并在外部势力支持下最终脱离了后来的哥伦比亚。

第二点是经济恶化。西班牙殖民地政府撤离时卷走了大部分财富，大哥伦比亚建立伊始就面临国库空虚的困境。但是，玻利瓦尔为了完成自己解放整个南美大陆的理想，建国后继续选择挥师南下讨伐西班牙殖民者，这导致本就岌岌可危的经济体系快速走向崩溃。大哥伦比亚建国后的几年间，国内资金既无法满足军队征战的开支，也没有能力维持政府的运转，玻利瓦尔曾因此被迫向英国人写信求援。连年战争不仅耗尽了大哥伦比亚有限的财力，而且彻底摧毁了大哥伦比亚的经济体系。

1838 年 4 月 25 日，解体后的新格拉纳达、委内瑞拉、基多三国代表在新格拉纳达首都波哥大签署协议，分担大哥伦比亚所欠的债务：哥伦比亚承担 50%；委内瑞拉承担 28.5%；厄瓜多尔为 21.2%。总金额高达一亿零三百三十九万八千（103398000）比索。②

第三点是三国地位不平等。在殖民地时期，哥伦比亚、委内瑞拉、厄瓜多尔所组成的新格拉纳达总督区内部地形复杂多变，道路缺乏，交通状况非常糟糕。殖民地政府为了加强管理，不得不在波哥大之外设立了加拉加斯（委内瑞拉）和基多（厄瓜多尔）地方政府（都督区和检审法院辖区），受新格拉纳达总督区节制。这种地位区别，在大哥伦比

① LEÓN DE LABARCA, Alba Ivonne, MORALES MANZUR, Juan Carlos, "La Gran Colombia: algunos intentosreintegradores después de 1830", *Revista de Artes y Humanidades UNICA*, Año 6 N°13/Mayo-Agosto 2005.

② Ibid..

亚建立后并未得以消除。哥伦比亚的区位优势，使其忽略了委内瑞拉和厄瓜多尔的边缘性感受，直接影响大哥伦比亚凝聚力的形成。其结果就是委内瑞拉和厄瓜多尔的分裂主义有增无消。例如厄瓜多尔，繁重的兵役和赋税让其不堪忍受，在中央政府基本没有任何话语权，国内民众极度不满。因此，当大哥伦比亚解体时，民众都如释重负地欢呼，而不是惋惜。①

第四点是军人尾大不掉。拉美独立运动，不可避免地产生了一批劳苦功高的军人，他们后来形成为拉美社会特有的阶层——Caudillo（难以确切翻译，大意为“豪强”）。拉美独立之初，这些军人大都是大权在握，只要危及自身利益，他们都会利用手中的权力造反。在大哥伦比亚存在期间，像派斯、帕迪利亚（José Prudencio Padilla）、乌达内塔（Rafael Urdaneta）等军人，都成为摧垮大哥伦比亚共和国的重要势力。

1825 年年底，桑坦德政府宣布弹劾委内瑞拉行政长官派斯，派斯在取得地方政党支持的情况下，拒绝执行波哥大国会的弹劾令，双方形成对峙。这一事件引起委内瑞拉人的强烈不满，也加快了大哥伦比亚分裂的步伐。1826 年 4 月，著名的“科西亚塔”事件（La Cosiata）爆发，② 虽然随后玻利瓦尔返回国内阻止了分裂，并下令赦免了事件负责人派斯。但是从这以后，委内瑞拉地区的分裂运动愈演愈烈。1829 年 12 月，委内瑞拉单方面宣布脱离大哥伦比亚，自成独立的国家。1830 年年初，玻利瓦尔辞去大哥伦比亚总统职务，望借此消除分裂危机，维护国家统一。但玻利瓦尔的努力最终仍是徒劳无功。同年，派斯宣布委

① LEÓN DE LABARCA, Alba Ivonne, MORALES MANZUR, Juan Carlos, “La Gran Colombia: algunos intentosreintegradores después de 1830”. *Revista de Artes y Humanidades UNICA*, Año 6 N°13/Mayo-Agosto 2005.

② “科西亚塔事件”发生在1826 年，是由派斯在巴伦西亚地区发起的分裂运动，他公开号召本地区人民团结一心，反对波哥大政府，并要求改革库库塔宪章。

内瑞拉正式脱离大哥伦比亚，在首都巴伦西亚组建新国会，自任临时总统。①

“科西亚塔”事件后，哥伦比亚籍军人帕迪利亚也萌生出了独立的想法。当时玻利瓦尔派和桑坦德派之间分歧日益严重，两派摩擦不断，帕迪利亚采取了左右逢源的方法，游走于两派之间并从中获益。他一面向玻利瓦尔表示忠心，一面不断给桑坦德写信示好。1826 年，帕迪利亚在取得玻利瓦尔的信任后，说服了卡塔赫纳地区政党支持其组建议会，他同时给桑坦德去信，并在信中信誓旦旦地保证说，新议会的职能是贯彻中央政府的政令。1828 年，帕迪利亚与卡塔赫纳地区的驻军长官委内瑞拉籍军人蒙迪亚（Mariano Montilla）决裂，拒绝签署支持玻利瓦尔反对桑坦德的声明，并煽动民众闹事迫使蒙迪亚从该地区撤军，帕迪利亚本人则取代了蒙迪亚的位置，自任地区行政长官。虽然随后在玻利瓦尔的干预下，帕迪利亚因分裂罪被捕入狱，但是桑坦德政府拒绝对其判刑。同年的奥卡尼亚国民大会上，玻利瓦尔再次要求议会对帕迪利亚判刑，但是遭到了桑坦德为首的联邦派的强力阻拦，两派爆发正面冲突。②

以上，我们谈到大哥伦比亚解体的四点原因，但这些原因背后的原因是什么呢？笔者认为，这个原因就是现代“民族—国家”的建构问题。国际学术界认为，“民族—国家”有原生和新生之分，二者的情况不同：前者主要是自然形成的，后者则主要是后天建构的。但无论是自然形成的或后天建构的，它的基本特征是一样的，这就是作为民族国家，它包括人民、领土和政府三要素。而在这三要素中，人民则是核心问题。因此，西方民族主义古典理论认为凡“人民”都可成为“民族”，继而建立

① 塔弗、弗雷德利克：《委内瑞拉史》，黄公夏译，中国出版集团东方出版中心 2010 年版，第 65—68 页。

② https://es.wikipedia.org/wiki/José_ Prudencio_ Padilla，最后浏览时间：2016 年 6 月 2 日。

“国家”。这种“一个人民，一个民族，一个国家”（one people，one nation，one state）的观念产生于西欧，[①] 但对世界其他地方也有很大影响。西欧各族人民的形成经过了漫长的历史过程（从西罗马帝国解体算起也有千年以上），但大哥伦比亚的殖民历史只有短短三百年，且都在同一个宗主国统治之下，各族人民之间的界限模糊不清，而各自的内部整合也没有完成，在此情况下，在摆脱西班牙殖民统治前后，围绕大哥伦比亚的建立与存续一直存在统分之争，也就不足为奇了。甚至是当年导致大哥伦比亚分裂的主要人物，后来也曾试图重建大哥伦比亚！

三　重建大哥伦比亚的努力

大哥伦比亚解体后不久，新格拉纳达、委内瑞拉、基多三个国家的政治精英陆续生出了重建大哥伦比亚的想法，这其中主要分为两派：早期分裂主义派和玻利瓦尔主义派。

分裂主义派。分裂主义派主要是指在1830年之前参与分裂大哥伦比亚的军人领袖们，其中的主要代表有派斯、乌达内塔和莫纳加斯等。该群体产生重建大哥伦比亚的想法主要基于两点：第一，出于对以玻利瓦尔思想为基础的大哥伦比亚宪法的钦佩；第二，出于个人的政治目的。

1830年后，一部分分裂主义者突然改弦更张，这其中最早思及恢复大哥伦比亚的分裂主义者是派斯和乌达内塔这两位大哥伦比亚分裂活动的军人领袖。派斯的自传中提到：“……流放玻利瓦尔虽然是个艰难

① 朱伦：《走出西方民族主义古典理论的误区》，《民族共治——民族政治学的新命题》，中国社会科学出版社2012年版，第98—105页。

决定，但是驱逐他却是阻止内战最好的手段。然而，脱离哥伦比亚对委内瑞拉的统一没有任何帮助，如今的委内瑞拉正在变成一个四分五裂的农村国家……从 1831 年开始，乌达内塔将军就不断向我提及委厄两国重建立哥伦比亚的可能，我认为是可行的。我们对此也达成了一些共识，新哥伦比亚将以联邦形式出现，而不是合并为一个国家。"[①] 这是大哥伦比自 1830 年解体后，分裂主义者群体首次出现重建的思想。

在派斯和乌达内塔之后，何塞·塔德奥·莫纳加斯（José Tadeo Monagas，下文皆称大莫纳加斯）也萌生重建大哥伦比亚的想法。此前莫纳加斯兄弟（还有弟弟何塞·格雷戈里奥·莫纳加斯 José Gregorio Monagas，下文皆称小莫纳加斯）是委内瑞拉脱离哥伦比亚的坚定支持者之一。派斯自传中提到："……何塞·塔德奥·莫纳加斯，民族独立战争的英雄。在巴塞罗那平原上他为祖国抛头颅洒热血，[②] 他对人民的忠诚毋庸置疑。他曾在巴塞罗那地区为祖国摆脱哥伦比亚摇旗呐喊，但让我意外的是，1 月 15 号那天，他却主张重建哥伦比亚……"[③] 大莫纳加斯的这一想法在当时引起了巨大的争议，委内瑞拉国会的政治精英们认为，如果重建大哥伦比亚，委内瑞拉将不再是一个独立的主权国家，社会将会丧失稳定性和完整性。旧宪法不仅会损害委内瑞拉人民的权益，还会对教会特权、军队造成威胁。

大莫纳加斯从一个大哥伦比亚分裂主义者突然转为重建的急先锋，并对大哥伦比亚宪法表现出极大的热情，这也让他备受质疑和指责。有人认为他是个人权力欲膨胀，因其从来不是一个喜欢与人分享权力的人。然而，1834 年，大莫纳加斯给派斯去信，向后者陈述了自己重建

---

① PÁEZ，José Antonio. *Autobiografía. Volúmenes I y II. Caracas.* Librería y Editorial del Maestro. 1946，pp. 140，141.

② 此处的巴塞罗并非我们熟悉的旅游城市西班牙的"巴塞罗那"，而是委内瑞拉安索阿特吉州首府"巴塞罗那"。

③ PÁEZ，José Antonio. *Autobiografía. Volúmenes* Ⅰ *y* Ⅱ. *Caracas.* Librería y Editorial del Maestro. 1946，pp. 140，141.

大哥伦比的动机。大莫纳加斯在信中说到，一个以大多数人利益为核心的法律是最适合人民的，自己的本意仅是为民着想罢了。①

1856 年，大莫纳加斯与弟弟小莫纳加斯通信，他向弟弟再次提及了重建大哥伦比亚的想法。大莫纳加斯写道："……尽管旧宪法让哥伦比亚陷入分裂，但我不认为分裂是某个人或是某个事物所造成的，这不是局部的过失，这是时代的命运，命中注定共和国无法继续走下去……许多的原因让我对旧宪法怀有感情，它着实让我钦佩……"② 但是，小莫纳加斯在回信中表达了截然相反的观点："哥伦比亚是在新格拉纳达总督区的基础上建立起来的，相似的人文背景和反殖民战争让我们曾经团结在一起，但是我认为旧宪法存在着先天不足：它无法公平地实现三国人民的自由意志。我只看到，格拉纳达人的意志实现了，波哥大政府从来不会待我们的人民如他们自己的一般友好。我厌恶格拉纳达人，他们不仅虚伪而且非常狡猾，而我们的人民是如此的诚实和善良。比起他们，我国拥有更多的人口、更多的财富、更先进的工业和更强大的生产力。我拒绝再次向格拉纳达人卑躬屈膝。"③ 为了彻底打消兄长重建大哥伦比亚的念头，小莫纳加斯又连去好几封书信，并在信中称大哥伦比亚宪法是一条"短裙"，他认为从人民的长远利益考虑，委内瑞拉的宪法应该要穿"长一点的裙子"。④

这场兄弟间的政治信念之争，实质上是独立的民族—国家思想和大

---

① PÁEZ, José Antonio. *Autobiografía. Volúmenes* I *y* II. *Caracas.* Librería y Editorial del Maestro. 1946, pp. 140, 141.

② GIL FORTOUL, José. *Historia Constitucional de Venezuela. Obras completas. Tomo Primero.* Caracas. Ministerio de Educación. Dirección de Cultura y Bellas Artes, 1954, pp. 64—73.

③ Ibid..

④ 1848 年，莫纳加斯兄弟所制定的宪法被后人讽刺为是"稍长的短裙"。吉尔·弗托尔（Gil Fortoul）在书中写道："1848 年，莫纳加斯曾说宪法为全国人民而设立的，但是当他控制国会后，他却认为委内瑞拉的宪法和大哥伦比亚旧宪法一样，是一条需要加长的'短裙'。莫纳加斯提议国会删除委内瑞拉宪法第 108 条关于总统任期的规定，理由是民众应该拥有绝对的自由来决定自己的总统究竟能做多久。"

联邦一体化思想之争。小莫纳加斯在信中反复强调了“委内瑞拉人”和“哥伦比亚人”这一字眼，刻意将两地居民设定为不同的民族，寻求自治和独立。这是因为，独立战争已经结束，玻利瓦尔倡导的各民族联合反殖民统治的思想和危机意识逐渐消退，各民族地方利益的冲突俨然成了一体化最大的障碍所在。

从历史的轨迹来看，无疑是弟弟小莫纳加斯占了上风。最终，大莫纳加斯打消了重建大哥伦比亚的念头，并着手改革委内瑞拉宪法，在民族—国家的道路上一去不返。①

厄瓜多尔国内也曾有分裂主义者对重建大哥伦比产生过想法，他们曾派代表到波哥大，意图重建西蒙·玻利瓦尔创建的伟大共和国，但最终都没有成功。除了受到上文提及的政治和经济等客观因素的干扰外，厄瓜多尔人强烈的独立民族意识是不可忽视的因素之一，正如鲁马索·冈萨雷斯（Rumazo González）所说：“基多这个名称与其说是指一个城市，不如说是指一个土著民族。”②

玻利瓦尔主义派。1830 年后，一部分玻利瓦尔主义者也提出重建大哥伦比亚的可能并为此付出了努力。其中的核心人物是安东尼奥·莱奥卡迪奥·古斯曼（Antonio Leocadio Guzmán，下文皆称古斯曼）、托马斯·西普里诺·德·莫斯克拉（Tomás Cipriano de Mosquera，下文皆称莫斯克拉），前者在早期是鲜明的分裂主义者，后期受后者的影响，转变为大哥伦比亚的重建者，并通过其广泛的政治影响力、厚实的文字功底和富有感染力的语言，在新格拉纳达和委内瑞拉国内掀起了重建大哥伦比亚的思潮。

古斯曼是著名的政治家、新闻记者、自由党的创始人，还是委内瑞

① 雷耶斯：《厄瓜多尔简明通史》，钟豫译，商务印书馆 1973 年版，第 54 页。

② http：//www. venezuelatuya. com/biografias/guzman_ leocadio. htm，最后浏览时间：2016 年 6 月 1 日。

拉前总统安东尼奥·古斯曼·布兰科（下文皆称古斯曼·布兰科，Antonio Guzmán Blanco，1870—1889）的父亲，父子俩分别是玻利瓦尔时期和考迪罗时期委内瑞拉政坛举足轻重的人物。拉美独立战争时期，古斯曼被其父亲送往西班牙，并在伊比利亚半岛受到了自由主义思想的熏陶，这为他日后的政治思想埋下了种子。古斯曼于1823年回到祖国委内瑞拉。1825年，他创办了第一份报纸《阿尔戈斯》（El Argos），他本人在报纸中发表了一系列文章，文中针对桑坦德领导的波哥大政府进行了猛烈的抨击，借此俘获了众多玻利瓦尔派的读者的心。1825年10月，他受派斯的委托给“解放者”玻利瓦尔写信劝说其实行君主制，并亲自前往秘鲁试图说服玻利瓦尔改革大哥伦比亚宪法，但实行君主制的想法遭到玻利瓦尔的拒绝。1830年年初，古斯曼公开发表声明，支持派斯组建独立政府，脱离大哥伦比，同年7月，他被派斯任命为新政府的高级官员。1839年，派斯升任古斯曼为其外交助理，但任命因遭到保守派的强烈反对无疾而终。①

至此，我们不难看出，早期的古斯曼虽然是玻利瓦尔的拥护者，但同时也是一名不折不扣的分裂主义者。

1858年，莫纳加斯兄弟倒台后，古斯曼被继任者胡里安·卡斯特罗（Julián Castro，1858—1859年在位）驱逐出境。古斯曼在国外流浪近六年的时间，其间委内瑞拉国内爆发了“联邦战争”。同时期，新格拉纳达也陷入了革命的燎原，参考拉蒙·迪亚斯·桑切斯所述：“和委内瑞拉一样，新格拉纳达也因联邦主义陷入了斗争，争斗的双方也是自由派和保守派。”②

在新格拉纳达，古斯曼遇到了时任新格拉纳达高查省的州长莫斯克

---

① DÍAZ SÁNCHEZ, Ramón. Guzmán. “Elipse de una ambición de poder.” Tomo II. *Colección de Bolsillo. EDIME*. Caracas-Madrid. 1975, pp. 101—109.

② DÍAZ SÁNCHEZ, Ramón. “Guzmán. Elipse de una ambición depoder.” *Tomo* II. *Colección de Bolsillo. EDIME*. Caracas-Madrid. 1975, pp. 101—109.

拉将军。在莫斯克拉的影响下，古斯曼从一个分裂主义者转变为大哥伦比亚重建的旗帜性人物，两人共同谋划以委内瑞拉与新格拉纳达为基础重建大哥伦比亚。纵观莫斯克拉一生，不难看出，他是玻利瓦尔最忠实的追随者之一。他于1814年加入玻利瓦尔的爱国军，1824年因战功晋升上校并担任玻利瓦尔的副官和秘书，1828年被任命为考卡区监政官和驻军司令，此期间其公开声明支持玻利瓦尔担任独裁者。不难推测，作为玻利瓦尔忠实的拥护者，在莫斯克拉的内心深处，一直有着“重建大哥伦比亚的梦想”。

1860年年初，莫斯克拉与人联手，宣布成立新政府，发动军事政变，1861年七月，莫斯克拉的军队占领波哥大，其出任临时总统。他第一时间向大众公开了他内心深处的理想：重建大哥伦比亚，与此同时，他宣布，将组建一个委内瑞拉和新格拉纳达人民共同的国家，新国家的使命是为两地人民的自由而斗争。[①]

值得一提的是，莫斯克拉执政后，古斯曼在他的授意下创办了刊物《哥伦比亚人》（El Colombiano），这份报纸目的仅此一个：传播重建大哥伦比亚的思想。《哥伦比亚人》创刊当天，古斯曼发表声明：“这份刊物的名字、名字背后的意义以及独特的新闻内容，注定它所代表的不是单体诉求，而是新格拉纳达、委内瑞拉、厄瓜多尔三国人民的共同诉求。‘哥伦比亚’这个名字如今已鲜为人知，但是我借此告诉大家，这个伟大的名字已经存在了三十年来我们决不会玷污它的神圣。刊物旨在传播玻利瓦尔的伟大思想，我们将永不欺瞒、诚实守信地刊登真正代表自由思想的文章。我，安东尼奥·莱奥卡迪奥·古斯曼将不再为《委内

① 1840年，古斯曼创建了自由党，同时创办了一份代表自由党喉舌的刊物《委内瑞拉人》，古斯曼经常通过这份报纸对保守派执政的政府进行攻击。1840—1845年间，古斯曼通过《委内瑞拉人》发表了系列文章，这些理论资料后来成了自由党的基础性纲领。1845年后，由于种种原因，《委内瑞拉人》被迫停办。

瑞拉人》写作，[①] 只为《哥伦比亚人》写作。”[②]

古斯曼文笔出众，他通过报纸向公众细致地描述了大哥伦比亚的繁荣与成就，在当时引起了巨大反响。笔者选取 1861 年 9 月他撰写的一段文字：“……当时欧洲大陆无法拒绝来自哥伦比亚的商品和船只，像哥伦比亚人民所期望的那样，我们和欧洲国家建立起了平等外交关系……哥伦比亚中央政府成立了一批的国有企业，货运公司的轮船从马格达莱纳（Magdalena）直通高查（Cauca）；马拉开波河（Maracaibo）和奥利诺科河（Orinoco）上遍布哥伦比亚的船只；水产公司的渔船尽情地在马尔加里塔水域（Margarita）、里奥阿查水域（Riohacha）、巴拿马水域（Panamá）捕鱼。此外，两洋铁路计划极富远瞻性，哥伦比亚的火车从加拉加斯直通瓜伊拉（Guaira），从库库塔直通埃尔拉戈（el Lago），从波哥大直通马格达莱纳。您们想象下这些国家计划的规模是何等的庞大，它们不仅跨越了地域还超越了民族。从 1821 年到 1825 年，短短的四年时间里，哥伦比亚人民在积累了惊人的财富同时，还享受着和平与稳定。遗憾的是，共和国最后的五年，整个国家陷入了分裂和没落。”[③] 从上述文字中，我们可以感受到古斯曼对大哥伦比亚的描述极具感染力，共和国往昔繁华的景象通过文字清晰地浮现在民众眼前。迪亚斯·桑切斯对此评论道：“《哥伦比亚人》不遗余力地给公众描述哥伦比亚，共和国的每一个细节都如此的清晰可见，唯一的目的就是告诉民众哥伦比亚重建的必要性和可能性。但这仍无法打消委内瑞拉的疑虑，委内瑞拉人总是禁不住怀疑，这是不是格拉纳达人的阴谋。”[④]

然而，古斯曼重建大哥伦比的努力和思想却遭到了儿子古斯曼·布

---

① GUZMÁN Antonio Leocadio. El Colombiano. Prospecto político del periódico y primera salida. *En*: *Pensamiento Político Venezolano*.

② Ibid.

③ Ibid.

④ DÍAZ SÁNCHEZ, Ramón. Guzmán. Elipse de una ambición de poder. *Tomo II. Colección de Bolsillo. EDIME*. Caracas-Madrid. 1975, pp. 101—109.

兰科的反对。1861年2月，古斯曼·布兰科给父亲写了一封信，信中写道："您试图把生养我们的祖国从世界地图中抹去，为此您已经做出很大的努力与牺牲，我相信历史也许会铭记您的功勋。您经历过独立战争，曾经亲眼目睹哥伦比亚的样子，也曾亲耳听过'解放者'玻利瓦尔的演讲。但是，我想告诉您的是，您眼前的世界已经发生了翻天覆地的变化，您对哥伦比亚的留恋我能够理解，但是我完全不赞同重建。您把三十年前的哥伦比亚当作是祖国，而我只深爱我唯一的祖国——委内瑞拉。祖国就如同母亲，是独一无二的，我绝对不会接受除了委内瑞拉之外的祖国存在。"① 从信件的文字中我们不难看出，儿子对于父亲重建大哥伦比亚的行为和思想充满了不满与排斥。

但是，上述两派重建大哥伦比亚的构想和努力，最终都没有变为现实，原因何在呢？我们知道，重建者主要是一些政治精英，他们的构想与民众利益没有直接关系。在独立战争期间，精英们可以一呼百应，是因为民众认识到自己的利益与反殖民统治密切相关。而现在，大哥伦比亚重建与否与自己的利益关系不大，地方观念和地方利益对他们更实际。这种地方观念和地方利益，恰是包括新格拉纳达总督区在内的西班牙语美洲裂变为一系列新兴民族-国家的基础。

结　　语

大哥伦比亚共和国是玻利瓦尔主义的政治理想和实验，但由于超越当时当地的条件而最终没有实现。如果说在建立初期，政治冲突、经济状况恶化、三国地位差异和军人谋反，是导致大哥伦比亚最后解体的主

① http：//www. realins titu toelcano. org/，最后浏览时间：2016年6月1日。

要原因的话，那么，1830 年后重建努力的失败，则主要归因于三地民众及其政治精英在通向民族—国家的道路上誓不回头地迅跑。弟弟莫纳加斯反对哥哥，儿子古斯曼·布兰科反对父亲，唯一的解释是政治理念不同，弟弟和儿子代表了当时的潮流，即把建立民族国家放在首位。但与此同时，连当初分裂大哥伦比亚的主要人物如派斯等，后来试图重建大哥伦比亚，则从侧面反出了玻利瓦尔主义思想的光辉，它一直照耀着拉美各族人民走向一体化之路。

第二次世界大战后，受欧洲兴起的经济一体化思潮的影响，拉丁美洲也开始了在政治和经济领域一体化的进程。从 20 世纪 60 年代至今，拉美一体化进程经历两次高潮，第一次始于 60 年代初期，众多地区性一体化组织纷纷涌现，其中主要代表有：拉美一体化协会（前身是拉美自由贸易协会，成立于 1960 年）、中美洲共同市场（1962）、加勒比共同体和共同市场（1968 年成立，最早叫加勒比自由贸易会）、安第斯集团（也称安第斯条约组织，成立于 1969 年）、拉普拉塔河流域组织（南方共同市场的前身，成立于 1969 年）等；第二次高潮发生在 90 年代冷战结束之后，经济全球化和区域集团化大潮席卷全球，在此背景下，拉美地区对早期的一体化理论进行了修正，提出了所谓“开放的地区主义”的新理论，并重组旧有一体化组织，推行对外开放式的地区一体化，这也使得拉美一体化进程重新焕发了活力，步入了高速发展的轨道。其中的代表有：中美洲一体化体系（由原来的中美洲国家组织和中美洲共同市场重组而成，1993 年成立）、加勒比国家联盟（1994）、安第斯国家共同体（由安第斯集团重组而成，成立于 1996 年）、南方共同市场（1991 年成立，1995 年正式运行）、南美洲国家联盟（2004 年，宣告成立南美洲国家共同体。2007 年改名为南美洲国家联盟）、美洲玻利瓦尔联盟（前身为 2004 年创立的“美洲玻利瓦尔替代计划”。2009 年更名为美洲玻利瓦尔联盟）、拉美和加勒比国家共同体（2010）、太平洋联盟（2011）等。

拉美一体化进程历经半个多世纪的发展，极大地改善了拉美的经济环境，各国经济持续增长，不仅摆脱对美国的依赖，还通过相互合作在全球化的竞争中占据一席之地。但如今的拉美一体化仍面临种种困境。拉美一体化的历史进程，从来不乏超越国家实体的倡议和一体化组织出现，但其一体化程度和收获却不尽如人意。笔者认为，马拉默德所说的三点原因，第一点至为重要，它在大哥伦比亚的解体中就是根本性的因素。什么是过度的民族主义？在拉美来说，就是难以打破民族—国家边界的民族保护主义。拉美一体化与欧洲一体化几乎同步，但欧洲形成了统一的组织——欧洲联盟，并且拆除了国家边界壁垒，建立了统一货币，人员自由流动，等等；但拉美各族人民之间的共性比欧洲各族人民大得多，至少操同一语言，同信天主教，没有欧洲各国那样深刻的历史恩怨，应该更有理由走向一体化。但现实是，拉美没有统一的一体化组织，而是分为许多区域组织，并且看不到各国在消除国家壁垒上有什么进一步措施。

针对西班牙语美洲的地方主义和民族主义，玻利瓦尔曾提出“美洲人”的概念，他认为“新世界有共同的起源、共同的语言、相同的习惯和宗教”，基于此，所有美洲大陆人都应是同一个民族。玻利瓦尔的“大陆性民族主义”思想，是否能被重新挖掘出来，成为突破拉美地方主义和国家民族主义的思想武器，值得我们继续研究。

（蓝博，江苏师范大学外国语学院西班牙语系讲师）

试论西班牙英雄史诗：《熙德之歌》

赵振江　程弋洋

内容提要　史诗是不同民族在其发展过程中某一历史时期具有里程碑性质的产物，体现着该民族在这个特定时期的民族精神。《熙德之歌》(*Cantar de Mío Cid o Poema de Mío Cid*) 不仅是卡斯蒂利亚地区的民族史诗，也是欧洲中世纪最伟大的史诗之一。它是用西班牙语创作的第一部伟大的文学作品。本文首先对史诗版本的发掘进行了梳理，对西班牙史诗和法国史诗进行了比较，同时阐明了《熙德之歌》作为史诗的共性与个性。在此基础上，剖析史诗与史实的关系，指明哪些属于历史人物的原型，哪些是史诗作者的虚构。然后，通过文本细读，勾勒了史诗的情节，对《流放》《婚礼》和《橡树林的暴行》的内容分别进行了较为精细的描述，并突出分析了主要人物的性格特征和史诗作者在刻画人物时采用的艺术手段。史诗的核心内容是熙德如何以正直、诚信的品格，通过不懈的斗争，捍卫了荣誉，并赢得了财富、权力和社会的尊敬。史诗作者为我们塑造了一个完美的、令人肃然起敬的英雄形象；作者的判断与价值取向，在全诗中无处不在，却又无迹可寻，这正是他的高明之处。尤其是将熙德塑造成一位诚实、仁爱的丈夫和父亲，更是远远超越了同时代的英雄人物。最后，分析了史诗的韵律特点和艺术风格，综述了学术界对史诗的评价。

一 史诗与作者

史诗是不同民族在其发展过程中某一历史时期具有里程碑性质的产物，它体现着该民族在这个特定时期的民族精神。一般的史诗都是描写一个（或一群）有理想、有抱负的英雄人物，他（或他们）克服了一系列的艰难险阻，完善了自己的人格追求，实现了自己的人生目标，也充分体现了民族的伟大性。英雄人物还往往是神所眷顾的对象：在神的指引和帮助下，完成自己崇高、正义的事业。在史诗中，一般占主导地位的是主人公的英雄气概、指挥才能、武力至上的法则和无坚不摧的意志；这一切都比爱的角逐或情感体验更为重要，这也是史诗与其他类别诗歌的不同之处。史诗中的英雄要么被降罪，要么被放逐，总之，一般都会受到不公正待遇。他们必须通过建功立业、与命运抗争来表明自己的才干与诚信。当他们最终取得胜利的时候，总是受到人民的欢呼，并成为道德的丰碑。《熙德之歌》就是这样一部英雄史诗。

《熙德之歌》（*Cantar de Mío Cid o Poema de Mío Cid*）不仅是卡斯蒂利亚地区的民族史诗，也是欧洲中世纪最伟大的史诗之一。它是用卡斯蒂利亚语（即西班牙语）创作的第一部伟大的文学作品。学者们一般都认为，这部史诗是于1140年前后，在卡斯蒂利亚王国的首府布尔戈斯附近创作的。《熙德之歌》是历史真实与诗人想象的巧妙结合。它是以西班牙民族英雄罗德里戈斯·迪亚斯·德比瓦尔（Rodríguez Díaz de Vival，1040—1099）为原型写成的。罗德里戈斯·迪亚斯·德比瓦尔在历史上是一位杰出的政治家和军事家。“熙德”（Cid）是他的敌人（摩尔人）对他的尊称，其阿拉伯文原意是“主人”，Mío Cid 即“我的主人”。史诗使熙德成了西班牙的民族英雄。

《熙德之歌》的原稿至今尚未发现。保存文本是由一个名叫佩尔·阿巴特的人于1207年抄写的手稿。因为文本中有一些明显的抄写错误，后人认为它并非原稿。手稿抄在74页四开的厚羊皮纸上：装订完好，封面和封底齐全，但缺少第一页，中间有两处各被剪掉一页。这三页缺失的内容一般是由《卡斯蒂利亚二十位国王编年史》中的相关文字补充的。这部编年史是14世纪编纂的一部史书，其中有关阿方索六世的部分将佩尔·阿巴特誊写的史诗的大部分内容以散文的形式收录在内。西班牙皇家图书馆的托马斯·安东尼奥·桑切斯于1779年编纂《十五世纪前卡斯蒂利亚诗选》时，将《熙德之歌》列为开篇之作。这是第一部付诸印刷的欧洲中世纪史诗，比德国的《尼伯龙根之歌》早40年，比法国的《罗兰之歌》早60年。以上是以拉蒙·梅嫩德斯·皮达尔①为代表的学者们的普遍看法，也为一般文学史类书籍所接受。

应当指出的是，随着研究的不断深入，学界对于《熙德之歌》的看法已发生了很多变化。目前，以科林·史密斯②为代表的许多学者认为，那个现存唯一的手抄本上出现的姓名——佩尔·阿巴特不是一个单纯的抄写者，可能就是史诗的作者。那个手抄本上出现的日期（1207），很可能就是诗歌的创作日期。这就是说，在14世纪有一位无名氏将全诗的内容完整地抄写了一遍，抄写时保存了史诗作者的姓名和创作日期。佩尔·阿巴特在创作诗歌时，并没有依赖西班牙的史诗传统，也没有依赖关于熙德的其他文本。当时，法国史诗风行一时，在欧洲的很多地区颇受欢迎。诗人的初衷或许是要创作一部能与法国史诗比

---

① 拉蒙·梅嫩德斯·皮达尔（Ramón Menéndez Pidal，1869—1968），西班牙著名文学家，1925年和1947年曾两度任皇家学院院长，巴黎和牛津多所大学的荣誉博士，是公认的研究《熙德之歌》的专家。

② 科林·史密斯（Colin Smith），英国剑桥大学西班牙语文学教授，专攻西班牙中世纪文学研究。

美的卡斯蒂利亚史诗。于是，他从法语、拉丁语史诗中汲取养分，又从对西班牙的记忆中选择了动人的故事，然后以文学的手法创作了这部传世之作。

至于佩尔·阿巴特其人，几乎所有的学者都认为，他应该是布尔戈斯[①]人，即便不是生活在那个城市，也生活在那个地区。熙德的原型——罗德里戈·迪亚斯·德比瓦尔就是这座城市的宠儿，在诗中备受称赞，史诗中的很多场景也都在布尔戈斯。他不仅熟悉布尔戈斯这座城市，就连对它近郊的比瓦尔和卡尔德尼亚也了如指掌。鉴于佩尔·阿巴特的世俗性格和律师职业（他法律方面的专长和作为法律人的本能，在诗歌中有非常明显的体现），学者们认为他不属于神职人员，“阿巴特”是他的姓氏而非教会中的称号（阿巴特是下级教士的意思）。

《熙德之歌》具有史诗的许多共同特点，同时又具有它本身的原创性。首先，它突出的写实主义风格，诗中所提及的人物和地点都非常确切，再加上它对细节的关注，甚至会使人错误地认为这是一部押韵的编年史，尽管有很多情节是虚构出来的。其次，它缺乏一般史诗那种贯穿始终的激情，而与此紧密相关的是它非常关注主人公的家庭生活，关注他作为丈夫和父亲的温柔、体贴和仁慈。最后，诗人以英雄在自己的宫殿中安详辞世作为全诗的结尾，在一系列的征服和斗争之后，他以一种宁静、和平的方式告别了这个世界。

应当指出的是，与面向知识阶层的文人史诗（如维吉尔的《埃涅阿斯记》以及很多文艺复兴时期的作品）不同，像《荷马史诗》和中世纪欧洲各国的英雄史诗一样，《熙德之歌》也是由民间创作并在民间广为传唱的史诗。中世纪欧洲的史诗，在“人民化”和“大众化”方面，无论在形式上还是技巧上都是相对成熟的，其中不乏文人诗歌的某些特点和修饰语气，与直接来自社会底层的说唱诗歌还是有所不同的。

---

① 布尔戈斯（Burgos），西班牙同名省份的首府，属卡斯蒂利亚—莱昂行政区。

总的来说，中世纪罗曼语族和日耳曼语族的民族史诗，比起古罗马时期和16世纪文艺复兴时期的诗歌，更加平易和大众化。他们的受众，主要就是当时的骑士阶层，更晚一点，还包括在集市和朝圣路上聚集的民众。

同样应当指出的是，在研究西班牙史诗的时候，不能脱离法国史诗。法国史诗从12世纪开始广为流传，直到14世纪走向衰落，其中保存了大量的手稿，影响了欧洲的大部分地区。《罗兰之歌》是法国史诗中第一部重要作品。它创作于1100年，不仅开创并规范了这种文学门类，还使这位英雄的名字传到了全欧洲。史诗中歌颂了查理大帝的伟大人格和丰功伟业，使得他在读者心中成了一位圣者。就目前已发现的资料而言，在拉丁语国家中，除法国之外，只有卡斯蒂利亚有以本国语言创作的重要史诗。卡斯蒂利亚史诗，并不像有些人所认为的那样，只是对法国史诗苍白的模仿，但也不能说它完全没受到法国史诗的影响。拉蒙·梅嫩德斯·皮达尔认为卡斯蒂利亚史诗在某种意义上比法国史诗更具教育意义，因为在西班牙，历史事件发生的日期更接近诗歌的创作日期。据梅嫩德斯·皮达尔考证，《熙德之歌》的创作时间应该是1140年左右，而它最初的版本则可上溯到1105年，是在熙德去世后不久；而荣瑟伏决战①则发生在778年，整整过了三百多年之后，才于1100年左右出现了《罗兰之歌》。从这个角度考量，卡斯蒂利亚史诗处在一个更为纯朴可信的阶段，比法国史诗更接近历史真实。此外，从历史上看，西班牙英雄辈出的时代持续的时间也较为久远（西班牙是从公元10世纪一直到1492年，而法国则是从8世纪到9世纪）。按理说，西班牙语史诗创作的素材和激情都应该更为持久和丰富。然而，事实并非如此，如果严格按照保存下来的文本来统计，现存的西班牙史诗的数量很少，

① 指查理大帝于778年率军在越过比利牛斯山的荣瑟伏（Roncesvalles）隘口遭遇埋伏的战役。

远不如法国史诗那么多。总共不过《熙德之歌》《罗德里戈的青年时代》《拉热七公子》《荣瑟伏之歌》等四部。其中只有《熙德之歌》是一部近乎完整的手抄本作品；《罗德里戈的青年时代》写于1360年左右，现存约1160行，极不完整，内容是关于熙德青年时期所发生的故事；梅嫩德斯·皮达尔发掘出的《拉热七公子》，只有几百行；《荣瑟伏之歌》仅存100行左右，是1917年在潘普洛纳从一个文件夹封面的两页纸上发现的。这四部就是现存的毫无争议的西班牙史诗作品。

至于是否还存在着更多史诗的可能性，学者们有不同意见。拉蒙·梅嫩德斯·皮达尔一直在努力考证并搜集公元8世纪到12世纪民间史诗存在的痕迹，曾于1951年出版了《西班牙史诗遗存》一书。另一派是以贝迭尔①和他的法国弟子们为代表的，他们坚持只研究和承认现存的文本。很显然，与其他欧洲国家相比，西班牙丢失了更多中世纪文学与非文学的文本资料。一方面是由于疏忽，另一方面则是由于内战和法国入侵（1808年）等客观原因。

二　史诗与史实

史诗与史实的关系，即史诗的历史考据问题，这是一个具有普遍意义的问题，人们在分析历史剧或历史小说时，同样会遇到这个问题。事实上，这仅仅是文学研究中的一个边缘问题，不必过分认真，否则，会将史诗作为文学作品的研究复杂化。梅嫩德斯·皮达尔在他于1959年出版的著作《罗兰之歌和新传统主义》中提到：英雄史诗讲述的，当然是当时最引人注目的英雄业绩。但史诗不是单纯的关于历史事件的诗

① 贝迭尔（Bédier），20世纪初最重要的罗马语族语言文学专家。

歌，而是在历史上完成了重要文化政治使命的诗歌。虽然史诗在历史现实中有其根源，但是诗人并没有确切保存历史真实的责任和义务。他们始终享有创作自由：他们可以创造出新的事件与人物；可以将历史中并没有任何联系的事件与人物联系起来；可以引入和历史文本完全不同的主题和事件，等等。在史诗中，总是混杂着历史真实、政治真实和文学真实。毋庸置疑，史诗中一般都有比较强的历史氛围。这是因为诗人像所有的艺术家一样，想让公众觉得他们的作品真实可信。这一点在很多英雄史诗最开始都有说明，在《熙德之歌》的前面可能也有，遗憾的是其手稿的最初几行丢失了。在“真实性”这一点上，《熙德之歌》远远胜过《罗兰之歌》及其他法国史诗，是公认的典范。诗中充满了对护腿、马料等细节的描述，还详细描写了熙德的行程，甚至可以画成一幅地图，其详细程度可想而知。至于敌人的参战和死亡数目，显然是夸大了。此外，史诗中只有一次神灵的出现，而且熙德是以自然方式死亡的。这些都大大提高了史诗的真实性。但无论如何，史诗不等于史实，我们不能将史诗与史实混为一谈。史诗中的熙德与史实中的熙德并不吻合。

罗德里戈·迪亚斯·德比瓦尔（即熙德）于1040年出生在一个享有有限继承权的贵族家庭，属于当时贵族级别中最低的一等，居住在布尔戈斯北面的比瓦尔村。熙德小时候，曾被家人送进宫廷做桑丘王子的伴读。桑丘是卡斯蒂利亚-莱昂王国的王位继承人。熙德的第一次军事活动，可能就是发生在1063年5月的克劳乌斯战役。桑丘和他的卡斯蒂利亚勇士们，在摩尔人的帮助下，战胜了阿拉贡人。费尔南多一世在去世前将自己的王国分给了孩子们。1065年，桑丘继承了卡斯蒂利亚的王位。他提升罗德里戈·迪亚斯为将军。此后，熙德在1067年到1072年的一系列战斗中，始终在桑丘二世身边担当重要角色。这些战事都是针对桑丘二世的兄弟姐妹，即莱昂的阿方索、加利西亚的加西亚和萨莫拉的乌拉卡的。此外，熙德还代表卡斯蒂利亚人参加了一次反对阿拉贡贵族的司法诉讼，以决定纳瓦拉边境上几座城堡的归属。

桑丘二世在攻克萨莫拉的前夕去世了。阿方索成了卡斯蒂利亚-莱昂王国的新国王。“一朝天子一朝臣”，熙德，这个前国王的得力助手，只得回比瓦尔，继续做下层的小贵族。他在卡斯蒂利亚的不同地区有为数不多的产业。这时在宫廷中掌权的是瓦尼·戈麦斯家族，其成员卡里翁公爵曾经支持过萨莫拉的乌卡拉公主，并不遗余力地帮助过阿方索。据史书记载，他甚至在阿方索流放托莱多的九个月中，一直陪伴着这位未来的国王。但是，很明显，国王也想和熙德这样的重要人物建立同盟。阿方索六世决定通过一次政治婚姻来最大限度地为熙德恢复名誉。他将莱昂国王阿方索五世的孙女、自己的表妹吉梅娜嫁给了熙德。至今，在布尔戈斯大教堂还保存着他们当年结婚时的档案。档案显示，婚礼当天，熙德表示要把自己的一半财产送给妻子。1074 年 7 月 19 日的这场婚礼极为盛大，而宾客中的某些人，日后则成了熙德的敌人，比如佩德罗·安苏雷斯和加西亚·奥尔多涅斯。1075 年 7 月国王将比瓦尔的全部土地赠给了熙德，他在那里平静地生活了数载。

就在熙德逐渐得到阿方索信任之时，一个意外事件使形势发生了逆转。根据《罗德里戈故事》，熙德于 1079 年被派往塞维利亚收取赋税和贡品。当时塞维利亚的摩尔国王莫塔米德依附于卡斯蒂利亚王国，每年都进贡纳税。途中，熙德所率领的基督徒以及和他联盟的摩尔人遭到了由加西亚·奥尔多涅斯公爵支持的格拉纳达的摩尔人的攻击。熙德赢得了卡布拉战役，并且将公爵和他麾下的基督徒囚禁了三日。回到卡斯蒂利亚之后，加西亚·奥尔多涅斯多次向国王抱怨，并且在宫内散布熙德私吞了部分贡税的流言。熙德在 1081 年率领军队进入了和阿方索处于休战状态的摩尔人王国托莱多，毁坏了大片土地，并将俘虏带走（按照《罗德里戈的故事》的说法，俘虏有七千之众，显然是出于文学创作的夸张）。国王对此事极为不满，加上国王身边那些嫉妒成性的大臣们的诽谤中伤，导致了阿方索六世对熙德的流放。国王要他在九天内离开卡斯蒂利亚。熙德选择了自我流亡，和他同行的有仆人、下属和亲戚。

熙德首先去了巴塞罗那，在那里受到冷遇。他随即去了萨拉戈萨的摩尔人王国，在那里他受到了热情的接待。此外，他还能在军事和外交上充分发挥自己的才干。在那群雄各霸一方、良臣各投明主、敌友转瞬即变的年代，基督教骑士转而为摩尔王效劳并不是什么惊世骇俗之举。从 1082 年到 1089 年，熙德一直栖身在萨拉戈萨，担当着军事领袖的重任。他帮助那里的摩尔国王赢得了内战，还在一系列的战役中，战胜了加泰卢尼亚人和阿拉贡人，甚至还在 1082 年俘获了巴塞罗那公爵。在这八年期间，熙德努力避免与阿方索六世对立，并于 1082 年，当卡斯蒂利亚内部出现针对国王的叛乱时赶回故土，想助阿方索一臂之力，但后者并没有利用这个机会与他和解。相反，阿方索重新颁布了流放令。历史对于熙德在萨拉戈萨的生活少有记载，这或许是因为他和托莱多的战争（1085）以及其后对穆拉比特王朝①的征讨（1086），吸引了所有人的注意力。这一系列的战争都牵扯到基督徒和穆斯林的相互关系。此外，穆拉比特人的威胁，也让阿方索六世看到了熙德及其部下的价值。1087 年春，流放令取消，熙德与国王重归于好。阿方索六世将熙德的领地还给了他，并曾召他到宫廷议事。那时，他已非常富有，而且是所有基督徒将领中最能征善战的一个。

其实，宫廷中并没有熙德的位置，更何况他生来就是为了征战的。1088 年他短暂回了一趟萨拉戈萨，然后就开始了毕生追求的征服巴伦西亚的丰功伟业。当时，贪婪的穆斯林和基督徒都对摩尔人盘踞的巴伦

---

① 穆拉比特，英文是 almoravdes，阿拉伯语拉丁字母转写为 murabit，是 11 世纪由来自撒哈拉的柏柏尔人在西非所建立的王朝，在这个王朝的鼎盛时期，其势力范围包括现今的毛里塔尼亚、西撒哈拉、摩洛哥、直布罗陀、阿尔及利亚的特莱姆森，南面囊括大部分的塞内加尔及马里，北面则包括大部分的西班牙及葡萄牙。

西亚垂涎已久。加泰卢尼亚人、阿拉贡人、卡斯蒂利亚王国的军队和熙德的属下、西班牙和北非的穆斯林，无不渴望猎取这一富庶地区。根据《罗德里戈的故事》记载，阿方索六世决定，凡熙德在这个地区从摩尔人手中夺来的土地，都归他以及他的子孙所有。那些小王国都要以交纳贡赋换取他的保护。1089 年 6 月，当熙德奔赴阿雷多地区支援阿方索六世时，因为某种偶然的原因或组织上的差错，这两支队伍未能会合。熙德的政敌们借机火上浇油，国王因而对他颁布了第二次流放令。

这个偶然事件反而加强了熙德征服巴伦西亚的决心。他向巴伦西亚国王阿尔卡迪征收岁贡，并于 1090 年再次俘获了巴塞罗那大公。他还继续推行有利于土生穆斯林的政策，联合他们的力量来对抗北非的穆斯林王国。1092 年，阿方索六世在热那亚和比萨舰队的帮助下进攻巴伦西亚，熙德谨慎地避免了与国王的直接冲突。但是，他指责加西亚·奥尔多涅斯误导了国王并且毁坏了纳赫拉公爵的领地。1092 年底，熙德和北非的阿里莫拉维德人都加强了在巴伦西亚的军事部署。当向熙德纳贡的摩尔王阿尔卡迪被阿里莫拉维德人谋杀后，熙德立即拥兵八千直取巴伦西亚。当时在巴伦西亚内部，人民死于饥荒，而不同派别的首领却还在为了各自的利益而争斗。1094 年 5 月巴伦西亚签署了投降书，六月中旬基督徒们占领了全城。熙德一方面安抚当地的摩尔人，同时也带来了基督徒垦殖者，重新分配城市和乡村的土地，将大清真寺变成了基督教的大教堂，并且任命了新的大主教。他还从卡斯蒂利亚接来了自己的妻子和女儿。这块广阔的沃土，现在已经归熙德所有，并将世代相传。他在巴伦西亚建造了一座宫殿，在那里开始享受世俗生活。美中不足的是他处决了巴伦西亚摩尔人的领袖本·叶哈夫。后者不愿透露摩尔王宝藏的下落，因而在基督徒和穆斯林的联合庭审中被判绞刑。

此后，熙德始终未让北非的阿里莫拉维德大军进入巴伦西亚，并于 1098 年攻克了萨贡托城，扩大了自己的版图。他的儿子迪亚戈于 1097

年和无数基督徒一起在康苏格拉战役中为国王战死。让熙德感到满意的是，两个女儿分别和纳瓦拉和加泰卢尼亚的王室成员结婚。1099 年英雄离世。他告别这个世界的时候，应该对自己的一生感到满意。他的家庭和下属的财富都得到了迅速的增长。熙德去世后，1102 年阿里莫拉维德大军再次包围巴伦西亚。熙德的妻子吉梅娜向国王阿方索六世求救。当阿方索赶来时，看到大势已去，便下令所有人撤退，然后将全城付之一炬。熙德的家人和下属被带到了卡尔德赫纳。巴伦西亚在熙德去世后再次落入摩尔人手中，直到 1236 年，阿拉贡人和加泰卢尼亚人才又联手光复了这座名城。

从上面的陈述中，不难看出史诗与史实的差别。诗人不仅对历史事件进行了剪接和夸张，而且还融入了自己的想象与虚构。比如熙德两个女儿的第一次婚姻，就完全是作者杜撰出来的。作为文学创作，这非但无可厚非，而且必不可少。

三　情节与人物

《熙德之歌》分三章，共 152 节，3730 行。三章的标题分别为“流放”“婚礼”和“橡树林的暴行”。

第一章“流放”：卡斯蒂利亚国王阿方索六世下诏，命熙德赴安达卢西亚摩尔人占领区收缴岁贡。加西亚·奥多涅斯伯爵从中作梗。双方交战，后者在卡布拉城堡被熙德生擒并揪掉一缕胡须。伯爵从此怀恨在心。熙德满载而归，受到国王恩宠。妒忌成性的大臣们诬陷熙德克扣贡品。专横的阿方索六世听信谗言，限熙德于九日内离开卡斯蒂利亚，否则处死。熙德的亲属和部下三百余人愿随他一同流放。离开布尔戈斯之后，熙德去卡尔德纳修道院，与在那里避难的妻子堂娜吉梅娜和两个女儿（艾尔维拉与索尔）告别。离开卡斯蒂利亚之后，熙德及其随行人员的生活十分艰苦。首先是在卡斯特翁和阿尔戈塞与摩尔人交战。熙德连克二城。然后深入穆斯林管辖地区，一边进发，一边收缴贡赋，并派遣其侄将贡物献给国王。熙德继续挥师挺进，转战于莫莱纳的崇山峻岭之间。在一次交战中，他俘获了巴塞罗那伯爵贝林格尔。关押三天后，熙德将他释放。二人遂成莫逆之交。

第二章“婚礼”：熙德挥兵东下。先后攻占了地中海沿岸卡斯特翁和穆维德罗之间的大片土地，并乘胜包围了海滨名城巴伦西亚。经过一年半的围城，摩尔人弹尽粮绝，不得不缴械投降。塞维利亚的摩尔人企图夺回巴伦西亚，但被熙德打败。名剑“戈洛达”落入英雄之手。此后，熙德又派密纳亚向阿方索六世进献了百匹战马，后者高兴地召见了使者，并允许熙德妻女去巴伦西亚省亲。摩尔人欲卷土重来。摩洛哥国王尤素福也企图染指巴伦西亚，从海上发兵五万，又被熙德打得落花流水。获胜后，熙德又遣使者，向阿方索六世进献战马二百匹。熙德得到了国王的宽恕，声誉也得到极大的提高。卡里翁的两个公子（迭戈和费尔南多）对熙德的财产羡慕不已，便乞求国王替他们向英雄的两个女儿求婚。熙德虽然对二公子的傲慢无礼心存厌恶，但出于对国王的尊重，还是答应了亲事。于是，他们便和熙德一起返回巴伦西亚，在那里举行了隆重的婚礼。

第三章“橡树林的暴行”：卡里翁两公子与熙德的女儿成亲后，表现出了贪生怕死的丑恶嘴脸：宫中的老虎出笼时，被吓得魂不附体；与摩洛哥军队交战时，他们临阵脱逃。但熙德对此并不了解，因而还盲目地为他们感到骄傲。但两公子心里明白，他们已成为众人嘲弄的对象。于是，他们私下决定尽快逃离巴伦西亚，并谋划在途中以凌辱妻子作为对众人的报复。他们以回家省亲并继承财产为名，向熙德提出偕妻子回卡里翁省亲的要求。熙德不知内中缘由，便同意了，并赠予他们大量的财物和两把宝剑。省亲队伍进入卡斯蒂利亚的科尔佩斯橡树林时，两个卑鄙小人命随行人员先行一步，然后将妻子的衣服剥光，将她们打得死去活来，丢在荒山野岭。幸亏随行的费莱兹（熙德之侄）偷偷返回，才使两个堂妹幸免于难。熙德闻知凶信，立刻派人救回女儿，并遣使者请求国王严惩忘恩负义之徒。国王决定在托莱多召开审判会议，命卡里翁两公子必须出席。在宫廷会议上，熙德控诉了两公子的不法与无耻行为，向他们索回所赠宝剑和陪嫁。双方经过激烈的辩论，最后进行决斗。此时，纳瓦拉和阿拉贡两国的王子派来特使，向熙德的女儿求婚。阿方索六世欣然同意了这门婚事，并下令决斗在卡里翁的平原上进行。卡里翁两兄弟三战皆败，从此名誉扫地。熙德女儿的第二次婚礼更加隆重。从此，英雄的家族荣幸地成了国王的亲戚。熙德带着他的财富、权力和荣誉心安理得地与世长辞。

史诗的情节是通过人物表现出来的。《熙德之歌》的作者为我们塑造了一系列性格鲜明、栩栩如生的人物形象，堪称现实主义艺术的典范。

首先，我们自然会想到史诗的主人公熙德，作者在他身上倾注了自己的全部心血与激情。这是一位神圣的英雄，头上有受难者的光环，心中有爱国者的情怀，嘴角挂着胜利者的微笑。尤其是他那任何人都不曾触动过的长须，为他平添了多少“美髯公”、男子汉的英武之气。作为一位军事首领，作者着重表现的是他的英勇无畏、运筹帷幄、镇定自若和坚忍不拔；对部下和朋友慷慨大度、信守诺言，因而赢得大家的尊敬和爱戴；尤为难能可贵的是他对待妻子和女儿的仁爱、温柔、体贴，更显出侠骨柔肠的大英雄本色。

史诗作者是通过不同的层面和细节，向我们展示主人公的形象与性格的。诗人用了相当多的诗句让熙德说话，话中既有深刻的含义，也不乏睿智的幽默。如第一章结尾时，熙德与巴塞罗那伯爵分别时的对话："伯爵，您即将启程，自由自在，不会有阻拦，/我对您十分敬重，您留下了大批财产。/倘若有一天，您想报仇雪恨，/请您来找我，事先发个信函。/不是你来送礼，就是我得还钱。"又如，当巴伦西亚的妇女们看到城外成千上万阿里莫拉维德人的帐篷感到恐惧时，熙德安慰她们说：这些摩尔人为你们时值婚龄的女儿们带来了嫁妆，尽管要凭借上帝的帮助才能够获得。

熙德形象中的精明和敏锐，最突出的表现是他对待卡里翁两公子的态度，而他们之间的关系又是全诗的核心之一。从一开始，熙德对这场婚姻就心存疑虑，这不仅因为他们的个性令人生厌，还因为两家的社会地位相差悬殊。私下里，他委派佩德罗·贝尔姆德斯和穆尼奥·古斯蒂奥斯去侦察两位公子，还派费雷兹·穆尼奥斯随大队去卡里翁。然而他一旦接受了这桩婚事，便尽可能地维护家族的荣誉和女儿的幸福。他下令禁止人们嘲弄两位胆小如鼠的女婿，就是最好的证明。

熙德之所以成为顶天立地的民族英雄，主要因为他有着崇高的爱国主义精神。但应当指出的是，在熙德生活的时代，"爱国"往往与"忠君"联系在一起。因此，熙德遭流放时，才会将个人恩怨置于脑后。这种高贵的品德不仅使英雄的形象更加高大，同时也反映了时代的需要和人民的心声。在英雄的身上，"忠君"与"爱民"是同一性格呈现的两个方面。他与人交往时，总是和蔼可亲、彬彬有礼，常常设身处地为他人着想。这个美德所具有的社会意义高于它的军事意义。在处理法律、家庭和国家的关系时，他更多地不是面向过去，而是面向未来，这或许就是史诗作者将熙德作为典范向我们展现的最突出的品质。熙德对待国王的态度、他对科尔佩斯之辱的反应和在宫廷中的表现，都是这一崇高品德的最好佐证。此外，还有他的纯朴自然和平易近人以及他对同僚、国王和家人的充分信任。在对待军事问题和卡里翁两公子的问题上，他一向谨言慎行，从不冒险。在率军远赴托莱多参加御前会议时，他虽然充分信任国王的权威和能力，但依然命令部下各自藏好兵器（第三章3076—3081行）。

作者在刻画人物时，细致入微，考虑到了各种细节，但却只有在刻画熙德时才精心绘制，浓墨重彩地给读者带来视觉上的冲击，从而使我们不仅通过叙述者（如788—790行）、国王（如2058—2060行）、卡里翁两公子，甚至还通过雄狮的眼睛看到了熙德高大、庄严的英雄形象。

卡斯蒂利亚国王堂阿方索六世在史诗中也是个关键人物，尽管与熙德相比，他总是居于“从属”地位，但对他的描写却贯穿全诗。史诗就是从他对熙德的流放开始的。国王虽未出场，但通过“限九天离境”“沿途任何人不准为其提供食宿”（熙德已被流放，沿途禁止收容。/如有胆大妄为，惩罚决不留情。/重者灵魂出窍，轻者财产充公，充公财产之外，还要挖掉眼睛。[①]）等苛刻的命令可以看出这位封建君主的专权。然而精诚所至，金石为开，即便是这样一位君主，也会被熙德的耿耿忠心与赫赫战功所动。在塔霍河畔，君臣终于会晤，冰释前嫌，重修于好。最后，国王决定陪同熙德去卡里翁与狼狈为奸的两公子决斗，可见国王以自己的行动为熙德恢复了名誉并弥补了给其造成的损失。作者将国王对待英雄态度的转变作为全诗的发展脉络，成功地刻画了一位专权而不专横的国王形象。

卡里翁两公子的出现以及他们与熙德的复杂关系颇富戏剧性与文学性。他们总是同时出现，不是交头接耳地窃窃私语，就是一个像传声筒一样转述另一个的意见，两个人拥有单一的人格。作为熙德的对手，他们似乎过于弱小、卑微，但他们高贵的血统和显赫的家族却赋予他们力量。这便使双方的对比得到了平衡。卡里翁两公子原属显赫的贝尼-戈

① 引自段继承译《熙德之歌》，中国文联出版公司1995年版。

麦斯家族，颇受王室的恩宠。攻克巴伦西亚以后，熙德第二次遣特史密纳亚晋见国王并献上厚礼。当两公子听说熙德的财产不计其数时，便暴露了他们唯利是图的本性，策划向熙德的两个女儿求婚以达到攫取其财产的目的。就连他们密谋抛弃妻子的时候，也还在谋划如何保住熙德赠送给他们的财物。当宫廷做出最终的裁决时，最让他们痛苦的仍然是财产的损失。通过这一层层的剥落，使两公子的丑恶嘴脸赤裸裸地暴露无遗。然而要指出的是，如此贪婪的两公子对于交出熙德送给他们的两把著名的宝剑却无动于衷，这又表现出他们的愚蠢透顶，因为他们竟然没有意识到这两把象征着熙德的信仰与公正的宝剑，不仅价值连城，而且会让他们受到应有的惩罚。熙德的宝剑就像他的战马和铠甲一样，是他权力的延伸和人格的象征。在描述两位公子在布卡尔战役中的表现时，作者充分显示了自己塑造人物的才能与特点。熙德的侦察员穆尼奥·古斯蒂奥斯听到了他们临阵脱逃的谋划，其中提及如果他们在战斗中死去，就再也看不到卡里翁，而且熙德的女儿们也会沦为寡妇。当穆尼奥将这个细节告知熙德时，熙德好心地免去了两位胆小鬼的作战任务。然而他们最终却参加了战斗，其中的原因不为人知，这是因为手抄本中缺失了数页。两公子的卑鄙与怯懦在战斗中暴露无遗。但由于他人的庇护和遮掩，熙德还以为自己的女婿勇敢战斗并为他们感到高兴。但是，当战斗再次打响的时候，佩德罗·贝尔穆德斯不再充当他们的保护者。战斗获得了胜利，熙德手刃了敌首布卡尔。英雄对自己的两个女婿依然非常热情，并且认真严肃地将这场胜利部分地归功于他们。当熙德在女儿面前赞扬女婿时，这两位公子不知是过于愚蠢还是过于骄傲，居然没有致谢。但是当向他们致意的号角吹响时，却骚乱之声四起。如果说两位胆小鬼以第一人称夸耀自己的勇敢，人们尚可容忍，但是当他们进一步声称自己杀死了摩尔人国王布卡尔、将熙德的功绩归于自己时，那些原来保持沉默的人们就忍无可忍了，他们开始大声嘲笑兄弟二人的懦弱与无耻。也正是这些嘲笑，使得卡里翁两公子开始谋划对妻子的凌辱，以泄自己胸中的愤恨。

还有一些次要的英雄人物，同样刻画得栩栩如生，具有鲜明的个性。

阿尔瓦·法涅斯·密纳亚，熙德的得力助手和军师，精通兵法、智勇双全、能言善辩。熙德在军事上的胜利与他是分不开的。他三次以特使的身份晋见国王，往返于巴伦西亚与卡斯蒂利亚之间，每次都不辱使命。他既是天才的军事家，又是杰出的外交家。

马丁·安托里内斯是一位足智多谋、侠肝义胆的骑士。在布尔戈斯城，他置国王的三令五申于不顾，冒着生命危险为熙德的人马提供粮草；为帮助熙德解决财政困难，他亲自和狡猾的犹太商人周旋，用两箱重砂换得六百马克金币；在攻打阿尔戈塞城堡的战役中，他刺伤了摩尔首领加尔维；在托莱多御前会议上，他代表熙德以雄辩的口才令堂迭戈公子理屈词穷；在与卡里翁公子的决斗中又大获全胜。他威风凛凛，相貌堂堂，颇具游侠骑士风范，是史诗中独具个性的英雄人物。

熙德的两个侄子佩德罗·贝尔穆德斯和费雷兹·穆尼奥斯也给人留下了深刻的印象。前者寡言少语，略有口吃，但在宫廷辩论中，却将费尔南多公子批驳得哑口无言；他单人独骑，高擎军旗冲入敌阵，为战役的胜利立下汗马功劳。后者年纪虽小，却勇敢无畏，且能随机应变。他及时识破了卡里翁两公子凌辱熙德女儿的阴谋诡计，救两个堂妹逃出虎口，并作了妥善安排，堪称少年英雄。

在《熙德之歌》中还有两个人物不能不提。一个是在军中享有特殊威望的教士堂赫罗尼莫，另一位是敌人营垒中的摩尔人阿文加蓬。前者诚实、忠厚，有正义感。他与熙德，肝胆相照，生死与共。虽身为教士，在反击摩尔王尤素福的战斗中，却身先士卒，左冲右突，一连砍死七个敌人。后者虽为摩尔人，但他敬佩熙德，为其效劳，不惜代价。为了护送熙德的女儿，险遭卡里翁公子的暗算。他讲信义，重友情。为了熙德的女儿，他没有对卡里翁兄弟进行报复，不与恶人计较。他是正直、善良的摩尔人的代表。

在刻画人物个性的时候，作者最得力的手段就是用人物自己的语言，让人物从自己的语言中获得生命。当吉梅娜谈到熙德的远征以及她为此而祈祷时，这个人物形象便达到了最高点。熙德本身的话语在我们的头脑中留下的印象，远比作者对他的描述清晰、深刻得多。当诗人使用描述性语言时，他总是力求简约、精确。至于对人物外形的描写，在诗人看来，似乎必要性不大。唯有熙德不在此例，因为他是全诗的核心，对他的外形不仅需要描述，而且要用浓墨重彩。

《熙德之歌》所表现的人物，在历史上多有原型。但是否真实，我们无法确定，也没有必要确定。历史上的卡里翁两公子可能并不像诗中所写的那么龌龊。但文学不是历史，史诗不等于史实。

四　内容与主题

《熙德之歌》的情节线索非常简单：熙德被不公平地流放，被迫离开故土与家人，与为数不多的追随者去摩尔人的领地。一开始，他只是挣扎求生，慢慢地，凭借个人的才能和下属的崇拜，熙德积聚了足以攻克巴伦西亚的军事力量。一段时间之后，他获得了国王的谅解。他的财富引起了卡里翁两公子的贪欲。在国王的支持下，他们和熙德的两个女儿成婚。这两位莱昂籍的公子，在勇敢的卡斯蒂利亚人中有一种天生的自卑感，更何况又受到人们的怀疑与嘲笑。他们决定以凌辱妻子的方式，报复熙德和他的近卫军，将她们抛弃在了科尔佩斯像树林。这样的举动导致了自动离异。熙德在国王面前指控卡里翁两公子，不仅获得了财产上的补偿，更以合法的方式重建了自己的荣誉，以光明磊落的方式为女儿报了仇，并为她们找到了新的归宿。最终，熙德带着财富、权力和荣誉安然离世。

正如许多评论家所说，维护与捍卫荣誉是《熙德之歌》的基本主题。这里所说的不仅是熙德个人的荣誉，也包括了他的下属们的荣誉，因而具有广泛的社会意义。熙德被流放以后，他忍辱负重，委曲求全，杀敌立功，三次派人向国王献礼，其根本目的就是为了恢复并争取更大的荣誉。在史诗中，荣誉首先体现在社会地位上。因而当女儿们与卡里翁两公子结婚时，熙德曾说“你们的婚嫁将使我们的荣誉得到提升”（2198 行）。同样，当他得知科尔佩斯像树林中的暴行时，为了捍卫自己的荣誉，他发誓要复仇，而且要为女儿寻觅更好的婚姻（2830 行到 2834 行）。熙德的下属对此也非常关注，因为这次事件也影响到了他们的感情和荣誉。值得一提的是，当熙德得知凶信时，他没有惊呼也没有落泪。经过深思熟虑之后，他从这不幸的事件中看到了赢得荣誉与捍卫正义的希望，相信通过这个机会，自己一定能战胜宫廷中的宿敌，并为女儿求得更好的归宿。当熙德寻求赔偿的时候，在经济的、社会的和领地的诸因素中，他将荣誉放在了重要位置。此外，还应指出的是，与黄金世纪的戏剧相比，荣誉这个主题在《熙德之歌》中更富于人性化和现实主义风格。

与荣誉和社会地位密不可分的是权力。熙德在权力方面的升降起伏贯穿全诗。当然，毋庸置疑，他获取权力的关键因素在于个人的努力，就像他自己说的：“我凭借自己的勤奋赢得一切。”（1935 行）不过，此前他也曾说过：“这一切都要感谢我主基督。”（1933 行）这是时代使然，因为在欧洲中世纪，人们认为一切活动都是在上帝的安排，这一点在史诗开始时早已通过吉梅娜的信仰显现出来，她直接将熙德与天使的出现联系在一起。在全诗中，国王既不是一个盲目命运的象征，也不是熙德必须克服的前进道路上的障碍。中世纪的国王，作为上帝派往人间的使者，处在封建权力的巅峰，享有至高无上的地位。他流放熙德，可能是一时草率的决定或是听信了身边亲信的谗言。尽管如此，熙德和其他的臣民必须尊重他，当然，在那个时代，人们也不希望看到熙德成为与国王作对的逆子贰臣，尽管梅嫩德斯·皮达尔认为熙德有这样的权利。另一方面，就像皮达尔所指出的，熙德有着极强的自我约束精神，相对于法国诗歌中很多叛逆臣民而言，他有着一种更为负责任的态度。流放在当时是非常严厉的惩罚。流放就是被排除在社会即上帝统领的世界之外。不仅要远离家人，还要远离故土。封地在当时的政治版图中占有极为重要的地位，因此通过法律形式的驱逐还附带着极大的精神压力。这样，就很容易理解熙德对国王心甘情愿的臣服和重获王恩之后的喜悦（2019—2024 行）了。失去国王的恩宠或者被国王流放，是一种法律意义上的死亡。拉丁语中的“荣誉”一词在古西班牙语中意味着“庄园、封地和财产”，这样的含义在古法语和古英语中同样存在。

与权力密切相关的是斗争，即所谓“争权夺利”。熙德在宫廷中有不少政敌，特别是加西亚·奥尔多涅斯伯爵，从一开始就处处与他为敌。此外，还有安苏雷斯一家。宫廷斗争的焦点是财富和荣誉，而并非人与人之间的关爱。比如，在所有人包括国王的眼中，熙德的女儿都只是这场权力斗争中的棋子。熙德虽然深爱着她们，但同时也要求她们绝对服从，将她们在权力的棋盘上随意移动，就像任何一个中世纪的男人对自己的女人们所做的那样。在她们的第一次婚姻中，熙德考虑更多的是自己的财富和荣誉，而不是她们在科尔佩斯橡树林中所受到的肉体和心灵上的创伤。至于两个女儿的第二次婚姻，众人衡量的也都是熙德的社会地位与威望，而并非她们的婚姻是否真的美满。这在中世纪的欧洲，似乎“天经地义”。同时，我们也注意到，史诗中斗争的主题是在雄心勃勃的小贵族熙德与那些出身名门的大贵族之间展开的。诗人想告诉我们：熙德虽然出身寒微，但德才兼备、智勇双全，而他的对手们虽然出身显赫，但已是日薄西山、强弩之末。他们贪婪、愚昧、卑鄙、无耻，结果只能是一败涂地。还应指出的是，在作者生活的年代，西班牙尚未形成统一的国家。不仅南方的广大地区被摩尔人占领，其余地区也是群雄割据，各霸一方。史诗的作者生活在卡斯蒂利亚王国的布尔戈斯地区，他的血管里流淌着熙德的血液。因此，他歌颂熙德，也就是歌颂自己的祖先。当时熙德的形象代表了一个正在走向繁荣的卡斯蒂利亚王国。后来，随着时间的推移，卡斯蒂利亚王国统一了西班牙，熙德才通过这首伟大的史诗，成了名副其实的西班牙的民族英雄。有一点需要指出的是，史诗作者虽然对来自莱昂的两位公子进行了无情的讽刺，对加泰卢尼亚进行了幽默的调侃，将犹太人作为仇恨和嘲笑的对象，但却尊敬穆斯林。他视他们为强大的敌人，即便是以胜利者的姿态，对他们却依然态度温和。他在他们中间能找到可信赖乃至值得尊敬的朋友——阿文加蓬（1464 行）。后者敬佩熙德，对其忠心耿耿，并且给卡里翁两公子上了一堂道德课（2675 行到 2685 行）。史诗没有夸大基督徒和穆斯林之间的仇恨，也没有试图挑起宗教偏见。

第三个主题是怎样才能成为一位卓越的武士。这个主题贯穿全诗，尽管在诗中并不明显。诗人在描述军事战略时似乎失于简单，但却对战争过程、战争细节和战争精神进行了浓墨重彩的描绘。诗人深知在熙德一生中最重要的事业是武功，因此他多方搜集资料，以表现战争并激发军旅生活的激情。如同在处理“荣誉”主题时一样，诗人对这一主题的直接表述不多，但蕴含在字里行间的内容却很丰富。

或许，还有第四个主题，那就是诚信。熙德拥有权力、荣誉、财富乃至赫赫战功，是因为无论从宗教、社会和道德的意义上说，他都是一个真诚、正直的人。因为真诚、正直而获得了部下的拥戴，而正是这些人为他攻城略地做出了决定性的贡献。熙德的忠诚和慷慨使他重新获得了国王的赏识。熙德相信法律的力量。无论遇到怎样的挫折和侮辱，他都努力通过合法的途径来解决。他的诚信甚至影响到了摩尔人，但对犹太人却不起作用，后者是基督教封建社会中最受排斥的一个群体。与其他史诗不同的是，《熙德之歌》还通过女性人物使主人公更加完美。这些人物没有主动性，也很少有自己的个人意志，但是她们通过自己的言行，对各种情况做出了本能的反应。由于有这些人物的存在，诗人成功地展现了熙德作为丈夫和父亲的一面，从而用慈爱、温柔和家庭生活使英雄的形象更加丰满。

将这些主题交织在一起，史诗的作者为我们塑造了一个完美的、令人肃然起敬的熙德。至于作者个人的判断与价值取向，在全诗中无处不在，却又无迹可寻。熙德因为自己的崇高品德而建立了丰功伟业。作为丈夫和父亲，他诚实、仁爱，这一点已经远远超越了同时代的普通英雄人物。毫无疑问，诗人希望自己的民族效法熙德。

五　韵律与风格

现存的《熙德之歌》共3730行诗。众所周知，现存的手稿缺失了第一页和中间的两页。我们就此猜测，完整的手稿应该是近4000行(以一页50行左右来计算)。我们不知道其他西班牙史诗的长度，唯一可以做直接比较的是出现在14世纪中叶的《首部西班牙通史》中的散文版《熙德之歌》。但它并非《熙德之歌》的翻版，而是有大幅度的扩充。当时的法国史诗长短不一。创作时间越晚的越长。即使是同一首诗的不同版本，晚期的也有比早期的更长的倾向。流传最广的《罗兰之歌》第一个版本（牛津版），共4002行。佩尔·阿巴特肯定读过这部作品，但我们不清楚他读的是哪一版。

在手抄本中，《熙德之歌》是连贯的，不同段落之间并没有停顿和间隔。由于全诗第一页的缺失，我们无从知道诗人是如何给作品命名或是怎样介绍这部作品的。根据《熙德之歌》的2276行和1085行，出版商们显然将全诗分为三部分是有一定道理的，因为每一部分都构成一个适合向公众吟唱的整体。比如，第一章结束时正好是一个完整的内容；第二章结束的那几行则表达了一个虔诚的愿望，以此来激发观众的好奇心。这样的结构划分在其他西班牙诗歌中似乎不存在，作者模仿的或许是法国史诗《奥赫尔骑士之歌》（*La Chevalerie d' Ogier*）的三分法。但是，这首法国诗歌似乎更有划分的必要，因为它有一万两千三百四十六行。

全诗结构的基础就是“小节”（estrofa）。每一个小节都以半谐音（asonante）或全谐音（consonante）的韵脚[①]来区分。小节的长短无一定之规：在皮达尔核定的版本中，最短者只有三行，最长的则有190行。一般说来，当一件事情叙述结束时，当人物开始说话时，当一个新的场景开始时，当对话者改变主题时，便是一个小节的开始，这可能是从法国史诗的体系中学来的。

半谐音的韵律是非常古老的。在天主教颂歌、中世纪的拉丁文诗句、伊比利亚最初的抒情诗以及西班牙的史诗和谣曲中，都存在着半谐音的韵脚。上述诗歌形式都是西班牙诗歌发展的源头。作者在史诗中采用半谐音来押韵是合乎情理的。在《熙德之歌》从第一向第三部分发展的进程中，小节的平均长度呈递增的趋势：第一部分的小节最短而韵脚变化最多，到了第三部分，小节的平均长度最长而韵脚变化最少。这表

① 押韵时，如果元音和辅音全都一致，是全谐音（Rima consonante）；如果只有元音相同，而辅音不同，便是半谐音（Rima asonante）。

明，到了第三部分，作者已专注于情节的发展，而放松了对韵律的推敲。

史诗手抄本中有不符合韵律规则的地方。这不足为奇，同时代的西班牙乃至法国诗歌，甚至包括全谐音韵律的教士诗，都有大量的“破格”现象。此外，诗歌韵律的不规则或者不完美往往使其别具风味。叙述中出现的细小失误，或许是作者出于某种原因，未能仔细加工润色造成的。当然，这不过是一种假设而已。但无论如何，在这样一部艺术性极高的史诗中，出现少量的韵律不统一不足为奇。

《熙德之歌》中诗句的长度也是一个问题。抄写者有时明显地将两行抄成了一行。有时还会将诗句抄成了散文，因为这样能够节约当时价格昂贵的羊皮纸。在《卡门勇士》《东方三王》《灵魂与躯体之争》和《罗德里戈的青年时代》等作品的手抄本中也存在着类似现象。这就需要后来的抄写者以诗歌的形式来重建作品。因此，出现一些断句上的失误是可以理解的，何况又是句式多变的长篇史诗呢。另外，失误也可能是在听写的过程中产生的：当一个人高声朗读时，抄写者埋头疾书而放松了对句式的关注。

出于对新古典主义的偏见，从前的评论家们认为诗句应该是规则的，到 19 世纪还有许多人力图按照西班牙式的亚历山大体（7 +7 音节）或谣曲体（8 +8 音节）来重建史诗。史诗中也的确有相当比例的诗句是符合这个规律的。但诗句的长短并不要求绝对的一致。西班牙残存的其他史诗，在音节的多少上也不是完全一致的。梅嫩德斯·皮达尔就认可史诗的不规律性，并因而放弃了修订《熙德之歌》手稿的努力。

史诗的作者或许根本就没有计算过诗句的音节。于 1220 年前后创作的《亚历山大之书》的第二节，是西班牙教士诗歌的源头之一，其诗句的音节是经过严格计算的，不但是全谐音，而且是亚历山大体单一韵。西班牙史诗则不同，它不同于文艺复兴时期的诗歌，倒与中世纪流行的拉丁语诗句以及日耳曼语诗句相似，是在重音的基础上建立起来的。奥布伦（Aubrun）曾于1947年提出以一个相对自由的节奏体系来重建《熙德之歌》的设想。经过长期的争论之后，当梅嫩德斯·皮达尔听到在朗诵《熙德之歌》时，每半行诗的最后一个重读音节都有音乐伴奏，他的欣喜若狂是不言而喻的。

按照科林·史密斯的看法，作为西班牙第一部史诗的“作者”，佩尔·阿巴特应该创造出了一套韵律方面的体系。比如，他熟习法国史诗，可能会接受法语诗句的尺度（如十音节诗：4+6或6+4音节；或亚历山大体：6+6音节）。后来《亚历山大之书》的作者或者贝尔塞奥①又创立了西班牙式的亚历山大体（7+7音节）。然而佩尔·阿巴特创造出的规律更符合西班牙语口语的特点。此外，西班牙的亚历山大体使用的是亚历山大单一韵。为了获得确切的音节数，它允许诸如元音的连读与切分等破格现象。应当指出，影响《熙德之歌》作者的不仅有法国史诗，还有拉丁语诗句和民间谣曲。同样应当指出的是，《熙德之歌》所开创的韵律体系又为后来的诗人们继承并发扬光大。人们可以在编年史中保存下来的残章和重建过的诗句中欣赏到他们的作品。他们都在寻求诗歌韵律的规则。但还处在以重音为主的阶段，尚未准确地计算音节。从史诗中脱胎而出的谣曲，随着时间的变迁越来越规范化，最终达到了8+8音节的模式。在西班牙语诗歌韵律的发展过程中，《熙德之歌》的作者做出了不可磨灭的贡献。

不同的职业因素、语言因素和传统因素，极大地丰富了诗人的创作风格。如前所述，由于缺乏民族史诗传统，史诗的作者（或许就是抄写者佩尔·阿巴特）不得不到别的传统中（拉丁传统和法国传统）汲取

① 贡萨罗·德·贝尔塞奥（Gonzalo de Berceo，约1196—1252），西班牙第一位有名有姓的用卡斯蒂利亚语写作的诗人。他是一个世俗教士，曾在圣米良修道院做院长的书记员。亚历山大体全谐韵四行诗（la cuaderna vía）的出现，使他的诗作清新、纯真、朴实无华、雅俗共赏。他的作品从形式上说，是当时的“先锋派”，而内容却均与宗教有关，因此他与圣米良修道院能长期保持良好的关系。不做书记员时，便进行诗歌创作。其中比较突出的有《圣多明戈传》《圣奥里亚传》《圣米良传》和《圣母神迹》等。

养分，打造自己的韵律体系。在此基础上，他提炼出自己的文学语言，并天才地融入了民族和地方特色。至于经院派的修辞，是中世纪拉丁文教育的组成部分。诗人理所当然地会将它运用在自己的创作实践中，既无炫耀之意更无剽窃之嫌。诗人只是模拟了他所了解的法语或拉丁语文本中的修辞方式，而绝非卖弄学问。此外，在 12 世纪和 13 世纪不同语言（拉丁语、法语、西班牙语等）的法律文本中，存在着一系列“共同的修辞”，这些共同的修辞在数世纪前已在不同的基础上建立起来，并为法学家、公证员和作家们广泛应用。

《熙德之歌》语言的突出特点是简洁明了。诗歌语言的精致、情节的严密以及作者将客观描述与直接引语榫接得严丝合缝，这些都是作品的魅力所在。如第 39 小节中，那一系列的短句，将熙德的部下追击摩尔人的情景描述得活灵活现。

好一个安托里内斯，向加维尔砍去，
摩尔人头盔上的红宝石，散落了一地。
这一剑劈开了头盔，剑锋直捅到头皮。
要是再来一下，他可经受不起。
加尔维和法里斯，二首领一败涂地。
对基督的信仰者，这一天美好无比！
摩尔人已经溃败，四散逃离！
我们熙德的人马，一鼓作气。
法里斯逃回特雷尔，城门紧闭。
加尔维也想进去，可人家置之不理，
只得逃向卡拉塔玉，哪里顾得上喘气。
熙德穷追不舍，步步紧逼。
直到兵临城下，才不得不停止追击。

史诗的作者可能并没参加过战斗，因为他更偏重于战争策略的描写。但是，和那个时代所有的文人一样，他对战争同样满怀激情，将战斗场面描述得简洁、生动。在战争策略、参战士兵和死亡人数上，诗歌中的描述与历史真实相去甚远。但是，要知道这不仅能使英雄形象更加高大，而且在当时也有利于鼓舞民众踊跃参军，从而使“光复战争”①尽早取得胜利。

值得一提的是，《熙德之歌》中有许多人性化的细节描写，是反英雄主义的，作者对历史真实进行了诗意化的重建：诸如长途跋涉之后的晚餐（1531 行）以及摩尔人与基督徒不尽相同的礼节（1519 行）等。诗人对细节有意识的选择表现出了伟大的艺术天赋。比如，在对卡尔德尼亚修道院的描写中，我们可以看到桑丘院长的兴奋（243 行）、众人的热情（244 行）、堂娜吉梅娜扑向台阶对丈夫的诉求（327 行）。又如，在第 87 小节（1610—1621 行）中，诗人通过吉梅娜及两个女儿的眼睛来观察巴伦西亚（攻克这座伟大城市是熙德最大的荣耀），因而给我们留下了更为深刻的印象。这座宏伟壮观的城市，一边是波涛汹涌的地中海，另一边是生机盎然的大果园。它如今成了战利品，成了熙德的财产，成了英雄献给家人的礼物。如前所述，诗人或许借鉴了法语诗歌中对巴黎景色的描写，但这并不重要，重要的是诗人敏锐的观察唤起了读者们心中的激情。

对科尔佩斯橡树林事件的构思更是叙事艺术的典范。情节的设定，人物的安排，景色的描绘，悲剧的起伏跌宕，丝丝入扣，使人觉得合情合理，毫无斧凿痕迹。比如，熙德因心存疑虑而派侄子费雷兹随大队出发。对读者而言，后者只是跟着省亲队伍去看看两个堂妹在卡里翁的领地，回来好向叔父汇报。殊不知这却是作者布下的眼线，正是他发现了

① 西班牙收复被摩尔人占领的领土的战争，史称“光复战争”，直至 1492 年，天主教双王攻克格拉纳达，历时 800 年。

两公子的险恶用心，并搭救两位堂妹逃离虎口。又如，作者对科尔佩斯的描写，树木高大，直插云霄，阴森恐怖，一派欧洲中世纪地狱入口的景象。诸如此类，都表明史诗作者具有高超的艺术天赋和创造力。

史诗属于叙事文学。诗人的叙事技巧极为娴熟。应当指出的是，相对于现代戏剧而言，史诗也是一种戏剧。《熙德之歌》中的戏剧因素非常丰富，具有强烈的情感张力。中世纪史诗的表演或朗诵者，在某种程度上和现代的演员相似。西班牙皇家学院院长、诗人达马索·阿隆索①早有论述。他在1944年发表的一篇著名的散文中说：诗歌朗诵在一定程度上近似表演。诗人在叙事方面最重要的创造，就是对直接引语的使用。在《熙德之歌》中，直接引用句所占的比例非常高。在史诗的开头，短短几行描述之后，熙德便开始与上帝和阿尔瓦·法涅斯对话，尤其是小姑娘和被流放者们的交谈（41—48行）更是作者的“点睛之笔”：只有天真的幼童才敢与被流放者坦言。诸如熙德的战斗动员和在宫中的演说，无不给人留下了深刻的印象。英雄的忧伤、愤怒、谨慎、轻蔑乃至幽默，都通过他的直抒胸襟而跃然纸上。此外，在直接引用中，我们还可以看到马丁·安托里内斯灵活的外交手腕、债主们贪婪而又小心翼翼的回答、吉梅娜夫人惊恐的祈祷、贝伦盖尔的自我吹嘘、国王的盛气凌人、两公子的居心叵测、阿文加蓬的义愤填膺以及佩德罗·贝尔姆德斯德能言善辩。可以看到熙德说话时的尊严，向犹太人打招呼时不失幽默的亲切，对巴塞罗那伯爵的冷漠，对胜利适度的骄傲，评价战争策略时的理性，获悉女儿受辱之后的痛苦。所有这一切，都体现了作者对语言的敏锐感觉和运用自如的驾驭能力。

---

① 达马索·阿隆索（Dámaso Alonso，1898—1990），西班牙“27年一代”诗人，于1968—1982年任西班牙皇家学院院长。1978年获塞万提斯文学奖。在西班牙古典诗歌（尤其是“黄金世纪”）与当代诗歌的研究方面，做出了不懈努力与杰出贡献。诗作有《纯粹的诗，城市的小诗》（1921）、《风与诗句》（1924）、《暗淡的消息》《愤怒之子》（1944）、《人与上帝》（1955）、《视觉的愉悦》（1981）、《对超人的怀疑与爱情》（1985）等。

同样应当指出的是，既然《熙德之歌》是西班牙语文学的开山之作，创作于西班牙语尚未成熟之时，因而像所有实验性的作品一样，具有不可避免的缺陷。诸如诗句的参差不齐，情节的前后矛盾，韵律缺少变化，语言不够丰富，战斗场面的描写过于简单等。然而就整部史诗而言，瑕不掩瑜，这是显而易见的。

六　地位与影响

一部优秀的文学作品，一定会不断超越时空的界限，具有永恒的生命力，并对后来的文学产生深远的影响，《熙德之歌》就是这样的作品。随着时间的推移，熙德的故事出现在大量不同语言的各种文本中。

首先，值得一提是，熙德的故事多次出现在“智者”阿方索十世①的写作集体所编写的史书中。阿方索十世麾下的史学家们似乎先是收到了佩尔·阿巴特抄写的《熙德之歌》，然后便将其改编为散文，并于1300年左右用来撰写《二十位国王编年史》。1272年，史学家们看到了《熙德故事》，他们在撰写《西班牙历史》和《西班牙首部通史》时也将其作为材料来源，同样还借鉴了本·阿尔卡玛的《罗德里戈故事》及其他资料。皮达尔编纂出版的《西班牙首部通史》共有1134个章节，熙德一个人独占了89个章节，这还不包括和桑丘二世以及萨莫拉相关的内容（熙德在其中也占有重要地位）。14世纪末，熙德在史书中已经获得了突出的荣耀：从《卡斯蒂利亚编年史》中剥离出了《熙德编年

① 阿方索十世（1221—1284）是卡斯蒂利亚王国国王，1252—1284年在位。他提倡文化科学，求贤若渴，不分国籍、种族或宗教信仰，只要对文化有贡献者一律欢迎。他是当时欧洲最有学问的国王之一，故被称为“智者”。以他的名字命名的勋章授予在世界范围内对西班牙语语言和文化传播有突出贡献的学者。

史》。由此可见史诗在卡斯蒂利亚语文学创作中的重要影响。值得注意的是，史学家们在将它散文化的过程中保留了很多诗歌的特征，并精确地适应了其使用直接引语的本能和固有的戏剧化因素。

1300 年左右，一位无名氏创作了一首关于熙德的新诗，由阿尔米斯特[①]命名为《罗德里戈青年时代的丰功伟绩》。这部作品也为某些史书所记载，但是失去了它的诗歌形式。诗歌于 1360 年前后的十年间在巴伦西亚主教辖区创作，其创作目的带着极强的宣传性。我们现在看到的是 15 世纪流传下来的一个并不完整的手抄本，一般称作《罗德里戈的青年时代》。就艺术成就而言，该书与《熙德之歌》不可同日而语。但从这部作品开始，青年熙德成了一位传奇式的英雄：他在一次挑战中杀死了吉梅娜的父亲，其后又与吉梅娜成婚；他去圣地亚哥朝圣，[②] 途中遇到化身为麻风病患者的圣拉萨罗；[③] 他在费尔南多国王对法兰西远征中充当旗手，诸如此类，不一而足。这部作品，虽然文学价值不高，却为以后大量关于熙德的文学创作开辟了道路。

14 世纪末，史诗日渐衰落，熙德的故事又进入了谣曲的内容。谣曲的形式（半谐音、八音节）应该是从晚期史诗发展而来的，但选用《熙德之歌》场景的谣曲并不多见。一方面，可能是史诗内容过于陈旧，另一方面，或许是诗中的英雄过于严肃、正义，与谣曲活泼诙谐的风格不符。但是，史诗因素仍然在谣曲中表现为感人而又富有戏剧性的插曲片断。其中《沿瓜达基维河而上》和《国王武装了三个王室》向我们描述了熙德从巴伦西亚到托莱多途中的故事。其他一些谣曲几乎都

---

① 阿尔米斯特（Samuel Gordon Armistead），毕业于普林斯顿大学西语语言文学系，后执教于普林斯顿、宾夕法尼亚、普渡和加州大学，是一位杰出的美国西班牙文学研究员。

② 西班牙加利西亚地区的圣地亚哥·德·孔波斯特拉的大教堂，相传是圣徒雅各的葬身之地。因此，该城和耶路撒冷、罗马一起，被称为三大朝圣之地。每年都有成千上万的信徒到那里去朝拜，他们所走的这条路线被称作“圣地亚哥之路”。

③ 在《圣经·新约》中，拉萨路是耶稣的朋友和学生。他曾是满身生疮的乞丐，耶稣是在他死后第四天复活。

源自《罗德里戈的青年时代》，如《布尔戈斯有个好国王》《迭戈·拉伊内斯纵马驰骋》和《罗马赴会》等。这一状况一直持续到黄金世纪。[①] 在这个阶段，谣曲通过口头流传，为社会各阶层所广泛接受。1498 年在塞维利亚出版了《熙德·鲁伊·迪亚斯编年史》，1512 年出版了更为完整和著名的《著名骑士鲁伊·迪亚斯勇士编年史》，这些都是对《熙德编年史》的补充与重构。后者由卡尔德尼亚修道院院长胡安·德·贝洛拉多印刷，并于 1552 年和 1593 年再版。16 世纪末，历史主题的新谣曲还偶有佳作，如《献给吉梅娜和罗德里戈》，而 1605 年在里斯本由胡安·德·埃斯科瓦尔出版的《熙德谣曲集》，到 1757 年已经出了 27 版。

当谣曲衰落的时候，熙德故事又为 16 世纪末开始流行的戏剧所采纳。一个明显的例证就是 1603 年印刷的由无名氏创作的《攻克瓦伦西亚后，熙德的功绩和死亡》。这些关于英雄的剧作是在谣曲的基础上，参考史书创作出来的。特别要提到的是，由纪廉·德·卡斯特罗[②]于 1612—1615 年之间在瓦伦西亚创作的《青年熙德》。该作品于 1618 年付印，色彩丰富，情感充沛，简洁而富有演出效果，延续了洛佩·德·维加[③]开创的戏剧风格。虽然有时情节发展过于缓慢，但仍不乏精彩的场景。纪廉·德·卡斯特罗的剧作，就像其他的一些西班牙喜剧一样，

---

① 在西班牙文学史上，“黄金世纪”一词始见于 18 世纪中叶，这是针对意大利和法国编年史上类似的说法而提出的：前者把利奥十世时期称为“黄金时代”，后者则把路易十四时期称作“黄金世纪”或“伟大的世纪”。至于它的时间概念是逐渐才明确起来的。目前，人们一般把 1500 年（卡洛斯五世诞生）至 1681 年（卡尔德隆逝世）这段时间称作西班牙文学的“黄金世纪”。

② 纪廉·德·卡斯特罗（Guillén de Castro，1569—1631），西班牙剧作家。

③ 洛佩·菲利克斯·德·维加·卡尔皮奥（Lope Félix de Vega Carpio，1562—1635），西班牙与塞万提斯齐名的作家，世界文坛上著名的戏剧大师之一。据说他的剧作有 1800 部之多，流传下来的完整的剧本也多达 462 种，人称“天才中的凤凰”，被塞万提斯誉为“造化之精灵”。

足以引起法国剧作家高乃依[1]的兴趣。后者的剧作《熙德》在1636年轰动了整个巴黎，并在评论界引起了著名的论战。高乃依渴望在他的作品中尽可能地表现历史真实和民族特性，他在序言中引用了两首关于熙德的谣曲以及历史学家马里亚纳的评论。这一事件非同小可，它不仅体现了高乃依作品的艺术质量，还标志着熙德的故事出现在了欧洲其他国家的舞台上。

在西班牙黄金世纪中，迭戈·希梅内斯·德·阿庸[2]的《熙德著名英雄事迹》于1568年在安贝雷斯付印，这是一首文艺复兴风格的沉重的叙事诗。此外，有关熙德的故事还多次出现在史书中。这些史书的作者大多是神父或教士。例如，在教士、史学家胡安·德·马里亚纳[3]的《西班牙通史》中，也能看到对熙德的描述。在他的笔下，熙德的爱国主义倾向胜过了理性规范。其他史书还有：普鲁登西奥·桑多瓦尔（Prudencio Sandoval）修士的《圣贝尼托修道院创建史第一部分》（马德里，1601年），其中特别提到了卡尔德尼亚修道院；教士安东尼奥·德·叶佩斯（Antonio de Yepes）的《伟大的堂费尔南多国王》（1615年，潘普洛纳）和《圣贝尼托骑士团通史》（1609—1621，伊拉切），其中也不乏对现代学者有用的资料。可见当时《熙德之歌》已广为人所知。

虽然创作于19世纪和20世纪初的关于熙德的戏剧和诗歌，从整体

---

① 彼埃尔·高乃依（1606—1684）是法国古典主义第一期的重要作家之一。高乃依一共写过三十多个剧本，大部分是悲剧，也有喜剧、悲喜剧、英雄喜剧、芭蕾剧等。《熙德》（1636）是高乃依最优秀的作品，是法国第一部古典主义悲剧。情节不是取自古希腊、罗马，也不是直接取自中古英雄史诗《熙德》，而是取自西班牙维加派作家卡斯特罗的剧本《熙德的青年时代》。

② 迭戈·希梅内斯·德·阿庸（Diego Jiménez de Ayllón，生卒年不详），戎马一生，著有三十二章的长篇叙事诗《熙德著名英雄事迹》（*Famosos y heroicos hechos del Cid*）和《杰出男子汉的十四行诗》（*Sonetos a ilustres varones*）。

③ 胡安·德·马里亚纳（Juan de Mariana，1536—1624），神父、历史学家，皇家史官，著有《西班牙通史》（*Historia general de España*，1592）。

上说，乏善可陈，但这段时间出现了大量中世纪史诗的译本，特别是英译本和德译本。同时，还有关于熙德主题的绘画和雕塑。另一部我们不得不谈到的作品，就是电影《熙德》。它使成千上万的人，无论是在欧洲还是美洲，当然，还有其他地区的观众，认识了熙德。这部电影由美国公司投资，在西班牙取景拍摄。查尔顿·赫斯顿出演熙德，而吉梅娜则由意大利女影星索菲亚·罗兰饰演。

《熙德之歌》是唯一留存下来的较为完整的卡斯蒂利亚语的英雄史诗，是西班牙文学史上的第一座丰碑，是西班牙现实主义文学的典范。18世纪印刷术问世之后，曾在欧洲文坛引起强烈反响。对西班牙文学颇有研究的英国诗人罗伯特·骚塞（1774—1843）在其《西班牙民族英雄熙德逸事》（1808）一书中写道："《熙德之歌》是用西班牙语写成的一部最好的诗歌。……可以理直气壮地讲，它超过了自荷马《伊利亚特》之后创作的所有诗歌。"同年，在其翻译的《熙德编年史》前言中又说："毫无疑问，这是用西班牙语写成的最早的诗歌，在我看来，它是无与伦比的……令人遗憾的是诗人的名字已经失传，他是西班牙的荷马！"后来，在1813年的《评论季刊》上发表的一篇未署名的文章也做出了同样的肯定："在西班牙、意大利和德国都出现了最初的非常伟大的诗篇。西班牙人还没有发现，作为一部史诗，《熙德之歌》的韵律多么富有价值；如果人们不从错误的品味中解脱出来，就看不到这一点，也永远创造不出能登上艺术殿堂的重要作品。可以肯定地说……自《伊利亚特》以来的所有诗作中，这部诗作最能体现荷马精神。"

哈佛大学著名学者蒂克纳（1791—1871）在其所著的三卷本《西班牙文学史》（1849）中写道："可以肯定地说，从希腊罗马文明衰落到《神曲》出现之前，哪一个国家也不曾出现一部在形式上比《熙德之歌》更古老、更自然、更富于民族色彩的史诗。"

在18世纪的德国，人们对《熙德之歌》也给予了高度评价，而且比其他国家更注重分析研究。赫尔德（Hrder）翻译的谣曲集唤起了大家对伊比利亚半岛“天然诗歌”的浓厚兴趣。施莱格尔①于1811年将《熙德之歌》与古典叙事诗进行了比较，赞扬了它的活力和民族价值。他可能是第一个提出《熙德之歌》富于人性与幽默感的评论家，但是他在一定程度上混淆了史诗、谣曲和编年史的界限。费尔蒂南·伍尔夫②于1831年第一次对该诗进行了全面、深刻的评论，他的大部分看法得到了人们的认可。他将《熙德之歌》放在当时欧洲的背景下，确定了熙德的英雄品质，并坚持认为这是一部“押韵的编年史”。同时，他还看到了其中法国的影响，赞扬了诗人的风格及其刻画人物的能力。

总之，19世纪上半期对这部史诗的评论，无论是在西班牙，还是在西班牙以外，都呈现出一种模糊状态。法国人西斯蒙蒂（Sismondi）认为《熙德之歌》的韵律系统以及宗教思想是从阿拉伯人那里继承的，而杜朗（Durán，1828—1832）则把它和教士诗联系起来，并认为这是一部高雅之作，其韵律来自拉丁语或普洛旺斯诗歌。同时他还认为，谣曲不仅代表真正的民间歌谣，而且来源于史诗。大家比较一致的认识在于叙事诗和谣曲的人民性，在于它们的历史内容、口头传播以及其中蕴含的爱国精神。这些观点尤其得到了梅内德斯·皮达尔开创的“新传统主义”者们的弘扬。

在西班牙语美洲，第一位对《熙德之歌》进行深入研究的专家是委内瑞拉—智利人安德雷斯·贝略（Andrés Bello，1781—1865），他的著作至今仍有价值。他是拉丁美洲的一代宗师。他从1810年起在伦敦研究法国史诗，对法国史诗以及《熙德之歌》的研究做出了重要贡献。他于1881年出版了关于《熙德之歌》的专著。他认为《熙德之歌》的

① 施莱格尔（Schlegel），18世纪末19世纪初德国著名的哲学家、文学批评家和语言学家。

② 费尔蒂南·伍尔夫（Ferdinand Wolf），西班牙文学家和浪漫主义作家。

“某些段落具有荷马式的崇高”。此外，他还研究了法国史诗对西班牙的影响，建立了诗歌和编年史之间的关系，并从编年史中挖掘出可供《熙德之歌》参照的大量资料。他的注解是基于对历史和法律知识的深刻认识（他著有《民法》和《国际法准则》），当然也不乏其个人的兴趣。贝略没有对《熙德之歌》和《罗兰之歌》做直接的比较，因为后者直到1837年才出版。1858年达玛斯·希纳德[①]对二者进行了比较。他对同年印刷的法文版《熙德之歌》的注释极其丰富。希纳德平衡研究了《罗兰之歌》和《熙德之歌》，他认为前者更有诗性，形式更优雅，但后者在人性、现实性和语言的丰富性上更胜一筹。

在此，我们无法也没有必要对所有关于《熙德之歌》的论述进行全面的介绍，但是有两位著名文学评论家却不能不提。这就是梅内德斯·皮拉约（Menéndez Pelayo，Marcelino，1856—1912）和梅嫩德斯·皮达尔（Mennéndez Pidal，Ramón，1869—1968）。前者虽然没有对这部史诗的研究增加新的观点，但是在他的《卡斯蒂利亚抒情诗人选集》中却包括了关于这部史诗的很有价值的美学观点。他强调了《熙德之歌》的自然与人性、爱国精神和英雄气概。他认为《熙德之歌》是一部西班牙语最伟大的文学典范。后者在某种程度上将自己的大部分研究都倾注在了《熙德之歌》上。作为哲学家、历史学家和文学史家，他更关心史诗的考古和历史价值，更关心史诗所弘扬的爱国精神。他对于史诗的起源、年代、语言、文本恢复等方面的观点，在西班牙几乎得到了一致的赞同，大部分文学史家至今还把他看作公认的权威。

总之，正如德国著名学者、诗人施莱格尔所说：“与其他许多民族相比，西班牙以拥有伟大历史意义的史诗《熙德之歌》而有其特殊的优越感，因为这种诗歌形式的文艺作品，可以迅速有效地把全民族的精神、品德传播出去。对于一个民族来说，像《熙德之歌》这样的珍品，

① 达玛斯·希纳德（Damas Hinard），法国西班牙语文学专家。

比一整座图书馆更有价值，如果馆藏的只是那些才子们缺乏民族内容的文学作品。”

在我国，目前有赵金平、段继程和屠孟超三位先生各自单独翻译的《熙德之歌》中文译本。熙德的青铜塑像已于2011年屹立在青海湖畔的诗歌广场上。

（赵振江，北京大学西语系教授，博士生导师；江苏师范大学伊比利亚美洲研究中心特约研究员。程弋洋，复旦大学西语系主任，教授）

参考文献：

1. Montaner Frutos, Alberto (ed. lit.), Cantar de Mio Cid, Barcelona, Crítica, 2000 (1a ed. 1993). ISBN 978 - 84 - 8432 - 121 - 7. Corregida y aumentada en 2007 (Barcelona, Galaxia Gutenberg) y en 2011 (Barcelona, Galaxia Gutenberg; Real Academia Española). ISBN 978 - 84 - 8109 - 908 - 9.

2. La Corónica, 33. 2, primavera de 2005.

3. Deyermond, Alan, El《Cantar de Mío Cid》y la épica medieval española, Barcelona, Sirmio, 1987. ISBN 84 - 7769 - 004 - 9.

4. Deyermond, Alan, Historia de la literatura española. I: La Edad Media, Barcelona, Ariel, 1994. ISBN 84 - 344 - 8305 - X.

5. Diccionario de literatura española e hispanoamericana, (dir. Ricardo Gullón), Madrid, Alianza, 1993. ISBN 84 - 206 - 5292 - X.

6. García Calvo, Agustín, Tratado de rítmica y prosodia y de métrica y versificación, Torrejón de Ardoz, Lucina, 2006, págs. 1617 - 1623.

7. Lacarra, María Eugenia, El *Poema del Mio Cid*. Realidad histórica e ideología, Madrid, Porrúa Turanzas, 1980.

8. Menéndez Pidal, Ramón, En torno al *Poema del Cid*, Barcelona, Edhasa, 1963.

9. Marcos Marín, Francisco, Cantar de Mio Cid, Madrid, Biblioteca Nueva, 1997.

10. Montaner Frutos, Alberto, El Cid en Aragón, Zaragoza, CAI - Edelvives, 1998. ISBN 84 - 88305 - 75 - 3.

11. de Pantorba, Bernardino (1961). Historia y fábula del Cid. Compañía Bibliografñica Española.

12. Segovia, Tomás, *Reflexiones sobre el verso*, en Recobrar el sentido, Madrid, Trotta, 2005.

13. Sánchez de Uribe, Tomás Antonio (ed. lit.), *Poema del Cid*, en Colección de poesías castellanas anteriores al siglo XV, Madrid, Antonio de Sancha, 1779, t. I.

14. Smith, Colin, La creación del "*Poema del Mio Cid*", Barcelona, Crítica, 1985.

INDICE

1. Un Análisis de la Creación y el Desarrollo de la Comunidad de las Naciones Latinoamericanas y Caribeñas y de la Convocación de Foro Chino-latinoamericano **Xu Shicheng** (**3**)

Breve presentación de autor: miembro de la Comisión Académica de la Academia China de las Ciencias Sociales, ex-vicedirector del Instituto de Estudios de América Latina, investigador asociado del Centro de Estudios de Iberoamérica de la Universidad Normal de Jiangsu.

Resumen: December 2011, CELAC is the establishment of the integration process in Latin America and the Caribbean is an important milestone, it is a major event in the modern history of the area. The First Ministerial Meeting of the China-CELAC Forum held in Beijing in January 2015, it is the integration of Latin America's new platform, a new start and new opportunities.

2. Sobre unos Problemas Concernientes de Estudios de América latina **Jiang Shixue** (**20**)

Breve presentación de autor: investigador de la Academia China de las Ciencias Sociales, ex-vicedirector del Instituto de Estudios de América Latina, vicepresidente de la Asociación de Estudios de América Latina, investigador asociado del Centro de Estudios de Iberoamérica de la Universidad Normal de Jiangsu.

Resumen: On the whole, Latin America's economic reforms can be seen as successful; the major devastating social problems is the rising crime rates; there are both positive and negative "legacies" left over from the Chavez era; and both China and Latin America must make join efforts to further upgrade their bilateral relations.

Breve presentación de autor: Profesor Titular Ordinario de Historia de las Relaciones Internacionales Contemporáneas en la Universidad Nacional de Rosario e Investigador Independiente del CONICET. Profesor consulto del Máster Internacional en Economía y Negocios de China e India, IEAU, España. Autor de los libros: "*Argentina y el Este Asiático*"; "*China en Expansión*"; e "*Historia de las Relaciones Internacionales entre Argentina y China 1945—2010*". Compilador del libro "*Argentina y sus relaciones con los países del Este Asiático*". Doctor en Ciencia Política por la Universidad Católica de Córdoba, Argentina. Máster en Derecho, Universidad de Beijing, China. Licenciado en Ciencia Política y Licenciado en Relaciones Internacionales (UNR). Traductor público de idioma chino (intérprete de los presidentes argentinos de 1996 a 2010). Investigador asociado del Centro de Estudios de Iberoamérica de la Universidad Normal de Jiangsu.

Resumen: Este capítulo examina el estado de las relaciones chino-latinoamericanas desde la perspectiva del accionar diplomático chino en la región. En primer lugar analiza la renovación de su discurso político, a partir de la reconversión de las "asociaciones estratégicas" en "asociaciones estratégicas integrales" y la aceptación de esta categoría por las diplomacias latinoamericanas. Luego evalúa quienes fueron los ganadores y perdedores en la relación comercial, describe la tendencia en materia de inversiones y las caracteriza en tres modalidades. Además, pasa revista a las relaciones político-diplomáticas analizando las visitas de Estado del presidente Xi Jinping a Brasil, Argentina, Venezuela y Cuba en 2014; la relación con los miembros de la Alianza del Pacífico; y la continuidad de la "tregua diplomática" con Taiwán. En el plano multilateral, se observa que China continúa vinculada con diversas organizaciones regionales, poniendo énfasis en la Comunidad de Estados Latinoamericanos y del Caribe (CELAC). Por último, se presta atención al rol que Estados Unidos ejerce en esta relación y la necesidad de que los países latinoamericanos creen el diálogo diplomático América Latina-Estados Unidos sobre China.

4. Recursos Naturales, Valor Agregado y Complementariedad Económica entre China-América Latina: hacia una Futura Sociedad para el Desarrollo **[Arg.] Sergio M. Cesarin (66)**

Breve presentación de autor: Coordinador del Centro de Estudios sobre Asia del Pacífico e India de la Universidad Nacional de Tres de Febrero (UNTREf), Buenos Aires, Argentina. M. A, Peking University. Investigador del Consejo Nacional de Investigaciones Científicas y Tecnológicas (CONICET). Coordinador Académico y Profesor de la Especialización en Economía y Negocios con Asia del Pacífico e India de la Universidad Nacional de Tres de Febrero (UNTREf), Buenos Aires,

Argentina. Coordinador del Centro de Estudios sobre Asia del Pacífico e India (CEAPI), Universidad Nacional de Tres de febrero (UNTREf), Buenos Aires, Argentina. Investigador asociado del Centro de Estudios de Iberoamérica de la Universidad Normal de Jiangsu.

Resumen: A comienzos de la segunda década del siglo XXI, China y América Latina y el Caribe (ALC) evidencian la profundización de vínculos sobre la base de la convergencia de intereses político-diplomáticos, similares agendas públicas sobre crecimiento económico y desarrollo, superación de la pobreza y gobernanza global. Para ALC, el "factor China" es-y será-sin dudas clave para entender el despegue económico latinoamericano y su inserción en la economía mundial. Estas tendencias han quedado aún más en evidencia durante el año 2014, cuando sendas visitas de presidentes latinoamericanos a China y la segunda gira regional del Presidente Xi Jinping, abrieron opciones para el rediseño de la futura agenda de vinculación, mediante aumentos en los flujos de comercio, compromiso inversor chino en sectores de mayor agregación de valor y financiamiento de proyectos de infraestructura crítica regional. De esta forma hacia el futuro, el patrón de complementariedad que impone el intercambio de materias primas regionales por bienes de alto valor agregado de origen chino y el predominio de inversiones del gigante asiático en sectores extractivos, puede ser moderado transformando a China en un "socio para el desarrollo" de América Latina y el Caribe.

5. Los Tratados de Libre Comercio de China en América Latina: Desarrollo yPerspectivas 【Chil.】Fernando Reyes Matta (86)

Breve presentación de autor: Director del Centro de Estudios Latinoamericanos sobre China (CELC) de la Universidad Andrés Bello desde

2011. Especialista en periodismo y comunicación internacional. Diplomático, fue embajador de su país en Beijing en 2006—2010. Investigador asociado del Centro de Estudios de Iberoamérica de la Universidad Normal de Jiangsu desde 2015.

Resumen: El artículo ofrece un análisis sobre el desarrollo y las perspectivas contenidas en los Tratados de Libre Comercio (TLC) suscritos por China con tres países latinoamericanos: Chile (a partir de 2006); Perú (2010) y Costa Rica (2011). En este sentido, es notoria la asimetría desde el punto de vista de la balanza comercial, destacando el predominio de materias primas (recursos naturales y minería) en los casos de Chile y Perú, sin que esto signifique un aumento de las inversiones a consecuencia del incrementoen el intercambio comercial. Del mismo modo, la evolución del TLC en el marco de las relaciones entre China y estos tres países latinoamericanos implicará la concreción de una estrategia de mayor dimensión, no estrictamente limitada al acceso preferencial al mercado chino o a la diversificación de los envíos sino a una mayor interacción empresarial y de nuevas formas de producción.

6. China, América Latina y la balanza de poder global

Breve presentación de autor: Diplomático y académico venezolano. Se ha desempeñado como Embajador en Washington, Londres, Madrid, Brasilia, Santiago de Chile, Dublín y Singapur. Ha ocupado la dirección de varias instituciones académicas en el área de las relaciones internacionales. Ha sido Fulbright Scholar, Rockefeller Foundation Bellagio Center Resident Scholar, Profesor Visitante de las universidades de Princeton y Brasilia, Asesor de la

Academia Diplomática de Londres y Profesor Electo a la Cátedra Simón Bolívar de la Universidad de Cambridge. Es autor o coautor de veintinueve libros sobre relaciones internacionales y de numerosos artículos académicos. Investigador asociado del Centro de Estudios de Iberoamérica de la Universidad Normal de Jiangsu.

Resumen: China ha venido promoviendo activamente un orden económico internacional cónsono con sus intereses. Paso a paso, pero con impresionante consistencia de propósito, dicho país está dando forma a una globalización paralela susceptible de debilitar fuertemente al orden económico dominado por Occidente. De manera simultánea a lo anterior comienza a vislumbrarse el surgimiento de un ordenamiento geopolítico de proyección global, a contracorriente de los Estados Unidos. La confluencia China-Rusia resulta la fuerza motriz de este proceso y, al igual que en el caso anterior, la razón de fondo se vincula a la arrogancia occidental en relación a las sensibilidades y aspiraciones de estos dos países. Esta dualidad político-económica es susceptible de generar una importante fuerza de arrastre en el mundo en desarrollo, dada la gran influencia ejercida por China sobre una parte significativa de éste. En este contexto, la postura que pudiese llegar a asumir los países de América Latina y el Caribe, región históricamente considerada por Estados Unidos como su "patio trasero", resultaría particularmente significativa.

7. La Integración Latinoamericana y su Relación con China: Escenarios, Límites, Riesgos, y Oportunidades frente al Orden Mundial

【Ecuad.】 Milton Reyes Herrera (135)

Breve presentación de autor: Instituto de Altos Estudios Nacionales del Ecuador (IAEN)/Pontificia Universidad Católica del Ecuador (PUCE) /

Universidade Federal de Rio de Janeiro (UFRJ). Docente Investigador del IAEN, Profesor en la PUCE, cursando programa doctoral de Economía Política Internacional de la UFRJ. Ha sido coordinador del Programa de Estudios del Asia Pacífico y China, y Decano (e.) de la Escuela de Seguridad y Estudios Estratégicos del IAEN. Actualmente es miembro del Consejo Editorial de la Revista Línea Sur de la Cancillería Ecuatoriana y del Consejo Académico del Simposio Internacional de la Red Iberoamericana de Sinología. Investigador asociado del Centro de Estudios de Iberoamérica de la Universidad Normal de Jiangsu.

Resumen: Este trabajo realizará un acercamiento a los diferentes tipos de integración en debate, e incluso en competencia, dentro de América Latina, desde un método histórico estructural, y desde una perspectiva de Economía Política Internacional de carácter crítico. Así, se analizará de manera general las matrices de integración presentes (o tipos de regionalismo de ser el caso), así como los esfuerzos en marcha; tomando como eje de análisis la relación de intermediación entre los Estados nacionales e instituciones regionales, y las posibles articulaciones y desencuentros que se pudieran generar en sus relaciones internacionales. Finalmente se estudiarán los límites y riesgos dentro de la construcción de la integración, y cuáles podrían ser los escenarios más eficientes para potenciar las relaciones y oportunidades con China, y frente al orden mundial.

8. Las Empresas Chinas en América Latina

[Arg.] Gustavo Alejandro Girado (159)

Breve presentación de autor: Universidad Nacional de La Matanza (UNLaM). Profesor Titular y Coordinador del Observatorio Asia

Pacífico. Universidad de Buenos Aires (UBA), Facultad de Ciencias Sociales. Profesor. Lic. Gustavo A. Girado, economista y Mg. en RR. II., Coordinador del Observatorio Asia Pacífico de la Universidad Nacional de La Matanza, República Argentina. Magister en Relaciones Internacionales (FLACSO) y Lic. en Economía (UBA). Profesor-investigador en la UNLaM y en la UBA; Coordinador del Observatorio Asia Pacífico de la UNLaM y director del Proyecto sobre las relaciones sino-argentinas. Fue consultor en los Ministerios de Economía, de RR. EE. y de Agricultura, en el Proyecto Okita II (acuerdo argentino-japonés) y Coordinador del Banco Interamericano de Desarrollo (BID). Con estudios de especialización realizados en Asia, es autor de un libro, de capítulos de libros y de numerosos artículos en medios gráficos. Obtuvo premios nacionales y uno regional (ONU/CEPAL). Investigador asociado del Centro de Estudios de Iberoamérica de la Universidad Normal de Jiangsu.

Resumen: La Inversión Extrajera Directa (IED) de la República Popular China se despliega sobre el mundo a partir de la profundización de su estrategia "Go Global", acentuada con la gestión de su creciente reserva de divisas y esquemas de financiamiento, que impulsó el gobierno chino, encabezada por sus empresas estatales, con especial interés para hacerse de recursos materiales e insumos que le garanticen abastecimiento a largo plazo y de calidad. China no es el mayor inversor en Latinoamérica pero sí el que vuelca recursos más aceleradamente, proceso que incluso financia. Las empresas chinas se asientan en Latinoamérica para trabajar en la extración de recursos naturales, con énfasis en petróleo y minería, aunque es incipiente su presencia en actividades manufactureras y servicios, destacándose los sectores automotriz y bancario, respectivamente. El desembarco en Latinoamérica no fue ni es sencillo, pues han encontrado dificultades que van de cuestiones culturales y de gestión, hasta de tratamiento e interpretación de las leyes laborales vigentes, el tratamiento político de su relación con los gobiernos locales y nacionales, y conflictos sociales y medioambientales de diversa magnitud.

Breve presentación de autor: Profesor de historia contemporánea de China en el Centro de Estudios de Oriente y áfrica, Colegio de México. Realiza principalmente estudios de historia moderna de China y el sistema político de China. En 2014, autor, en la capacidad de renombrados estudiosos y representantes de la academia nacional mexicana, fue invitado para el primer diálogo entre el Partido Comunista de China y el mundo organizado por el Centro de China Contemporánea. Así, él tuvo la oportunidad de reunirse con muchos jefes de estado, incluyendo Vice Presidente Li Yuanchao, Vicepresidente del Comité Nacional de la CCPPC y el Ministro del Departamento Internacional de la CPC Wang Jiarui. Investigador asociado del Centro de Estudios de Iberoamérica de la Universidad Normal de Jiangsu.

Resumen: La diplomacia cultural basada en el concepto de 'poder blando' tiende a ser la nueva dirección de la diplomacia pública de China hacia América Latina. El gobierno chino se adhiere a los principios de 'ascenso pacífico' y trata de forjar una nueva imagen nacional a través de la lengua y la cultura en los Institutos Confucio. Los chinos de ultramar se convierten en una fuerza importante en la promoción del desarrollo de los Institutos Confucio y de la diplomacia cultural china hacia América Latina. En la reciente Conferencia de las Naciones Unidas sobre los derechos humanos, China da la vuelta a la situación desfavorable por el papel dominante que Europa y Estados Unidos mantenían en el pasado. Esto se debe a la exitosa diplomacia cultural de China. Sin embargo, aún tiene un largo camino que recorrer para establecer y fortalecer su imagen internacional. El gobierno chino implementa políticas tales como invitar a representantes políticos y académicos alrededor del mundo para visitar China, financiar las instituciones académicas extranjeras y a investigadores, publicar libros de expertos y apoyar la investigación entre otros. Estas políticas han sido muy provechosas en situaciones cuando las universidades de los países latinoamericanos han carecido de fondos y el individualismo prevalece en el círculo académico.

10. La Sinología en Iberoamérica: una Revisión hacia la Construcción de una Visión Conjunta

【Mex.】Raquel Isamara León de la Rosa（210）

Breve presentación de autor: Benemérita Universidad Autónoma de Puebla（BUAP, México）. Profesor de la Licenciatura en Relaciones Internacionales de la BUAP（México）. Licenciada en Relaciones Internacionales y Máster en Cultura, Sociedad y Economía China; y estudiante de idioma chino por la South China University of Technology, Guangzhou, China. Sus líneas de investigación son: Política Interna de la RPCH, Política Exterior de la RPCH, Filosofía Oriental, Empresa Multinacional Asiática y Diáspora China. Investigador asociada del Centro de Estudios de Iberoamérica de la Universidad Normal de Jiangsu.

Resumen. El presente artículo retoma la manera en que China ha sido estudiada durante los últimos años, se plantea la hipótesis de que a pesar de los vínculos entre las regiones, es un campo que falta mucho por explorar y, hasta cierto, punto lejano. Se parte de la idea de vinculación histórica a través de comercio y las olas migratorias, principalmente hacia América Latina. Sin embargo, el análisis se inicia en una revisión de la década de los sesenta, y la empatía del Maoísmo con algunos países de la región. Como un segundo momento, se inicia la nueva fase de la Sinología en Iberoamérica, a partir del fenómeno China a nivel internacional. Para ello, se propone un análisis mediante la teoría de Globalización aplicada a la región. Por último, señalan conclusiones que llevan a la idea de lejanía y de proceso de construcción de un acercamiento académico.

11. La Esencia Tusán: Valores Invencibles en la Tercera Generación de Descendientes Chinos en el Perú

[Perú] Patricia Castro Obando (**241**)

Breve presentación de autor: Estudiante de Doctorado en la Pontificia Universidad Católica del Perú (PUCP)-Universidad de Beijing (PKU). Estudiante peruana de Doctorado que forma parte del Nuevo Programa Confucio de Sinología (2014). Investigadora asociada del Centro de Estudios Perú-China de la Universidad del Pacífico (Lima, Perú). Fue corresponsal en Beijing del diario peruano *El Comercio* del 2006 al 2011. En 2013 publicó su primer libro *Apasionados por el Perú*: 18 *relatos de personajes chinos con un mismo corazón peruano.* Investigador asociado del Centro de Estudios de Iberoamérica de la Universidad Normal de Jiangsu.

Resumen: Este trabajo analiza algunos valores y conceptos que llevaron los inmigrantes chinos al Perú y permanecen hasta hoy. Se enfoca principalmente en la tercera generación de descendientes chinos o aquellos que nacieron después de los años 1980 en el Perú y examina las características que definen a los "*tusanes*" o descendientes de este grupo y sus percepciones sobre China. Para comprender el contexto, también se describe la evolución del concepto "*chino*" en la sociedad peruana, la esencia t*usán* y el factor chifa, todos ellos vinculados a la construcción de la identidad peruana. Este trabajo está inspirado en el artículo académico de Isabelle Lausent-Herrera, *Tusan* (*Tusheng*) *and the Changing Chinese Community in Peru*, y continúa en esta misma línea de investigación, focalizando en los jóvenes tusanes de la tercera generación.

12. Argentina y su Asociación Estratégica con China en la Era Kirchner 【Arg.】Rubén Laufer (267)

Breve presentación de autor: Instituto de Estudios Históricos, Económicos, Sociales e Internacionales (Idehesi) y Programa de Estudios de Historia de las Relaciones Internacionales de América Latina (Pehrial), Universidad de Buenos Aires (U. B. A.). Profesor de grado y de posgrado en la Universidad de Buenos Aires. Autor de numerosos artículos publicados en revistas argentinas y extranjeras, entre ellos: "China y las clases dirigentes de América latina. Consolidación y bases de una 'relación especial'" (*Revista Mexicana de Política Exterior*, 2008); "China ¿nuestra Gran Bretaña del siglo XXI?" (Revista *La Marea*, 2010); y "China ¿'país emergente' o gran potencia del siglo XXI? Dos décadas de expansión económica y de influencia política en el mundo" (*Observatorio de la Política China*, oct. 2014). Investigador asociado del Centro de Estudios de Iberoamérica de la Universidad Normal de Jiangsu.

Resumen: Durante las presidencias de Néstor Kirchner (2003—2007) y Cristina F. de Kirchner (2007—2011 y 2011 a la actualidad), China se convirtió en uno de los principales socios comerciales, inversores y financieros de la Argentina, en competencia con intereses norteamericanos y europeos de antiguo arraigo en el país y en la región. La "asociación estratégica" establecida con China en 2004 fue elevada a la categoría de "integral" en 2014. La acelerada expansión de las relaciones económicas y políticas con China tiene como correlato el desarrollo de importantes grupos terratenientes y empresariales argentinos asociados a intereses estatales o privados de la potencia asiática. Los lazos comerciales y la radicación o asociación de capitales de China en las economías locales a nivel nacional y provincial son descritos como una oportunidad que permitiría a nuestros países desarrollar sus producciones, diversificar sus relaciones internacionales y disminuir su endeudamiento. En la Argentina, sectores con fuerte influencia en ámbitos empresariales, gubernamentales, académicos e incluso periodísticos promueven la adaptación de áreas estratégicas de la economía local a la complementación con China. Sobre esta base se habla de la posible gestación de una nueva dependencia del país sudamericano a la ascendente gran potencia oriental.

Resumen: Relations between China and Brazil have been developing rapidly, covering almost all areas. However, there are eight myths surrounding the China-Brazil relations: there is a brewing tension between China and Brazil that people don't fully appreciate; China only wants to import raw materials from Brazil and does not wish to make direct investment there; China's imports of Brazil's raw materials have made it hard for the South American nation to escape the "Dutch Disease" or the so-called trap of "resource cursing"; the value of the Renminbi (RMB), the Chinese currency, is kept too low, thus putting Brazil in an unfavorable position to compete with China; Brazilian manufacturers are getting killed by cheap Chinese imports that make Brazil's industry uncompetitive in the global marketplace and at home; China's market is not widely open to Brazil; China does not support Brazil's effort to become a permanent member of the United Nations Security Council; and, China and Brazil are scrambling for Africa. Apparently, in order to further promote the China-Brazil relations, the above-mentioned myths must be defused.

14. La Política Exterior Venezolana de Chávez a Maduro: Entre la continuidad y larealpolitik del Cambio

【Esp.】Roberto Mansilla Blanco (306)

Breve presentación de autor: Investigador del Instituto Galego de Análise e Documentación Internacional, IGADI. Centro de Estudios Iberoamericanos, Universidad Normal de Jiangsú (Xuzhou, China)

Resumen: La transición entre la presidencia de Hugo Chávez, fallecido en marzo de 2013, y la actual en manos de su sucesor designado Nicolás Maduro, no define a grandes rasgos la articulación de una nueva estrategia de política exterior para la República Bolivariana de Venezuela. Caracas sigue apostando por la configuración de un mundo multipolar y multilateral no hegemónico, perspectiva en la cual sigue manteniendo un tenso pulso con respecto a EEUU, a pesar de los tímidos intentos por reacomodar la relación bilateral. No obstante, y mientras se prioriza en los esfuerzos por fortalecer la posición hemisférica venezolana a través de la integración regional, en especial dentro de la CELAC y del MERCOSUR, se observa cierta parálisis de actuación en torno al ALBA, matriz clave de la acción exterior de

Chávez. Por el contrario, Maduro comienza a diseñar una asociación estratégica con China que se intuye como prioritaria a corto y mediano plazo, particularmente relevante ante la crisis financiera y económica actualmente existente en Venezuela.

15. A evolução das relações Luso-Chinesas

[Port.] Carmen Amado Mendes (323)

Breve presentación de autor: Professora Auxiliar da Licenciatura e do Mestrado em Relações Internacionais da Faculdade de Economia da Universidade de Coimbra (FEUC). Doutora (Ph. D.) pela *School of Oriental and African Studies* (SOAS), Universidade de Londres (2004). Mestre (*Diplôme d'Études Approfondies*) pelo *Institut des Hautes Études Européennes*, Universidade Robert Schuman, Estrasburgo (1998). Licenciada em Relações Internacionais pelo Instituto de Ciências Sociais e Políticas (ISCSP), Universidade Técnica de Lisboa (1997). Autora de *Portugal, China and the Macau Negotiations, 1986 - 1999* (Hong Kong University Press, 2013) e de várias publicações na área das políticas interna e externa chinesas disponíveis para consulta em: http://www.uc.pt/feuc/carmen. Investigadora asociada del Centro de Estudios de Iberoamérica de la Universidad Normal de Jiangsu.

Resumen: Portugal foi a primeira potência europeia a chegar à China e a última a partir. Desde o assentamento português, em 1557, Macau desenvolveu ao longo dos séculos uma autonomia e identidade distintas às dos restantes territórios do Império Português, resultantes de um status quo que permitiu, durante séculos, a coexistência pacífica entre duas matrizes culturais: ocidental e oriental. Os padres Jesuítas foram os embaixadores de facto de Portugal na corte de Pequim, decisivos também na propagação do cristianismo e da ciência ocidental no país. Na segunda metade do séc. XX, as relações luso-chinesas conheceram duas fases completamente distintas, marcadas inicialmente pelo não-reconhecimento da República Popular da China pelo regime ditatorial português, com a Revolução Democrática de 1974 a constituir um ponto de inflexão que resultaria no reatamento de relações diplomáticas em 1979. A resolução da questão de Macau seguiria a fórmula "um país, dois sistemas" de Deng Xiaoping. Atualmente, o relacionamento tem sido marcado pela progressiva intensificação do investimento bilateral, com Macau, após a criação em 2003 do Fórum de Cooperação Económica e Comercial entre a China e os Países de Língua Portuguesa, a redefinir o seu papel convertendo-se numa plataforma privilegiada de ligação entre a China e o mundo lusófono.

16. Análisis de la Política de Empleo de México ante la Crisis Financiera Mundial y su Éxito

Ding Bowen (353)

Brevepresentación de autor: profesor de la Carrera Hispánica y portuguesa de la Segunda Universidad de Lenguas Extranjeras de Beijing.

Resumen: The global financial crisis erupted in 2008 caused varying degrees of impact on Latin American countries. As the most associated Latin American country with the US economy, the impact on Mexican economy was the most obvious. For example, economic growth slowed down, unemployment increased, and the overall economic situation was rather difficult. Faced with this situation, the Mexican government introduced a series of employment policy designed to guarantee and promote employment and economic recovery. In recent years, the Mexican government's employment policy has achieved a certain success, curbed the deterioration of the employment situation in a certain degree, thus served to strengthen social stability, to consolidate consumption and to expand domestic demands, but there are also some disadvantages.

17. Un Estudio de la Lucha entre los Partidos Políticos de Chile durante el Gobierno de S. I. Allende Gossens **He Xi (372)**

Breve presentación de autor: Profesor de del Centro de Estudios de América Latina, Universidad de Estudio de Lenguas Extranjeras de Tianjin.

Resumen: Partisan struggle is the most important internal cause why the Allende government's "Chilean Road to socialism" reform failed, This article explores the historical roots, contents and political impact of the Allende government's internal partisan faction. Before Allende came into power, the Chilean Communist Party and the Chilean Socialist Party had four debates on the diplomatic relations with the Soviet Union, the nature of bourgeois democracy, the pattern of the Cold War, and the path to socialism. After Allende took office, the "The Unidad Ppular" government was soon split into the "the moderates" and "the radicals". Both have drastic arguments over major political issues, such as the path to the "the Chilean Road to Socialism", the political role of the army, the political position of the Chilean Christian Democratic Party and economic reform. Their quarrel continued to escalated into a political fighting between two factions, making the Allende government unable to perform effective decision-making and administrative power, resulting in the decline of "The Unidad Popular" government cohesion. As internal political was in turmoil and cabinet ministers changed frequently, U. S. took advantage of this to interfere in Chilean domestic affairs. The partisan struggle accelerated the failure of Allende government's "the Chilean

Road to socialism".

18. Cuauhtémoc: desde el Emperador Último del Imperio Azteca hasta el Símbolo de la Nación Mejicana Xiao Junyi (390)

Breve presentación de autor: Teacher of School of Foreign Languages, Chongqing University of Science and Technology.

Resumen: The image of Cuauhtémoc, "the greatest hero in Mexican history", can be confusing. The last Aztecan emperor and Indian hero evidently epitomises the Mexican national culture and history. However, the symbolic meanings and their specific interpretations of his image vary considerably amongst Mexicans, due to the perspectives of different social classes and political parties of different eras: from a patriot to a traitor, from the symbol of a nation to the obstructer of modernisation. By analysing the changing symbolic meaning of Cuauhtémoc, this study aims to interpret the Mexican political and social ideology of post-Hispanic era, as well as the demands, interests and conflicts between different political and social classes. This study also tries to trace the origin of this issue.

19. Sobre la Idea de Gran Colombia y la Integración latinoamericana Lan Bo (406)

Breve presentación de autor: profesor of School of Foreign Study, Jiangsu Normal University.

Resumen: The foundation of Grand Colombia is a significant historical event in the integration of Latin America. However, such progress is interfered due to political conflicts, economical depression after World War II, regional differences and military leaderships' political ambitions. After 1830, early separatists including Páez, Monagas, Guzmán, out of respect to Bolivarianism and personal agenda, raised the idea of re-build the Grand Colombia. Among them, including the current of thought of rebuilding the Grand Colombia directly raised by Bolivarianist Mosquera in New Granada and Venezuela. In this article, by analyzing the up and downs of Grand Colombia, issues will be introduced in the process of integration of Latin America, and advice will be given to solve such issues.

20. Un Estudio de *Cantar de Mío Cid*

Breve presentación de autores: Profesores de la Universidad de Beijing. y de la Universidad de Fudan.

Resumen: *Cantar de Mío Cid* no sólo es una épica histórica de la nación española, sino también es una de las épicas más tradicionales de la Edad Media de Europa. El autor presenta, desde varias perspectivas, a los lectores unos contenidos de la obra dicha.